QUELLENSAMMLUNG ZUR RELIGIONSPOLITIK
KONSTANTINS DES GROSSEN

TEXTE ZUR FORSCHUNG

Band 54

QUELLENSAMMLUNG ZUR RELIGIONSPOLITIK KONSTANTINS DES GROSSEN

Übersetzt und herausgegeben
von
VOLKMAR KEIL

WISSENSCHAFTLICHE BUCHGESELLSCHAFT
DARMSTADT

CIP-Titelaufnahme der Deutschen Bibliothek

Quellensammlung zur Religionspolitik Konstantins des Großen / übers. u. hrsg. von Volkmar Keil. –
Darmstadt: Wiss. Buchges., 1989
(Texte zur Forschung; Bd. 54)
ISBN 3-534-02249-1
NE: Keil, Volkmar [Hrsg.]; GT

Bestellnummer 02249-1

Satz: Maschinensetzerei Janß, Pfungstadt
Druck und Einband: Wissenschaftliche Buchgesellschaft, Darmstadt
Printed in Germany
Schrift: Linotype Garamond, 10/11

ISSN 0174-0474
ISBN 3-534-02249-1

INHALTSVERZEICHNIS

Die Texte

VORWORT

Die vorliegende Quellensammlung verdankt ihre Entstehung einer Seminarveranstaltung. Bei der Vorbereitung fiel mir auf, daß die Texte zur Religionspolitik Konstantins nur sehr zerstreut zu finden sind. Aber erst durch Kenntnis wenigstens etlicher bedeutsamer Quellen kann das Bild des Kaisers einigermaßen deutlich werden. So hatte ich für den Seminargebrauch eine kleine Sammlung zusammengestellt. Die Überarbeitung und Erweiterung dieser Sammlung möchte ich nun hier vorlegen, in der Hoffnung, damit sowohl für Seminare als auch für die private Arbeit am Thema eine Lücke zu schließen.

Dabei habe ich denen zu danken, die am Zustandekommen dieser Arbeit beteiligt waren. Besonderer Dank gilt Herrn Prof. Dr. Christ für die Anregung zur Veröffentlichung. Herr Peter Mommer hat am Zustandekommen der kleinen Sammlung für den Seminargebrauch wesentlich mitgearbeitet. Von ihm stammt auch in der vorliegenden Ausgabe die Übersetzung der Texte 3c, 36a, 36b. Herrn Reinhard Heitzenröder danke ich für Übersetzungsvorlagen zu den Texten 8a, 8b, 22d, 22e, 22f. Und zuletzt möchte ich mich auch bei Herrn Erhard Holze dafür bedanken, daß er mir immer wieder Kopien beschafft hat und mir damit die Entfernung zur Universität überbrückt hat, die in den letzten Monaten das Zustandekommen der Sammlung erschwerte.

EINLEITUNG

Das Zeitalter Kaiser Konstantins ist ein besonderes Zeitalter. Denn es ist durch und durch eine Zeit des Umbruchs. Mit der Einführung des Christentums zunächst als einer erlaubten, bald auch begünstigten Religion war ein Ablösungsprozeß der staatstragenden Kräfte verbunden. Konstantin hat hier äußerste Vorsicht walten lassen, das heißt aber nicht, daß die Christen in der Verwaltung nicht immer zahlreicher geworden wären. Letztlich bedeutete es aber auch einen Umbruch der staatstragenden Ideen. Die römische Religion, schon während der Zeit der Soldatenkaiser nicht immer mehr die persönliche Religion des Kaisers, war besonders durch Diokletian dem Versuch einer Restauration unterzogen worden. Dieser Versuch ist endgültig gescheitert, nicht nur wegen der Christen, sondern auch, weil diese Religion für die sehr populären, philosophischen Religiösitäten der Zeit kaum mehr als eine Fassade war. Aber das Kaisertum war in seiner Legitimation noch immer ganz auf diese Religion ausgerichtet. Diokletian hatte sich selbst mit Jupiter in Verbindung gebracht und seinen Mitkaiser Maximian mit Herkules.

Sichtbares Zeichen des Umbruchs war der Bau der Stadt Konstantinopel. In Rom war das Beharren in den alten Strukturen so groß wie kaum an einem anderen Ort des Reiches. Der Konflikt wurde bei der Feier des 20jährigen Regierungsjubiläums Konstantins 326 offenkundig. Die Römer erwarteten die Teilnahme des Kaisers an den alten, traditionellen und heidnischen Zeremonien. Aber gerade diese Teilnahme lehnte Konstantin ab. Es ist typisch für die Politik des Kaisers, daß er solche Konflikte nicht auf die Spitze trieb, sondern sie durch seine persönliche Abwendung gelöst hat. Der Bau Konstantinopels beläßt zwar der Stadt Rom ihre alten Traditionen und Strukturen, beraubt sie aber zugleich ihrer Bedeutung.

Natürlich bedeutete der Umschwung auch für die Christen und für die Kirche eine Veränderung. Zunächst herrscht überall Freude darüber, daß die Verfolgungszeit vorbei ist. Aber es steht die Frage an, wie man den christlichen Kaiser in das theologische Denken einordnet. Die Theologen der Zeit haben das versucht, besonders Euseb von Caesarea ist dafür bekannt geworden.

Der Kaiser selbst mißt sich bald Entscheidungsfunktionen in der Kirche bei. An der großen Synode in Nicäa 325 nimmt er nicht nur teil, sondern ergreift auch immer wieder das Wort. Die Kirche wehrt sich dagegen nicht; sie ist dem Kaiser gegenüber so voll Dankbarkeit, daß sie ihm seinen Platz gern einräumt. Im donatistischen Streit wenden sich sogar beide Parteien an ihn und bitten ihn um sein Urteil.

Scheinbar gab es hier ein Problem: Der Kaiser gehörte – genaugenommen – der Kirche überhaupt nicht an; er war nicht getauft. Gewiß, es war der Brauch seiner Zeit, die Taufe so lange wie möglich hinauszuschieben. Aber die Schwierigkeit, daß ein nicht voll in der Kirche Stehender wenigstens nach seiner eigenen Auffassung ein Amt an der Kirche ausübt, war doch gegeben. Dabei ist es aber nun interessant, daß die Zeit hier offensichtlich kein Problem gesehen hat. Weder von Konstantin wird dazu Stellung genommen, noch wird Kritik seitens der Kirche laut.

Für den Kaiser stand ja auch einiges auf dem Spiel. Wenn er auf die Ableitung seines Amtes und seiner Person aus der römischen Religion verzichtete, so ergab sich die Notwendigkeit, das Kaisertum anders zu legitimieren. Konstantin tat dies, indem er sich als Gesandten Gottes bezeichnete (und dies war wohl nicht nur eine Bezeichnung, sondern eine auf innerer Überzeugung beruhende Aussage). Die Kirche akzeptierte das, die orthodoxe Kirche besonders dadurch, daß sie den Kaiser als „Apostelgleichen" verehrte.

Für die Kirche ging es ja erstmals um ungeteilte Anerkennung. Sie wurde innerhalb kürzester Zeit zu einer wichtigen Kraft im Reich. Dieser Umbruch war Neuland für Kaiser und Kirche. Man könnte versucht sein zu sagen, daß das Erlebnis der Anerkennung für die Kirche so groß gewesen sei, daß sie dafür dem Kaiser manchen Preis zu zahlen bereit gewesen ist. Und so hat man das auch gelegentlich formuliert. Aber solche Formulierungen können nur mit Bedenken verwandt werden, weil es sich hier überhaupt nicht um Vorgänge handelte, die diskutiert und bewußtgemacht wurden. Es waren Dinge, die sich ereigneten, genauso wie das Christentum schon wenige Jahre nach der eigenen Verfolgung selbst zur Heidenverfolgung überging.

Konstantin hat sich dem stets widersetzt, weil er der Meinung war, daß nur durch Überzeugung, aber nicht durch Gewalt ein christliches Reich aufzubauen sei. Freilich glaubte er, die Überzeugungskraft des Christentums wäre so groß, daß es über kurz oder lang freiwillig alle Verächter an sich zöge; und die wirklich noch

bleibenden Verächter würden die Strafe Gottes sehen. Allerdings ist es auch schon zu seiner Zeit und mit seinem Willen zu gelegentlichen Übergriffen auf heidnische Tempel gekommen.

Die sogenannte „konstantinische Wende" ist oft kritisiert worden, weil hier die Verbindung von Staat und Kirche ihren Anfang genommen hat. Für den Kaiser war diese Verbindung freilich nichts Ungewohntes; er tat im Grunde nichts anderes als das, was Diokletian auch schon getan hatte: er versuchte dem Reich eine einheitliche Religion zu geben. Daß er dabei so vorsichtig war und das Christentum noch nicht zur Staatsreligion machte, sollte dabei beachtet werden. Für die Kirche waren die Ereignisse einfach ungeteilter Anlaß zur Freude. Einen Grund, sich dagegen zu wehren, hat niemand gesehen.

Es ist also wichtig, daß man nicht mit modernen Kategorien das Verhältnis von Staat und Kirche zur Zeit Konstantins betrachtet. Sonst ist die Möglichkeit der Verdammung oder Verherrlichung von Ereignissen gegeben, die aus der Situation heraus in einem ganz anderen Licht gesehen werden wollen. Es ist aufschlußreich, daß die Kirche in der Einbindung des Kaisers in das theologische System im Osten und Westen völlig andere Wege beschritten hat. Und das hängt nicht zuletzt mit dem Eingreifen der Konstantinsöhne in den arianischen Streit zusammen, neben anderen Faktoren natürlich. Über Athanasius verläuft ein Gedankenstrom in den Westen, der eine Selbständigkeit der Kirche gegenüber dem Kaiser vorbereitet. Diese Unterschiede waren vielleicht ebenso folgenreich wie die konstantinische Wende selbst.

Auf jeden Fall: Ob man die Regierungszeit Konstantins von der Geschichte des Römischen Reiches oder von der Geschichte der Kirche her betrachtet, es war eine Zeit großer Veränderungen. Vieles, was seine eindeutigen Wurzeln im Christentum hatte, wurde durch Gesetz angeordnet und betraf damit alle, auch die Heiden. So wurde der Sonntag zum Ruhetag. Es wurde untersagt, daß ein verheirateter Mann noch eine Konkubine hatte. Letztwillige Verfügungen an die Kirche wurden erlaubt und vieles andere mehr. Daneben gab es andere Anordnungen des Kaisers, die nicht weniger wichtig waren, besonders die Einführung des Solidus, der das Münzsystem des Reichs reformierte und die Inflation wenigstens ein wenig bremsen konnte.

In anderen Punkten setzte sich dagegen auch das Bestehende durch. Das Sozialgefüge veränderte sich nur geringfügig, das System der Sklaverei wurde nicht abgeschafft, die Zirkusspiele gingen

weiter, wenn auch die Einreihung unter die Gladiatoren als Verbrechensstrafe aufgehoben wurde. Es ergibt sich so ein sehr vielschichtiges Bild, das aber für eine Übergangszeit sehr verständlich ist. Durch den Übertritt vieler Heiden zu den Christen (vielfach mehr aus Opportunitätsgründen als aus Überzeugung) wurde auch das Eindringen nichtchristlicher Sitten in das Christentum begünstigt. Besonders eindrücklich mußten für alle die großen Kirchenbauten sein, die jetzt überall entstanden, zum Teil durch den Kaiser selbst angeregt. Der Bau der Grabeskirche in Jerusalem mag stellvertretend für viele andere Sakralbauten stehen.

Die vorliegende Quellensammlung möchte dem Leser ein Stück weit Einsicht ermöglichen in die Person des Kaisers, die diesen Umbruch ins Werk gesetzt hat. Sie will ihm Gedankengänge und Hintergründe näherbringen, die zu den religionspolitischen Entscheidungen geführt haben. Es soll sich so die Möglichkeit eröffnen, an den Grundlagen einer Zeitenwende zu arbeiten.

Natürlich ist mir bewußt: Schon wenn man von der „konstantinischen Wende“ spricht, dann steht ein Kaiser im Mittelpunkt, ein einzelner Mensch. Das ist immer ein problematischer Zugriff zur Geschichte. Tatsächlich darf Geschichte nie nur von den „großen Männern“ aus betrachtet werden. Und eine „Wende“ wird nicht nur von einzelnen gemacht, sondern ist immer zugleich auch Ausdruck einer Bewegung, die sie trägt. Diokletian ist als Person gewiß um nichts weniger beeindruckend als Konstantin. Nur daß sein politisches Werk scheiterte und sein religiöses ein Anachronismus war. Wenn nun doch im Mittelpunkt dieser Quellensammlung der Kaiser Konstantin steht, dann soll das nicht heißen, daß dieser Aspekt vergessen ist. Man muß Konstantin aus dem 4. Jahrhundert heraus verstehen, oder man wird weder ihn als Person noch seine Politik verstehen. Aber eine Quellensammlung würde ihr gesetztes Ziel überschreiten, wenn sie neben der Religionspolitik Konstantins auch noch einen Einblick in das Denken und die Politik des frühen 4. Jahrhunderts geben wollte. Insofern habe ich mich bewußt auf Dokumente beschränkt, die von Konstantin stammen oder über ihn berichten. Damit freilich muß eine Warnung gegeben werden: Man wird diese Quellensammlung nur dann richtig benutzen können, wenn man sich wenigstens überblicksweise mit der Geschichte des Römischen Reiches, der Religionsgeschichte und der Kirchengeschichte dieser Zeit vertraut gemacht hat. Ich erwähne diese Selbstverständlichkeit hier deshalb so ausdrücklich, weil man Konstantin geradezu miß-

verstehen muß, wenn man ihn mit den Kategorien neuzeitlichen Denkens beurteilt.

Die vorliegende Quellensammlung beschränkt sich also auf den Kaiser selbst, und dabei, wie der Titel aussagt, noch spezieller auf seine religionspolitischen Handlungen. Das schließt zunächst einmal die unendliche Fülle der Berichte über die sonstigen Tätigkeiten des Kaisers aus. Es ist also nur ein bestimmter, wenn auch sehr wichtiger Teilbereich, der hier zur Sprache kommt. Aber die Beschränkung auf diesen Teilbereich ist sinnvoll, weil hier der Kern des Umbruchs zu sehen ist. Die Religionspolitik ist gleichsam die Mitte des konstantinischen Kaisertums, und ohne Einsicht in diesen Bereich ist auch seine Tätigkeit in den anderen Bereichen nicht zu verstehen. Die Forschung der vergangenen Jahre hat dem ebenfalls Rechnung getragen und die Religionspolitik immer in ihren Mittelpunkt gestellt.

Aber selbst innerhalb eines solchen Teilbereiches sind Verkürzungen unvermeidlich, ganz besonders in Grenzbereichen. Ein wichtiges Desiderat dieser Sammlung soll darum hier gleich genannt werden. Es handelt sich um den Bau der Stadt Konstantinopel und überhaupt um die Baudenkmäler. Aber die Überlieferung über die religionspolitisch relevante Seite der Gründung Konstantinopels ist leider nicht nur sehr zerstreut, sondern auch z. T. in sehr späten Texten überkommen. Außerdem bedarf sie, wie alle Dokumente zur Bautätigkeit, der Ergänzung durch den archäologischen und kunstgeschichtlichen Befund. Ihn zu bieten wäre aber gleichsam über den Rahmen des beabsichtigten Buches hinausgegangen. Deshalb habe ich hierauf ganz verzichtet, ebenso auf eine Sammlung der Münzen, die für die Beurteilung der Religionspolitik Konstantins immer wieder von besonderem Interesse waren und es auch heute noch sind. Auch ihre Aufnahme würde aber eine ganz andere Ausrichtung des vorliegenden Bandes erfordern. Ich beschränke mich also grundsätzlich auf die schriftlichen Dokumente.

Diese Quellensammlung will ein Hilfsmittel sein, dem entspricht ihre Zweisprachigkeit. Der lateinische bzw. griechische Text wird dabei jeweils nach einer modernen Textausgabe gegeben. Auf einen kritischen Apparat wurde grundsätzlich verzichtet. Wer hier genaue textkritische Aufschlüsse sucht, muß zu den Texteditionen selber greifen. Aber das ist für Detailforschung ohnedies notwendig. Und eine eigene Editionsarbeit war für eine Sammlung so unterschiedlicher Texte nicht zu leisten. Durch die Übernahme dieser Texte aus verschiedenen Editionen ergeben sich zwangs-

läufig einige Uneinheitlichkeiten, für die ich den Leser um Verständnis bitte. Lediglich die Unterscheidung von u/v wurde in allen lateinischen Texten durchgeführt.

Ein weiteres Problem stellt die Auswahl der Texte dar. Es wird kaum möglich sein, alle Ansprüche zu befriedigen. Ich habe versucht, einen Mittelweg zu gehen und besonders auf Übersichtlichkeit großen Wert zu legen. Die Texte sind in Sachgruppen und innerhalb dieser Sachgruppen chronologisch geordnet. Ich habe versucht, im Auge zu behalten, daß die Sammlung auch in Seminaren Arbeitsgrundlage sein soll, also von Studenten ohne detaillierte Vorkenntnisse benutzt wird. Dafür dienen besonders die Einführungen, in denen ich mir (von einigen wenigen Ausnahmen abgesehen) die manchmal qualvolle Regel auferlegt habe, nicht meine Meinung, sondern die Meinung der bisherigen Forschung darzulegen, weil ich das zu einer ersten Information für sinnvoller halte. Auch dabei wird mein persönlicher Standpunkt nicht zu verkennen sein. Auffällig ist sicherlich auch, daß ich mit großer Häufigkeit auf H. Kraft zurückgegriffen habe. Sein Buch über ›Kaiser Konstantins religiöse Entwicklung‹ halte ich mit für die wichtigste Konstantinveröffentlichung der Nachkriegszeit.

Aber noch einmal zurück zum Problem der Textauswahl: Der Zwang dazu fordert, daß manches nicht ganz so wichtige Dokument ausgelassen werden muß. Außerdem gibt es so etwas wie eine innere Ausgewogenheit. Wenn ich in dem einen Themenbereich auch Texte geringerer Wichtigkeit aufnehme, dann muß ich das zwangsläufig in anderen Bereichen auch tun. Würde man das dann in aller Konsequenz durchführen, würde man wieder den Rahmen einer solchen Sammlung überschreiten.

Und überall, wo ausgewählt wird, gibt es verschiedene Meinungen über das, was wichtig ist. Ich bilde mir nicht ein, mit dem hier Vorgelegten einen objektiven Standard erreicht zu haben. Ein Stück Subjektivität ist unvermeidlich, und dazu will ich mich auch gern bekennen. Auf jeden Fall habe ich mich bemüht, alle die Texte zu berücksichtigen, die in der Forschung der letzten Zeit eine besondere Rolle gespielt haben.

Das eben angesprochene Problem zeigt sich in besonderer Weise an den schon erwähnten Briefen des Kaisers. Jeder dieser Briefe ist prinzipiell interessant. Wollte man sie aber ohne Ausnahme alle in dieser Sammlung wiedergeben, dann würde der Raum für die anderen Dokumente unverantwortlich schmal. Und es ist doch so, daß unsere Kenntnis über Konstantin – zum Glück – nicht nur aus sei-

nen eigenen Äußerungen kommt, sondern auch zum großen Teil über die zeitgenössischen, meist christlichen Autoren vermittelt ist. Hier sind so wichtige Berichte enthalten (nur ein Beispiel: der Bericht über die berühmte Vision des Kaisers an der Milvischen Brücke), daß Verzicht darauf ganz unmöglich ist. So mußte ich mich auch dazu entschließen, selbst unter den Originaltexten Konstantins auszuwählen. Vielleicht habe ich überhaupt ihnen immer noch ein viel zu großes Gewicht eingeräumt. Jedenfalls weiß ich, daß ich in den einzelnen Entscheidungen, die ich gefällt habe und fällen mußte, nicht immer auf ungeteilte Zustimmung stoße. Ich bitte also auch hier den Benutzer im voraus um Nachsicht.

Etwas Ähnliches gilt für die Arbeit des Übersetzens. Es ist eine Binsenweisheit, daß sich der Übersetzer immer zwischen den Extremen zu großer Nähe zum Original und entsprechender Unverständlichkeit im Deutschen auf der einen Seite und großer Verständlichkeit, aber weiter Entfernung zum Original auf der anderen Seite bewegt. Auch hier ist sicher ein Mittelweg zu suchen.

Dabei war klar: Der Zwang zu großer Wörtlichkeit entfällt durch die Gegenüberstellung mit dem Originaltext. Der Benutzer hat die Möglichkeit, die Übersetzung selbst am Original sofort zu überprüfen, wenn er nicht überhaupt meine Übersetzung nur zur Hilfe für die eigene Übersetzung benutzt. So habe ich manche freie Formulierung gesucht. Ich habe auch dieselben griechischen bzw. lateinischen Worte nicht immer mit dem gleichen deutschen Begriff wiedergegeben. Wer also Begriffsanalysen durchführt, muß dabei immer auf den Originaltext zurückgehen. Ich erwähne diese Selbstverständlichkeit hier deshalb, weil ich es für ausgesprochen wichtig halte, daß solche Begriffsanalysen durchgeführt werden. Die konstantinische Begrifflichkeit ist so ausgeprägt und enthält so bedeutsame Eigenarten, daß hier noch manches Ergebnis offenliegen könnte.

Schwieriger ist es freilich damit, daß manche Sätze (wohl durch den Prozeß des Überlieferns) keinen Sinn mehr ergeben. Wo sich der ursprüngliche Sinn aus dem vorhandenen Text einigermaßen deutlich erheben ließ, habe ich ihn einfach in die Übersetzung geschrieben. Wo dies nicht möglich war oder es mir zu problematisch vorkam, habe ich den vorhandenen Text übersetzt, auch wenn er sich so dann kaum verstehen läßt. Die Quellensammlung ist ein Arbeitsbuch; es kann hier dem Leser überlassen bleiben, eigene Versuche mit der Interpretation zu machen. Ansonsten habe ich sinnwichtige Ergänzungen von mir durch eckige Klammern (⟨. . .⟩) kenntlich gemacht.

Der Stil der Briefe des Kaisers besitzt bestimmte Eigenarten. Und dazu gehört besonders die – auch für die Sprache der Zeit – „barocke“ Ausdrucksweise. Lange Sätze mit vielen Wiederholungen (oft geradezu parallelistisch) und immer neuen Umschreibungen einer Sache oder eines Gedankens begegnen uns immer wieder. Ich habe es für unbedingt wichtig gehalten, diese „barocke“ Ausdrucksweise auch in der deutschen Übersetzung noch deutlich werden zu lassen. Insofern habe ich mich nicht gescheut, manche längere Periode im Deutschen zu übernehmen, solange mir die Verständlichkeit nicht gefährdet zu sein schien. Wieweit mir dies gelungen ist, kann nur der Benutzer entscheiden. Am Rande zu erwähnen bleibt auch noch, daß ich selbstverständlich die vorliegenden Übersetzungen anderer kräftig benutzt habe. Besonders für die Briefe Konstantins verdanke ich der Ausgabe von H. Kraft unendlich viel. Aber das Übersetzen von Texten ist ja auch nicht ein ständiger Neubeginn, sondern selbst ein geschichtlicher Vorgang des Aufeinander-Aufbauens und Wachsens.

Die Beschäftigung mit der „konstantinischen Wende“ und mit dem Kaiser, von dem diese Umbruchszeit ihren Namen erhalten hat, ist eine spannende Sache. Wir tun damit einen Einblick in eine Zeit, die schnellen Veränderungen unterworfen war. Darin ist sie wohl auch ein Stück weit unserem Jahrhundert vergleichbar, jedenfalls für den geistesgeschichtlichen Wandel. Die Dokumente gestatten uns einen tiefen Einblick in diese Zeit, auch einen tiefen Einblick in das Leben und die Argumentationen des Kaisers, der die politischen Geschicke des Römerreiches zu verwalten hatte und dem es wohl auch gelungen ist, ihnen ein Stück weit den Stempel seines Willens aufzudrücken. Ich hoffe, daß diese Quellensammlung dazu dient, diesen Einblick ein Stück weit zu erleichtern.

EINFÜHRUNG

1. Kurzer Abriß der Forschungsgeschichte

In den orthodoxen Kirchen wird Kaiser Konstantin als Heiliger verehrt. Die westlichen Kirchen sind zurückhaltender geblieben. Das liegt wohl an einer Tradition, die von Athanasius ausgeht, der als erster deutlich und ausdrücklich gegen die Meinung und Anordnung des christlichen Kaisers Stellung bezieht. In Schlagworten ausgedrückt, entwickelt sich im Osten der Caesaropapismus, während sich im Westen der Papalismus wachsend durchsetzt. Das hat gerade für die folgende Zeit starke politische Auswirkungen. Für das Konstantinbild bedeutet es, daß im Osten die Verehrung einsetzt, im Westen immerhin die Bewunderung für den Kaiser, der das römische Weltreich christlich gemacht hat, groß ist.

Die weitgehend positive Sicht Konstantins macht bereits im 18. Jahrhundert ersten Ansätzen der Kritik Platz (Voltaire, Gibbon).[1] Ausführlicher tritt diese Kritik dann mit J. Burckhardt zutage.[2] Er kann gleichsam als der Wegbereiter einer Konstantindeutung gelten, die dem Kaiser die religiöse Motivation abspricht. Für Burckhardt ist Konstantin „ganz wesentlich unreligiös",[3] ein Eroberer. Seine Toleranz ist dementsprechend „Äußerung seiner inneren Neutralität".[4] Das harte Urteil Burckhardts gipfelt am Schluß des Kapitels über „Constantin und die Kirche" in der Bemerkung: „Wenden wir uns ab von dem Egoisten im Purpurgewand, der Alles, was er thut und geschehen läßt, auf die Erhöhung seiner eigenen Macht bezieht und berechnet." [5]

[1] Vgl. die ausführliche Besprechung zu H. Kraft, Konstantin der Große, Wege der Forschung 131, Darmstadt 1974, durch E. Berneburg, ZevKR 21 (1976), 293.

[2] J. Burckhardt, Die Zeit Konstantins des Großen, Basel 1853. Als Hilfe für den Leser werden alle Autoren, die in der Anm. 1 erwähnten Sammlung von H. Kraft vertreten sind, nach diesem Band zitiert.

[3] J. Burckhardt, Die Zeit Konstantins des Großen, in: H. Kraft, Konstantin der Große, a. a. O. 19.

[4] Ebd. 49.

[5] Ebd. 55.

Die Wirkung der Burckhardtschen Sicht beruht darauf, daß er eine konsequente Gesamtdarstellung vorlegt und die einzelnen Momente sehr sorgsam einordnet. Er beginnt mit einer Interpretation der Ereignisse an der Milvischen Brücke („Das bekannte Wunder aber, welches Euseb und seine Nachschreiber auf dem Zuge gegen Maxentius geschehen lassen, dürfte wohl endlich aus den geschichtlichen Darstellungen wegbleiben, weil es nicht einmal den Werth einer Sage ... hat“ [6]) und führt bis zur Stellung Konstantins im arianischen Streit („Sein ganzes Streben war offenbar dahin gerichtet, die kirchlichen Parteien in der Schwebe zu halten und keiner sich bleibend hinzugeben. Er ließ sie daher abwechselnd siegen und sorgte nur immer durch kräftige Eingriffe dafür, daß man ihn und seine Macht nicht vergaß“ [7]).

Die Position Burckhardts wurde dann von H. Grégoire noch einmal vehement aufgenommen und für die Frühzeit des Kaisers verstärkt. Grégoire bezeichnet Konstantin als Napoleon.[8] Auch E. Schwartz hatte sich 1904 ähnlich geäußert.[9] Diese Meinung sah sich auch dadurch gestärkt, daß immer deutlicher wurde, daß die Respektierung des Christentums keine Aktion war, die nur Konstantin zugekommen wäre. Man wurde sich wieder des Galerius-Ediktes von 311 bewußt, ebenso der Tatsache, daß weder Maxentius noch Licinius radikale Christenverfolger waren (für Licinius mit Ausnahme der Jahre unmittelbar vor 324).

Einen Neuansatz nahm dann Norman H. Baynes vor. Er versucht, Konstantin aus seinen Selbstaussagen, aus seinen Briefen und Dokumenten heraus zu verstehen.[10] Dementsprechend versucht er auch, Konstantin sowohl von der Verantwortung für den Staat als auch von der persönlichen Glaubenseinstellung her zu beleuchten und zu verstehen. Damit war ein Weg aufgenommen, der

[6] Ebd. 23.

[7] Ebd. 48f.

[8] H. Grégoire, La «conversion» de Constantin, Rev. de l'univ. de Bruxelles, Tome 36 (1930/1), 231ff. Bei H. Kraft, Konstantin der Große, a.a.O. 175–223. Der Vergleich mit Napoleon 221.

[9] E. Schwartz, Zur Geschichte des Athanasius. Der Aufstieg Konstantins zur Alleinherrschaft, Nachrichten von d. Königl. Gesellsch. d. Wissenschaften zu Göttingen, Phil.-hist. Klasse 1904, Heft 5, 518–547, bei H. Kraft, Konstantin der Große, a.a.O. 109–144.

[10] Norman H. Baynes, Konstantin der Große und die christliche Kirche, Proceedings of the British Academy XV (1929), 341–368, bei H. Kraft, Konstantin der Große, a.a.O. 145–174.

erst nach dem Zweiten Weltkrieg wieder beschritten, dann aber richtungweisend wurde. Wichtig für diese Richtungsänderung war auch die zunehmende Erkenntnis der Echtheit der durch Euseb überlieferten Dokumente (besonders durch einen Fund aus dem ägyptischen Wüstensand angeregt, der das Schreiben Konstantins an die Orientalen als echt erwies) und genauere Kenntnis der Münzen. Hier wies besonders K. Kraft nach, daß das erste christliche Zeichen bereits 315 auftaucht, was noch von Grégoire bestritten worden war.[11]

So kommt die Forschung heute zu einem anderen Konstantinbild, das die Alternative Politik oder Religion weitgehend überwindet. Den Anfang bildeten die Arbeiten von J. Vogt[12] und H. Dörries[13]. Während Vogt besonders den Ereignissen um das Jahr 312 noch einmal nachgeht und zu dem Schluß kommt, daß die Religionspolitik Konstantins nach 312 ein „sehr überzeugendes Bekenntnis eines Imperators zu einem von ihm in der Schlacht erlebten Gott" bedeutet,[14] nimmt Dörries die Anregung Norman H. Baynes' auf und legt eine ausführliche Interpretation der Selbstzeugnisse Konstantins vor. Dabei gelingt es ihm, das Denken Konstantins weitgehend systematisch darzustellen und damit letztlich den besten Beweis für die Echtheit der Dokumente zu erbringen. Dörries weist auch schon darauf hin, daß es eine „innere Geschichte" Konstantins gibt: „Gewiß wird man in dem Nacheinander der Maßnahmen und ihrer Begründung auch ein Wachsen der Erkenntnis wahrnehmen, und es ist von hohem Reiz, diese Abfolge zu beobachten, so schwierig ihre Beurteilung bleibt ... Aus der autorisierten Kultusanstalt, als die ihm die Kirche anfangs erschien, wird mehr und

[11] K. Kraft, Das Silbermedaillon Constantins des Großen, Jahrbuch für Numismatik und Geldgeschichte 5/6 (1954/55), 151–178, bei H. Kraft, Konstantin der Große, a.a.O. 297–344.

[12] Schon 1942 mit dem Aufsatz: Die Bedeutung des Jahres 312 für die Religionspolitik Konstantin des Großen, ZKG 61 (1942), 171–190 = H. Kraft, Konstantin der Große, a.a.O. 247–272. Vgl. weiter besonders: Die constantinische Frage, Relazioni del X Congresso Internazionale di Scienze Storiche, Vol II, Firenze 1955, 377–423 = H. Kraft, Konstantin der Große, a.a.O. 345–387, Konstantin der Große und sein Jahrhundert, München 1949, Constantinus der Große, RAC III, 306ff.

[13] H. Dörries, Das Selbstzeugnis Kaiser Konstantins, Göttingen 1954. Daraus folgend die Gesamtdarstellung: Konstantin der Große, Stuttgart 1958.

[14] J. Vogt, Die constantinische Frage, a.a.O. 255.

mehr die Trägerin des Gesetzes, die Inhaberin der Wahrheit, die Vermittlerin der Hoffnungen, die Verkünderin der Einmütigkeit. Aber war sie das nicht eigentlich schon immer? Und wenn der Kaiser erst später, als er genötigt war, in die Lehrkämpfe einzugreifen, ein besseres Verständnis für ihre Grundlagen gewann, so zeigen die Beurteilungsmaßstäbe auch weiterhin ihre Herkunft an, mögen sie sich auch verfeinert haben und nicht die einzigen geblieben sein."[15]

Das, was Dörries hier mehr nebenbei bemerkt, macht H. Kraft zum Thema. Und damit wird die alte These von der „religiösen Ausgeglichenheit" Konstantins endgültig hinfällig. Es wird jetzt auch endgültig deutlich, daß der Politiker Konstantin und der religiöse Mensch Konstantin nicht so einfach zu trennen sind, sondern daß es hier ein komplexes Geflecht von Beziehungen gibt. „Von einer Bekehrung Konstantins zu reden hat dann Sinn, wenn wir darunter die Erkenntnis verstehen, daß *nur* der christliche Kult dem Willen dieses Gottes entspricht und daß daher die christliche Kirche von Gott nicht geduldet, sondern gefordert ist. In dieser Hinsicht hat es tatsächlich eine ‚Bekehrung' Konstantins gegeben; als ihren Anfang läßt sich jener erste Akt zu Beginn seiner Regierung ansehen, der die Versammlungsfreiheit für den christlichen Kult wiederherstellte. Von da an verläuft die Entwicklung stetig und endet konsequent mit der Taufe. Jede Bekehrung, auch wenn sie noch so plötzlich in Erscheinung tritt, hat ihre Vorgeschichte. Die Bekehrung Konstantins, diese lang dauernde Hinwendung zum christlichen Kult, ist nicht auf einen Zeitpunkt festzulegen, sondern dauert über seine ganze Regierungszeit. Sobald wir eine Wendung konstatieren wollen, tragen wir etwas ein, wovon er selbst nichts wußte und wozu uns nichts berechtigt. Das ist alles nur von Konstantins Glauben gesagt. Seine Religionspolitik hat demgegenüber deutlich voneinander unterscheidbare Phasen, die zwar in Beziehung zu seinem Glauben stehen, aber stärker durch äußere Ereignisse bedingt sind."[16] H. Kraft versteht es, die „reli-

[15] H. Dorries, Selbstzeugnis, a. a. O. 399.

[16] H. Kraft, Kaiser Konstantins religiöse Entwicklung, Beiträge zur histor. Forschung 20, Tübingen 1955. Vgl. auch ders., Einleitung zu: Konstantin der Große, a. a. O. 3: „Auf keinen Fall läßt sich unter Konstantins Bekehrung ein nach Tag und Stunde datierbares Ereignis verstehen. Insbesondere ist es ausgeschlossen, die berühmte Vision Konstantins auf dem Feldzug gegen Maxentius vor der Schlacht an der Milvischen Brücke in irgendeinen Zusammenhang mit seiner Bekehrung zu bringen ... Der

giöse Entwicklung“ Konstantins so darzustellen, daß sie nachvollziehbar wird. Damit ist der entscheidende Schritt getan, frei von ideologischen Vorgaben die Dokumente Konstantins historisch-kritisch zu interpretieren.

Es ist daher verständlich, daß sich die von Vogt, Dörries und Kraft geschaffene Forschungssituation durchgesetzt hat und heute allgemein anerkannt ist. Insofern kann man sagen, daß der alte Streit weitgehend zur Ruhe gekommen ist. Neue Versuche, Konstantin wieder zum „Apostel“ zu deklarieren, werden kaum Einfluß gewinnen.[17]

Durch diese weitgehend abgeklärte Lage der Forschung zur alten „konstantinischen Frage“ ist die Geschichtswissenschaft wieder offener geworden, sich anderen Fragen der konstantinischen Religionspolitik und Theologie zuzuwenden. „Die Verfasser der Geschichte Konstantins haben sich – von Eusebius bis heute – überwiegend bei ihrer Darstellung an dieser Frage nach der Wahrhaftigkeit und Einheitlichkeit des Kaisers orientiert. Das hatte zur Folge, daß es keine Konstantindarstellung gibt, in der das Verhältnis des Kaisers zu Kirche und Christentum nicht als das Zentralproblem erschiene.“[18] Diese Bemerkung Krafts macht deutlich, wie sehr diese Frage über fast zwei Jahrhunderte hinweg die Forschung beherrscht hat.

Es wäre gut, wenn diese Frage heute wieder ein wenig in den Hintergrund treten könnte. Meines Erachtens ist das Thema „Konstantin der Große“ noch keineswegs abgeschlossen. Gerade zur Theologie, zur theologischen Begrifflichkeit und zur theologischen Abhängigkeit wären weitere Detailforschungen wünschenswert und erfolgversprechend. Die Dokumente sind jedenfalls so zahlreich, daß sie noch manche Erkenntnis offenhalten.

Über eine detaillierte Erarbeitung einer „Theologie Konstantins“ könnte vielleicht auch ein noch besseres Verstehen seiner Religions-

Kaiser dachte über seine Bekehrung ganz anders. Er war vielmehr der Meinung, von Jugend an beharrlich nach der Erkenntnis des höchsten Gottes gestrebt zu haben, und dabei trotz manchen Irrungen, die er schematisch zugibt, so erfolgreich gewesen zu sein, daß sichtbarer Segen . . . seine Bemühungen belohnte. Konstantin mußte sein ganzes Leben als Bekehrung ansehen . . .“

[17] Vgl. P. Keresztes, Constantine. A great christian monarch and apostle, Amsterdam 1981.

[18] H. Kraft, Einleitung zu: Konstantin der Große, a. a. O. 1.

politik, auch seines Eingreifens in den donatistischen und arianischen Streit möglich werden. Wenn diese Quellensammlung mit ihrer bescheidenen Auswahl dazu Lust und Mut machen könnte, hätte sie ihr schönstes Ziel erreicht.

2. *Die Quellen*

Wir sind im Blick auf die Quellenlage zu Konstantin in einer verhältnismäßig günstigen Situation. Es sind uns eine Reihe von Dokumenten überkommen, die ihn selbst als Verfasser angeben. Dabei handelt es sich neben den Edikten (die in den großen Rechtssammlungen der Antike, ›Codex Theodosianus‹ und ›Codex Justinianus‹, überliefert wurden) vor allem um Briefe. H. Kraft hat die überlieferten Briefe gesammelt und zählt immerhin 40 Nummern, dazu zwei Reden.[19]

Die Briefe finden sich vor allem in den beiden großen Werken des Euseb von Caesarea, der ›Kirchengeschichte‹ und der ›Vita Constantini‹. Euseb († vermutlich 339) gilt einerseits als „Vater der Kirchengeschichte", andererseits als der erste „durch und durch unredliche Geschichtsschreiber des Altertums" (Burckhardt).[20] Er hat bald (obwohl er den Arianern verhältnismäßig nahestand) die Gunst des Kaisers erworben. Er wurde deshalb von ihm auch beauftragt, seine Tricennalienrede zu halten. Er hat auch die Einordnung des ersten christlichen Kaisers in die Theologie maßgeblich geprägt.

Während die ›Kirchengeschichte‹ in mehreren Ausgaben erschien (die erste wohl noch unter Diokletian), die gleichsam auch die neuesten Ereignisse nachtrugen, ist die ›Vita Constanini‹ zur Verherrlichung Konstantins geschrieben. Euseb möchte nach dem Tod des Kaisers, wo die Wechselfälle des Lebens eine Revision des positiven Urteils nicht mehr erzwingen können, das Leben des Kaisers „preisen" (v. C. I 11). Diesen Zweck der Schrift darf man nicht aus den Augen verlieren.

In beiden Werken überliefert Euseb eine Fülle von Originaldokumenten. Im Vergleich bei Texten, die auch anderwärts überliefert sind, zeigt sich zumeist eine weitgehende Treue Eusebs gegenüber

[19] H. Kraft, Kaiser Konstantins religiöse Entwicklung, a. a. O. 160–272.

[20] Vgl. K. Aland, Konstantin der Große, RGG³ III, 740.

seinen Vorlagen. So sind die Überlieferungen Eusebs heute weitgehend als echt anerkannt.[21]

Problematischer ist die gegenwärtige Diskussionslage bezüglich der Berichte, die Euseb selbst über Konstantin gibt. Auf der einen Seite muß bedacht werden, daß Euseb selber Kontakt zum Kaiser gehabt hat und vieles so authentisch wie irgend möglich in Erfahrung bringen konnte. Andererseits ist er doch so sehr von der Verherrlichung des Kaisers geleitet, daß Vorsicht geboten ist. Solche Fragen erlangen oft erhebliche Bedeutung, z. B. bei der Erörterung über das tatsächliche Geschehen, das dem Bericht von der Vision vor der Schlacht an der Milvischen Brücke zugrunde liegt. Ich denke, die Schriften des Euseb sind von einer Art, die ein Allgemeinurteil nicht erlaubt. Man muß die beiden erwähnten Seiten im Auge behalten und jeden Bericht einzeln diskutieren und prüfen.

Für die Anfangszeit Konstantins haben wir oft Parallelberichte von Laktanz. In seiner Schrift über die Todesarten der Christenverfolger stellt er dar, welch eines schrecklichen Todes alle Kaiser gestorben sind, die das Christentum nicht geduldet haben. Hier geht es um eine dezidiert geschichtstheologische Darstellung von einer sehr klaren Tendenz. Ungeachtet dessen enthält aber auch die Schrift des Laktanz wertvolle Informationen. 317 macht Konstantin Laktanz zum Erzieher von Krispus. Sein Todesjahr ist unbekannt. Weitere Briefe Konstantins überliefert uns Athanasius († 373), und zwar in seiner zweiten Verteidigungsschrift ›Ad Constantinum‹ und in seiner Schrift ›De decretis synodi Nicaenae‹ (ca. 351). Athanasius wurde wegen seiner unnachgiebigen Haltung gegenüber den Arianern 335 von Konstantin nach Trier verbannt. Hierbei handelt es sich besonders um Dokumente aus dem arianischen Streit. Für den donatistischen Streit besitzen wir einige Urkunden über Optatus, den Bischof von Mileve. 385 fügte er einer zweiten Ausgabe seines Werkes gegen Parmenian eine Urkundensammlung bei. Mit seinem Werk richtet er sich gegen die Donatisten.

Neben vereinzelten Überlieferungen und Nachrichten christlicher Autoren, die hier nicht aufgezählt werden können, ist höchstens noch die ›Kirchengeschichte‹ des Gelasius († 400) zu nennen, eine Fortsetzung des Werkes von Euseb. Das Werk gilt als unzuverlässig.[22]

[21] Vgl. zu den einzelnen Dokumenten die Echtheitserörterungen bei H. Kraft, Kaiser Konstantins religiöse Entwicklung, a. a. O. 160–272. Kraft ist kritischer als Dörries, Selbstzeugnis, a. a. O.

[22] Vgl. F. Scheidweiler, Gelasius von Cäsarea, RGG³ II, 1309.

Außerchristliche Quellen tragen leider nur ziemlich wenig zu unserer Kenntnis über Konstantin bei. Außer verhältnismäßig späten Texten (z. B. der ›Kirchengeschichte‹ des Zosimus aus der 2. Hälfte des 5. Jahrhunderts) sind als bedeutende Dokumente nur die panegyrischen Reden zu nennen, die von Galletier herausgegeben wurden. Diese Preisreden auf den Kaiser vermitteln ein Bild davon, wie die heidnischen Lobredner den Kaiser zu ihrer Zeit sahen. Besonders für die Diskussion der „Bekehrung" an der Milvischen Brücke spielen sie eine wichtige Rolle.

Bleiben zum Schluß die archäologischen Dokumente, d. h. die zahlreichen Bauten, besonders Kirchenbauten, Bildnisse, Inschriften u. ä. Die größte Bedeutung kommt hierbei den Münzen zu.[23] Sie sind insbesondere deswegen von höchster Wichtigkeit, weil sie den Zeitpunkt zu bestimmen ermöglichen, von dem an zum ersten Mal christliche Zeichen und Symbole auftauchen. Die Münzen wurden besonders von Alföldi und K. Kraft eingehender betrachtet, letzterer weist eine Münze mit christlichem Zeichen schon für 315 nach.[24]

Selbstverständlich können Münzen wie überhaupt die archäologischen Dokumente in dieser Quellensammlung keinen Platz finden. Es bleibt aber auf die Wichtigkeit hinzuweisen, die sie für die Behandlung der konstantinischen Frage einnehmen. Wer sich ein eingehendes Bild darüber machen will, sollte wenigstens die Sammlung von Schoenebeck einmal in die Hand nehmen.

3. Das persönliche Christentum Konstantins

Die Frage nach der „persönlichen" Religion des Konstantin, wie sie seit Burckhardt verstärkt aufgebrochen ist, ist gewiß eine Frage von hohem historischem Interesse. Denn eigentlich geht es hier um die Einholung des Kausalitätsprinzips. Es geht um die Klärung der Motivation eines Handelns, das geschichtlich von großer Bedeu-

[23] Eine brauchbare Sammlung bei H. v. Schoenebeck, Beiträge zur Religionspolitik des Maxentius und Constantin, Klio, Beiheft 43, 1939.

[24] A. Alföldi, Hoc signo victor eris, Pisciculi, Studien zur Religion und Kultur des Altertums, FS Franz Dölger, Münster 1939, 1–18, bei H. Kraft, Konstantin der Große, a. a. O. 224–246. K. Kraft, Das Silbermedaillon Constantins des Grossen mit dem Christusmonogramm auf dem Helm, Jahrbuch für Numismatik und Geldgeschichte 5/6 (1954/55), 151–178 = H. Kraft, Konstantin der Große, a. a. O. 297–344.

tung gewesen ist. Für den Historiker ist hier ein wichtiger Punkt erreicht, wenn nicht an entscheidenden Wendepunkten der Geschichtsschreibung Lücken der Erklärung entstehen sollen. Nur wenn diese Frage entschieden werden kann, kann auch beschrieben werden, wie es zu den Entscheidungen gekommen ist, welche Einflüsse bzw. welche einflußreichen Personen mitgewirkt haben.

Die Diskussion um die persönliche Glaubensüberzeugung ist eigenartigerweise bei fast allen Herrschergestalten aufgetaucht, die in ihrer Regierung religiöse Neuerungen eingeführt oder politische Aktionen als religiöse Tat beschrieben. Hier reiht sich die Diskussion um Konstantin nahtlos ein in die Diskussionen über Echnaton, Gustav Adolf, Friedrich den Weisen. Die Reihe ließe sich beliebig fortsetzen. Als Alternative zum persönlichen Glauben taucht dann allgemein die Politik auf, gleichsam ein opportunistisches Prinzip. Tatsächlich: Religionsänderung bedeutet immer auch eine gewisse Änderung der einflußreichen Kräfte. Sie kann möglich sein oder auch mißlingen (wie z. B. bei Echnaton).

Was also ist der Motor solcher wichtigen Veränderungen der Gesellschaft? Selbstverständlich fließt hier in die Geschichtsbetrachtung ein gutes Stück Ideologie mit ein. Die ältere Kirchengeschichte betrachtete es als selbstverständlich, daß es hier zunächst um eine Frage des Glaubens geht und dann erst um politische Konsequenzen; hier spielt dann das Moment der Bekehrung eine zunehmende Rolle. Auf der anderen Seite gibt es immer wieder die Tendenz, jede Verhaltensweise politisch zu motivieren. Das stärkere Eindringen psychologischer Gedankengänge auch in die Geschichtswissenschaft hat hier zum Abbau falscher Alternativen sicherlich positiv beigetragen.

Die Psychologie hat aber auch deutlich gemacht, daß die Erklärung menschlicher Verhaltensweisen ausgesprochen schwierig ist, daß viel Unbewußtes immer wieder in bewußte Vorgänge einfließt und sie bestimmt. Auch hier mag es Möglichkeiten kausaler Erkenntnisse geben. Aber sie sind schon bei lebenden Personen nicht mit Leichtigkeit zu haben.

Die Geschichtswissenschaft hat es nun mit Überlieferung zu tun. Sie bleibt auf das angewiesen, was ihr überkommen ist. Die Möglichkeiten einer psychologischen Analyse (um das geprägte Wort Psychoanalyse zu vermeiden) sind ihr verschlossen. Dazu sind ihre Quellen oft in der Echtheit umstritten oder haben selber eine bestimmte Tendenz, die nicht leicht aus dem Text herauszudividieren ist.

Mit der Frage: „Wie hat Konstantin wirklich gedacht? Wie religiös, wie christlich ist Konstantin wirklich gewesen?“ stößt die Geschichtswissenschaft zugleich an ihre Grenzen. „Die Geschichte ist weder ein Beichtstuhl noch ein corpus vile, an dem psychologische Romane herumexperimentieren dürften“, so urteilte E. Schwartz.[25] Es besteht die Gefahr, daß man hier an einen Punkt gelangt ist, an dem keine Antworten mehr möglich sind, die über das Hypothetische hinausgehen. Wo aber allen Antworten das Hypothetische anhaftet, da werden sie auch dem Ideologieverdacht nicht entgehen können, wenn sie dann doch historische Tatsächlichkeit vorgeben.

Dann müßte man aller Beschäftigung mit der Religionspolitik Konstantins die Warnung vorausschicken, daß man einer historischen Person die Gretchenfrage nicht stellen sollte. Daran ist auf jeden Fall so viel richtig, daß die Geschichtswissenschaft mit jeder Form von Gewissenserforschung überfordert ist und sich darum ihrer auch enthalten sollte.

Dennoch scheint mir gerade an Konstantin deutlich zu werden, daß auch vorschneller Skeptizismus nicht immer am Platz ist. Die Forschungslage, die nach dem Zweiten Weltkrieg entstanden ist, ist doch weitergekommen, hat die schroffen Alternativen aufgelöst.

Welche methodischen Wege wären denkbar, um die Frage nach der persönlichen Glaubenseinstellung Konstantins zu beantworten?

Man könnte versuchen zu belegen, daß Konstantin durch seine Begünstigung des Christentums politische Nachteile in Kauf zu nehmen hatte. Dann wäre ein sicherer Nachweis geführt, daß nicht politische, sondern religiöse Motive ihn geleitet hätten. Dieser Nachweis dürfte freilich kaum zu erbringen sein. Mindestens die Geschichte belegt, daß es diese Nachteile nicht gibt. Und Konstantin selber sieht das auch so, er versteht seine Regierung und seine Siege als Zeichen der Richtigkeit seines Weges.

Der einzige Punkt, der hier angeführt werden kann, ist der, daß Konstantin auf seine Verehrung als Gott verzichten mußte und (mindestens später) auch tatsächlich verzichtet hat. Er hat diesen Nachteil durch den Erwählungsgedanken versucht auszugleichen: Er versteht sich als der erwählte Friedens- und Heilbringer Gottes. Der Nachteil des Verzichtes auf die Verehrung als Gott hat sich jedenfalls – geschichtlich gesehen – überhaupt nicht als Nachteil

[25] E. Schwartz, Zur Geschichte des Athanasius, in: H. Kraft, Konstantin der Große, a. a. O. 142.

ausgewirkt. Gerade die späteren byzantinischen Kaiser haben sich eine Stellung auch in der Kirche erobert, die politisch der der früheren römischen Kaiser um nichts nachsteht.

Dieser m. E. einzig methodisch sichere Weg, die Vorrangigkeit der religiösen Motive über die politischen zu beweisen, ist im Fall Konstantin nicht möglich. Natürlich beweist die Tatsache, daß durch die Begünstigung des Christentums sich keine politischen Nachteile belegen lassen, auch nicht, daß das Christentum Konstantins nicht echt gewesen sei. Dazu müßte sich belegen lassen, daß Konstantin das Christentum zu genuin unchristlichen, aber politisch sinnvollen Zwecken mißbraucht habe. Dieser Nachweis wurde gelegentlich auch versucht.

Aber dabei muß bedacht werden, daß die Situation für beide neu war, für den Kaiser und die Christen. Beide hatten nicht die Erfahrung eines Staatswesens, das die Christen so offen begünstigt. Hier war eigentlich alles im Fluß. Interessant ist jedenfalls, daß die Christen zur Zeit Konstantins das Verhalten des Kaisers begrüßt und nicht als unchristlich bezeichnet haben.

Die Alternative Religion oder Politik ist wohl auch für ein historisches Urteil viel zu plakativ. Beides muß sich auch gar nicht ausschließen. Religiöse Überzeugungen und politische Opportunität müssen keine Gegensätze sein. Konstantin ist allerdings kein religiöser Fanatiker gewesen, der in kürzester Zeit und auf Biegen und Brechen ein christliches Reich wollte. Sein Zug zur Toleranz findet gerade heute immer wieder Bewunderung. Und vermutlich ist er auch kein brutaler Machtpolitiker gewesen, der sich nach der Weltanschauung umsah, die ihm am sinnvollsten erschien.

Und das war m. E. die entscheidende Entdeckung in dieser Frage, die tatsächlich viel zu einer objektiveren Betrachtung des Problems beigetragen hat: Die Entdeckung einer religiösen Entwicklung bei dem Kaiser, die sich aus seinen Briefen (und einigen Quellen über ihn) erheben läßt und die auch plausibel nachvollziehbar ist. Der allmähliche Weg vom monotheistisch gedachten Sonnengott zum Christentum ist gleichsam eine lebenslange Bekehrung, die in der Taufe auf dem Totenbett erst den wirklichen Abschluß findet.

Gibt es aber keine plötzliche Bekehrung im Leben Konstantins, ein Datum, das ganz klar zwischen dem Heiden und dem Christen (daß die Vision vor der Schlacht an der Milvischen Brücke eine solche plötzliche Bekehrung nicht gewesen ist, ist heute so gut wie unumstritten) unterscheidet, dann gibt es auch ganz unterschied-

liche Phasen in der Nähe Konstantins zu den Christen. Dabei ist natürlich schwer zu entscheiden, woran „Nähe“ gemessen werden kann und welche Anschauungen als christlich gelten können und welche nicht. Die theologischen Aussagen der christlichen Theologen sind verschieden genug, von den Strömungen am Grenzbereich von heidnischer Philosophie und philosophisch-christlichem Denken ganz abgesehen. Aber gerade über diesen Grenzbereich ist Konstantin dem Christentum vermutlich nähergekommen.

Ist die Entwicklung Konstantins in seiner Beziehung zum Christentum in ihren Äußerungen schon derart komplex, könnte man vielleicht zu schließen wagen, daß die innere Entwicklung noch weit komplexer verlaufen sein dürfte. Setzt man das dann wieder in Beziehung zu den politischen Entscheidungen, dann entsteht ein Geflecht von inneren und äußeren, von religiösen und politischen Motiven, das so kompliziert sein dürfte, daß dafür einfache Alternativen allemal zu kurz greifen.

Damit ist freilich – genau betrachtet – auf die Gretchenfrage nach der religiösen Überzeugung Konstantins doch eine Antwort gegeben worden: Konstantin hat nicht nur aus politischen und nicht nur aus religiösen Erwägungen heraus gehandelt. Damit ist freilich auch genau dem Rechnung getragen, worauf die Psychologie die Geschichtswissenschaft hinweist: Die Persönlichkeit eines Menschen ist allemal ein komplexes Gebilde, das sich einer vereinfachenden Darstellung entzieht. Das gilt sicher genauso für Echnaton wie für Friedrich den Weisen. Und tatsächlich hat jede Machtpolitik auch eine religiöse (zumindest weltanschauliche) Seite und jede Religionspolitik eine politische.

Mit der Entdeckung einer Entwicklung Konstantins und mit dem Versuch, aus seinen eigenen Texten ein theologisches Denken herauszuarbeiten, ist die Ansicht weitgehend widerlegt, Konstantin habe das Christentum ausschließlich zu machtpolitischen Zwecken benutzt. Die Ernsthaftigkeit der Gedanken des Kaisers sind weitgehend deutlich geworden, vor allem, da sie sich tatsächlich stark in Einklang bringen lassen mit seinem religions- und kirchenpolitischen Handeln. So weit ist also eine Antwort auf die Gretchenfrage offenkundig möglich gewesen. Und die gegenwärtige Situation der Wissenschaft läßt eine Rückkehr zu Ansichten Burckhardts oder Grégoires unwahrscheinlich erscheinen.

Nun aber das komplexe Geflecht innerer Motivationen und Gewissensregungen des Kaisers entwirren zu wollen, gleichsam politische Erwägungen und persönliche Überzeugungen auseinan-

derzudividieren, das ist unmöglich und sollte tatsächlich auch nicht unternommen werden. In diesem radikalen Sinne darf tatsächlich keiner historischen Person die Gretchenfrage gestellt werden, weil hier die Antworten mehr der Ideologie des Fragers als dem Gewissen des Befragten entsprechen werden.

Wir können in den Dokumenten eine gewisse Entwicklung Konstantins wahrnehmen, wir können seine theologischen Äußerungen analysieren und mit seinen politischen Entscheidungen in Beziehung setzen, wir können dabei eine deutliche Ernsthaftigkeit feststellen. Wir können aber keine genaue Bestimmung der Verhältnisse von religiösen, politischen, privaten und anderen Motiven vornehmen. Wenn wir das anerkennen, dann sind wir dabei, die Komplexität menschlichen Denkens und menschlicher Entscheidungen anzuerkennen. Und damit sind wir der historischen Wahrheit vermutlich sehr nahe. Ich würde hier gern die Mahnung wiederholen, sich lieber verstärkt auch anderen Fragen zuzuwenden.

4. Kurzer Abriß über Leben und Denken Konstantins

Ziel der beiden folgenden kurzen Abrisse ist eine Grundübersicht über den Verlauf des Lebens Konstantins und über die Entwicklung seines theologischen Denkens. Es ist klar, daß in diesen Abschnitten keine Forschungsarbeit geleistet werden kann, sondern daß es sich dabei nur um eine einführende Zusammenstellung handelt. Deshalb wird auch – von wenigen Ausnahmen abgesehen – auf Nachweise verzichtet. Der erste Abschnitt folgt im wesentlichen den Darstellungen von J. Vogt,[26] der zweite denen von H. Dörries und H. Kraft[27].

a) Kurzer Abriß über das Leben Konstantins

Konstantin ist vermutlich gegen 285 in Naissus in Illyrien geboren.[28] Sein genaues Geburtsjahr ist unbekannt. Sein Vater Kon-

[26] J. Vogt, Constantin der Große und sein Jahrhundert, a. a. O. 137–256, ders., Constantinus der Große, a. a. O.

[27] H. Kraft, Kaiser Konstantins religiöse Entwicklung, a. a. O., H. Dörries, Selbstzeugnis, a. a. O.

[28] Vgl. H. Kraft, Kaiser Konstantins religiöse Entwicklung, a. a. O. 1 f.

stantius war wohl kein Adeliger (wie es Konstantin selber später darstellt), seine Mutter Helena wahrscheinlich Inhaberin einer Herberge. Aus dem Konkubinat der beiden ging Konstantin als Sohn hervor. Als Konstantius an den Hof von Maximian berufen wird, verläßt er Helena und heiratet Theodora, die Stieftochter Maximians. Aus dieser Ehe gehen dann nochmals drei Töchter und drei Söhne hervor. 293 wird Konstantius zum Caesar über den Nordwesten des Reiches ernannt. Konstantin wird wahrscheinlich zunächst bei der Mutter erzogen, ohne daß die Verbindung zum Vater abbricht. Er kommt dann an den Hof Diokletians und wird dort weiter erzogen; außerdem wird er mit Fausta, der dreijährigen Tochter Maximians, verlobt. Konstantin hat zu dieser auch eine Konkubine, mit der zusammen er 305 seinen Sohn Krispus zeugt.

Konstantin wächst auf mit dem System der Tetrarchie, ein Werk des Kaisers Diokletian. Diokletian hatte das Reich aufgeteilt, 2 Augusti und 2 Caesaren sollten regieren. Die Caesaren sollten den Augusti jeweils nachfolgen, während diese neue Caesaren benennen. Dieses System sollte das Reich leichter regierbar machen und außerdem die sichtbar gute Tradition der „Adoptivkaiser" wieder aufnehmen. Diokletian, der als rangältester Augustus Befugnisse auch über das ganze Reich besaß, erließ 303 die wohl schwerste Christenverfolgung. Konstantius führte diese Verfolgung nicht durch und beschränkte sich auf die Zerstörung der Versammlungsräume. Die Toleranz seines Vaters hat Konstantin sichtbar beeindruckt.

305 traten Diokletian und der von ihm berufene Augustus Maximian vertragsgemäß ab. Als Caesaren ernannte Diokletian nun (seinem System treu bleibend) nicht die Kaisersöhne Konstantin und Maxentius (Sohn des Maximian), obwohl sie durchaus Sympathien in der Bevölkerung und im Heer besaßen, sondern Maximinus Daja und Severus. Augusti wurden jetzt Galerius (als rangältester) und Konstantius. Um eventuellen Anschlägen vorauszukommen, floh Konstantin vom Hof (jetzt des Galerius) und nahm an dem Feldzug seines Vaters gegen Britannien teil. Als sein Vater 306 dort starb, wurde er vom Heer als Augustus (!) ausgerufen. Konstantins Macht war so groß, daß er es nach vielen Versuchen, von Galerius anerkannt zu werden, wenigstens erreichte, von ihm den Caesarennamen zu erhalten. Augustus wurde Severus. Severus war in Rom freilich so unbeliebt, daß dort der andere Kaisersohn, Maxentius, ausgerufen wurde. Ihm versagte Galerius die Anerkennung. Den

Kampf gegen ihn verlor Severus, weil sein Heer weitgehend überlief. Maxentius hatte aber auch zugleich seinen Vater zu Hilfe gerufen, der nun auch wieder Ansprüche erhob. 307 erkannten Konstantin und Maximian sich gegenseitig als Augusti an, und die Ehe Konstantins mit Fausta wurde geschlossen.

Die Lage wurde immer verwickelter. Auf einer Konferenz im Jahre 308, auf der auch Diokletian noch einmal teilnahm, wurde letztmals der Versuch der Wiederherstellung der Tetrarchie unternommen. Selbst wieder als Kaiser die Geschicke des Reiches zu lenken, lehnte Diokletian strikt ab. Maximian mußte erneut auf sein Kaisertum verzichten. Als Augustus wurde Galerius bestätigt und an die Stelle des Severus ein Offizier, Licinius, berufen; als Caesaren blieben Maximinus Daja und Konstantin. Damit waren freilich weder Konstantin noch Maxentius zufrieden, beide legten sich den Augustusnamen selbst zu.

Maximian suchte schließlich Zuflucht am Hof Konstantins und wurde, als er in Südgallien den Versuch machte, sein Kaisertum wieder aufzurichten, von ihm getötet (310). Galerius, der gleichsam als rangältester Augustus die Aufrechterhaltung der Tetrarchie garantierte, erkrankte im selben Jahr an Krebs. Er hatte auch darin die Politik seines Vorgängers Diokletian fortgesetzt, daß er die Christenverfolgungen in gleicher Schärfe weiterführte. Gegen Ende erkannte er die Erfolglosigkeit dieser Verfolgung und verfügte deshalb (nicht wegen seiner Krankheit, wie es die späteren christlichen Autoren glauben machen wollen) kurz vor seinem Ende 311 ein Toleranzedikt.

Nach seinem Tod (311) war der letzte Kaiser, der die Tetrarchie verteidigte, von der Bildfläche verschwunden. Es standen sich nun im Westen Konstantin und Maxentius, im Osten Licinius (der von Westen her weite Teile des Gebietes von Galerius an sich brachte) und Maximinus Daja (der ebenfalls Anspruch auf diese Gebiete machte) gegenüber. So waren die Konflikte der folgenden Jahre vorgezeichnet.

Sorgsam bereitete Konstantin seinen Krieg gegen Maxentius vor. Dennoch waren die Kräfte ganz zu seinen Ungunsten verteilt, als er 312 die Alpen überquerte. Vor der Entscheidungsschlacht an der Milvischen Brücke ließ er seine Soldaten das monogrammatische Kreuz (⳨) auf ihren Schildern anbringen, ein unter Christen übliches Zeichen. Maxentius auf der anderen Seite war weder ein Christenverfolger noch ein Tyrann, wie Konstantin es darstellen ließ, freilich stand er dem Christentum auch persönlich nicht nahe.

Konstantin stellte durch seine Handlung das Heer unter den Schutz des Christengottes.

Die Schlacht an der Milvischen Brücke wurde gewonnen (Maxentius war bei der Flucht in den Tiber gestürzt), Konstantin wurde in Rom als Befreier begrüßt. Die Angehörigen des Maxentius ließ er töten und vom Senat sich als rangältesten Augustus ausrufen. Dagegen verzichtete er auf den Gang zum kapitolinischen Tempel und ließ seinem Siegesstandbild „das Zeichen des errettenden Leidens" in die Hand geben.

Konstantin versuchte nun besonders, mit Licinius in nähere Verbindung zu kommen. Die beiden Kaiser kamen 313 in Mailand zusammen. Dabei wurde die Stiefschwester Konstantins, Konstantia, mit Licinius verheiratet. Außerdem einigte man sich auf ein gemeinsames Vorgehen in der Christenfrage. Das Christentum wurde durch diese Mailänder Abmachung (dabei handelt es sich wohl um kein Edikt) noch einmal als ausdrücklich erlaubte Religion bestätigt, wobei die Formulierungen eine nähere Beziehung des Verfassers zum Christentum als bei dem Edikt des Galerius deutlich werden lassen. Auf jeden Fall dürfte Konstantin an diesen Formulierungen auch maßgeblich mitbeteiligt gewesen sein. Weit über das Galerius-Edikt hinaus geht nun die Forderung, den Christen ihre Versammlungsstätten zurückzugeben.

Licinius hat diese Abmachung in seinen Reichsteilen durchgeführt, wie er überhaupt dem Christentum nicht feindlich gegenüberstand. Konstantin ging noch darüber hinaus, ließ langsam Christen auch in einflußreiche Stellungen aufrücken und schenkte dem Bischof von Rom den Palast der Fausta. In Afrika hatte er zuvor schon die Rückgabe der kirchlichen Güter betrieben und die Kleriker von Steuerlasten befreit.

Christenfeindlich eingestellt war noch Maximinus Daja, der jetzt zwar die direkten Christenverfolgungen einstellte, aber die Christen in seinem Gebiet nach wie vor unterdrückte. Durch die Abmachungen zwischen Konstantin und Licinius fühlte er sich bedroht und brach gegen Lincinius auf. Nach dem Bericht des Laktanz, der wohl richtig sein dürfte, handelte es sich hier tatsächlich um einen Kampf zwischen einem christenfreundlichen und einem christenfeindlichen Herrscher. Ebenfalls im Jahr 313, nur drei Monate nach dem Mailänder Treffen, kam es zur Schlacht, die Maximinus verlor. Er konnte zwar entkommen, starb bald darauf aber an einer Krankheit. Licinius übernahm nun seine Reichshälfte und tötete die Angehörigen des Maximinus, auch die Gattin Diokletians, Prisca, und

ihre Tochter Valeria, die Witwe des Galerius, die sich am Hof des Maximinus aufgehalten hatten. Diese Ereignisse erlebte der ehemalige Kaiser Diokletian noch mit, bevor er gegen Ende des Jahres ebenfalls starb.

Nun gab es noch zwei Kaiser, Konstantin im Westen und Licinius im Osten. Der Versuch, eine Art „Pufferstaat" zwischen beiden zu bilden, scheiterte. Ein kleinerer Krieg 316 endete unentschieden, und 317 wurde ein Friedensvertrag geschlossen, in dem zugleich die Kaisersöhne als Caesaren anerkannt wurden. Damit war das System der Tetrarchie endgültig wieder einem Erbprinzip gewichen.

Gleich nach seinem Sieg über Maxentius kam Konstantin mit den Verhältnissen des Christentums in Afrika in Berührung, wo seit 311 der donatistische Streit ausgebrochen war. Es ging dabei um die Frage, ob diejenigen, die während der Verfolgungszeit Bücher ausgeliefert hatten *(traditores)*, jetzt Priester sein könnten. Die Donatisten bestritten, daß ein unreiner Klerus gültige Sakramente spenden könnte. Der Streit entzündete sich dann daran besonders, daß der Bischof Caecilian von einem *traditor* geweiht worden war. Die Donatisten wählten deshalb einen Gegenbischof. Konstantin gewährte zunächst seine Vergünstigungen ausschließlich den Anhängern des Caecilian. Daraufhin baten die Donatisten, den Streitfall durch gallische Bischöfe entscheiden zu lassen (weil es in Gallien keine Verfolgung und also auch keine *traditores* gegeben hatte). Konstantin stimmte dem Vorschlag zu und beauftragte den römischen Bischof Miltiades, zusammen mit den Galliern den Fall zu lösen. Miltiades nahm gegen die Verabredung 15 italienische Bischöfe hinzu, und die so entstandene römische Synode verurteilte die Donatisten (313). Dagegen erhoben die Donatisten erneut Protest, den der Kaiser annahm. Er selbst (!) berief jetzt Bischöfe aus dem gesamten Reichsgebiet, soweit er darüber Kaiser war, zu einer Synode nach Arles (314), wo der Donatismus abermals verurteilt wurde. Die Donatisten riefen jetzt den Kaiser selber an, der die Entscheidung ablehnte und sich auf die Entscheidung der Synode berief. Nach längerem Hin und Her bezog der Kaiser 316 eindeutig noch einmal für Caecilian Stellung und begann, die Donatisten zu verfolgen. Diese Verfolgung gab er allerdings 321 wieder auf und rief die Anhänger der katholischen Kirche zu Geduld und Toleranz auf.

Dieser donatistische Streit bringt den Kaiser zum ersten Mal in nähere Beziehung zu einem Streit um den Kirchenbegriff und da-

mit letztlich auch zu einem Streit um theologische Inhalte. Damit verbunden ist eine ausgiebigere Beschäftigung mit dem Christentum selbst. Im donatistischen Streit nimmt der Kaiser nun auch selbst zum ersten Mal eine Entscheidungsfunktion wahr. Es bleibt von allen Seiten unwidersprochen, daß er auf seine Vollmacht hin eine Bischofssynode einberufen kann. Wichtige Bestimmungen des Verhältnisses von Kaiser und Kirche nehmen hier ihren Anfang.

In den zwanziger Jahren beginnt sich nun das Verhältnis zu Licinius wieder zu verschlechtern. Konstantin fängt an, ihn bei der Benennung der Konsuln völlig zu übergehen. Licinius leitet christenunfreundliche Maßnahmen ein, um zu der Christenbegünstigung seines Nachbarn ein Gegengewicht zu schaffen. 324 kommt es zum Krieg, den wiederum Konstantin gewinnt. Durch Vermittlung von Konstantia wird Licinius das Leben geschenkt, als er aber erneute Versuche unternimmt, das Kaisertum wieder an sich zu bringen, wird er getötet. Damit besitzt Konstantin die Alleinherrschaft über das Reich.

Konstantin, der sich jetzt immer stärker als Christ darstellen ließ, übernahm in der Kirche des Ostens die Probleme des arianischen Streites. Dabei ging es um die Frage, ob nur Gott Vater im Vollsinn Gott sei und der Sohn und der Heilige Geist schon zur Schöpfung gehören (so die Arianer) oder ob Gott Vater, Sohn und Heiliger Geist die gleiche Göttlichkeit besitzen. Darüber war es in Ägypten zum Streit zwischen dem Presbyter Arius und dem Bischof Alexander gekommen. Alexander hatte Arius exkommuniziert. Konstantin versuchte zunächst zu vermitteln. Aber eine weitere Synode 324/5 verurteilte Arius und seine Anhänger nochmals, beschloß jedoch eine neue Synode in Ancyra. Hier griff der Kaiser wieder ein und berief diese Synode nach Nicäa, wo er selbst teilnehmen konnte (325). Dort versammelten sich nun eine große Zahl von Bischöfen aus dem ganzen östlichen Reichsgebiet; der Kaiser selbst nahm nicht nur teil, sondern griff auch in die Verhandlungen ein. Er selbst machte sich für die Einfügung des „homoousios“ in das Glaubensbekenntnis stark. Neben der Verurteilung des Arianismus wurde auch ein gemeinsamer Ostertermin und andere wichtige Fragen beraten. Am 25. Juni feierte er mit den Bischöfen sein 20jähriges Regierungsjubiläum.

Der Kaiser selbst bemüht sich daraufhin um die Durchsetzung der nicänischen Beschlüsse und schickt die arianisch gesinnten Bischöfe in die Verbannung. Dennoch setzt er sich weiterhin für eine Vermittlung ein, Arius fordert er zum Einlenken auf. Als der

ein Glaubensbekenntnis vorlegt, das ihm annehmbar erscheint, handelt Konstantin sofort. Die verbannten Bischöfe dürfen zurückkehren, Alexander wird aufgefordert, Arius wieder in sein Amt einzusetzen (328).

Im selben Jahr stirbt Alexander, ihm folgt als Bischof Athanasius. Der vertritt streng die „Orthodoxie“ des Nicänischen Konzils und verweigert die Wiederaufnahme zunächst des Arius (der bald stirbt) und dann der Arianer. Die alle Vermittlungsversuche des Kaisers ablehnende Haltung des Athanasius verstimmt den Kaiser zusehends, 335 wird der Bischof nach Trier verbannt.

Seit 324 hat Konstantin dem Reich eine neue Münze, den Solidus, gegeben. Damit nahm er eine Reform des Münzwesens in Angriff, die wenigstens teilweise die hohe Inflation abbremsen konnte. Dieses wichtige wirtschaftspolitische Ereignis sei hier stellvertretend erwähnt für viele bedeutende allgemeinpolitische Taten des Kaisers, die wir hier der Kürze halber übergehen müssen. Zu erwähnen ist aber außerdem noch das Einsetzen einer starken Bautätigkeit im ganzen Reich. Der Kaiser förderte dabei an vielen Orten besonders den Kirchenbau.

Im Jahre 326 kommt es zu einer „Familientragödie“ (Vogt). Konstantin läßt seinen erstgeborenen Sohn Krispus hinrichten und seine Frau Fausta im Bad ersticken. Die genauen Hintergründe müssen uns leider verborgen bleiben, vermutlich hatten Krispus und seine Stiefmutter Fausta geschlechtliche Beziehungen unterhalten. Unbekannt bleibt auch die Rolle der Kaisermutter Helena bei diesem Vorfall, die von Konstantin zeit seines Lebens hoch geehrt wurde. Auf jeden Fall schien schon den Zeitgenossen das Blutbad, das Konstantin in seiner eigenen Familie anrichtete, extrem grausam; Euseb hat es in seiner Lebensbeschreibung übergangen.

Im selben Jahr feiert der Kaiser in Rom sein 20jähriges Regierungsjubiläum nach. Weil er sich dabei weigert, heidnische Zeremonien zu vollziehen, kommt es zur Verstimmung von Senat und Volk der Stadt. Konstantin beginnt daraufhin die alte Stadt Byzanz zur Residenz und als neue Reichshauptstadt aufzubauen. Dafür scheut er sich auch nicht, Tempel zu plündern und Tempelschätze heranzuziehen. Die alten Tempel von Byzanz dürfen allerdings stehenbleiben; bei der Gründung 328 wirken auch Heiden mit. Aber die Gesamtplanung der Stadt ist doch eher als christlich zu bezeichnen.

Dem Heidentum gegenüber verhält sich Konstantin prinzipiell tolerant, zu Verfolgungen kommt es nicht. Hat er am Anfang nur

Tempel mit ausgeprägter Tempelprostitution geschlossen, so kommen solche Übergriffe gelegentlich auch bei anderen Tempeln in späterer Zeit vor. Zu Gewalt gegen Personen ist es dabei wohl nicht gekommen.

Zu Ende der Regierungszeit Konstantins zeichnete sich ein neuer Krieg ab, nämlich gegen Persien, das unter Schapur neu zu erstarken begann. In die Kriegsvorbereitungen fiel 337 seine Erkrankung. Er verlangt nun die Taufe, die Euseb von Nikomedien (wo sich Konstantin gerade aufhielt) ihm spendete. Zu Pfingsten desselben Jahres starb er und wurde in der Apostelkirche in Konstantinopel (wie die neue Hauptstadt über dem alten Byzanz nun hieß) bestattet. Diese Anordnung hatte er gegeben in der Hoffnung, nach seinem Tod den Aposteln nahezustehen. Die orthodoxe Kirche bezeichnet ihn bis heute als „Apostelgleichen". Seine Nachfolge traten seine drei Söhne an.

b) Abriß der theologischen Gedanken Konstantins

Wie bereits erwähnt, ließ Konstantins Vater die Christen in seinem Reichsteil gewähren, mehr noch, eine seiner Töchter (Anastasia) trug einen christlichen Namen. Insofern war beim Vater eine große Offenheit zum Christentum vorhanden, die (wegen der Kleinheit der Gemeinden) wahrscheinlich kaum politisch motiviert gewesen sein dürfte. Ich möchte vermuten, daß der allgemeine Hang zum Monotheismus, von dem wohl auch Konstantius erfaßt war, die Sympathien zum Christentum hervorgerufen hatte.

Konstantin führte nach seiner Herrschaftsübernahme die tolerante Haltung des Konstantius in Gallien fort. Die Münzen belegen, daß er schon vor 310 sich vom Polytheismus abgewandt hat. „Wir werden uns mit der Feststellung begnügen müssen, daß diese erste Wendung Konstantins etwa vom Tode Maximians an erkennbar wird. Sie zeigt sich als Verschwinden von Herkules und Jupiter ... An ihre Stelle tritt Sol Invictus – Apollo." [29]

Der Panegyriker von 310 berichtet über eine Vision, die Konstantin im Apollotempel gehabt hat und von der Grégoire damals zu Unrecht annahm, es handele sich dabei um den eigentlichen Kern des Euseb-Berichtes zur Schlacht an der Milvischen Brücke. Sol Invictus taucht von nun an verstärkt auf, bis weit in die Zeit nach 312

[29] H. Kraft, Kaiser Konstantins religiöse Entwicklung, a. a. O. 7f.

hinein, vollständig verschwindet er gar nicht mehr. Auch hier spielt wohl vor allem der Monotheismus eine besondere Rolle.[30] Vor der Schlacht an der Milvischen Brücke läßt Konstantin seine Soldaten das monogrammatische Kreuz auf den Schilden anbringen. Das ist das erste eindeutig christliche Zeichen des Kaisers. Es ist meines Erachtens dabei nicht von großer Wichtigkeit, ob dies durch eine Vision veranlaßt war oder nicht. Auf jeden Fall stellt Konstantin sich und sein Heer hier bewußt unter den Schutz des Christengottes.

Mit diesem Ereignis ist für Konstantin eine Wandlung in seiner Religionspolitik zu erkennen; gegenüber vorher läßt er es nun nicht an Zeichen offener Begünstigung des Christentums fehlen. Kraft hat sicher recht, wenn er zum Thema „Bekehrung vor der Milvischen Brücke" schreibt: „Konstantin selbst spricht nie von dieser Bekehrung . . . Es rührt daher, daß es nie eine Bekehrung Konstantins gegeben hat. Die religiöse Entwicklung des Kaisers verläuft gradlinig und bruchlos in Richtung zunehmender Verchristlichung. Zwar fördert er in den verschiedenen Phasen seiner Religionspolitik das Christentum nicht gleichmäßig. Aber die unbedeutenden Schwankungen sind nicht in seinem Glauben wiederzufinden. Die Frage nach Konstantins Christentum ist natürlich auch eine Frage des Maßstabes. Aber wir haben kein Recht, den Kaiser anders zu beurteilen, als er selbst beurteilt sein wollte. Er ist der Meinung, den Gott, zu dem er betet, nie gewechselt zu haben. Eine für ihn wichtige Erkenntnis seines Glaubens besteht darin, daß dieser Gott der Gott der christlichen Kirche ist."[31]

Sosehr das richtig ist, sollte auch das Ereignis vom Jahr 312 nicht unterschätzt werden. Gewiß ist es kein neuer oder anderer Gott, den Konstantin auf die Schilde setzen läßt. Aber es ist ein Gott, dem er sich anvertraut, dem er die Schlacht anvertraut. Und er erfährt diesen Gott als einen, der ihm Hilfe bringt und den Sieg verleiht, obwohl die militärischen Chancen gar nicht so groß waren. Das wird Auswirkungen haben für sein gesamtes theologisches Denken der Zukunft.

Was für meine Begriffe an der Milvischen Brücke geschehen ist, ist die eindeutige und offene Identifikation seines „Gottes, zu dem

[30] Ob dahinter wirklich die politische Idee „ein Gott – ein Reich – ein Kaiser" gestanden hat, wie H. Kraft, Kaiser Konstantins religiöse Entwicklung, a. a. O. 14f. annimmt, möchte ich hier lieber offenlassen.

[31] H. Kraft, Kaiser Konstantins religiöse Entwicklung, a. a. O. 16.

er betet", mit dem Christengott als Bekenntnis. Und auf der Gegenseite bestätigt und beantwortet dieser Gott dieses Bekenntnis durch den Sieg, den der Kaiser in seinem Namen erringt (so mußte es Konstantin erscheinen). Dementsprechend verwandelt sich auch im Anschluß daran die Religionspolitik, die jetzt stärker als bisher darauf bedacht sein muß, daß diesem Gott die schuldige Verehrung dargebracht wird.

Diese eben beschriebene Anschauung verstärkt sich noch einmal, nachdem Konstantin 324 auch der Sieg über Licinius gelungen ist.

So rückt die Geschichte ganz in den Mittelpunkt der Theologie Konstantins: An der Geschichte ist abzulesen, wie Gott die Bösen straft und die Guten mit seiner Gnade belohnt. Aus der Geschichte wäre an sich hinreichende Gotteserkenntnis zu gewinnen. Wer sich die Ereignisse der jüngsten Vergangenheit anschaut, der muß bei vernünftiger Überlegung zur Verehrung Gottes gelangen.

Aus diesem Geschichtsbild ergibt sich freilich noch eine andere Konsequenz: Vor Konstantin war die Verehrung Gottes durch die Verfolgung derart schwierig geworden, daß Unglück die ganze Menschheit bedrückte. Das Reich stand in Gefahr, weil es Gott die schuldige Ehre nicht erbrachte und dadurch vor der Strafe stand. In dieser Situation hat sich Gott aber in ganz besonderer Weise erbarmt. Er wollte das Glück wieder ans Licht bringen und hat sich dazu eines besonderen Gesandten bedient: eben Konstantins.

H. Kraft spricht vom „Erwählungsgedanken" als einem zentralen Theologumenon des Kaisers.[32] In diesem Sinne nennt sich Konstantin auch „Diener Gottes". „Er tut es nicht in dem modernen Sinn, der Friedrich d. Gr. sich den ‚ersten Diener des Staates' nennen ließ. Vielmehr spricht er damit aus, daß nicht nur er selbst sich dem höchsten Herrn geweiht hat, sondern dieser nun hinter ihm steht und durch ihn seinen eigenen Willen verwirklicht."[33] Dabei könnte man die Aufgabe, die Gott ihm zuteilt, als „Heilung" beschreiben. „Zuerst wollte ich die Vorstellung aller Völker über das Göttliche zu einer einheitlichen Haltung vereinigen. Dann wollte ich den Körper des gemeinsamen Weltganzen, der gleichsam an einer schlimmen Wunde litt, wieder herstellen und verbinden" (Nr. 16a; 65, 1). So wie eine Wunde verbunden wird, damit sie wie-

[32] H. Kraft, Kaiser Konstantins religiöse Entwicklung, a. a. O. 22f.
[33] H. Dörries, Selbstzeugnis, a. a. O. 258.

der zusammenwächst, so ist die Einheit das Band, der Verband, der alles heilt. Für seine Politik der Kirche gegenüber wird der Begriff der „Einheit“ eines der entscheidenden Worte.

In zunehmendem Maße bemüht er sich, die Bischöfe zur Einheit aufzurufen. Dabei ist ihm gar nicht so wichtig, wenn man sich in Randfragen uneinig ist. Nur, so schreibt er an die Kontrahenten Arius und Alexander, darf man diese Streitigkeiten dann nicht ins Volk tragen und dort Verwirrung stiften. Konstitutiv ist freilich, daß „ein Glaube“, „ein Verständnis unserer Gemeinschaft“ da ist und das „Gebot des Gesetzes in allen seinen Teilen das Ganze zu einem seelischen Wollen“ zusammenschließt (Nr. 16a; 71, 5). Das Mittel, diese Einheit herzustellen, ist für ihn in besonderer Weise die Synode.

Schon gleich nach seinem Sieg 312 wurde Konstantin mit einem innerchristlichen Streit konfrontiert, der Donatistenfrage in Afrika. Seine Achtung vor dem Klerus war groß, zunächst zögerte er, selbständig in diesen Streit einzugreifen, und versuchte zu vermitteln. Je schwieriger sich dieser Versuch ausnahm, desto beherzter griff er ein. Die Synode in Arles berief er persönlich zusammen. Und später griff er dann auch mit staatlichen Maßnahmen (Verbannung und Versammlungsverbot) durch.

Aus seinem Erwählungsgedanken, aus dem Gedanken, von Gott berufener Diener zu sein, kann sich Konstantin den Bischöfen gleichwertig fühlen, ja sogar in Anspruch nehmen, die Bischöfe zu lehren. In Nicäa ruft er die Synode nicht nur ein, sondern er nimmt auch daran teil und nimmt in betonter Weise Stellung. In seinem Palast hält er sogar Predigten. Die Kirche akzeptiert weitgehend diese Vollmacht des Kaisers, obwohl er ja weder getauft ist noch an den Gottesdiensten teilnimmt. Interessant ist dabei auch, daß Konstantin die Bischöfe in einem sehr kollegialen Ton anredet, umgekehrt stark abgegrenzt von dem Ton der Schreiben an kaiserliche Beamte. Hier soll wohl eine besondere Nähe angesprochen sein, die sich in Nicäa dadurch äußert, daß er mit den Bischöfen spricht, ohne daß seine Leibwache dazwischensteht. Die Synode der Bischöfe ist für ihn das oberste Entscheidungsorgan, ihre Beschlüsse sind vom Heiligen Geist selbst eingegeben und entsprechen dem Willen Gottes. Er selbst aber ordnet sich nicht nur den Bischöfen ein. Er verfügt Verbannungen, er ermahnt Bischöfe und belehrt sie. Insofern halte ich es wahrscheinlich, daß Konstantin sich wirklich als Bischof über die äußeren Angelegenheiten bezeichnet hat (ἐπίσκοπος τῶν ἐκτός), nicht, wie der Ausdruck auch zu interpretieren

wäre, als Bischof der Heiden.[34] Konstantin ist der Bischof für alle Angelegenheiten der Kirche, die über die Einflußbereiche der Bischöfe hinausgehen, d. h. für alle Fragen, die den Staat und das Verhältnis zu den Andersgläubigen betreffen. Vielleicht ist damit sogar die Aufgabe eingeschlossen, für Einheit in der Kirche zu sorgen. Denn diese Aufgabe ist für Konstantin nicht nur eine innerkirchliche, sondern auch eine, die von ausgesprochener Wichtigkeit ist für die Wirkung der Kirche nach außen und für den Ablauf des geordneten Kultes. Nicht umsonst legt Konstantin auch so großen Wert auf einen reichseinheitlichen Ostertermin.

Konstantin denkt insofern römisch, als ihm der Vollzug des Kultes von äußerster Wichtigkeit ist. Gott muß angebetet und verehrt werden, damit das Staatswohl durch Gottes Gnade gedeihen kann. Die Ausübung des Kultes darf nicht unterbleiben, weil sonst der Staat in Gefahr steht. Deshalb bezwecken schon die ersten Anordnungen des Kaisers eine Besserstellung des Klerus, der für diesen Kult verantwortlich ist. Und deshalb ist nicht zuletzt kirchliche Einheit nötig, damit ein ordnungsgemäßer Vollzug über das ganze Reich möglich wird.

Kirche ist für den Kaiser weiterhin Träger der Wahrheit und des Heils. Die Kirche teilt den Glauben an die Unsterblichkeit aus. Die Kirche ist es aber auch, die das Gesetz hat.

„Gesetz" ist einer der Zentralbegriffe für Konstantin, mit denen er das Christentum beschreiben kann. Es ist die sittliche Regel, nach der man Gottes Lohn erreichen kann. Hier ist eine sehr stark ethische Komponente, die sich wieder folgerichtig aus dem Geschichtsbild Konstantins ergibt. „Die Offenbarung seines ⟨Gottes⟩ Willens rechnet Konstantin zu den wichtigsten Taten Gottes; der Mensch erhält dadurch die Möglichkeit, die Gesetze zu befolgen und sich der gesetzten Ordnung einzufügen. Die Versammlung der Menschen, die freiwillig, auf Grund ihrer Gotteserkenntnis, die Erfüllung dieser Gesetze auf sich genommen haben, ist die Kirche. Der Glaube ist der Glaube an die Verbindlichkeit dieser Gesetze."[35]

Mit diesen Gedanken verbinden sich dann auch die Vorstellungen über Gott. Dazu ist interessant, daß uns in der Anfangszeit, aber auch später noch in Briefen an größere Adressatenkreise neu-

[34] So z. B. H. Kraft, Kaiser Konstantins religiöse Entwicklung, a. a. O. 105.

[35] H. Kraft, Kaiser Konstantins religiöse Entwicklung, a. a. O. 80.

trische Gottesbegriffe begegnen. Nur in den Dokumenten, die an Bischöfe gerichtet sind, begegnen uns schon früh persönliche Gottesbezeichnungen. Die Anrede „Vater" im Sinne des neutestamentlichen „Abba" gebraucht Konstantin selten und ebenfalls erst sehr spät. Es ist deutlich, daß hier natürlich die Vorstellungen aus dem monotheistisch-philosophischen Vorverständnis der Frühzeit des Kaisers nachwirken. Später hat Konstantin vermutlich an solcher Terminologie festgehalten, damit sich die breite Schicht der Anhänger solcher philosophisch geprägten Richtungen leichter mit den Aussagen des Kaisers abfinden kann.

Aus dem Geschichtsverständnis folgt, daß Gott zunächst Macht ist. Er ist allgegenwärtig, er kann immer, wenn er will, in die Geschichte eingreifen, ja, er lenkt die Geschichte. Konstantin gebraucht dafür den Begriff „Vorsehung". Gott kennt auch Geduld, er kann mit der Strafe warten. Er ist auch ein gnädiger Gott, der Schuld vergibt, wenn man zu seinem Gesetz zurückkehrt. Aber wer dies nicht tut, wird der Strafe nicht entgehen.

Gott ist auch „Retter", so wie es Konstantin in der Schlacht erfahren hat. Denen, die sich zu Gott bekennen, wird die Rettung zuteil. Überhaupt sorgt die Vorsehung Gottes dafür, daß sich letztlich das Gute durchsetzt. Deshalb hat Konstantin ja auch den göttlichen Auftrag erhalten, das Licht glücklicherer Zeiten wieder zum Vorschein zu bringen. „Rettung, Heil" wird zunächst immanent verstanden. Es bedeutet Glück und Erfolg, Wohlergehen. Auch für die Märtyrer ist wichtig, daß sie Ruhm erlangt haben, daß sie nun von der Kirche geehrt werden. Darin ergeht es ihnen anders als den Christenverfolgern, von denen man nur noch mit Abscheu spricht. Darüber hinaus ist „Heil, Rettung" nicht nur auf die Erde beschränkt. Lohn und Strafe Gottes erstrecken sich nicht nur auf das irdische Leben. Und so erwartet Konstantin ewiges Leben, so wie den Christenverfolgern weitere Strafe in der Unterwelt gewiß ist.

Bisher war freilich von der Christologie noch keine Rede gewesen. Tatsächlich scheint sie im Denken Konstantins auch keine große Rolle gespielt zu haben. Im Brief an die Synodalen von Arles wird der Name „Christus" in einer Weise verwendet, daß man dafür auch „Gott" einsetzen könnte. Aber so wie der Kirchenbegriff Konstantins durch den donatistischen Streit verändert wurde, so war der arianische Streit für ihn Anlaß zu näherer Beschäftigung mit der Christologie. Dabei ist für ihn wichtig, daß die Göttlichkeit Christi festgehalten wird. Man darf Christus nicht von Gott

trennen, weil man sonst ihm und uns die Ewigkeit nimmt. So wie Gott gegenwärtig ist in einer Welt, in der es die Sünde gibt, und doch nicht leidet, so kann Christus gegenwärtig sein in einem Leib und doch dem Leiden nicht unterworfen sein. Die Passion Christi ist eine „rasch gerächte Schmach".[36] Das Werk Christi ist Lehre der Gottes- und Gesetzeserkenntnis, die Reinigung der menschlichen Herzen zum Tun des Guten und die Verleihung der Unsterblichkeit. In diesem Sinne kann Konstantin Christus auch als das „ganze Gesetz" bezeichnen. Christus ist also hauptsächlich durch sein Wort und sein Leben „Lehrer". Die Verwandtschaft zu den Apologeten ist hier oft bemerkt worden.

Ich breche die kurze Übersicht hier ab. Ich habe mich bewußt an die Erkenntnisse von Dörries und Kraft angeschlossen. Dennoch ist gerade in den Fragen der Theologie Konstantins noch vieles offen. Ich möchte dem Benutzer dieser Quellensammlung Mut machen, sich selber an den Texten diesen Fragen zuzuwenden.

5. *Weiterführende Literatur*

Ich möchte in diesem Zusammenhang kein Literaturverzeichnis zu Konstantin dem Großen geben. Der Leser findet es in fast jedem der hier genannten Bücher, besonders aber in denen, die ich unter der Forschungsgeschichte angegeben habe. Die wenigen Titel hier sollen bloß eine kleine Auswahl der Veröffentlichungen darstellen, die man für eine ausführlichere Beschäftigung mit dem Thema unbedingt zur Kenntnis nehmen sollte.

a) Zur Forschungsgeschichte

H. Kraft, Konstantin der Große, Wege der Forschung 131, Darmstadt 1974.

G. Ruhbach, Die Kirche angesichts der Konstantinischen Wende, Wege der Forschung 306, Darmstadt 1976.

[36] H. Dörries, Selbstzeugnis, a. a. O. 385.

b) Zur Religionspolitik Konstantins

T. D. Barnes, Constantine and Eusebius, Cambridge/London 1981.
H. Dörries, Das Selbstzeugnis Kaiser Konstantins, Abhandlungen der Akademie der Wissenschaften in Göttingen, Phil.-hist. Klasse III/34, Göttingen 1954.
H. Kraft, Kaiser Konstantins religiöse Entwicklung, Beiträge zur historischen Forschung 20, Tübingen 1955.
J. Vogt, Constantinus der Große, RAC III, 306 ff.

DIE TEXTE

I. TEXTE ZUR ANFANGSZEIT KAISER KONSTANTINS

1. Das Verhalten des Vaters Konstantius

Die beiden folgenden Berichte sind Zusammenfassungen über die Regierung von Konstantins Vater, Konstantius († 306). Von Euseb ist der frühere aus der ›Kirchengeschichte‹ ausgewählt. In ähnlicher Weise berichtet er noch einmal v. C. I 13. Dort wird deutlich, wie sehr die Legendenbildung sich des Konstantiusbildes annimmt, denn Euseb fügt I 14 die Erzählung bei, daß Diokletian den Konstantius wegen seiner Armut getadelt hätte. Da habe Konstantius die reichsten Untertanen um Gaben gebeten und freiwillig so viel von ihnen erhalten, daß die Boten Diokletians voll von Ver-

a) Der Bericht des Euseb

Text nach: Euseb, h. e. VIII 13, 12–14.

12. χρόνου δ' οὐ πλείστου μεταξὺ γενομένου βασιλεὺς Κωνστάντιος τὸν πάντα βίον πραότατα καὶ τοῖς ὑπηκόοις εὐνοϊκώτατα τῷ τε θείῳ λόγῳ προσφιλέστατα διαθέμενος, παῖδα γνήσιον Κωνσταντῖνον αὐτοκράτορα καὶ Σεβαστὸν ἀνθ' ἑαυτοῦ καταλιπών, κοινῷ φύσεως νόμῳ τελευτᾷ τὸν βίον, πρῶτός τε ἐν θεοῖς ἀνηγορεύετο παρ' αὐτοῖς, ἁπάσης μετὰ θάνατον, ὅση βασιλεῖ τις ἂν ὠφείλετο, τιμῆς ἠξιωμένος, χρηστότατος καὶ ἠπιώτατος βασιλέων· 13. ὃς δὴ καὶ μόνος τῶν καθ' ἡμᾶς ἐπαξίως τῆς ἡγεμονίας τὸν πάντα τῆς ἀρχῆς διατελέσας χρόνον καὶ τἄλλα τοῖς πᾶσι δεξιώτατον καὶ εὐεργετικώτατον παρασχὼν ἑαυτὸν τοῦ τε καθ' ἡμῶν πολέμου μηδαμῶς ἐπικοινωνήσας, ἀλλὰ καὶ τοὺς ὑπ' αὐτὸν θεοσεβεῖς ἀβλαβεῖς καί ἀνεπηρεάστους φυλάξας καὶ μήτε τῶν ἐκκλησιῶν τοὺς οἴκους καθελὼν μήθ' ἕτερόν τι καθ' ἡμῶν καινουργήσας, τέλος εὔδαιμον καὶ τρισμακάριον ἀπείληφεν τοῦ βίου, μόνος ἐπὶ τῆς αὐτοῦ βασιλείας εὐμενῶς καὶ ἐπιδόξως ἐπὶ διαδόχῳ γνησίῳ παιδὶ πάντα σωφρονεστάτῳ τε καὶ εὐσεβεστάτῳ τελευτήσας. 14. τούτου παῖς Κωνσταντῖνος εὐθὺς ἀρχόμενος βασιλεὺς τελεώτατος καὶ Σεβαστὸς πρὸς τῶν στρατοπέδων καὶ ἔτι πολὺ τούτων πρότερον

wunderung wurden, als sie das sahen. Danach habe Konstantius alles wieder den Eigentümern zurückgegeben. Die Tendenz zur Darstellung des Konstantius als Freund der Christen, der ihnen grundsätzlich keine Nachteile bereitet, ist aber schon bei Eusebs Bericht in der ›Kirchengeschichte‹ zu erkennen. Laktanz schreibt offener, daß Konstantius die Versammlungsräume zerstört habe, allerdings keine Angriffe auf die Menschen selbst unternommen habe. Dieser Bericht dürfte historisch sein; die Zerstörung der Kirchen wäre kaum nachträglich hinzugefügt worden.

Konstantin selbst schreibt über seinen Vater: „Lediglich mein Vater pflegte die Werke der Sanftmut und rief in allen seinen Taten mit bewundernswerter Frömmigkeit den Retter-Gott an" (Nr. 26a; 49, 1). Mit dem Retter-Gott meint Konstantin wohl einen monotheistisch gedachten Gott, eben jenen Gott, den er später als Gott der Christen erkannt hat. Aus dieser Stelle kann nicht geschlossen werden, daß Konstantius Christ war, wohl aber, daß er, wie sein Sohn, einem philosophisch geprägten, monotheistischen Gottesverständnis anhing.

12. Nicht lange Zeit danach vollendete Konstantius sein Leben auf natürliche Weise. Das ganze Leben hindurch war er sehr mild und wohlwollend zu seinen Untertanen gewesen. Er hinterließ als Selbstherrscher und Augustus seinen leiblichen Sohn Konstantin. Er war der erste, der von seinen Untertanen unter die Götter gerechnet wurde. Und er wurde nach seinem Tod der Ehren gewürdigt, die man einem König schuldet. Denn er regierte sehr gut und sehr mild. 13. Er als einziger Kaiser unserer Zeit übte sein Amt während der ganzen Regierungszeit auf eine der Herrschaft würdige Weise aus. Und im übrigen erzeigte er sich allen gegenüber sehr rechtschaffen und wohlwollend und beteiligte sich nie an dem Krieg gegen uns. Sondern er ließ die Frommen unter seiner Herrschaft unversehrt und mißhandelte sie nicht. Auch zerstörte er keine Kirchengebäude und führte auch sonst nichts Neues, was sich gegen uns gerichtet hätte, ein. Er hatte daher ein glückliches und dreimal seliges Lebensende. Er starb wohlbehalten und ruhmvoll während seiner ⟨nicht gewaltsam beendeten⟩ Regierung und hatte als Nachfolger einen in allem sehr verständigen und sehr frommen Sohn. 14. Sein Sohn Konstantin wurde sofort vom Heer und noch viel früher von Gott, dem Allkönig, zum höchsten König und Augustus

πρὸς αὐτοῦ τοῦ παμβασιλέως θεοῦ ἀναγορευθείς, ζηλωτὴν ἑαυτὸν τῆς πατρικῆς περὶ τὸν ἡμέτερον λόγον εὐσεβείας κατεστήσατο.

b) Der Bericht des Laktanz

Text nach: Lact. m. p. 15, 7.

7. Nam Constantius, ne dissentire a maiorum praeceptis videretur, conventicula id est parietes, qui restitui poterant, dirui passus est, verum autem dei templum, quod est in hominibus, incolumne servavit.

2. *Das Edikt des Galerius von 311*

Das Edikt des Galerius von 311 macht deutlich, daß Konstantin nicht der erste war, der den Christen Toleranz gewährte. Galerius gehörte in der Nachfolge Diokletians zu den konsequenten Christenverfolgern. Sein Edikt konzediert die Erfolglosigkeit der bisherigen Politik. Die Formulierungen zeigen die große Distanz des Kaisers zu dieser Religion und die Unwilligkeit, mit der er ihr die Toleranz zusichert. Das beweist deutlich, daß dieses Edikt nicht mit der Erkrankung des Kaisers an Krebs seit dem Jahre 310 zusammenhängt oder gar eine Einsicht in die Wahrheit des Chri-

a) Fassung nach Laktanz

Text nach: Lact. m. p. 34.

1. Inter cetera quae pro rei publicae semper commodis atque utilitate disponimus, nos quidem volueramus antehac iuxta leges veteres et publicam disciplinam Romanorum cuncta corrigere atque id providere, ut etiam christiani, qui parentum suorum reliquerant sectam, ad bonas mentes redirent, 2. Siquidem quadam ratione tanta eosdem christianos voluntas invasisset et tanta stultitia occupasset, ut non illa veterum instituta sequerentur, quae forsitan primum parentes eorundem constituerant, sed pro arbitrio suo atque ut isdem erat libitum. ita sibimet leges facerent quas observarent, et per diversa varios populos congregarent. 3. Denique cum eiusmodi nostra iussio extitisset, ut ad veterum se instituta conferrent, multi

ausgerufen und er erwies sich als Anhänger der väterlichen Ehrfurcht gegen unsere Lehre.

7. Denn Konstantius erlaubte die Zerstörung der Versammlungsräume, d. h. der Wände, die wiederhergestellt werden konnten, damit es nicht so aussah, als würde er von den Vorschriften der Höheren abweichen. Den wahren Tempel Gottes, der in den Menschen ist, ließ er unversehrt.

stentums bedeutet, wie es Laktanz m. p. 33 darstellt. Ziel des Ediktes ist die typisch römische Ansicht, daß jeder Mensch für das Gemeinwohl beten soll.

Die Parallelfassung des Euseb (h. e. VIII 17, 3–10) ist hier der Kürze halber nicht abgedruckt. Ebenfalls ausgelassen werden mußten die Berichte von Euseb und Laktanz, in denen sie mit grausamer Ausführlichkeit und Übertreibung die Krankheit des Galerius beschreiben und als Strafe Gottes ansehen. Freilich muß der Krebs des Kaisers tatsächlich so furchtbar gewesen sein, daß er viele Zeitgenossen, wahrscheinlich auch Konstantin, maßlos erschreckt hat.

1. Unter dem übrigen, was wir immer zum Vorteil und Nutzen des Staates angeordnet hatten, wollten wir bisher auch nach den alten Gesetzen und den öffentlichen Grundsätzen der Römer alles verbessern und darauf achten, daß auch die Christen, die die Lehre ihrer Väter verlassen hatten, zur Vernunft zurückkehren. 2. Aus irgendeinem Grund hat diese Christen ein solcher Wille erfaßt und eine solche Dummheit ergriffen, daß sie nicht ⟨mehr⟩ jenen Einrichtungen der Alten folgten, die vielleicht ihre eigenen Vorfahren eingeführt hatten. Sondern nach ihrem eigenen Willen, wie es ihnen beliebte, gaben sie sich selbst Gesetze, die sie befolgten, und riefen überall verschiedene Leute zusammen. 3. Nachdem wir befohlen hatten, zu den Einrichtungen der Alten zurückzukehren, wurden viele von ihnen

periculo subiugati, multi etiam deturbati sunt. 4. Atque cum plurimi in proposito perseverarent ac videremus nec diis eosdem cultum ac religionem debitam exhibere nec christianorum deum observare, contemplatione mitissimae nostrae clementiae intuentes et consuetudinem sempiternam, qua solemus cunctis hominibus veniam indulgere, promptissimam in his quoque indulgentiam nostram credidimus porrigendam, ut denuo sint christiani et conventicula sua componant, ita ut ne quid contra disciplinam agant. 5. Per aliam autem epistolam iudicibus significaturi sumus quid debeant observare. Unde iuxta hanc indulgentiam nostram debebunt deum suum orare pro salute nostra et rei publicae ac sua, ut undique versum res publica perstet incolumis et securi vivere in sedibus suis possint.

3. Die Vision des Kaisers vor der Schlacht an der Milvischen Brücke

Über die Ereignisse um die Schlacht an der Milvischen Brücke besitzen wir drei Berichte, einen von Laktanz und zwei von Euseb (der ältere aus der ›Kirchengeschichte‹, der jüngere aus der ›Vita‹). Keiner der Berichte deckt sich mit einem anderen. Gemeinsam enthalten sie nur die Hinwendung des Kaisers zu Gott und die Mithilfe Gottes bei der Schlacht. In der

a) Der Bericht des Laktanz

Text nach: Lact. m. p. 44, 1–9.

1. Iam mota inter eos fuerant arma civilia. Et quamvis se Maxentius Romae contineret, quod responsum acceperat periturum esse, si extra portas urbis exisset, tamen bellum per idoneos duces gerebatur. 2. Plus virium Maxentio erat, quod et patris sui exercitum receperat a Severo et suum proprium de Mauris atque Gaetulis nuper extraxerat. 3. Dimicatum, et Maxentiani milites praevalebant, donec postea confirmato animo Constantinus et ad utrumque paratus copias omnes ad urbem propius admovit et e regione pontis Mulvii consedit. 4. Imminebat dies quo Maxentius imperium ceperat, qui est a. d. sextum Kalendas Novembres, et quinquennalia terminabantur. 5. Commonitus est in quiete Constantinus ut caeleste

den Gerichtsprozessen unterworfen, viele wurden auch vertrieben. 4. Und als die meisten auf ihrem Vorsatz bestanden und wir sahen, daß sie ⟨so⟩ weder den Göttern Gottesdienst oder die angemessene Verehrung zuteil werden ließen noch den Gott der Christen verehrten, da betrachteten wir unsere mildeste Güte und immerwährende Gewohnheit, allen Menschen Gnade zu gewähren, und wir glaubten, unsere freimütigste Nachsicht auch auf die Christen ausdehnen zu müssen. Sie sollen von neuem Christen sein und ihre Gemeinden sammeln, solange sie nichts gegen die öffentliche Ordnung tun. 5. Durch einen anderen Brief werden wir den Richtern bekanntgeben, was sie beachten sollen. Daher schulden die Christen nun gemäß der Tatsache, daß wir ihnen Nachsicht gewährt haben, für unser Heil, für das Heil des Staates und ihr eigenes Heil zu beten, damit der Staat in jeder Weise unbeschädigt bleibt und sie in ihren Wohnungen in Sicherheit leben können.

Forschung herrscht heute weitgehend Einigkeit darüber, daß wir es hier mit einem wichtigen Ereignis für die religiöse Entwicklung des Kaisers zu tun haben. Man glaubt auch, daß die Anbringung eines christlichen Zeichens auf den Schilden der Soldaten in der bei Laktanz berichteten Form als historisch anzusehen ist (vgl. neben der Einführung Kraft 1–27). Die hier gegebenen drei Texte gehören vielleicht zu den meistdiskutierten der Forschungsgeschichte.

1. Schon hatte unter ihnen der Bürgerkrieg begonnen. Maxentius hielt sich in Rom auf, weil er eine Orakelantwort empfangen hatte, daß er zugrundegehen würde, wenn er die Tore der Stadt verließe. Dennoch wurde der Krieg durch geeignete Feldherrn geführt. 2. Maxentius hatte das größere Heer, weil er sowohl das Heer seines Vaters von Severus erhalten als auch sein eigenes Heer neulich von den Mauren und Gätulen abgezogen hatte. 3. Zunächst blieben die Soldaten des Maxentius siegreich, bis Konstantin seinen Mut befestigt hatte. Zu allem bereit, hatte Konstantin alle Truppen in die Nähe der Stadt gezogen und ließ sie in dem Gebiet der Milvischen Brücke lagern. 4. Es nahte sich der Tag, an dem Maxentius die Herrschaft angetreten hatte, das ist der 27. Oktober. Die Feiern zum fünfjährigen Jubiläum des Regierungsantritts kamen an ihr Ende. 5. Im Schlaf

signum dei notaret in scutis atque ita proelium committeret. Facit ut iussus est et transversa X littera summo capite circumflexo, Christum in scutis notat. 6. Quo signo armatus exercitus capit ferrum. Procedit hostis obviam sine imperatore pontemque transgreditur. Acies pari fronte concurrunt, summa vi utrimque pugnatur: neque his fuga nota neque illis. 7. Fit in urbe seditio et dux increpitatur velut desertor salutis publicae. Cumque conspiceretur repente populus – circenses enim natali suo edebat – una voce subclamat Constantinum vinci non posse. 8. Qua voce consternatus proripit se ac vocatis quibusdam senatoribus libros Sibyllinos inspici iubet: in quibus repertum est illo die hostem Romanorum esse periturum. 9. Quo responso in spem victoriae inductus procedit, in aciem venit. Pons a tergo eius scinditur. Eo viso pugna crudescit et manus dei supererat aciei. Maxentianus proterretur, ipse in fugam versus properat ad pontem, qui interruptus erat, ac multitudine fugientium pressus in Tiberim deturbatur.

b) Die frühere Fassung des Euseb

Text nach: Euseb, h. e. IX 9, 1–5.

1. Οὕτω δῆτα Κωνσταντίνου, ὃν βασιλέα ἐκ βασιλέως εὐσεβῆ τε ἐξ εὐσεβεστάτου καὶ πάντα σωφρονεστάτου γεγονέναι προειρήκαμεν, πρὸς τοῦ παμβασιλέως θεοῦ τε τῶν ὅλων καὶ σωτῆρος κατὰ τῶν δυσσεβεστάτων τυράννων ἀνεγηγερμένου πολέμου τε νόμῳ παραταξαμένου, θεοῦ συμμαχοῦντος αὐτῷ παραδοξότατα, πίπτει μὲν ἐπὶ Ῥώμης ὑπὸ Κωνσταντῖνον Μαξέντιος, ὁ δ᾽ ἐπ᾽ ἀνατολῆς οὐ πολὺν ἐπιζήσας ἐκείνῳ χρόνον, αἰσχίστῳ καὶ αὐτὸς ὑπὸ Λικίννιον οὔπω μανέντα τότε καταστρέφει θανάτῳ. 2. πρότερός γε μὴν ὁ καὶ τιμῇ καὶ τάξει τῆς βασιλείας πρῶτος Κωνσταντῖνος τῶν ἐπὶ Ῥώμης κατατυραννουμένων φειδὼ λαβών, θεὸν τὸν οὐράνιον τόν τε τούτου λόγον, αὐτὸν δὴ τὸν πάντων σωτῆρα Ἰησοῦν Χριστόν, σύμμαχον δι᾽ εὐχῶν ἐπικαλεσάμενος, πρόεισιν πανστρατιᾷ, Ῥωμαίοις τὰ τῆς ἐκ προγόνων ἐλευθερίας προμνώμενος. 3. Μαξεντίου δῆτα μᾶλλον ταῖς κατὰ γοητείαν μηχαναῖς ἢ τῇ τῶν ὑπηκόων ἐπιθαρσοῦντος εὐνοίᾳ, προελθεῖν γε μὴν οὐδ᾽ ὅσον πυλῶν τοῦ

wurde Konstantin ermahnt, das himmlische Zeichen Gottes auf den Schilden anzubringen und so die Schlacht zu beginnen. Er tat wie befohlen, und indem er den Buchstaben X umlegte und die Spitze umbog, brachte er Christus auf den Schilden an. 6. Mit diesem Zeichen bewaffnet, ergreift das Heer das Eisen. Der Feind rückt ohne den Feldherrn vor und überquert die Brücke. Die Schlachtreihen gehen in gleicher Front gegeneinander; auf beiden Seiten wird heftig gekämpft: „Flucht wird weder bei diesem noch bei jenem bemerkt.“ 7. In der Stadt ereignet sich ein Aufruhr. Maxentius wird als Verräter des öffentlichen Wohles geschmäht. Als er erblickt wurde – es waren gerade Zirkusspiele aus Anlaß seiner Geburt –, schrie das Volk einmütig, daß Konstantin nicht besiegt werden könne. 8. Dadurch wurde er verwirrt, rannte aus dem Zirkus und befahl, nachdem er einige Senatoren ⟨zu sich⟩ gerufen hatte, die Sybillischen Bücher zu befragen. In ihnen wurde offenbart, daß an jenem Tag ein Feind der Römer vernichtet werden solle. 9. Nachdem er durch diese Antwort mit Hoffnung auf den Sieg erfüllt war, brach er auf und schritt in Schlachtordnung voran. Die Brücke wird hinter seinem Rücken zerstört. Als er gesehen wurde, verschärfte sich der Kampf, und die Hand Gottes war über dem Schlachtfeld. Das Heer des Maxentius wurde verstört; er selbst floh zu der Brücke, die zerstört war. Und die Masse der Fliehenden drängte ihn in den Tiber.

1. Als Konstantin, den wir als Kaiser und einem Kaiser entsprossen, als fromm und als Sohn des allerfrömmsten und in jeder Beziehung sehr verständigen Vaters bereits erwähnt haben, von dem Allkönig, von dem Gott über alle Dinge, gegen die gottlosesten Tyrannen aufgeweckt wurde und der Krieg nach dem Gesetz begonnen hatte und Gott auf eine ganz unerwartete Weise mitkämpfte, fiel Maxentius bei Rom durch Konstantin. Der Tyrann über den Osten lebte nicht viel länger als jener; er wurde durch Licinius, der damals noch nicht wahnsinnig war, einem schlimmen Tod unterworfen. 2. Zuerst empfand Konstantin, nach Rang und Ordnung der Erste des Reiches, Mitleid mit denen, die in Rom unter der Tyrannei lebten. Er rief durch Gebete den himmlischen Gott und seinen Logos, Jesus Christus, den Retter von allen Menschen, als Bundesgenossen an, dann ging er mit dem ganzen Heer voran, um für die Römer die von den Vorvätern ⟨ererbte⟩ Freiheit wieder zu beschaffen. 3. Maxentius, der mehr auf die Möglichkeiten in der Zauberei vertraute als auf das Wohlwollen seiner Untertanen, wagte es nicht, auch nur aus den Toren der Stadt herauszu-

ἄστεος ἐπιτολμῶντος, ὁπλιτῶν δ' ἀνηρίθμῳ πλήθει καὶ στρατοπέδων λόχοις μυρίοις πάντα τόπον καί χώραν καὶ πόλιν, ὅση τις ἐν κύκλῳ τῆς Ῥωμαίων καὶ Ἰταλίας ἁπάσης ὑπ' αὐτῷ δεδούλωτο, φραξαμένου, ὁ τῆς ἐκ θεοῦ συμμαχίας ἀνημμένος βασιλεὺς ἐπιὼν πρώτῃ καὶ δευτέρᾳ καὶ τρίτῃ τοῦ τυράννου παρατάξει εὖ μάλα τε πάσας ἑλών, πρόεισιν ἐπὶ πλεῖστον ὅσον τῆς Ἰταλίας ἤδη τε αὐτῆς Ῥώμης ἄγχιστα ἦν· 4. εἶθ' ὡς μὴ τοῦ τυράννου χάριν Ῥωμαίοις πολεμεῖν ἀναγκάζοιτο, θεὸς αὐτὸς δεσμοῖς τισιν ὥσπερ τὸν τύραννον πορρωτάτω πυλῶν ἐξέλκει καὶ τὰ πάλαι δὴ κατὰ ἀσεβῶν ὡς ἐν μύθου λόγῳ παρὰ τοῖς πλείστοις ἀπιστούμενα, πιστά γε μὴν πιστοῖς ἐν ἱεραῖς βίβλοις ἐστηλιτευμένα, αὐτῇ ἐναργείᾳ πᾶσιν ἁπλῶς εἰπεῖν, πιστοῖς καὶ ἀπίστοις, ὀφθαλμοῖς τὰ παράδοξα παρειληφόσιν, ἐπιστώσατο. 5. ὥσπερ γοῦν ἐπ' αὐτοῦ Μωυσέως καὶ τοῦ πάλαι θεοσεβοῦς Ἑβραίων γένους ἅρματα Φαραὼ καὶ τὴν δύναμιν αὐτοῦ ἔρριψεν εἰς θάλασσαν, ἐπιλέκτους ἀναβάτας τριστάτας· κατεπόθησαν ἐν θαλάσσῃ ἐρυθρᾷ, πόντος ἐκάλυψεν αὐτούς, κατὰ τὰ αὐτὰ δὴ καὶ Μαξέντιος οἵ τε ἀμφ' αὐτὸν ὁπλῖται καὶ δορυφόροι ἔδυσαν εἰς βυθὸν ὡσ εἰ λίθος, ὁπηνίκα νῶτα δοὺς τῇ ἐκ θεοῦ μετὰ Κωνσταντίνου δυνάμει, τὸν πρὸ τῆς πορείας διῄει ποταμόν, ὃν αὐτὸς σκάφεσιν ζεύξας καὶ εὖ μάλα γεφυρώσας μηχανὴν ὀλέθρου καθ' ἑαυτοῦ συνεστήσατο.

c) Die spätere Fassung des Euseb

Text nach: Euseb, v. C. I 27–32.

27, 1 Εὖ δ' ἐννοήσας ὡς κρείττονος ἢ κατὰ στρατιωτικὴν δέοι αὐτῷ βοηθείας διὰ τὰς κακοτέχνους καὶ γοητικὰς μαγγανείας τὰς παρὰ τῷ τυράννῳ σπουδαζομένας, θεὸν ἀνεζήτει βοηθόν, τὰ μὲν ἐξ ὁπλιτῶν καὶ στρατιωτικοῦ πλήθους δεύτερα τιθέμενος (τῆς γὰρ παρὰ θεοῦ βοηθείας ἀπούσης τὸ μηθὲν ταῦτα δύνασθαι ἡγεῖτο), τὰ δ' ἐκ θεοῦ συνεργίας ἄμαχα εἶναι καὶ ἀήττητα λέγων. 2. ἐννοεῖ δῆτα ὁποῖον δέοι θεὸν βοηθὸν ἐπιγράψασθαι, ζητοῦντι δ' αὐτῷ ἔννοιά τις ὑπεισῆλθεν, ὡς πλειόνων πρότερον τῆς ἀρχῆς ἐφαψαμένων οἱ μὲν πλείοσι θεοῖς τὰς σφῶν αὐτῶν ἀναρτήσαντες ἐλπίδας, λοιβαῖς τε καὶ θυσίαις καὶ ἀναθήμασι τούτους θεραπεύσαντες, ἀπατηθέντες τὰ πρῶτα διὰ μαντειῶν κεχαρισμένων χρησμῶν τε τὰ αἴσια ἀπαγγελλομένων αὐτοῖς τέλος οὐκ αἴσιον εὕραντο, οὐδέ τις θεῶν πρὸς τὸ μὴ θεηλάτοις

gehen. Jeden Ort, jedes Land und jede Stadt, die im Umkreis von Rom und in ganz Italien von ihm geknechtet worden war, schützte er mit einer unzählbaren Menge von Schwerbewaffneten und zahllosen Abteilungen von Soldaten. Der Kaiser aber, im Vertrauen auf die Bundesgenossenschaft Gottes, ging gegen die erste und zweite und dritte Ordnung des Tyrannen vor und nahm sie alle sehr gut ein. Dann ging er schon durch die meisten Teile Italiens weiter und war Rom sehr nahe. 4. Darauf, um den Römern nicht wegen des Tyrannen einen Krieg aufzuzwingen, zog Gott wie an Ketten den Tyrannen weit aus den Toren heraus, und die alten Schriften gegen die Gottlosen, die von den meisten als Mythen angesehen und nicht geglaubt werden, den Gläubigen aber für zuverlässig gelten, bestätigten sich durch ihre Klarheit bei allen, um es kurz zu sagen, bei Gläubigen und Ungläubigen, weil sie das Unwahrscheinliche mit eigenen Augen wahrgenommen hatten. 5. Und wie bei Mose selbst und bei dem damals frommen Volk der Hebräer Gott den Pharao mitsamt seiner ganzen Heeresmacht, ausgewählte Reiter, zu dritt ⟨auf dem Streitwagen⟩, ins Meer warf und sie im Roten Meer ertranken und das Meer sie bedeckte, in gleicher Weise gingen auch Maxentius und seine Schwerbewaffneten und seine Lanzenträger wie ein Stein in die Tiefe. Denn Maxentius kehrte ⟨in der Flucht⟩ der Macht Gottes, die mit Konstantin war, den Rücken zu und überschritt den Fluß, der auf seinem Weg lag. Er hatte ihn selbst mit einer Schiffsbrücke verbunden, und obwohl er die Schiffsbrücke sehr gut verbunden hatte, hatte er sie sich doch zum Werkzeug des Verderbens selbst errichtet.

27, 1 Konstantin dachte darüber nach, daß er eine mächtigere Hilfe bräuchte, als militärische Macht sie ihm zu geben in der Lage war, da sich der Tyrann sehr um böse Künste und trügerische Zaubereien bemühte. Er suchte einen Gott als Helfer und baute erst in zweiter Linie auf die Bewaffnung und Größe des Heeres. Denn er meinte, daß das ohne die Hilfe eines Gottes nichts nütze. Die göttliche Hilfe hielt er für unbesiegbar und unüberwindlich. 2. Er dachte nun ernsthaft darüber nach, welchen Gott er sich als Helfer zulegen sollte, und es kam ihm der Gedanke, daß die meisten der früheren Herrscher, als sie an die Macht kamen, ihre Hoffnung auf mehrere Götter gesetzt und diese mit Weinspenden, Opfern und Weihegaben geehrt hatten. Und zunächst durch positive Weissagungen und verheißungsvolle Orakelsprüche getäuscht, fanden sie schließlich aber kein gutes Ende. Nicht einer der Götter hatte ihnen zur Seite gestanden, um sie

ὑποβληθῆναι καταστροφαῖς δεξιὸς αὐτοῖς παρέστη, μόνον δὲ τὸν ἑαυτοῦ πατέρα τὴν ἐναντίαν ἐκείνοις τραπέντα τῶν μὲν πλάνην καταγνῶναι, αὐτὸν δὲ τὸν ἐπέκεινα τῶν ὅλων θεόν, διὰ πάσης τιμήσαντα ζωῆς, σωτῆρα καὶ φύλακα τῆς βασιλείας ἀγαθοῦ τε παντὸς χορηγὸν εὕρασθαι. 3. ταῦτα παρ' ἑαυτῷ διακρίνας εὖ τε λογισάμενος, ὡς οἱ μὲν πλήθει θεῶν ἐπιθαρρήσαντες καὶ πλείοσιν ἐπιπεπτώκασιν ὀλέθροις, ὡς μηδὲ γένος μηδὲ φυὴν μὴ ῥίζαν αὐτοῖς, μηδ' ὄνομα μηδὲ μνήμην ἐν ἀνθρώποις ἀπολειφθῆναι, ὁ δὲ πατρῷος αὐτῷ θεὸς τῆς αὐτοῦ δυνάμεως ἐναργῆ καὶ πάμπολλα δείγματα εἴη δεδωκὼς τῷ αὐτοῦ πατρί, ἀλλὰ καὶ τοὺς ἤδη καταστρατεύσαντας πρότερον τοῦ τυράννου διασκεψάμενος σὺν πλήθει μὲν θεῶν τὴν παράταξιν πεποιημένους αἰσχρὸν δὲ τέλος ὑπομείναντας· ὁ μὲν γὰρ αὐτῶν σὺν αἰσχύνῃ τῆς συμβολῆς ἄπρακτος ἀνεχώρει, ὁ δὲ καὶ μέσοις αὐτοῖς τοῖς στρατεύμασι κατασφαγεὶς πάρεργον ἐγένετο θανάτου· ταῦτ' οὖν πάντα συναγαγὼν τῇ διανοίᾳ, τὸ μὲν περὶ τοὺς μηθὲν ὄντας θεοὺς ματαιάζειν καὶ μετὰ τοσοῦτον ἔλεγχον ἀποπλανᾶσθαι μωρίας ἔργον ὑπελάμβανε, τὸν δὲ πατρῷον τιμᾶν μόνον ᾤετο δεῖν θεόν.

28, 1 Ἀνεκαλεῖτο δῆτα ἐν εὐχαῖς τοῦτον, ἀντιβολῶν καὶ ποτνιώμενος φῆναι αὐτῷ ἑαυτὸν ὅστις εἴη καὶ τὴν ἑαυτοῦ δεξιὰν χεῖρα τοῖς προκειμένοις ἐπορέξαι. εὐχομένῳ δὲ ταῦτα καὶ λιπαρῶς ἱκετεύοντι τῷ βασιλεῖ θεοσημεία τις ἐπιφαίνεται παραδοξοτάτη, ἣν τάχα μὲν ἄλλου λέγοντος οὐ ῥᾴδιον ἦν ἀποδέξασθαι, αὐτοῦ δὲ τοῦ νικητοῦ βασιλέως τοῖς τὴν γραφὴν διηγουμένοις ἡμῖν μακροῖς ὕστερον χρόνοις, ὅτε ἠξιώθημεν τῆς αὐτοῦ γνώσεώς τε καὶ ὁμιλίας, ἐξαγγείλαντος ὅρκοις τε πιστωσαμένου τὸν λόγον, τίς ἂν ἀμφιβάλοι μὴ οὐχὶ πιστεῦσαι τῷ διηγήματι; μάλισθ' ὅτε καὶ ὁ μετὰ ταῦτα χρόνος ἀληθῆ τῷ λόγῳ παρέσχε τὴν μαρτυρίαν. 2. ἀμφὶ μεσημβεινὰς ἡλίου ὥρας, ἤδη τῆς ἡμέρας ἀποκλινούσης, αὐτοῖς ὀφθαλμοῖς ἰδεῖν ἔφη ἐν αὐτῷ οὐρανῷ ὑπερκείμενον τοῦ ἡλίου σταυροῦ τρόπαιον ἐκ φωτὸς συνιστάμενον, γραφήν τε αὐτῷ συνῆφθαι λέγουσαν· τούτῳ νίκα. θάμβος δ' ἐπὶ τῷ θεάματι κρατῆσαι αὐτόν τε καὶ τὸ στρατιωτικὸν ἅπαν, ὃ δὴ στελλομένῳ ποι πορείαν συνείπετό τε καὶ θεωρὸν ἐγίνετο τοῦ θαύματος. **29.** καὶ δὴ διαπορεῖν πρὸς ἑαυτὸν ἔλεγε, τί ποτε εἴη τὸ φάσμα. ἐνθυμουμένῳ δ' αὐτῷ καὶ ἐπὶ πολὺ λογιζομένῳ νὺξ ἐπῄει καταλαβοῦσα. ἔνθα δὴ ὑπνοῦντι αὐτῷ τὸν Χριστὸν τοῦ θεοῦ σὺν τῷ φανέντι κατ' οὐρανὸν σημείῳ ὀφθῆναί τε καὶ παρακελεύσασθαι, μίμημα ποιησάμενον τοῦ κατ' οὐρανὸν ὀφθέντος σημείου τούτῳ πρὸς τὰς τῶν πολε-

vor dem vom Himmel bestimmten Verderben zu bewahren. Allein sein Vater hatte den entgegengesetzten Weg eingeschlagen, ihren Irrtum verworfen und den über allen thronenden Gott selbst während seines ganzen Lebens geehrt und ihn als Retter und Beschützer des Königreichs und als Geber alles Guten erachtet. 3. Dies überlegte er bei sich selbst und dachte wohl daran, daß sie ihr Vertrauen auf viele Götter gesetzt hatten und so in großes Verderben gekommen waren, so daß von ihrem Geschlecht und ihrem Stamm keine Wurzel übriggeblieben war, weder ein Name noch eine Erinnerung unter den Menschen. Der Gott seines Vaters aber hatte diesem sehr viele und deutliche Zeichen seiner Macht gegeben. Aber denen, die schon früher gegen den Tyrannen Krieg geführt und im Vertrauen auf ihre vielen Götter die Schlacht gewagt hatten, so überlegte er, war ein schmachvolles Ende bereitet worden. Der eine mußte sich nämlich mit Schande unverrichteterdinge zurückziehen, der andere wurde mitten unter seinen Soldaten getötet und so eine Beute des Todes. Nachdem er dies alles bei sich überlegt hatte, hätte er es für dumm gehalten, die Götter, die es ja gar nicht gibt, in so törichter Weise zu verehren und sich auch noch nach einem so offensichtlichen Beweis vom Irrtum verführen zu lassen. Er glaubte vielmehr, allein den Gott seines Vaters verehren zu müssen.

28, 1. Er rief diesen also in Gebeten an, bat und flehte, er möge ihm offenbaren, wer er sei, und ihm in den bevorstehenden Vorhaben hilfreich seine rechte Hand reichen. Während der Kaiser so betete und beharrlich flehte, da erschien ihm ein ganz unglaubliches Gotteszeichen, das man wohl kaum so leicht akzeptieren würde, wenn es ein anderer erzählt hätte. Da es aber uns, die wir diese Schrift verfaßt haben, der siegreiche Kaiser selbst, als wir seiner Bekanntschaft und des ⟨ständigen⟩ Umgangs mit ihm gewürdigt worden waren, erzählt und sein Wort mit Eiden beschworen hat, wer wollte da noch Bedenken haben und der Erzählung nicht glauben? Ganz besonders auch deshalb, weil die Zeit danach der Wahrheit seines Wortes die Bestätigung gab. 2. Um die Mittagszeit, als der Tag sich schon neigte, habe er – so sagt er – oben am Himmel, noch oberhalb der Sonne, das Siegeszeichen des Kreuzes, aus Licht gebildet, gesehen und damit verbunden die Schrift: Darin siege! Auf diese Erscheinung hin habe ihn und das ganze Heer, das ihm auf dem Marsch – wohin, weiß ich nicht – folgte und dieses Wunder gesehen habe, Staunen ergriffen. **29**. Und er sagte, er sei in Verlegenheit gewesen, was diese Erscheinung zu bedeuten gehabt habe. Aber während er darüber nachdachte und sich viele Gedanken machte, überraschte ihn die Nacht. Im Schlaf jedoch sei ihm der Christus Gottes erschienen und habe ihm aufgetragen, das am Himmel erschienene Zeichen nachzubilden, um es bei den Begegnungen mit den Feinden als

μίων συμβολὰς ἀλεξήματι χρῆσθαι. **30.** ἅμα δ' ἡμέρᾳ διαναστὰς τοῖς φίλοις ἐξηγόρευε τὸ ἀπόρρητον. κἄπειτα χρυσοῦ καὶ λίθων πολυτελῶν δημιουργοὺς συγκαλέσας μέσος αὐτὸς καθιζάνει καὶ τοῦ σημείου τὴν εἰκόνα φράζει, ἀπομιμεῖσθαί τε αὐτὴν χρυσῷ καὶ πολυτελέσι λίθοις διεκελεύετο. ὃ δὴ καὶ ἡμᾶς ὀφθαλμοῖς ποτε παραλαβεῖν αὐτὸς βασιλεύς, θεοῦ καὶ τοῦτο χαρισαμένου, ἠξίωσεν.

31, 1 Ἦν δὲ τοιῷδε σχήματι κατεσκευασμένον. ὑψηλὸν δόρυ χρυσῷ κατημφιεσμένον κέρας εἶχεν ἐγκάρσιον σταυροῦ σχήματι πεποιημένον, ἄνω δὲ πρὸς ἄκρῳ τοῦ παντὸς στέφανος ἐκ λίθων πολυτελῶν καὶ χρυσοῦ συμπεπλεγμένος κατεστήρικτο, καθ' οὗ τῆς σωτηρίου ἐπηγορίας τὸ σύμβολον δύο στοιχεῖα τὸ Χριστοῦ παραδηλοῦντα ὄνομα διὰ τῶν πρώτων ὑπεσήμαινον χαρακτήρων, χιαζομένου τοῦ ῥῶ κατὰ τὸ μεσαίτατον· ἃ δὴ καὶ κατὰ τοῦ κράνους φέρειν εἴωθε κἀν τοῖς μετὰ ταῦτα χρόνοις ὁ βασιλεύς. 2. τοῦ δὲ πλαγίου κέρως τοῦ κατὰ τὸ δόρυ πεπαρμένου ὀθόνη τις ἐκκρεμὴς ἀπῃώρητο, βασιλικὸν ὕφασμα ποικιλίᾳ συνημμένων πολυτελῶν λίθων φωτὸς αὐγαῖς ἐξαστραπτόντων καλυπτόμενον σὺν πολλῷ τε καθυφασμένον χρυσῷ, ἀδιήγητόν τι χρῆμα τοῖς ὁρῶσι παρέχον τοῦ κάλλους. τοῦτο μὲν οὖν τὸ φᾶρος τοῦ κέρως ἐξημμένον σύμμετρον μήκους τε καὶ πλάτους περιγραφὴν ἀπελάμβανε· τὸ δ' ὄρθιον δόρυ, τῆς κάτω ἀρχῆς ἐπὶ πολὺ μηκυνόμενον ἄνω μετέωρον, ὑπὸ τῷ τοῦ σταυροῦ τροπαίῳ πρὸς αὐτοῖς ἄκροις τοῦ διαγραφέντος ὑφάσματος τὴν τοῦ θεοφιλοῦς βασιλέως εἰκόνα χρυσῆν μέχρι στέρνων τῶν τ' αὐτοῦ παίδων ὁμοίως ἔφερε. 3. τούτῳ μὲν οὖν τῷ σωτηρίῳ σημείῳ πάσης ἀντικειμένης καὶ πολεμίας δυνάμεως ἀμυντηρίῳ διὰ παντὸς ἐχρῆτο βασιλεύς, τῶν τε στρατοπέδων ἁπάντων ἡγεῖσθαι τὰ τούτου ὁμοιώματα προσέταττεν.

32,1. Ἀλλὰ ταῦτα σμικρὸν ὕστερον. κατὰ δὲ τὸν δηλωθέντα χρόνον τὴν παράδοξον καταπλαγεὶς ὄψιν, οὐδ' ἕτερον θεὸν ἢ τὸν ὀφθέντα δοκιμάσας σέβειν, τοὺς τῶν αὐτοῦ λόγων μύστας ἀνεκαλεῖτο, καὶ τίς εἴη θεὸς οὗτος ἠρώτα τίς τε ὁ τῆς ὀφθείσης ὄψεως τοῦ σημείου λόγος. 2. οἱ δὲ τὸν μὲν εἶναι θεὸν ἔφασαν θεοῦ τοῦ ἑνὸς καὶ μόνου μονογενῆ παῖδα, τὸ δὲ σημεῖον τὸ φανὲν σύμβολον μὲν ἀθανασίας εἶναι. τρόπαιον δ' ὑπάρχειν τῆς κατὰ τοῦ θανάτου νίκης, ἣν ἐποιήσατό ποτε παρελθὼν ἐπὶ γῆς, ἐδίδασκόν τε τὰς τῆς παρόδου αἰτίας, τὸν ἀκριβῆ λόγον αὐτῷ τῆς κατ' ἀνθρώπους οἰκονομίας ὑποτιθέμενοι. ὁ δὲ καὶ τούτοις μὲν ἐμαθητεύετο τοῖς λόγοις, 3. θαῦμα δ' εἶχε τῆς ὀφθαλμοῖς αὐτῷ παραδοθείσης θεοφανείας, συμβάλλων τε τὴν οὐράνιον

Schutzzeichen zu gebrauchen. **30.** Sogleich bei Tagesanbruch, nachdem er aufgestanden war, erzählte er seinen Freunden das geheimnisvolle Geschehen. Daraufhin rief er Künstler, die Gold und Edelsteine bearbeiten konnten, zusammen, setzte sich in ihre Mitte, beschrieb die Gestalt des Zeichens und beauftragte sie, dieses mit Gold und Edelsteinen nachzubilden. Der Kaiser selbst ließ auch uns dieses Werk einmal sehen, da Gott uns auch dieser Gnade für würdig erachtete.

31. 1. Das Zeichen aber war auf folgende Art und Weise gefertigt: Ein langer, mit Gold überzogener Lanzenschaft hatte einen Querbalken und war so in der Gestalt eines Kreuzes gebildet. Am oberen Rand des Ganzen war ein Kranz aus Edelsteinen und Gold befestigt, in dem das Zeichen für den Namen des Erlösers angebracht war; zwei Buchstaben, die als Anfangsbuchstaben den Namen Christi kennzeichnen, wobei das Rho in der Mitte durch das Chi gekreuzt wird. Diese Buchstaben trug der Kaiser von nun an auch an seinem Helm. 2. An der Querstange des Lanzenschaftes hing noch ein Leinentuch, kostbares Gewebe, das mit bunt aneinandergesetzten Edelsteinen, die in der Sonne hell funkelten, übersät und auch mit Gold durchwirkt war, ein herrlicher Anblick für jeden Betrachter. Dieses von der Querstange des Lanzenschaftes herunterhängende Leinentuch war quadratisch. Die Lanzenstange aber, deren gesamte Länge beträchtlich war, trug oben, direkt unter dem Zeichen des Kreuzes, am Ende des beschriebenen Gewebes, das goldene Porträt des gottgeliebten Kaisers wie auch das seiner Söhne. 3. Dieses heilschaffende Zeichen gebrauchte der Kaiser nun ständig als Schutz gegen jede feindliche, ihm entgegenstehende Macht. Und er befahl, dessen Abbild vor sämtlichen Heeren voranzutragen.

32. 1. Aber davon etwas später. Zu gegebener Zeit rief er, durch die wundersame Erscheinung bewegt und in der Meinung, keinen anderen als den erschienenen Gott verehren zu dürfen, die Priester der Lehre dieses Gottes zu sich und fragte sie, wer denn dieser Gott sei und was es mit dem Zeichen auf sich hätte, das er im Gesicht gesehen hätte. 2. Sie aber antworteten, das sei des einen und einzigen Gottes eingeborener Sohn. Das Zeichen, das er gesehen hätte, sei das Zeichen der Unsterblichkeit. Ein Zeichen des Sieges über den Tod sei es, welchen er, als er über die Erde ging, erworben hätte. Und sie belehrten ihn über die Ursachen seines Weges durch die Welt und unterbreiteten ihm genau den Grund des Heilsplanes für die Menschen. 3. Der Kaiser ließ sich durch diese Worte belehren; Staunen aber ergriff ihn über die mit eigenen Augen gesehene Gotteserscheinung. Und er wurde,

ὄψιν τῇ τῶν λεγομένων ἑρμηνείᾳ τὴν διάνοιαν ἐστηρίζετο, θεοδίδακτον αὐτῷ τὴν τούτων γνῶσιν παρεῖναι πειθόμενος. καὶ αὐτὸς δ' ἤδη τοῖς ἐνθέοις ἀναγνώσμασι προσέχειν ἠξίου. καὶ δὴ τοὺς τοῦ θεοῦ ἱερέας παρέδρους αὐτῷ ποιησάμενος τὸν ὀφθέντα θεὸν πάσαις δεῖν ᾤετο θεραπείαις τιμᾶν. κἄπειτα φραξάμενος ταῖς εἰς αὐτὸν ἀγαθαῖς ἐλπίσιν ὡρμᾶτο λοιπὸν τοῦ τυραννικοῦ πυρὸς τὴν ἀπειλὴν κατασβέσων.

4. *Die drei frühen Schreiben Konstantins nach Afrika*

Die drei folgenden Schreiben Konstantins nach Afrika sind zwischen seinem Sieg über Maxentius und der Mailänder Vereinbarung verfaßt. Ihre Echtheit gilt als sicher. Interessant ist, daß die Anordnungen dieser Schreiben weit über das hinausgehen, was Konstantin dann in der Mailänder Vereinbarung mit Licinius durchsetzen kann.

Anullius ist Praefectus urbi und wird von Konstantin bald zum Prokonsul von Afrika gemacht; er hat es gut verstanden, sich jeweils der kaiserlichen Politik anzupassen (Kraft 160). Die Schreiben zeigen eine wachsende

a) Erster Brief an Anullius

Text nach: Euseb, h. e. X 5, 15b–17.

15b. Χαῖρε Ἀνυλῖνε, τιμιώτατε ἡμῖν. ἔστιν ὁ τρόπος οὗτος τῆς φιλαγαθίας τῆς ἡμετέρας, ὥστε ἐκεῖνα ἅπερ δικαίῳ ἀλλοτρίῳ προσήκει, μὴ μόνον μὴ ἐνοχλεῖσθαι, ἀλλὰ καὶ ἀποκαθιστᾶν βούλεσθαι ἡμᾶς, Ἀνυλῖνε τιμιώτατε. 16. ὅθεν βουλόμεθα ἵν', ὁπόταν ταῦτα τὰ γράμματα κομίσῃ, εἴ τινα ἐκ τούτων τῶν τῇ ἐκκλησίᾳ τῇ καθολικῇ τῶν Χριστιανῶν ἐν ἑκάσταις πόλεσιν ἢ καὶ ἄλλοις τόποις διέφερον καὶ κατέχοιντο νῦν ἢ ὑπὸ πολιτῶν ἢ ὑπό τινων ἄλλων, ταῦτα ἀποκατασταθῆναι παραχρῆμα ταῖς αὐταῖς ἐκκλησίαις ποιήσῃς, ἐπειδήπερ προῃρήμεθα ταῦτα ἅπερ αἱ αὐταὶ ἐκκλησίαι πρότερον ἐσχήκεσαν, τῷ δικαίῳ αὐτῶν ἀποκατασταθῆναι. 17. ὁπότε τοίνυν συνορᾷ ἡ καθοσίωσις ἡ σὴ ταύτης ἡμῶν τῆς κελεύσεως σαφέστατον εἶναι τὸ πρόσταγμα, σπούδασον, εἴτε κῆποι εἴτε οἰκίαι εἴθ' ὁτιουνδήποτε τῷ δικαίῳ τῶν αὐτῶν ἐκκλησιῶν διέφερον, σύμπαντα αὐταῖς ἀποκατασταθῆναι ὡς τάχιστα, ὅπως τοίτῳ ἡμῶν τῷ προστάγματι ἐπιμε-

als er die himmlische Erscheinung mit der gegebenen Auslegung verglich, in der Meinung bestärkt, da er die Überzeugung gewann, daß Gott selbst ihm diese Erscheinung gegeben hätte. Und er selbst begann schon damit, sich mit der Lesung der heiligen Schriften zu befassen. Die Priester Gottes machte er zu seinen Ratgebern und glaubte, dem Gott, den er gesehen hatte, dienen und Verehrung erweisen zu müssen. Daraufhin machte er sich voller guter Hoffnungen auf den Schutz Gottes daran, die noch verbliebene Bedrohung des tyrannischen Feuers auszulöschen.

Kenntnis um die in Afrika bereits voll ausgebrochenen donatistischen Streitigkeiten, in denen sich der Kaiser auf die Seite der katholischen Kirche stellt. Es mag sein, daß die im Brief an Caecilian angebotenen Geldmittel im Zusammenhang der Spende der Witwe Lucilla an die Donatisten stehen, um unschlüssige Kleriker zu bestechen (so Kraft 162). Dörries 18 vermutet im zweiten Brief an Anullius persönliche Erfahrungen des Kaisers. Es könnte durchaus sein, daß sich hier die Erfahrungen aus der Schlacht widerspiegeln. Der typisch römische Gedanke von der Wichtigkeit der Durchführung des Kultes bleibt für Konstantins Denken bestimmend.

15b. Sei gegrüßt, von uns sehr geehrter Anullius! Die Art und Weise unserer Güte ist es, rechtmäßiges, fremdes Eigentum nicht nur nicht anzutasten, sondern wir wollen es auch zurückerstatten, sehr geehrter Anullius. 16. Daher wollen wir: Sobald Du diesen Brief erhältst, sollst Du veranlassen, daß, wenn etwas aus dem Besitz der katholischen Kirche der Christen in den jeweiligen Städten oder auch anderen Orten sich jetzt im Besitz von Bürgern oder anderen Personen befindet, ihnen dies unverzüglich zurückgegeben wird. Denn wir haben beschlossen, daß alles, was ebendiese Kirchengemeinden früher besessen haben, ihnen gerechterweise zurückgegeben werden soll. 17. Wenn Deine Ergebenheit nun sieht, daß die Anordnung dieses unseres Befehls sehr eindeutig ist, dann beeile Dich, daß Gärten, Häuser oder was ebendiese Kirchengemeinden sonst rechtmäßig besessen haben, ihnen möglichst schnell zurückgegeben wird, damit wir

λεστάτην σε πειθάρχησιν παρεσχηκέναι καταμάθοιμεν. ἔρρωσο, Ἀνυλῖνε, τιμιώτατε καὶ ποθεινότατε ἡμῖν.

b) Brief an Caecilian

Text nach: Euseb, h. e. X 6, 1–5.

1. Κωνσταντῖνος Αὔγουστος Καικιλιανῷ ἐπισκόπῳ Χαρταγένης. ἐπειδήπερ ἤρεσεν κατὰ πάσας ἐπαρχίας, τάς τε Ἀφρικὰς καὶ τὰς Νουμιδίας καὶ τὰς Μαυριτανίας, ῥητοῖς τισι τῶν ὑπηρετῶν τῆς ἐνθέσμου καὶ ἁγιωτάτης καθολικῆς θρῃσκείας εἰς ἀναλώματα ἐπιχορηγηθῆναί τι, ἔδωκα γράμματα πρὸς Οὖρσον τὸν διασημότατον καθολικὸν τῆς Ἀφρικῆς καὶ ἐδήλωσα αὐτῷ ὅπως τρισχιλίους φόλλεις τῇ σῇ στερρότητι ἀπαριθμῆσαι φροντίσῃ. 2. σὺ τοίνυν, ἡνίκα τὴν προδηλουμένην ποσότητα τῶν χρημάτων ὑποδεχθῆναι ποιήσεις, ἅπασι τοῖς προειρημένοις κατὰ τὸ βρέουιον τὸ πρὸς σὲ παρὰ Ὁσίου ἀποσταλὲν ταῦτα τὰ χρήματα διαδοθῆναι κέλευσον. 3. εἰ δ' ἄρα πρὸς τὸ συμπληρωθῆναί μου τὴν εἰς τοῦτο περὶ ἅπαντας αὐτοὺς προαίρεσιν ἐνδεῖν τι καταμάθοις, παρὰ Ἡρακλείδα τοῦ ἐπιτρόπου τῶν ἡμετέρων κτημάτων ἀναμφιλέκτως ὅπερ ἀναγκαῖον εἶναι καταμάθοις, αἰτῆσαι ὀφείλεις. καὶ γὰρ παρόντι αὐτῷ προσέταξα ἵν' εἴ τι ἂν χρημάτων παρ' αὐτοῦ ἡ σὴ στερρότης αἰτήσῃ, ἄνευ δισταγμοῦ τινος ἀπαριθμῆσαι φροντίσῃ. 4. καὶ ἐπειδὴ ἐπυθόμην τινὰς μὴ καθεστώσης διανοίας τυγχάνοντας ἀνθρώπους τὸν λαὸν τῆς ἁγιωτάτης καὶ καθολικῆς ἐκκλησίας φαύλῃ τινὶ ὑπονοθεύσει βούλεσθαι διαστρέφειν, γίνωσκέ με Ἀνυλίνῳ ἀνθυπάτῳ, ἀλλὰ μὴν καὶ Πατρικίῳ τῷ οὐικαρίῳ τῶν ἐπάρχων παροῦσι τοιαύτας ἐντολὰς δεδωκέναι ἵν' ἐν τοῖς λοιποῖς ἅπασι καὶ τούτου μάλιστα τὴν προσήκουσαν φροντίδα ποιήσωνται καὶ μὴ ἀνάσχωνται περιορᾶν τοιοῖτο γινόμενον. 5. διόπερ εἴ τινας τοιούτους ἀνθρώπους ἐν αὐτῇ τῇ μανίᾳ ἐπιμένειν κατίδοις, ἄνευ τινὸς ἀμφιβολίας τοῖς προειρημένοις δικασταῖς πρόσελθε καὶ αὐτὸ τοῦτο προσανένεγκε ὅπως αὐτοὺς ἐκεῖνοι, καθάπερ αὐτοῖς παροῦσιν ἐκέλευσα, ἐπιστρέψωσιν. ἡ θειότης τοῦ μεγάλου θεοῦ σε διαφυλάξει ἐπὶ πολλοῖς ἔτεσιν.

erfahren, daß Du dieser unserer Anordnung gehorsam gewesen bist. Lebe wohl, sehr geehrter und lieber Anullius!

1. Kaiser Konstantin an Caecilian, den Bischof von Karthago. Nachdem ich beschlossen habe, in allen Eparchien Afrikas, Numidiens und Mauretaniens gewissen Dienern des rechtmäßigen und heiligsten katholischen Kultes zu ihren Ausgaben etwas dazuzugeben, habe ich Briefe an den bekannten Ursus, den Katholikos von Afrika, geschickt und habe ihn ins Bild gesetzt. Er soll dafür Sorge tragen, daß Deiner Ehrwürdigkeit 3000 Folles ausgezahlt werden. 2. Du aber, sobald Du die eben genannte Summe aufnehmen läßt, ordne an, daß dieses Geld an alle vorher Genannten gemäß dem Brief, den Hosius an Dich geschrieben hat, verteilt wird. 3. Wenn Du bemerken wirst, daß etwas fehlt, um meinen diesbezüglichen Vorsatz für sie alle zu erfüllen, dann sollst Du von Heraklides, dem Aufseher unserer Güter, unbesorgt erbitten, was Du als fehlend bemerkt hast. Denn ich habe ihm, als er da war, aufgetragen, er solle, ohne einen Zweifel zu hegen, Geld an Dich auszahlen lassen, wenn Deine Ehrwürdigkeit es von ihm erbittet. 4. Und da ich erfahren habe, daß einige Menschen von unbeständigem Geist das Volk der heiligsten katholischen Kirche mit arglistigen Täuschungen abkehren wollen, so wisse, daß ich dem Prokonsul Anullius und dem Vikar Patricius, als sie bei mir waren, derartige Befehle gegeben habe, daß sie unter allem übrigen besonders dieser Sache die notwendige Sorgfalt schenken und nicht zulassen sollten, daß so etwas, wenn es geschieht, übersehen wird. 5. Wenn Du wahrnimmst, daß einige solcher Menschen in derartigem Wahnsinn verharren, dann wende Dich ohne einen Zweifel zu hegen an die oben genannten Richter und bringe ebendieses zur Anzeige, damit sie jene, wie ich es ihnen befohlen habe, wieder auf den rechten Weg bringen. Die Gottheit des großen Gottes beschütze Dich für viele Jahre!

c) Zweiter Brief an Anullius

Text nach: Euseb, h. e. X 7, 1–2.

1. Χαῖρε, Ἀνυλῖνε, τιμιώτατε ἡμῖν. ἐπειδὴ ἐκ πλειόνων πραγμάτων φαίνεται παρεξουθενηθεῖσαν τὴν θρησκείαν, ἐν ᾗ ἡ κορυφαία τῆς ἁγιωτάτης ἐπουρανίου αἰδὼς φυλάττεται, μεγάλους κινδύνους ἐνηνοχέναι τοῖς δημοσίοις πράγμασιν αὐτήν τε ταύτην ἐνθέσμως ἀναληφθεῖσαν καὶ φυλαττομένην μεγίστην εὐτυχίαν τῷ Ῥωμαϊκῷ ὀνόματι καὶ σύμπασι τοῖς τῶν ἀνθρώπων πράγμασιν ἐξαίρετον εὐδαιμονίαν παρεσχηκέναι, τῶν θείων εὐεργεσιῶν τοῦτο παρεχουσῶν, ἔδοξεν ἐκείνους τοὺς ἄνδρας τοὺς τῇ ὀφειλομένῃ ἁγιότητι καὶ τῇ τοῦ νόμου τούτου παρεδρίᾳ τὰς ὑπηρεσίας τὰς ἐξ αὐτῶν τῇ τῆς θείας θρησκείας θεραπείᾳ παρέχοντας τῶν καμάτων τῶν ἰδίων τὰ ἔπαθλα κομίσασθαι, Ἀνυλῖνε τιμιώτατε. 2. διόπερ ἐκείνους τοὺς εἴσω τῆς ἐπαρχίας τῆς σοι πεπιστευμένης ἐν τῇ καθολικῇ ἐκκλησίᾳ, ᾗ Καικιλιανὸς ἐφέστηκεν, τὴν ἐξ αὐτῶν ὑπηρεσίαν τῇ ἁγίᾳ ταύτῃ θρησκείᾳ παρέχοντας, οὕσπερ κληρικοὺς ἐπονομάζειν εἰώθασιν, ἀπὸ πάντων ἅπαξ ἁπλῶς τῶν λειτουργιῶν βούλομαι ἀλειτουργήτους διαφυλαχθῆναι, ὅπως μὴ διά τινος πλάνης ἢ ἐξολισθήσεως ἱεροσύλου ἀπὸ τῆς θεραπείας τῆς τῇ θειότητι ὀφειλομένης ἀφέλκωνται, ἀλλὰ μᾶλλον ἄνευ τινὸς ἐνοχλήσεως τῷ ἰδίῳ νόμῳ ἐξυπηρετωνται, ὧνπερ μεγίστην περὶ τὸ θεῖον λατρείαν ποιουμένων πλεῖστον ὅσον τοῖς κοινοῖς πράγμασι συνοίσειν δοκεῖ. ἔρρωσο, Ἀνυλῖνε, τιμιώτατε καὶ ποθεινότατε ἡμῖν.

5. *Konstantins Fürsprache für die Christen bei Maximinus*

Wie stark sich Konstantin gleich nach seinem Sieg um eine reichseinheitliche Regelung der Christenfrage zu ihren Gunsten bemüht hat, belegt eine Notiz bei Laktanz, daß sich Konstantin auch an Maximinus Daja gewandt

a) Bericht des Laktanz

Text nach: Lact. m. p. 36, 6–37, 1.

36, 6. Facere autem parabat quae iam dudum in Orientis partibus fecerat. Nam cum clementiam specie tenus profiteretur, occidi ser-

1. Sei gegrüßt, von uns sehr geehrter Anullius! Durch viele Dinge ist deutlich geworden: Der Kult, in dem die höchste Ehrfurcht gegenüber der hochheiligen, himmlischen ⟨Macht⟩ ausgeübt wird, bringt den öffentlichen Angelegenheiten dann viele Gefahren, wenn er verachtet wird. Derselbe Kult, wenn er dargebracht und ausgeübt wird, bringt das größte Glück für den römischen Namen und für alle Angelegenheiten der Menschen eine besondere Glückseligkeit. Denn dies gewähren die göttlichen Wohltaten. Darum habe ich beschlossen, den Männern, die in angemessener Heiligkeit und im Amt dieses Gesetzes, das sie von sich aus im Dienst des göttlichen Kultes ausüben, den Lohn für ihre eigenen Mühen zu erstatten, sehr geehrter Anullius. 2. Deswegen will ich jene, die in der dir anvertrauten Eparchie in der katholischen Kirche, in der Caecilian vorsteht, und die von sich aus in diesem heiligen Kult den Dienst ausüben (die man gewöhnlich Kleriker nennt), von allen öffentlichen Dienstleistungen befreien, damit sie nicht durch irgendeinen Irrtum oder ein versehentliches Sakrileg von ihrem schuldigen Dienst an der Gottheit abgehalten werden. Denn es scheint, daß sie den öffentlichen Angelegenheiten am meisten nützen, wenn sie den hohen Dienst bezüglich des Göttlichen wahrnehmen. Lebe wohl, von uns sehr geehrter, lieber Anullius.

habe. Das liegt in einer Linie mit dem entschiedenen Vorgehen in seinen eigenen Gebieten und der (späteren) Vereinbarung mit Licinius. Hinzuweisen ist vielleicht auch darauf, daß Konstantin kurz vor seinem Tod noch einmal einen ähnlichen Versuch macht: Dem Perserkaiser Schapur II. schreibt er einen Brief in Fürsprache für die Christen (vgl. Nr. 31a).

36, 6. Maximinus traf Vorbereitungen, ⟨auch in Nikomedien das⟩ zu tun, was er schon längst in den östlichen Landesteilen getan hatte. Denn

vos dei vetuit, debilitari iussit. 7. Itaque confessoribus effodiebantur oculi, amputabantur manus, pedes detruncabantur, nares vel auriculae desecabantur.

37, 1. Haec ille moliens Constantini litteris deterretur. Dissimulavit ergo. Et tamen si quis in manus eius inciderat, mari occulte mergebantur. Consuetudinem quoque suam non intermisit ut in palatio per singulos dies sacrificaretur.

6. *Die Mailänder Vereinbarung*

Die ›Mailänder Vereinbarung‹ liegt uns in zwei Fassungen vor, und zwar bei Euseb und bei Laktanz. Es handelt sich in beiden Fällen um Schreiben, die Licinius nach seinem Sieg über Maximinus an Statthalter des eroberten Gebietes sandte. Der von Laktanz überlieferte Text ist ein Brief an den Statthalter von Bithynien; er wurde am 13. 6. 313 in Nikomedien publiziert. Die von Euseb mitgeteilte Fassung entstammt wahrscheinlich einem Schreiben an den Statthalter von Palästina; die beiden Fassungen sind nicht genau identisch (Vogt, RAC 329).

Die Schreiben gehen zurück auf eine Abmachung, die die beiden Kaiser Konstantin und Licinius im Februar 313 in Mailand getroffen haben. Bei dieser Zusammenkunft ging es um die Festlegung der Grundlinien der künftigen Politik (u. a. wurde auch die Ehe des Licinius mit der Konstantin-Schwester Konstantia geschlossen). Daß die Religionspolitik dabei einen großen Stellenwert einnahm, geht sicherlich auf Konstantin zurück. Er hatte bereits in mehreren Schreiben nach Afrika (vgl. die letzten drei

a) Fassung nach Laktanz

Text nach: Lact. m. p. 48, 2–12.

2. Cum feliciter tam ego quam Constantinus Augustus quam etiam ego Licinius Augustus apud Mediolanum convenissemus atque universa quae ad commoda et securitatem publicam pertinerent, in tractatu haberemus, haec inter cetera quae videbamus pluribus hominibus profutura, vel in primis ordinanda esse credidimus, quibus divinitatis reverentia continebatur, ut daremus et christianis et omnibus liberam potestatem sequendi religionem quam quisque voluisset, quo quicquid est divinitatis in sede caelesti, nobis atque

als er dem Schein nach sich zur Milde bekannte, verbot er zwar, die Diener Gottes zu töten, befahl aber, sie zu verstümmeln. 7. So wurden den Bekennern ⟨Christi⟩ die Augen ausgestochen, die Hände abgenommen, die Füße abgehauen und Nasen und Ohren abgeschnitten.

37, 1. Von diesem Unterfangen wurde er durch einen Brief Konstantins zurückgeschreckt: Daher verstellte er sich. Und wenn ein Christ in seine Hand fiel, versenkte er ihn heimlich im Meer. Er unterbrach auch seine Gewohnheit nicht, daß er täglich im Palast den Göttern opferte.

Briefe) etliche Anordnungen zu Gunsten der Christen getroffen. Die Anordnungen der ›Mailänder Vereinbarung‹ bleiben hinter diesen Anordnungen Konstantins zurück, vor allem enthalten sie keine Begünstigungen der Kleriker. Daran wird deutlich, daß es sich um einen Kompromiß handelt.

Die Abmachung ist nicht, wie früher gelegentlich behauptet wurde, ein Edikt. Als Edikt ist sie nicht herausgegeben worden. Licinius hat sie allerdings in seinem Reichsteil (so beweisen auch die beiden Schreiben, die uns die Überlieferung der Abmachung bietet) durchgeführt. Das konnte er um so leichter, als er ohnehin kein Christenverfolger gewesen ist.

Es empfiehlt sich, die ›Mailänder Vereinbarung‹ auf dem Hintergrund des Galerius-Ediktes zu lesen (vielleicht verstand sie sich auch als eine Art Auslegung davon). Es wird dann deutlich, wieviel stärker sie in den Formulierungen auf der Seite der Christen steht. Die konkrete Forderung der Rückgabe der Versammlungsräume kommt hinzu. Aufgenommen wird auch hier der römische Gedanke, daß durch die Freigabe aller Religionen sich jede Gottheit dem Reich gnädig erweisen kann.

2. Ich, Kaiser Konstantin, und ich, Kaiser Licinius, sind bei Mailand glücklich zusammengekommen und haben alle Angelegenheiten öffentlicher Wohlfahrt und Sicherheit beraten. Unter dem übrigen, was wir für viele Menschen als nützlich ansahen oder was zuerst geordnet werden mußte – darunter war die Frage nach der Verehrung der Gottheit enthalten –, meinten wir, sowohl den Christen als auch allen anderen die Freiheit geben zu müssen, die religiöse Macht zu verehren, die sie wollen. So kann sich jede Gottheit auf dem Thron des Himmels uns und allen, die unserer

omnibus qui sub potestate nostra sunt constituti, placatum ac propitium possit existere. 3. Itaque hoc consilium salubri ac rectissima ratione ineundum esse credidimus, ut nulli omnino facultatem abnegandam putaremus, qui vel observationi christianorum vel ei religioni mentem suam dederet quam ipse sibi aptissimam esse sentiret, ut possit nobis summa divinitas, cuius religioni liberis mentibus obsequimur, in omnibus solitum favorem suum benivolentiamque praestare. 4. Quare scire dicationem tuam convenit placuisse nobis, ut amotis omnibus omnino condicionibus quae prius scriptis ad officium tuum datis super christianorum nomine continebantur, et quae prorsus sinistra et a nostra clementia aliena esse videbantur, ea removeantur, et nunc libere ac simpliciter unus quisque eorum, qui eandem observandae religionis christianorum gerunt voluntatem, citra ullam inquietudinem ac molestiam sui id ipsum observare contendant. 5. Quae sollicitudini tuae plenissime significanda esse credidimus, quo scires nos liberam atque absolutam colendae religionis suae facultatem isdem christianis dedisse. 6. Quod cum isdem a nobis indultum esse pervideas, intellegit dicatio tua etiam aliis religionis suae vel observantiae potestatem similiter apertam et liberam pro quiete temporis nostri esse concessam, ut in colendo quod quisque delegerit, habeat liberam facultatem. Quod a nobis factum est, ut neque cuiquam honori neque cuiquam religioni detractum aliquid a nobis videatur. 7. Atque hoc insuper in persona christianorum statuendum esse censuimus, quod, si eadem loca, ad quae antea convenire consuerant, de quibus etiam datis ad officium tuum litteris certa antehac forma fuerat comprehensa, priore tempore aliqui vel a fisco nostro vel ab alio quocumque videntur esse mercati, eadem christianis sine pecunia et sine ulla pretii petitione, postposita omni frustratione atque ambiguitate, restituant. 8. qui etiam dono fuerunt consecuti, eadem similiter isdem christianis quantocius reddant, etiam vel hi qui emerunt vel qui dono fuerunt consecuti, si petiverint de nostra benivolenti aliquid, vicarium postulent, quo et ipsis per nostram clementiam consulatur. Quae omnia corpori christianorum protinus per intercessionem tuam ac sine mora tradi oportebit. 9. Et quoniam idem christiani non in ea loca tantum ad quae convenire consuerunt, sed alia etiam habuisse noscuntur ad ius corporis eorum id est ecclesiarum, non hominum singulorum, pertinentia, ea omnia lege quam supe-

Herrschaft unterworfen sind, gnädig und gewogen erzeigen. 3. Und so meinten wir mit gesunder und vernünftiger Überlegung, diesen Entschluß fassen zu müssen: Wir wollen keinem verbieten, sich der Religion der Christen oder der Religion, die jeder für sich selbst als die angemessenste betrachtet, zuzuwenden. So kann uns die höchste Gottheit, deren Religion wir ⟨so⟩ mit freiem Sinn folgen, in allem ihre gewohnte Güte und Gnade erweisen. 4. Damit kann Deine Geneigtheit erkennen, daß es uns gefallen hat, ausnahmslos alle Bestimmungen, die wir früher an Deine Dienstbeflissenheit geschrieben haben und die sich auf die Sache der Christen bezogen, aufzuheben. Sie erschienen als ganz und gar unglücklich. Und unserer Milde waren sie fremd. Nun soll jeder von denen, die sich der Religionsausübung der Christen anschließen wollen, sich frei und einfach, ohne eine Beunruhigung oder Belästigung fürchten zu müssen, dazu entscheiden können, diese Religion auszuüben. 5. Und dies glauben wir Deiner Besorgtheit ganz deutlich bekannt machen zu müssen: Du sollst erkennen, daß wir den Christen freie und absolute Vollmacht gegeben haben, ihre Religion auszuüben. 6. Und wenn Du erkennst, daß ebendies den Christen von uns gewährt wurde, dann wird Deine Ergebenheit bemerken, daß ich auch den anderen im Interesse der Ruhe unserer Zeit eine gleich offene und freie Vollmacht für ihre Religion und ihre Religionsausübung gegeben habe. So soll jeder die uneingeschränkte Möglichkeit haben, zu verehren, was er sich dazu erwählt hat. Das wurde von uns ⟨so⟩ eingerichtet, damit keine Gottesverehrung und keine Religion von uns benachteiligt erscheint. 7. Und wir glauben, daß im Blick auf die Stellung der Christen folgendes festgesetzt werden muß: Wenn jemand die Stätten, wo die Christen früher zusammenzukommen pflegten (darüber waren auch in früheren Briefen an Deine Dienstbeflissenheit deutliche Anweisungen enthalten), in früherer Zeit von unserem Staatsbesitz oder sonst jemandem gekauft hat, der muß sie den Christen ohne Geldabgabe oder Entschädigung und ohne irgendwelche Verzögerungen und Umständlichkeiten zurückgeben. 8. Und diejenigen, die in Besitz einer solchen Stätte durch Geschenk gelangt sind, sollen sie ebenfalls den Christen möglichst bald zurückgeben. Und sowohl diejenigen, die eine solche Stätte gekauft haben, als auch diejenigen, die durch Geschenk in ihren Besitz gekommen sind, sollen, wenn sie etwas von unserer Güte erlangen wollen, sich an unseren Stellvertreter wenden, damit auch ihnen durch unsere Güte geholfen wird. ⟨Jedenfalls⟩ soll dies alles durch Deine Vermittlung der Körperschaft der Christen sofort und ohne Verzögerung übergeben werden. 9. Nun besaßen die Christen nicht nur die Stätten, wo sie zusammenzukommen pflegten, sondern auch anderes, was ihrer Körperschaft, d. h. der Kirche gehörte, nicht aber Privatpersonen. Daher, wenn dies bekannt wird, sollst Du befehlen, daß dies alles

rius comprehendimus, citra ullam prorsus ambiguitatem vel controversiam isdem christianis, id est corpori et conventiculis eorum reddi iubebis, supra dicta scilicet ratione servata, ut ii qui eadem sine pretio sicut diximus restituant, indemnitatem de nostra benivolentia sperent. 10. In quibus omnibus supra dicto corpori christianorum intercessionem tuam efficacissimam exhibere debebis, ut praeceptum nostrum quantocius conpleatur, quo etiam in hoc per clementiam nostram quieti publicae consulatur. 11. Hactenus fiet, ut, sicut superius comprehensum est, divinus iuxta nos favor, quem in tantis sumus rebus experti, per omne tempus prospere successibus nostris cum beatitudine publica perseveret. 12. Ut autem huius sanctionis et benivolentiae nostrae forma ad omnium possit pervenire notitiam, praelata programmate tuo haec scripta et ubique proponere et ad omnium scientiam te perferre conveniet, ut huius nostrae benivolentiae nostrae sanctio latere non possit.

b) Fassung nach Euseb

Text nach: Euseb, h. e. X 5, 2–14.

2. Ἤδη μὲν πάλαι σκοποῦντες τὴν ἐλευθερίαν τῆς θρησκείας οὐκ ἀρνητέαν εἶναι, ἀλλ' ἑνὸς ἑκάστου τῇ διανοίᾳ καὶ τῇ βουλήσει ἐξουσίαν δοτέον τοῦ τὰ θεῖα πράγματα τημελεῖν κατὰ τὴν αὐτοῦ προαίρεσιν ἕκαστον, κεκελεύκειμεν τοῖς τε Χριστιανοῖς τῆς αἱρέσεως καὶ τῆς θρησκείας τῆς ἑαυτῶν τὴν πίστιν φυλάττειν· ἀλλ' ἐπειδὴ πολλαὶ καὶ διάφοροι αἱρέσεις ἐν ἐκείνῃ τῇ ἀντιγραφῇ, 3. ἐν ᾗ τοῖς αὐτοῖς συνεχωρήθη ἡ τοιαύτη ἐξουσία, ἐδόκουν προστεθεῖσθαι σαφῶς, τυχὸν ἴσως τινὲς αὐτῶν μετ' ὀλίγον ἀπὸ τῆς τοιαύτης παραφυλάξεως ἀπεκρούοντο. ὁπότε εὐτυχῶς ἐγὼ Κωνσταντῖνος ὁ Αὔγουστος κἀγὼ Λικίννιος ὁ Αὔγουστος ἐν τῇ Μεδιολάνῳ ἐληλύθειμεν καὶ πάντα ὅσα πρὸς τὸ λυσιτελὲς καὶ τὸ χρήσιμον τῷ κοινῷ διέφερεν, ἐν ζητήσει ἔσχομεν, ταῦτα μεταξὺ τῶν λοιπῶν ἅτινα ἐδόκει ἐν πολλοῖς ἅπασιν ἐπωφελῆ εἶναι, μᾶλλον δὲ ἐν πρώτοις διατάξαι ἐδογματίσαμεν, οἷς ἡ πρὸς τὸ θεῖον αἰδώς τε καὶ τὸ σέβας ἐνείχετο, τοῦτ' ἐστίν, ὅπως δῶμεν καὶ τοῖς Χριστιανοῖς καὶ πᾶσιν ἐλευθέραν αἵρεσιν τοῦ ἀκολουθεῖν τῇ θρησκείᾳ ᾗ δἂν βουληθῶσιν, ὅπως ὅ τί ποτέ ἐστιν θειότητος καὶ οὐρανίου πράγματος, ἡμῖν καὶ πᾶσι τοῖς ὑπὸ τὴν ἡμετέραν ἐξουσίαν διάγουσιν εὐμενὲς εἶναι δυνηθῇ. 4/5. τοίνυν ταύτην τὴν ἡμετέραν βούλησιν ὑγιεινῷ καὶ ὀρθο-

nach dem Gesetz, das wir oben dargelegt haben, ohne jede Zweideutigkeit und ohne jeden Widerspruch diesen Christen, d. h. ihrer Körperschaft und ihren Gemeinden, zurückgegeben wird. Dabei wird selbstverständlich das oben Gesagte auch in dem Sinne beachtet, daß diejenigen, die – wie wir oben gesagt haben – diese Güter ohne Erstattung zurückgeben, auf einen Ausgleich von unserer Güte hoffen dürfen. 10. In all diesen oben erwähnten Dingen sollst Du der Körperschaft der Christen Deine wirksame Vermittlung erweisen, damit unsere Vorschrift möglichst schnell durchgeführt und auch dadurch die öffentliche Ruhe durch unsere Milde bewahrt wird. 11. So geschieht es ⟨dann⟩, daß – wie oben dargestellt – die göttliche Gnade uns gegenüber, die wir in so wichtigen Dingen erfahren konnten, bei allen unseren Unternehmungen und bei der öffentlichen Wohlfahrt für alle Zeit in beglückender Weise erhalten bleibt. 12. Damit aber der Wortlaut dieser Vorschrift unserer Güte allen bekannt werden kann, soll dieses Schreiben durch Deine Bekanntmachung veröffentlicht und überall ausgehangen und zur Kenntnis aller gebracht werden, damit diese Vorschrift unserer Güte nicht verborgen bleiben kann.

2. Schon früher haben wir befohlen, den Christen die Zusicherung für ihre Gemeinschaft und ihren Gottesdienst zu bewahren. Denn wir bedachten, daß die Freiheit der Gottesverehrung nicht verweigert werden dürfte, sondern daß es erlaubt werden müsse, daß jeder nach seiner eigenen Wahl, so wie er es will und für richtig hält, seine Gottesverehrung ausübt. 3. Aber weil in jenem Reskript, in dem ihnen eine solche Freiheit zugestanden wurde, viele und unterschiedliche Möglichkeiten beigefügt erschienen, haben sich vielleicht einige ⟨von den Statthaltern⟩ von einer Beachtung in solchem Sinne nach kurzer Zeit abbringen lassen. Da glücklicherweise ich, Kaiser Konstantin, und ich, Kaiser Licinius, in Mailand zusammengekommen sind und alles beraten haben, was im Blick auf den Vorteil und den Nutzen für die Gemeinschaft wichtig ist, haben wir unter dem übrigen, was für die Allgemeinheit nützlich zu sein schien, zuerst die Verordnungen beschlossen, in denen die Ehrfurcht und die Verehrung der Gottheit enthalten sind. Das bedeutet: Wir wollen sowohl den Christen als auch allen anderen die Freiheit der Wahl geben, der Gottesverehrung zu folgen, der sie folgen wollen, damit, was es immer an Gottheit oder himmlischer Macht gibt, uns und allen, die unter unserer Herrschaft leben, wohlgesonnen sein möge. 4/5. Diesen unseren Beschluß haben wir in

τάτῳ λογισμῷ ἐδογματίσαμεν, ὅπως μηδενὶ παντελῶς ἐξουσία ἀρνητέα ᾖ τοῦ ἀκολουθεῖν καὶ αἱρεῖσθαι τὴν τῶν Χριστιανῶν παραφύλαξιν ἢ θρησκείαν ἑκάστῳ τε ἐξουσία δοθείη τοῦ διδόναι ἑαυτοῦ τὴν διάνοιαν ἐν ἐκείνῃ τῇ θρησκείᾳ, ἣν αὐτὸς ἑαυτῷ ἁρμόζειν νομίζει, ὅπως ἡμῖν δυνηθῇ τὸ θεῖον ἐν πᾶσι τὴν ἔθιμον σπουδὴν καὶ καλοκἀγαθίαν παρέχειν· 6. ἅτινα οὕτως ἀρέσκειν ἡμῖν ἀντιγράψαι ἀκόλουθον ἦν, ἵν' ἀφαιρεθεισῶν παντελῶς τῶν αἱρέσεων, αἵτινες τοῖς προτέροις ἡμῶν γράμμασι τοῖς πρὸς τὴν σὴν καθοσίωσιν ἀποσταλεῖσι περὶ τῶν Χριστιανῶν ἐνείχοντο καὶ ἅτινα πάνυ σκαιὰ καὶ τῆς ἡμετέρας πραότητος ἀλλότρια εἶναι ἐδόκει, ταῦτα ὑφαιρεθῇ καὶ νῦν ἐλευθέρως καὶ ἁπλῶς ἕκαστος αὐτῶν τῶν τὴν αὐτὴν προαίρεσιν ἐσχηκότων τοῦ φυλάττειν τὴν τῶν Χριστιανῶν θρησκείαν ἄνευ τινὸς ὀχλήσεως τοῦτο αὐτὸ παραφυλάττοι. 7. ἅτινα τῇ σῇ ἐπιμελείᾳ πληρέστατα δηλῶσαι ἐδογματίσαμεν, ὅπως εἰδείης ἡμᾶς ἐλευθέραν καὶ ἀπολελυμένην ἐξουσίαν τοῦ τημελεῖν τὴν ἑαυτῶν θρησκείαν τοῖς αὐτοῖς Χριστιανοῖς δεδωκέναι. 8. ὅπερ ἐπειδὴ ἀπολελυμένως αὐτοῖς ὑφ' ἡμῶν δεδωρῆσθαι θεωρεῖ ἡ σὴ καθοσίωσις καὶ ἑτέροις δεδόσθαι ἐξουσίαν τοῖς βουλομένοις τοῦ μετέρχεσθαι τὴν παρατήρησιν καὶ θρησκείαν ἑαυτῶν, ὅπερ ἀκολούθως τῇ ἡσυχίᾳ τῶν ἡμετέρων καιρῶν γίνεσθαι φανερόν ἐστιν, ὅπως ἐξουσίαν ἕκαστος ἔχῃ τοῦ αἱρεῖσθαι καὶ τημελεῖν ὁποίαν δἂν βούληται τὸ θεῖον. τοῦτο δὲ ὑφ' ἡμῶν γέγονεν, ὅπως μηδεμιᾷ τιμῇ μηδὲ θρησκείᾳ τινὶ μεμειῶσθαί τι ὑφ' ἡμῶν δοκοίη. 9. καὶ τοῦτο δὲ πρὸς τοῖς λοιποῖς εἰς τὸ πρόσωπον τῶν Χριστιανῶν δογματίζομεν, ἵνα τοὺς τόπους αὐτῶν, εἰς οὓς τὸ πρότερον συνέρχεσθαι ἔθος ἦν αὐτοῖς, περὶ ὧν καὶ τοῖς πρότερον δοθεῖσιν πρὸς τὴν σὴν καθοσίωσιν γράμμασιν τύπος ἕτερος ἦν ὡρισμένος τῷ προτέρῳ χρόνῳ, ἵν' εἴ τινες ἢ παρὰ τοῦ ταμείου τοῦ ἡμετέρου ἢ παρά τινος ἑτέρου φαίνοιντο ἠγορακότες, τούτους τοῖς αὐτοῖς Χριστιανοῖς ἄνευ ἀργυρίου καὶ ἄνευ τινὸς ἀπαιτήσεως τῆς τιμῆς, ὑπερτεθείσης δίχα πάσης ἀμελείας καὶ ἀμφιβολίας, ἀποκαταστήσωσι, καὶ εἴ τινες κατὰ δῶρον τυγχάνουσιν εἰληφότες, τοὺς αὐτοὺς τόπους ὅπως ἢ τοῖς αὐτοῖς Χριστιανοῖς τὴν ταχίστην ἀποκαταστήσωσιν 10. οὕτως ὡς ἢ οἱ ἠγορακότες τοὺς αὐτοὺς τόπους ἢ οἱ κατὰ δωρεὰν εἰληφότες αἰτῶσί τι παρὰ τῆς ἡμετέρας καλοκἀγαθίας προσέλθωσι τῷ ἐπὶ τόπων ἐπάρχῳ δικάζοντι, ὅπως καὶ αὐτῶν διὰ τῆς ἡμετέρας χρηστότητος πρόνοια γένηται. ἅτινα πάντα τῷ σώματι τῷ τῶν Χριστιανῶν παρ' αὐτὰ διὰ τῆς σῆς σπουδῆς ἄνευ τινὸς παρολκῆς παραδίδοσθαι δεήσει· 11. καὶ ἐπειδὴ οἱ Χριστιανοὶ οὐ μόνον ἐκείνους εἰς οὓς

gesunder und richtiger Überlegung gefaßt, nämlich, daß überhaupt niemandem das Recht genommen werden dürfe, den Brauch und die Gottesverehrung der Christen zu wählen und zu befolgen, und daß jedem das Recht gegeben werden müsse, seinen Geist jener Gottesverehrung zuzuwenden, von der er glaubt, daß sie ihm angemessen sei, damit die Gottheit uns in allem die gewohnte Gunst und Hochherzigkeit gewähren möge. 6. Dem entspricht es, daß es uns gefallen hat, ein Reskript herauszugeben. Alle Wahlmöglichkeiten, die in unseren früheren Briefen an Deine Geneigtheit über die Christen enthalten waren, und was ganz verkehrt und unserer Güte fremd zu sein schien, heben wir auf. Nun soll jeder, der die eigene Wahl getroffen hat, der Gottesverehrung der Christen zu folgen, ebendies frei und ohne Belästigung tun können.

7. Das haben wir beschlossen, Deiner Sorgfalt vollständig zu offenbaren, damit du weißt, daß wir ebendiesen Christen freie und uneingeschränkte Vollmacht gegeben haben, ihre eigene Gottesverehrung auszuüben. 8. Da Deine Geneigtheit sieht, daß dieses Recht ihnen uneingeschränkt von uns gewährt worden ist, ⟨wirst Du auch einsehen, daß⟩ auch den übrigen Vollmacht gegeben ist, nach ihrem Willen ihrem Brauch und ihrer Gottesverehrung nachzugehen: Offenbar entspricht es der Ruhe unserer Zeiten, daß jeder das Recht hat, die Gottheit zu wählen und zu verehren, die er will. Dies ist durch uns geschehen, damit keine Anbetung und keine Gottesverehrung durch uns benachteiligt erscheint. 9. Und folgendes bestimmen wir zu dem übrigen im Hinblick auf die Christen: Die Orte, an denen sie früher zusammenzukommen pflegten – über sie ist auch schon früher in Briefen an Deine Geneigtheit eine andere Anweisung ergangen, die für eine frühere Zeit bestimmt war – und die entweder von unserer Schatzkammer oder von einem anderen nachweislich gekauft wurden, sollen ebendiesen Christen ohne Geld und ohne Rückforderung des Kaufpreises zurückgegeben werden, und zwar ohne jede Nachlässigkeit und Zweideutigkeit. Wenn einige solche Orte geschenkweise übernommen wurden, dann soll man sie den Christen auf schnellstem Wege zurückgeben. 10. Sowohl diejenigen, die solche Orte gekauft haben, als auch diejenigen, die sie geschenkweise bekommen haben, sollen etwas von unserer Güte erbitten und sich an den Statthalter wenden, der am Ort richtet, damit die Fürsorge unserer Güte auch ihnen zuteil wird. Das alles jedenfalls muß der Körperschaft der Christen durch Deine Bemühung ohne irgendeine Verzögerung übergeben werden. 11. Und da von den Christen bekannt ist, daß sie nicht nur die

συνέρχεσθαι ἔθος εἶχον, ἀλλὰ καὶ ἑτέρους τόπους ἐσχηκέναι γινώσκονται διαφέροντας οὐ πρὸς ἕκαστον αὐτῶν, ἀλλὰ πρὸς τὸ δίκαιον τοῦ αὐτῶν σώματος, τοῦτ' ἐστὶν τῶν Χριστιανῶν, ταῦτα πάντα ἐπὶ τῷ νόμῳ ὃν προειρήκαμεν, δίχα παντελῶς τινος ἀμφισβητήσεως τοῖς αὐτοῖς Χριστιανοῖς, τοῦτ' ἐστὶν τῷ σώματι αὐτῶν καὶ τῇ συνόδῳ ἑκάστῳ αὐτῶν ἀποκαταστῆναι κελεύσεις, τοῦ προειρημένου λογισμοῦ δηλαδὴ φυλαχθέντος, ὅπως αὐτοὶ οἵτινες τοὺς αὐτοὺς ἄνευ τιμῆς, καθὼς προειρήκαμεν, ἀποκαθιστῶσι, τὸ ἀζήμιον τὸ ἑαυτῶν παρὰ τῆς ἡμετέρας καλοκἀγαθίας ἐλπίζοιεν. 12. ἐν οἷς πᾶσιν τῷ προειρημένῳ σώματι τῶν Χριστιανῶν τὴν σπουδὴν δυνατώτατα παρασχεῖν ὀφείλεις, ὅπως τὸ ἡμέτερον κέλευσμα τὴν ταχίστην παραπληρωθῇ, ὅπως καὶ ἐν τούτῳ διὰ τῆς ἡμετέρας χρηστότητος πρόνοια γένηται τῆς κοινῆς καὶ δημοσίας ἡσυχίας. 13. τούτῳ γὰρ τῷ λογισμῷ, καθὼς καὶ προείρηται, ἡ θεία σπουδὴ περὶ ἡμᾶς, ἧς ἐν πολλοῖς ἤδη πράγμασιν ἀπεπειράθημεν, διὰ παντὸς τοῦ χρόνου βεβαίως διαμεῖναι. 14. ἵνα δὲ ταύτης τῆς ἡμετέρας νομοθεσίας καὶ τῆς καλοκἀγαθίας ὁ ὅρος πρὸς γνῶσιν πάντων ἐνεχθῆναι δυνηθῇ, προταχθέντα τοῦ σοῦ προστάγματος ταῦτα τὰ ὑφ' ἡμῶν γραφέντα πανταχοῦ προθεῖναι καὶ εἰς γνῶσιν πάντων ἀγαγεῖν ἀκόλουθόν ἐστιν, ὅπως ταύτης τῆς ἡμετέρας καλοκἀγαθίας ἡ νομοθεσία μηδένα λαθεῖν δυνηθῇ.

7. *Die Siegesstatue in Rom*

Euseb berichtet von der Siegesstatue, die dem Kaiser zu Ehren nach dem Sieg über Maxentius auf dem römischen Forum errichtet wurde. Die mitgeteilte Inschrift und das „Zeichen des rettenden Leidens" haben vielfältige Diskussionen ausgelöst. Grégoire vermutete, daß es sich um ein dem Sieger überreichtes Ehren-Vexillum gehandelt habe (vgl. Vogt, RAC 326).

Seit den ausführlichen Erörterungen Alföldis ist man heute allgemein der Ansicht, daß sich hinter dem Bericht des Euseb doch eine historische

a) Bericht des Euseb

Text nach: Euseb, h. e. IX 9, 10f.

10. ὁ δ' ὥσπερ ἔμφυτον τὴν εἰς θεὸν ευσέβειαν κεκτημένος, μηδ' ὅλως ἐπὶ ταῖς βοαῖς ὑποσαλευόμενος μηδ' ἐπαιρόμενος

Orte besessen haben, wo sie zusammenzukommen pflegten, sondern als Körperschaft auch noch unterschiedliche andere Stätten (gemeint ist kein Privatbesitz): Das alles sollst Du nach dem Gesetz, das wir vorher erwähnt haben, den Christen – d. h. ihrer Körperschaft bzw. jeder ihrer Gemeinden – zurückzugeben befehlen. Dabei ist natürlich wieder die vorher erwähnte Bestimmung zu beobachten, daß diejenigen, die diese Stätten umsonst (wie wir vorher erwähnt haben) zurückerstatten, durch unsere Güte hoffen dürfen, ohne Verluste zu bleiben. 12. In allem schuldest Du der Körperschaft der Christen, ihr möglichst weitgehende Bemühungen zu schenken, damit unser Befehl aufs schnellste erfüllt wird, damit auch hierin durch unsere Güte für die allgemeine und öffentliche Ruhe Vorsorge getroffen wird. 13. Denn durch diese Bestimmung möge – wie vorher erwähnt – das göttliche Wohlwollen für uns, das wir schon in so vielen Dingen erfahren haben, uns für alle Zeit fest erhalten bleiben. 14. Damit aber der Inhalt unserer Gesetzgebung und unserer Güte zur Kenntnis aller Menschen gelangt, ist es angebracht, daß Du, nachdem Du das von uns Geschriebene Deiner ⟨eigenen⟩ Anordnung ⟨dazu⟩ vorangestellt hast, ⟨beides⟩ überall anschlägst und zur Kenntnis aller Menschen bringst, damit die Gesetzgebung dieser unserer Güte niemandem verborgen bleiben kann.

Tatsache verbirgt (Alföldi 232–238). Wahrscheinlich war dieses Zeichen identisch mit dem Labarum (Alföldi 233). Konstantin wollte dann auch bei seinem Bildnis das Zeichen in der Hand tragen, mit dem er gesiegt hatte. Die Sache ist auch deshalb wahrscheinlich, weil Fahnen in der Hand des Kaisers vorher bei Kaiserstandbildern nicht üblich waren (Vogt, RAC 326). Nicht vergessen werden sollte auch, daß Konstantin bei seinem Einzug nach Rom nicht – wie sonst üblich – zum Kapitol gezogen ist. Man beachte die Interpretation des Zeichens in der Inschrift als „wahren Beweis der Tapferkeit". Konstantin spielt damit auf den Sieg in der Schlacht an, nicht auf den Ursprung des Zeichens im Leiden Christi.

10. Konstantin besaß eine angeborene Frömmigkeit gegen Gott, wurde von dem Siegesgeschrei ganz und gar nicht in Verwirrung gebracht und

τοῖς ἐπαίνοις, εὖ μάλα τῆς ἐκ θεοῦ συνῃσθημένος βοηθείας, αὐτίκα τοῦ σωτηρίου τρόπαιον πάθους ὑπὸ χεῖρα ἰδίας εἰκόνος ἀνατεθῆναι προστάττει, καὶ δὴ τὸ σωτήριον σημεῖον ἐπὶ τῇ δεξιᾷ κατέχοντα αὐτὸν ἐν τῷ μάλιστα τῶν ἐπὶ Ῥώμης δεδημοσιευμένῳ τόπῳ στήσαντας αὐτὴν δὴ ταύτην προγραφὴν ἐντάξαι ῥήμασιν αὐτοῖς τῇ Ῥωμαίων ἐγκελεύεται φωνῇ· «11. τούτῳ τῷ σωτηριώδει σημείῳ, τῷ ἀληθεῖ ἐλέγχῳ τῆς ἀνδρείας τὴν πόλιν ὑμῶν ἀπὸ ζυγοῦ τοῦ τυράννου διασωθεῖσαν ἠλευθέρωσα, ἔτι μὴν καὶ τὴν σύγκλητον καὶ τὸν δῆμον Ῥωμαίων τῇ ἀρχαίᾳ ἐπιφανείᾳ καὶ λαμπρότητι ἐλευθερώσας ἀποκατέστησα».

8. *Die frühen Panegyriken*

Die panegyrischen Reden sind Lobreden, die zur Verherrlichung des Kaisers gehalten werden. Die beiden hier in ganz kurzen Auszügen abgedruckten Reden von 310 und 313 auf Konstantin stammen von heidnischen Autoren.

Die erste Rede ist deshalb interessant, weil sie die enge Bindung Konstantins zu Sol Invictus = Apollon belegt. Außerdem berichtet sie von einer Vision. Grégoire wollte sie als historische Grundlage für das sehen, was dann Laktanz und Euseb verchristlicht und in das Jahr 312 verlegt hätten. Diese Position ist heute aufgegeben. Wichtig daran ist aber nach wie vor, daß hier eine Vision des Kaisers in sehr pathetischer Form beschrieben wird. So macht dieser Text es wahrscheinlich, daß Konstan-

a) Aus der panegyrischen Rede von 310

Text nach: Pan. VII 21, 3–7.

3. Postridie enim quam accepto illo nuntio geminatum itineris laborem susceperas, omnes fluctus resedisse, omnem quam reliqueras tranquillitatem redisse didicisti, ipsa hoc sic ordinante fortuna ut te ibi rerum tuarum felicitas admoneret dis immortalibus ferre quae voveras, ubi deflexisses ad templum toto orbe pulcherrimum, immo ad praesentem, ut vidisti, deum. 4. Vidisti enim, credo, Constantine, Apollinem tuum comitante Victoria coronas tibi laureas offerentem, quae tricenum singulae ferunt omen annorum. Hic est

wurde bei den Lobpreisungen nicht hochmütig. Er war sich gut der Hilfe Gottes bewußt und er befahl, sogleich das Zeichen des rettenden Leidens in die Hand seines Bildnisses zu geben. Und als man ihm so das rettende Zeichen in die rechte Hand gegeben hatte und das Bild an dem belebtesten Platz Roms aufgestellt worden war, befahl er, diese Inschrift in lateinischer Sprache anzubringen: 11. „Durch dieses rettende Zeichen, den wahren Beweis der Tapferkeit, habe ich die Stadt vom Joch des Tyrannen errettet und befreit. Außerdem habe ich dem Senat und dem römischen Volk mit der alten Herrlichkeit und dem alten Glanz auch die Freiheit zurückgegeben."

tin bereits in vorchristlicher Zeit Visionen gehabt hat (Kraft 10, Anm. 1).

Die zweite Rede entstand 313, nicht lange nach dem Sieg Konstantins über Maxentius, den sie beschreibt und verherrlicht. Der Verfasser betont dabei die enge Verbindung Konstantins mit einem Ober-Gott, dem „mindere Götter" gegenüberstehen. Nur durch die Gegenwart und den Rat einer solchen göttlichen Majestät hat der Kaiser es wagen können, einen solchen ungleichen Krieg in Angriff zu nehmen. Wahrscheinlich ist hier bereits ein Versuch vorgenommen worden, das christlicher gewordene Gottesverständnis Konstantins in das System der alten Religion zu integrieren (Kraft 8, Anm. 2). Auf jeden Fall beschreibt die Rede in ihrer Weise die Ereignisse des Jahres 312 als ein Geschehen besonderer Gottesnähe. Das wird der Panegyriker sicherlich nicht erfunden haben.

3. Am Tage nämlich, nachdem Du jene Nachricht empfangen und die doppelte Marschanstrengung unternommen hattest, da hast Du erfahren, daß sich alle Fluten gelegt hatten, daß alle Ruhe, die Du hinter Dir gelassen hattest, zurückgekehrt war. Dabei verordnete es das Schicksal selbst so, daß Dich dort das Glück Deiner Dinge mahnte, den unsterblichen Göttern das darzubringen, was Du gelobt hattest, als Du Dich verloren hattest in den schönsten Tempel der Welt, genauer gesagt, in den gegenwärtigen Gott, wie Du ihn gesehen hast. 4. Ich glaube nämlich, Konstantin, Du hast gesehen, wie Dein Apollo in Begleitung der Viktoria Dir Lorbeerkränze entgegenbrachte. Davon ist jeder einzelne das Omen von dreißig Jahren.

enim humanarum numerus aetatum, quae tibi utique debentur ultra Pyliam senectutem. 5. Et immo quid dico „credo"? Vidisti teque in illius specie recognovisti, cui totius mundi regna deberi vatum carmina divina cecinerunt. 6. Quod ego nunc demum arbitror contigisse, cum tu sis, ut ille, iuvenis et lactus et salutifer et pulcherrimus, imperator. 7. Merito igitur augustissima illa delubra tantis donariis honestasti ut iam vetera non quaerant, iam omnia te vocare ad se templa videantur praecipueque Apollo noster, cuius ferventibus aquis periuria puniuntur, quae te maxime oportet odisse.

b) Aus der panegyrischen Rede von 313

Text nach: Pan. IX/II, 4f. u. IX/IV, 1.

II, 4. Quisnam te deus, quae tam praesens hortata est maiestas, ut, omnibus fere tuis comitibus et ducibus non solum tacite mussantibus, sed etiam aperte timentibus, contra consilia hominum, contra haruspicum monita ipse per temet liberandae urbis tempus venisse sentires? 5. Habes profecto aliquod cum illa mente divina, Constantine, secretum, quae delegata nostri diis minoribus cura uni se tibi dignatur ostendere. Alioquin, fortissime imperator, sic quoque, cum viceris, redde rationem.

IV, 1. Haec omnia, imperator, cum cogitares, scires, videres nec te paterna gravitas nec tua natura temerarium esse pateretur, dic, quaeso, quid in consilio nisi divinum numen habuisti?

Dies ist nämlich die Zahl der menschlichen Lebensalter, die Dir über das pylische Greisenalter hinaus zustehen. 5. Und überhaupt, was sage ich: Ich glaube? Du hast ⟨es⟩ gesehen und Dich in jener Rolle erkannt, der – nach den göttlichen Liedern der Dichter – die Reiche der ganzen Welt zustehen. 6. Ich glaube, daß dies erst jetzt eingetreten ist, weil Du, Kaiser, wie jener jugendlich, fröhlich, heilbringend und wunderschön bist. 7. Mit gutem Grund also hast Du jene Heiligtümer mit so großen Weihegeschenken geehrt, daß sie nach den alten ⟨früher gegebenen Weihegeschenken⟩ nicht mehr fragen und jetzt alle Tempel und besonders Apollo, durch dessen kochendes Wasser die Meineide bestraft werden, die Du besonders verachten mußt, Dich zu sich zu rufen scheinen .

II, 4. Denn welcher Gott, welche gegenwärtige Majestät hat Dich so aufgemuntert, daß Du gegen die Ratschläge der Menschen, gegen die Warnungen der Opferschauer und obwohl fast alle Deiner Begleiter und Führer nicht nur still murrten, sondern ihre Furcht auch offen aussprachen, von Dir aus erkanntest, daß die Zeit für die Befreiung der Stadt gekommen war? 5. Du hast, Konstantin, in der Tat irgendeine geheime Verbindung mit dem göttlichen Geist, der, nachdem er alle Sorge um uns den minderen Göttern überlassen hat, allein Dich gewürdigt hat, sich Dir direkt zu zeigen. Andernfalls, tapferster Imperator, gib Rechenschaft darüber, womit Du gesiegt hast!

IV, 1. Wenn Du, Imperator, das alles erkennst, weißt und siehst und offenbar weder die väterliche Stärke noch Deine Natur Dich so verwegen gemacht haben, dann sage uns – ich bitte Dich –, was Du in Deinem Entschluß dabeigehabt hast, wenn nicht die göttliche Macht!

II. TEXTE ZUM DONATISTISCHEN STREIT

9. *Einladung zum Bischofsgericht in Rom*

Der Brief an Miltiades und Markus bezieht sich auf die Tatsache, daß dem Kaiser donatistische Vorwürfe über Caecilian, besonders wohl der,

a) Brief Konstantins an Bischof Miltiades von Rom und an Markus

Text nach: Euseb, h. e. X 5, 18–20.

18. Κωνσταντῖνος Σεβαστὸς Μιλτιάδῃ ἐπισκόπῳ Ῥωμαίων καὶ Μάρκῳ. ἐπειδὴ τοιοῦτοι χάρται παρὰ Ἀνυλίνου τοῦ λαμπροτάτου ἀνθυπάτου τῆς Ἀφρικῆς πρός με πλείους ἀπεστάλησαν, ἐν οἷς ἐμφέρεται Καικιλιανὸν τὸν ἐπίσκοπον τῆς Χαρταγενησίων πόλεως παρά τινων κολλήγων αὐτοῦ τῶν κατὰ τὴν Ἀφρικὴν καθεστώτων ἐν πολλοῖς πράγμασιν εὐθύνεσθαι, καὶ τοῦτό μοι βαρὺ σφόδρα δοκεῖ τὸ ἐν ταύταις ταῖς ἐπαρχίαις, ἃς τῇ ἐμῇ καθοσιώσει αὐθαιρέτως ἡ θεία πρόνοια ἐνεχείρισεν κἀκεῖσε πολύ πλῆθος λαοῦ, ὄχλον ἐπὶ τὸ φαυλότερον ἐπιμένοντα εὑρίσκεσθαι ὡς ἂν εἰ διχοστατοῦντα καὶ μεταξὺ ἐπισκόπους διαφορὰς ἔχειν, 19. ἔδοξέ μοι ἵν' αὐτὸς ὁ Καικιλιανὸς μετὰ δέκα ἐπισκόπων τῶν αὐτὸν εὐθύνειν δοκούντων καὶ δέκα ἑτέρων οὓς αὐτὸς τῇ ἑαυτοῦ δίκῃ ἀναγκαίους ὑπολάβοι, εἰς τὴν Ῥώμην πλῷ ἀπιέναι, ἵν' ἐκεῖσε ὑμῶν παρόντων, ἀλλὰ μὴν καὶ Ῥετικίου καὶ Ματέρνου καὶ Μαρίνου, τῶν κολλήγων ὑμῶν, οὓς τούτου ἕνεκεν εἰς τὴν Ῥώμην προσέταξα ἐπισπεῦσαι, δυνηθῇ ἀκουσθῆναι, ὡς ἂν καταμάθοιτε τῷ σεβασμιωτάτῳ νόμῳ ἁρμόττειν. 20. ἵνα μέντοι καὶ περὶ πάντων αὐτῶν τούτων πληρεστάτην δυνηθῆτε ἔχειν γνῶσιν, τὰ ἀντίτυπα τῶν ἐγγράφων τῶν πρός με παρὰ Ἀνυλίνου ἀποσταλέντων γράμμασιν ἐμοῖς ὑποτάξας, πρὸς τοὺς προειρημένους κολλήγας ὑμῶν ἐξέπεμψα· οἷς ἐντυχοῦσα ἡ ὑμετέρα στερρότης δοκιμάσει ὅντινα χρὴ τρόπον τὴν προειρημένην δίκην ἐπιμελέστατα διευκρινῆσαι καὶ κατὰ τὸ δίκαιον τερματίσαι, ὁπότε μηδὲ τὴν ὑμετέραν ἐπιμέλειαν λανθάνει τοσαύτην με αἰδῶ τῇ ἐνθέσμῳ καθολικῇ ἐκκλησίᾳ ἀπονέ-

daß Caecilian kein Bischof sein könne, weil er von dem *traditor* Felix geweiht worden sei, zu Ohren gekommen sind. Er möchte das prüfen lassen. Dazu lädt er zu einer Gerichtsverhandlung nach Rom ein, wo neben den beiden Parteien auch gallische Bischöfe anwesend sein sollen (so der Wunsch der Donatisten, weil es in Gallien keine Verfolgung gegeben hat). Es handelt sich dabei nicht um eine Synode (zu der es der römische Bischof Miltiades nachher zu machen versucht hat).

Hinter Markus ist wohl der „geschäftsführende Archidiakon des römischen Bischofs" zu vermuten (vgl. Kraft 169). Die Entstehungszeit des Briefes ist das Jahr 313.

18. Kaiser Konstantin an Miltiades, den Bischof der Römer, und an Markus. Nachdem verschiedene Schriftstücke von dem Clarissimus Anullius, dem Prokonsul von Afrika, an mich gesandt wurden, in denen von einigen Amtsbrüdern, die in Afrika ihr Amt bekleiden, dem Caecilian, dem Bischof der Stadt Karthago, vorgehalten wird, er habe sich in vielen Punkten schuldig gemacht, scheint es mir sehr schwerwiegend zu sein, daß in den Eparchien, die die göttliche Vorsehung aus eigenem Entschluß meiner Frömmigkeit anvertraut hat und wo die Volksmenge groß ist, das Volk beim Schlechteren beharrt. Und dieses Volk wird erfunden, als ob es sich im Streit befände und es zwischen den Bischöfen Meinungsverschiedenheiten gäbe. 19. Ich habe nun beschlossen, daß Caecilian selbst mit zehn Bischöfen von denen, die ihn anklagen, und zehn anderen, von denen er selbst annimmt, daß sie in seinem Rechtsstreit auf seiner Seite stehen, zu Schiff nach Rom abreisen soll, damit er dort in Eurer Gegenwart gehört werden kann. Anwesend sollen auch Retikus, Maternus und Marinus, Eure Amtsbrüder, sein, denen ich deswegen angeordnet habe, nach Rom zu reisen. So sollt Ihr erfahren, ob Caecilian mit dem hochgeehrtesten Gesetz übereinstimmt. 20. Damit Ihr über alle diese Dinge eine möglichst vollständige Kenntnis haben könnt, habe ich die Abschriften der von Anullius an mich abgesandten Aufzeichnungen meinem Brief beigefügt und an Eure eben erwähnten Amtsbrüder gesandt. Wenn Ihr sie erhalten habt, dann soll Eure Ehrwürdigkeit prüfen, auf welche Weise es nötig ist, den eben erwähnten Rechtsstreit aufs sorgfältigste zu entscheiden und nach dem Recht zu Ende zu bringen. Was aber Eurer Sorgfalt nicht verborgen ist, ist die Tatsache, daß ich Ehrfurcht gegenüber der gesetzmäßigen katho-

μειν, ὡς μηδὲν καθόλου σχίσμα ἢ διχοστασίαν ἔν τινι τόπῳ βούλεσθαί με ὑμᾶς καταλιπεῖν. ἡ θειότης ὑμᾶς τοῦ μεγάλου θεοῦ διαφυλάξει πολλοῖς ἔτεσι, τιμιώτατε.

10. Einladung zur Synode in Arles

Der Versuch, durch ein Bischofsgericht in Rom den Streit entscheiden zu lassen, war (auch durch die Schuld des Bischofs Miltiades) gescheitert. Mit diesem Schreiben an den Bischof von Syrakus lädt Konstantin nun zu einer Synode nach Arles (314) ein. Ein vergleichbares weiteres Schreiben an einen gewissen Aelafius ist leider so problematisch überliefert, daß ich hier darauf verzichtet habe (Kraft 172–183, ›Brief Nr. 6‹).

a) Brief Konstantins an den Bischof von Syrakus, Chrestus

Text nach: Euseb, h. e. X 5, 21–24.

21. Κωνσταντῖνος Σεβαστὸς Χρήστῳ ἐπισκόπῳ Συρακουσίων. ἤδη μὲν πρότερον, ὅτε φαύλως καὶ ἐνδιαστρόφως τινὲς περὶ τῆς θρῃσκείας τῆς ἁγίας καὶ ἐπουρανίου δυνάμεως καὶ τῆς αἱρέσεως τῆς καθολικῆς ἀποδιίστασθαι ἤρξαντο, ἐπιτέμνεσθαι βουληθεὶς τὰς τοιαύτας αὐτῶν φιλονεικίας, οὕτω διατετυπώκειν ὥστε ἀποσταλέντων ἀπὸ τῆς Γαλλίας τινῶν ἐπισκόπων, ἀλλὰ μὴν καὶ τούτων κληθέντων ἀπὸ τῆς Ἀφρικῆς τῶν ἐξ ἐναντίας μοίρας καταλλήλως, ἐνστατικῶς καὶ ἐπιμόνως διαγωνιζομένων παρόντος τε καὶ τοῦ τῆς Ῥώμης ἐπισκόπου, τοῦτο ὅπερ ἐδόκει κεκινῆσθαι, δυνηθῇ ὑπὸ τῆς παρουσίας αὐτῶν μετὰ πάσης ἐπιμελοῦς διακρίσεως κατορθώσεως τυχεῖν. 22. ἀλλ' ἐπειδή, ὡς συμβαίνει, ἐπιλαθόμενοί τινες καὶ τῆς σωτηρίας τῆς ἰδίας καὶ τοῦ σεβάσματος τοῦ ὀφειλομένου τῇ ἁγιωτάτῃ αἱρέσει, ἔτι καὶ νῦν τὰς ἰδίας ἔχθρας παρατείνειν οὐ παύονται, μὴ βουλόμενοι τῇ ἤδη ἐξενεχθείσῃ κρίσει συντίθεσθαι καὶ διοριζόμενοι ὅτι δὴ ἄρα ὀλίγοι τινὲς τὰς γνώμας καὶ τὰς ἀποφάσεις ἑαυτῶν ἐξήνεγκαν ἢ καὶ μὴ. πρότερον ἁπάντων τῶν ὀφειλόντων ζητηθῆναι ἀκριβῶς ἐξετασθέντων πρὸς τὸ τὴν κρίσιν ἐξενέγκαι πάνυ ταχέως καὶ ὀξέως ἔσπευσαν, ἔκ τε τούτων ἁπάντων ἐκεῖνα συμβαίνει γενέσθαι, τὸ καὶ τούτους αὐτοὺς ἀδελφικὴν καὶ ὁμόφρονα ὀφείλοντας ἔχειν ὁμοψυχίαν αἰσχρῶς, μᾶλλον δὲ μυσερῶς ἀλλήλων ἀποδιεστάναι καὶ τοῖς ἀνθρώποις τοῖς ἀλλο-

lischen Kirche hege. Daher will ich nicht, daß Ihr irgendwo eine Spaltung oder einen Streit zurücklaßt. Die Gottheit des allmächtigen Gottes bewahre Euch viele Jahre, Geliebte!

Es handelt sich hier wirklich um eine Synode, die der Kaiser von sich aus einberuft und wofür er die Benutzung des staatlichen Kurierdienstes erlaubt. Er nimmt auf keine Partei konkreten Bezug und bedauert die Streitsucht der Christen, die eigentlich ihrem Glauben widerspricht. „Für Euseb ist die Streitsucht *die* Sünde der Kirche (h. e. 8, 1). Daß Konstantin dieses Argument gebraucht, ist als Bekenntnis zur Kirche zu werten" (Kraft 171).

21. Kaiser Konstantin an Chrestus, den Bischof von Syrakus. Schon früher, als einige mit schlechten und verkehrten Absichten begannen, sich in bezug auf die Verehrung der heiligen und himmlischen Macht und in bezug auf die katholische Gemeinschaft zu trennen, wollte ich ihren Streit abkürzen und habe ⟨deshalb⟩ angeordnet, daß einige gallische Bischöfe abgesandt und vor allem aus Afrika diejenigen gerufen werden sollten, die zu den einander entgegenstehenden Parteien gehören und sich beharrlich bekämpfen. Dabei sollte auch der Bischof von Rom anwesend sein. So sollte das, was sie zu beschäftigen schien, mit sorgfältiger Überlegung in ihrer ⟨eigenen⟩ Gegenwart in Ordnung gebracht werden. 22. Viele aber – so hat es sich gezeigt – vergessen ihre eigene Rettung und die schuldige Ehrfurcht vor der allerheiligsten Gemeinschaft. Sie hören auch jetzt noch nicht auf, ihre eigenen Feindschaften weiterzuführen, wollen den ergangenen Urteilsspruch nicht anerkennen und erklären, daß nur einige wenige ihre Meinungen und Urteile abgegeben hätten und daß man ganz schnell und rasch eine Entscheidung in Eile gefällt habe, ohne alles durchzuhandeln, was dazu untersucht werden müßte. Daraus ergibt sich, daß diejenigen, die eine brüderliche und einmütig-gleiche Gesinnung haben sollten, einander auf schändliche, ja mehr noch widerliche Weise entgegenstehen. Und damit geben sie den Menschen, die sich von der allerheiligsten Gottesverehrung

τρίας ἔχουσι τὰς ψυχὰς ἀπὸ τῆς ἁγιωτάτης θρῃσκείας ταύτης πρόφασιν χλεύης διδόναι, – ὅθεν προνοητέον μοι ἐγένετο, ὅπως τοῦτο ὅπερ ἐχρῆν μετὰ τὴν ἐξενεχθεῖσαν ἤδη κρίσιν αὐθαιρέτῳ συγκαταθέσει πεπαῦσθαι, κἂν νῦν ποτε δυνηθῇ πολλῶν παρόντων τέλους τυχεῖν. 23. ἐπειδὴ τοίνυν πλείστους ἐκ διαφόρων καὶ ἀμυθήτων τόπων ἐπισκόπους εἰς τὴν Ἀρελατησίων πόλιν εἴσω Καλανδῶν Αὐγούστων συνελθεῖν ἐκελεύσαμεν, καὶ σοὶ γράψαι ἐνομίσαμεν ἵνα λαβὼν παρὰ τοῦ λαμπροτάτου Λατρωνιανοῦ τοῦ κονρήκτορος Σικελίας δημόσιον ὄχημα, συζεύξας σεαυτῷ καὶ δύο γέ τινας τῶν ἐκ τοῦ δευτέρου θρόνου, οὓς ἂν σὺ αὐτὸς ἐπιλέξασθαι κρίνῃς, ἀλλὰ μὴν καὶ τρεῖς παῖδας τοὺς δυνησομένους ὑμῖν κατὰ τὴν ὁδὸν ὑπηρετήσασθαι παραλαβών, εἴσω τῆς αὐτῆς ἡμέρας ἐπὶ τῷ προειρημένῳ τόπῳ ἀπάντησον, 24. ὡς ἂν διά τε τῆς σῆς στερρότητος καὶ διὰ τῆς λοιπῆς τῶν συνιόντων ὁμοψύχου καὶ ὁμόφρονος συνέσεως καὶ τοῦτο ὅπερ ἄχρι τοῦ δεῦρο φαύλως δι' αἰσχράς τινας ζυγομαχίας παραμεμένηκεν, ἀκουσθέντων πάντων τῶν μελλόντων λεχθήσεσθαι παρὰ τῶν νῦν ἀπ' ἀλλήλων διεστώτων, οὕσπερ ὁμοίως παρεῖναι ἐκελεύσαμεν, δυνηθῇ εἰς τὴν ὀφειλομένην θρῃσκείαν καὶ πίστιν ἀδελφικήν τε ὁμόνοιαν κἂν βραδέως ἀνακληθῆναι. ὑγιαίνοντά σε ὁ θεὸς ὁ παντοκράτωρ διαφυλάξει ἐπὶ πολλοῖς ἔτεσιν.

11. Entlasssung der Synode von Arles

Das folgende Schreiben hat keinen konkreten Absender, „vermutlich ist das Schreiben ein Ersatz für eine mündliche Verabschiedung des Konzils ⟨von Arles⟩ durch Konstantin, zu der es des Feldzugs wegen nicht mehr kam" (Kraft 190). Bereits Dörries erkennt den Widerspruch, daß der Kaiser mit schärfsten Worten gegen die Appellation der Donatisten an sein Hofgericht polemisiert, sie aber dann im Schluß des Briefes doch zuläßt. Dörries sieht hier den Unterschied von „Idee und Wirklichkeit" am Werk (Dörries 32). Kraft dagegen sieht in großen Teilen des Briefes Interpolatoren am Werk. Stutzig macht ihn u. a. auch die häufige Erwähnung des Namens Christi. Er faßt zusammen: „Die Tendenzen Konstantins sind: Abscheu vor innerkirchlichem Streit, schroffe Verurteilung der Ruhestörer und Bedauern über das Mißlingen des Verständigungsversuchs. Die Tendenzen des Interpolators sind: Antidonatismus und, vor allem, schroffe

fernhalten, einen Vorwand zum Spott. Daher mußte ich überlegen, wie das, was mit dem bereits ergangenen Urteil durch freiwillige Übereinstimmung schon aufgehört haben sollte, jetzt durch ⟨eine Entscheidung in⟩ Gegenwart möglichst vieler beendet werden könnte. 23. Nachdem wir nun den meisten Bischöfen aus verschiedenen und zahllosen Orten befohlen haben, am 1. August in der Stadt Arles zusammenzukommen, glaubten wir, auch Dir schreiben ⟨zu müssen⟩. Nimm Dir von dem ruhmreichsten Latronianus, dem Konrektor Siziliens, einen öffentlichen Wagen. Tue Dich zusammen mit zwei Personen aus dem zweiten Stand ⟨Presbyter⟩, die Du selbst auswählen kannst. Nimm noch drei Diener dazu, die euch auf dem Wege bedienen, und stelle Dich zur selben Zeit am angegebenen Ort ein. 24. So kann durch Deine Ehrwürdigkeit und durch die übrige einmütige und einheitliche Einsicht der Anwesenden auch das, was bis jetzt durch einige schändliche Bruderkämpfe schlecht geblieben ist, nämlich die geschuldete Gottesverehrung und der brüderliche und einmütige Glaube, wenn auch spät, so doch noch zurückgeholt werden. Dazu hört aber auf das, was von denen, die jetzt einander entgegenstehen und denen ich zugleich dazusein befohlen habe, gesagt wird. Der allmächtige Gott erhalte Dich noch viele Jahre gesund!

Abwehr jeder staatlichen Einmischung" (Kraft 190f.; zum Brief im ganzen 185–191).

Ich halte den Brief durchgängig für echt und meine, daß die oben aufgeführte Diskrepanz tatsächlich – wie Dörries angenommen hatte – ein Nachgeben gegenüber der Wirklichkeit ist. Konstantin sieht sich gezwungen, nach dem Scheitern der Synode die Sache selbst in die Hand zu nehmen. Genaugenommen ist von einem Appellationsverfahren im Schlußabschnitt auch nicht die Rede. Der Christusname, der merkwürdig häufig in diesem Brief auftaucht, ist überall durch Gott zu ersetzen. Sein Auftauchen bleibt merkwürdig, der Inhalt widerspricht freilich nicht dem kaiserlichen Denken. Die ausführlichen Argumente Krafts sind mit diesen Bemerkungen selbstverständlich nicht widerlegt (dazu bedürfte es ausführlicherer Erörterungen), sie verstehen sich nur als knappe Begründung meiner Meinung.

a) Brief Konstantins an die in Arles versammelten Bischöfe

Text nach: v. Soden 18 (Quelle: Optatus, Zwisa 208).

18. |32a| Constantinus Aug̃ ep̃is catholicis carissimis fratibus salutem. Aeterna et religiosa inconprehensibilis pietas dei nostri nequaquam permittit humanam condicionem diutius in tenebris oberrare neque patitur exosas quorundam voluntates usque in tantum praevalere, ut non suis praeclarissimis luminibus denuo pandens iter salutare eas det ad regulam iustitiae converti. Habeo quippe cognitum multis exemplis, haec eadem ex me ipso metior. Fuerunt enim in me primitus, quae iustitia carere videbantur, nec ulla putabam videre supernam potentiam, quae intra secreta pectoris mei gererem. Equidem haec, ut dixi, quam fortunam debuerunt sortiri? Scilicet omnibus malis redundantem. Sed deus omnipotens in caeli specula residens tribuit, quod non merebar: Certe iam neque dici neque enumerari possunt ea, quae caelesti sua in me famulum suum benivolentia concessit, sanctissimi antistites Christi salvatoris, |32b| fratres carissimi, gaudeo igitur equidem, specialiter gaudeo, quod tandem habita iustissima diiudicatione eos ad meliorem spem fortunamque revocastis, quos malignitas diaboli videbatur a praeclarissima luce legis catholicae miserabili sua persuasione avertisse. O vere victrix providentia Christi salvatoris, ut etiam his consuleret, qui iam desciscentes a vertitate quodammodo adversus ipsam arma inducentes gentibus se copulaverunt; quia, si vel nunc mera fide voluerint obsequia sanctissimae legi deferre, intellegere poterunt, quantum sibi nutu dei sit provisum. Et hoc quidem, sanctissimi fratres, sperabam etiam in eis, quibus ingenita est maxima durities animi, posse reprehendi. Sed non profuit apud eos recta diiudicatio neque in eorum sensus ingressa est divinitas propitia; revera enim non inmerito ab his procul abscesserit Christi clementia, in quibus manifesta luce claret huiusmodi esse, ut eos etiam a caelesti provisione exosos cernamus, quae in ipsos tanta vesania perseverat, cum incredibili arrogantia persuadent sibi, quae nec dici nec audiri fas est, desciscentes a recto iudicio dato, quo caelesti provisione meum iudicium eos conperi postulare! Quae vis malignita-

|32a| Kaiser Konstantin grüßt die katholischen Bischöfe, seine teuersten Brüder. Die ewige und unvorstellbar heilige Frömmigkeit unseres Gottes erlaubt es dem Menschengeschlecht nicht, noch länger in Dunkelheit zu irren. Auch duldet sie es nicht, daß böswillige Gesinnungen so stark werden, daß die Frömmigkeit unseres Gottes nicht durch ihre strahlendsten Lichter den Heilsweg öffnen und es ihnen möglich machen kann, zur Regel der Gerechtigkeit umzukehren. Das habe ich an vielen Beispielen erkannt und glaube es auch selbst. Denn früher war in mir das, was der Gerechtigkeit zu ermangeln schien, und ich meinte, daß die oberste Macht es nicht sieht, was ich im Verborgenen meines Herzens mit mir herumtrage. Aber welchem Schicksal wäre das, was ich gesagt habe, bestimmt gewesen? Natürlich einem, das von allen Übeln voll ist. Aber der allmächtige Gott, der in der Warte des Himmels wohnt, teilte mir zu, was ich nicht verdient hatte. Gewiß läßt sich nicht sagen noch aufzählen, heiligste Stellvertreter des Heilands Jesus Christus, was er schon mir an Gnade gewährt hat, |32b| doch ich freue mich, ja, ich freue mich ganz besonders, daß Ihr ein sehr gerechtes Urteil gefällt und diejenigen zu einer besseren Hoffnung und zu einem besseren Geschick zurückgerufen habt, die die Bosheit des Teufels scheinbar von dem leuchtendsten Licht des katholischen Gesetzes durch ihre Überredung abgewandt hatte. O wahrhaftig siegreiche Vorsehung unseres Heilands Jesus Christus, daß sie auch für die bedacht ist, die schon von der Wahrheit abgewichen sind, gewissermaßen gegen sich selbst die Waffen erhoben und sich mit den Heiden verbündet haben! Daran können sie erkennen, wieviel ihnen durch den Willen Gottes an Sorge aufgewendet wird, wenn sie nur im reinen Glauben dem heiligsten Gesetz gehorchen wollen. Und ich habe gehofft, heiligste Brüder, daß das auch diejenigen widerlegen kann, denen eine größte Festigkeit des Wesens angeboren ist. Aber das gerechte Urteil hat bei ihnen nichts genutzt, und das göttliche Wohlwollen ist in ihren Sinn nicht eingezogen. Die Güte Christi hat sich wahrhaftig nicht unverdient weit von ihnen abgewandt. Es verhält sich mit ihnen ganz deutlich so, daß wir meinen, daß sie auch von der göttlichen Vorsehung gehaßt werden. Sie verharren in einem solchen Wahnsinn; mit unglaublichem Irrsinn reden sie sich selbst ein, was zu sagen und zu hören Gotteslästerung ist. Vom rechtmäßig eingesetzten Urteilsspruch fallen sie ab! Ich habe zuverlässig erfahren, daß sie gegen die göttliche Vorsehung an meinen Urteilsspruch appellieren. Welche Kraft der Bosheit ist in ihrem Wesen! Wie oft sind sie doch schon von mir selbst mit einer entsprechen-

tis in eorundem pectoribus perseverat! Quotiens a me iam ipso improbissimis aditionibus suis sunt condigna responsione oppressi! Qui utique si hoc ante oculos habere voluissent, minime hoc ipsud interposuissent. Meum iudicium postulant, qui ipse iudicium Christi expecto! Dico enim, ut se veritas habet, sacerdotum iudicium ita debet haberi, ac si ipse dominus residens iudicet. Nihil enim licet his aliud |33a| sentire vel aliud iudicare, nisi quod Christi magisterio sunt edocti. Quid igitur sentiunt maligni homines officia, ut vere dixi, diaboli? Perquirunt saecularia relinquentes caelestia. O rabida furoris audacia! Sicut in causis gentilium fieri solet, appellationem interposuerunt. Equidem gentes minora interdum iudicia refugientes, ubi iustitia cito deprehendi potest, magis ad maiora iudicia auctoritate interposita, ad appellationem se conferre sunt solitae. Quid hi detractatores legis, qui renuentes caeleste iudicium meum putaverunt postulandum? Sic sentire de Christo salvatore? Ecce iam proditores, ecce sine ulla acriori disquisitione ipsi per semet prodiderunt facinora sua. Quae ab ipsis sentitur humanitas, qui in ipso deo inmanes prosilierunt? Equidem, fratres carissimi, licet haec in ipsis videantur deprehensa, nihilominus vos, qui domini salvatoris sequimini viam, patientiam adhibete data his adhuc optione, quid putent deligendum. Ac si eos in hisdem videritis perseverare, protinus cum his, quos dominus dignos cultui suo iudicavit, proficiscimini et redite ad proprias sedes meique mementote, ut mei salvator noster semper misereatur. Ceterum direxi meos homines, qui eosdem infandos deceptores religionis protinus ad comitatum meum perducant, ut ibi degant, ibi sibi mortem peius pervideant. Dedi quoque litteras conpetentes ad eum, qui vicarium praefecturam per Africam tuetur, ut, quotquot huius insaniae similes invenerit, statim eos ad comitatum meum dirigat, ne ulterius sub tanta claritate dei nostri ea ab ipsis fiant, quae maximam iracundiam caelestis providentiae possint incitare. |33b| Incolumes vos deus omnipotens tribuat votis meis, et vestris per saecula, fratres carissimi.

den Antwort auf ihre unsinnigen Eingaben niedergedrückt worden! Wenn sie sich das vor Augen hätten halten wollen, dann hätten sie am wenigsten so etwas geltend gemacht. Sie appellieren an meinen Urteilsspruch, der ich doch selbst den Urteilsspruch Christi erwarte! Ich sage nämlich, wie es sich in Wahrheit verhält, daß man nämlich den Urteilsspruch der Priester so ansehen muß, als ob der Herr selbst zu Gericht sitzt und urteilt. Denn es ist ihnen nicht erlaubt, etwas |33a| anderes zu meinen oder als Urteilsspruch auszusprechen als das, was ihnen durch den Unterricht Christi gelehrt worden ist. Was also meinen die bösen Menschen? ⟨Daß ich⟩, um die Wahrheit zu sagen, die Geschäfte des Teufels ⟨verrichte⟩? Sie lassen das Himmlische hinter sich und erforschen genau das Irdische. O toller Mut des Wahnsinns! Wie es in den Streitfällen der Heiden zu geschehen pflegt, haben sie Berufung eingelegt! Denn die Heiden fliehen zuweilen die niederen Gerichte, wo das Recht schnell entdeckt werden kann, und begeben sich gewöhnlich lieber in Berufung an die höheren Gerichte, die mit ihrer Autorität dazwischenstehen. Was sind diese Zerstörer des Gesetzes, die das himmlische Gericht zurückweisen und glauben, an meines appellieren zu können? Denken sie so über den Heiland Christus? Siehe, sie sind schon Verräter. Siehe, ohne genauere Untersuchung haben sie selbst von sich aus ihre Freveltaten offenbart. Welche Menschlichkeit kann man von denen erwarten, die sogar gegen Gott selbst so unmenschlich vorgehen? Nun, liebste Brüder, wenn das auch mit ihnen so bekannt ist, so sollt Ihr, die ihr dem Weg des Herrn und Heilands folgt, nichtsdestoweniger Geduld anwenden und ihnen auch jetzt noch die Wahl lassen, wofür sie sich entscheiden zu müssen glauben. Und wenn ihr sie bei ihrer Meinung beharren seht, so reist sofort mit denen ab, die der Herr für seinen Kult würdig befunden hat, und kehrt an eure jeweiligen Amtssitze zurück und gedenkt meiner ⟨im Gebet⟩, damit unser Heiland sich immer meiner erbarme. Im übrigen habe ich meinen Leuten befohlen, daß sie diese abscheulichen Religionszerstörer sogleich an meinen Hof führen, damit sie dort leben und sich anschauen, was schlimmer als der Tod ist. Ich habe auch entsprechende Briefe an den Vikar Afrikas geschickt, damit er sofort an meinen Hof schickt, was er dort an ähnlichen ⟨Anhängern⟩ solcher Torheit findet. So soll unter dieser Klarheit unseres Gottes nicht weiter durch sie geschehen, was den größten Zorn der himmlischen Vorsehung entfachen kann. |33b| Der allmächtige Gott lasse Euch durch meine und eure Gebete ewig unversehrt bleiben, liebste Brüder.

12. Der Fall des Fälschers Ingentius

Der folgende Brief ist im Jahr 315 geschrieben worden (Kraft 192). Konstantin sieht mit den hier gegebenen Beweisen gegen den Fälscher Ingentius den donatistischen Streit für im Grunde entschieden.

a) Brief Konstantins an den Prokonsul Probianus

Text nach: v. Soden 20 (Quelle: Augustin, ep. 88, 4).

Imperatores Caesares Flavii Constantinus Maximus et Valerius Licinianus Licinius ad Probianum proconsulem Africae. Aelianus praedecessor tuus merito, dum vir perfectissimus Verus, vicarius praefectorum tunc per Africam nostram, incommoda valitudine teneretur, eiusdem partibus functus inter cetera etiam id negotium vel invidiam, quae de Caeciliano episcopo ecclesiae catholicae videtur esse commota, ad examen suum atque iussionem credidit esse revocandam. Etenim cum tam Superium centurionem et Caecilianum magistratum Aptungitanorum et Saturninum excuratorem et Calibium iuniorem, eiusdem civitatis curatorem, atque Solum servum publicum supra scriptae civitatis praesentes esse fecisset, audientiam praebuit conpetentem, adeo ut, cum Caeciliano fuisset obiectum, quod a Felice eidem episcopatus videretur esse delatus, cui divinarum scripturarum proditio atque exustio videretur obiecta, innocentem de eo Felicem fuisse constiterit. Denique cum Maximus Ingentium decurionem Ziquensium civitatis epistulam Caeciliani exduumviri falsasse contenderet, eundem ipsum Ingentium suspensum actis, quae suberant, pervidimus et ideo minime tortum, quod se decurionem Ziquensium civitatis esse adseveraverit. Unde volumus, ut eundem ipsum Ingentium sub idonea prosecutione ad comitatum meum Constantini Augusti mittas, ut illis, qui in praesentiarum agunt atque diurnis diebus interpellare non desinunt, audientibus et coram adsistentibus apparere et intimare possit frustra eos Caeciliano episcopo invidiam conparare atque adversus eum violenter insurgere voluisse. Ita enim fiet, ut omissis, sicuti oportet, eius modi contentionibus populus sine dissensione aliqua religioni propriae cum debita veneratione deserviat.

Interessant ist, daß er grundsätzlich der donatistischen Argumentation zustimmt, daß ein *traditor* keine gültige Bischofsweihe vollziehen könne. Er sieht es nur als widerlegt an, daß Felix ein *traditor* gewesen sei.

Die Kaiser und Caesaren Flavius Konstantin Maximus und Valerius Licinianus Licinius an Probianus, den Prokonsul von Afrika. Dein Vorgänger Aelianus hat mit Recht, als der Perfectissimus Verus, damals Vikar der Präfekten für unser ganzes Afrika, durch einen schlechten Gesundheitszustand festgehalten wurde, seine Angelegenheiten verwaltet. Und er glaubte unter anderem auch die Sache oder den Haß, der über den Bischof Caecilian der katholischen Kirche ausgebrochen war, seiner Prüfung und seinem Befehl zuführen zu müssen. Er ließ den Zenturio Superius und Caecilianus, den Magistratus von Aptungi, und den Excurator Sarturinus und Calibius iunior, den Konsul derselben Stadt, und den gemeindeeigenen Sklaven Solus aus der oben erwähnten Stadt anwesend sein. Dann veranstaltete er eine angemessene Anhörung, bis von ihm festgestellt wurde, daß Felix unschuldig gewesen ist. Denn dem Caecilian war vorgeworfen worden, daß er von Felix zum Bischof gemacht wurde, dem Auslieferung und Verbrennung göttlicher Schriften zur Last gelegt wurden. Schließlich, als Maximus behauptete, daß Ingentius, der Dekurio der Stadt Zigga, einen Brief des Exduumvir Caecilianus gefälscht habe – so haben wir aus den beigefügten Akten ersehen –, wurde Ingentius selbst auf die Folter gespannt, aber nicht gefoltert, weil er behauptete, der Dekurio der Stadt Zigga zu sein. Nun wollen wir, daß Du ebendiesen Ingentius mit angemessener Bedeckung zu meinem, des Kaisers Konstantin, Hof schickst, damit er denen, die gegenwärtig so tätig sind und täglich nicht davon ablassen, an mich zu appellieren, durch Gespräch und persönliche Gegenwart sich zeigen und sie überzeugen kann, daß sie vergeblich gegen den Bischof Caecilian Verleumdungen zubereiten und so wild gegen ihn aufstehen. Denn so wird es geschehen, daß diese Streitigkeiten, wie es sich ziemt, verschwinden und das Volk ohne irgendeine Meinungsverschiedenheit seiner Religion mit der schuldigen Verehrung dient.

13. Ankündigung Konstantins über seinen Besuch und seine Belehrung über die rechte Gottesverehrung

Der Brief an den Vikar Celsus, wahrscheinlich aus dem Jahr 316, leitet über zur Verfolgung der Donatisten. Zwar redet hier der Kaiser noch beide Parteien an und verweist auf seinen bevorstehenden Besuch, wo er beiden erklären will, „welche und was für eine Verehrung der höchsten Gottheit erwiesen werden muß und welcher Kult sie wohl erfreut" (eine Stelle, die

a) Brief Konstantins an den Vikar Celsus

Text nach: v. Soden 23 (Quelle: Optatus, Zwisa 211).

|33b| Celso vicario Africae. |34a| Perseverare Menalium eum, quem iam dudum susceperat insania, ceterosque, qui a veritate dei digressi errori se pravissimo dederunt, proxima etiam gravitatis tuae scripta testata sunt, quibus inhaerentem te iussioni nostrae de merito seditionis ipsorum eoque tumultu, quem apparabant, inhibitum esse memorasti, frater carissime. Unde – quoniam ex eo patuit ipsos nefarias res cogitasse, quod enim, cum statuissem inter ipsos atque Caecilianum plenissime super allegationibus diversis requirere, praesentiae meae susceptam fugam subtrahere laborarunt – hoc ipso turpissimo facto confessi ad ea se redire properare, quae et antea fecerant et nunc agere perseverant. At cum constet minime unumquemque propria penitus delicta lucrari, etiamsi paulisper eorum fuerit cohercitio dilata, mandandum gravitati tuae duxi, ut interim quidem eosdem omittas et dissimulandum super ipsos esse cognoscas. Verum lecta hac epistola tam Caeciliano quam hisdem palam facias, quod cum favente pietate divina Africam venero, plenissime universis tam Caeciliano quam his, qui contra eum agere videntur, lecto dilucido iudicio demonstraturus sum, quae et qualis summae divinitati sit adhibenda veneratio et cuiusmodi cultus delectare videatur, adhibito etiam diligenti examine ea, quae nunc aliqui exinde inlecebris mentis ignorantiaeque, occultare se putant, plenissime sum reperturus atque in lucem facturus venire; easdem

für das Selbstverständnis des Kaisers sehr wichtig ist), aber er kündigt bereits Strafen für die Schuldigen an und beschäftigt sich ausdrücklich mit der Frage möglicher Martyrien.

Zu dem hier angekündigten Besuch kommt es nicht; Konstantin entscheidet sich für Caecilian und leitet noch im selben Jahr die Verfolgung der Donatisten ein. Diese Verfolgung nimmt besonders deshalb zeitweise größere Ausmaße an, weil es auf seiten der Donatisten zu Aufständen kommt, gegen die mit ganzer Strenge vorgegangen wird.

|33b| An Celsus, den Vikar Afrikas. |34a| Die zuletzt eingegangenen Briefe Deiner Ehrwürdigkeit haben bestätigt, daß Menalius, den schon zuvor der Wahnsinn ergriffen hatte, und die übrigen, die sich von der Wahrheit Gottes entfernt und ⟨statt dessen⟩ einem schlimmen Irrtum übergeben hatten, ⟨auf ihrer Meinung⟩ beharren. In diesen Briefen hast Du, lieber Bruder, berichtet, daß Du Dich getreu unserem Befehl über die Strafe für ihren Aufstand und den Tumult, den sie angezettelt haben, zurückgehalten hast. Daher – ihre Freveltaten sind daraus offen zu erkennen, weil sie, als ich über die verschiedenen Vorwürfe zwischen Caecilian und ihnen eine ausführliche Untersuchung angeordnet hatte, versuchten, sich meiner Gegenwart durch die Flucht zu entziehen – haben sie durch ebendiese, äußerst schändliche Tat bekannt, daß sie eilig zu dem zurückkehren, was sie früher getan haben und was sie auch jetzt beständig weiter tun. Und weil feststeht, daß niemand an den eigenen Verbrechen etwas gewinnt, auch wenn die Bestrafung dafür sich ein Weilchen verzögert, bin ich zum Schluß gekommen, daß ich Deiner Ehrwürdigkeit die Anordnung geben müßte, daß Du die Frevler einstweilen laufen läßt und erkennst, daß man über sie hinwegsehen muß. Wenn Du aber diesen Brief gelesen hast, dann sollst Du dem Caecilian und ihnen bekannt machen, daß ich – wenn die göttliche Milde mir gnädig ist – nach Afrika kommen und allen, sowohl dem Caecilian wie denen, die gegen ihn handeln, durch ein gewichtiges, deutliches Urteil aufs genaueste beweisen werde, welche und was für eine Verehrung der höchsten Gottheit erwiesen werden muß und welcher Kult sie wohl erfreut. Nachdem ein sorgfältiges Examen angestellt wurde, werde ich das, was diese Menschen voll von einem verführerischen Geist und voll von Unwissenheit jetzt zu verbergen suchen, auf das genaueste ermitteln und ans Licht kommen lassen. Die Personen aber, die zu solchen

personas, quae res istius modi concitant faciuntque, ut non cum ea, qua oportet, veneratione summus deus colatur, perdam atque discutiam. Cumque satis clareat neminem posse beatitudines |34b| martyris eo genere conquirere, quod alienum a veritate religionis et incongruum esse videatur, eos, quos contra fas et religionem ipsam recognovero reosque violentes conpetentis venerationis deprehendero, sine ulla dubitatione insaniae suae obstinationisque temerariae faciam merita exitia persolvere; scire itaque pro certo quae habere debeant ad plenissimam fidem salute etiam teste invocata, quod tam super plebe quam super clericis his, qui primi sunt, sum diligentissime quaesiturus idque iudicaturus, quod verissimum et religiosissimum esse manifestum sit, demonstraturus etiam hisdem, qui et qualis divinitati cultus adhibendus sit. Nam nequaquam me aliter maximum reatum effugere posse credo, quam ut hoc, quod inprobe sit, minime existimem dissimulandum. Quid potius agi a me pro instituto meo ipsiusque principis munere oporteat, quam ut discussis erroribus omnibusque temeritatibus amputatis veram religionem universos concordemque simplicitatem atque meritam omnipotenti deo culturam praesentare perficiam?

14. Einstellung der Donatistenverfolgung

Mit dem Brief an die Christen Afrikas stellt Konstantin seine Verfolgung der Donatisten ein und erkennt dieses Unterfangen als sinnlos an. Die Entstehungszeit dürfte 321 sein (Kraft 196f.).

a) Brief Konstantins an Bischöfe und Volk der katholischen Kirche in Afrika

Text nach: v. Soden 31 (Quelle: Optatus, Zwisa 212).

|35a| Constantinus Aug. universis episcopis per Africam et plebi ecclesiae catholicae. Quod fides debuit, quantum prudentia valuit, prout puritas potuit, temptasse me per omnia humanitatis et moderationis officia optime scitis, ut iuxta magisteria legis nostrae pax illa sanctissimae fraternitatis, cuius gratiam deus summus famulorum suorum pectoribus inmiscuit, stabilita per omnem concor-

Dingen anreizen und bewirken, daß der höchste Gott nicht mit der angemessenen Verehrung geehrt wird, werde ich vernichten und beseitigen. Denn es ist hinreichend deutlich, daß niemand die Märtyrerseligkeit |34b| auf eine Weise suchen kann, die der Wahrheit der Religion fremd und unangemessen zu sein scheint. Ich werde veranlassen, daß diejenigen, die ich als Gegner von Recht und Religion erkenne und die ich schuldig finde, die der Religion zustehende Ehre zu beflecken, die entsprechende Strafe für ihren Wahnsinn und ihren verwegenen Starrsinn ohne jeden Zweifel abbüßen. Damit sie sicher wissen, was man als wohlanständigen Glauben haben muß, rufe ich das Heil zum Zeugen an, daß ich Volk und Kleriker, soweit sie zu den höheren Ämtern gehören, untersuchen und so richten werde, wie es der Wahrheit und der Religion deutlich entspricht. Und ich werde ihnen auch zeigen, welcher Kult der Gottheit dargebracht werden muß und wie er beschaffen sein soll. Denn ich glaube auf keine andere Weise der schlimmsten Anklage entgehen zu können, als daß ich das, was böse ist, für etwas halte, das nicht übersehen werden darf. Was muß denn meiner Einsetzung und meinem Herrscheramt gemäß eher von mir getan werden, als daß ich alle Irrtümer zerschlage, alle Verwegenheiten ausrotte und durchsetze, daß alle dem allmächtigen Gott die wahre Religion⟨-sausübung⟩, weltweite und einmütige Einfalt und die angemessene Verehrung entgegenbringen?

|35a| Kaiser Konstantin an alle Bischöfe Afrikas und an das Volk der katholischen Kirche. Ihr wißt, daß ich durch die Erfüllung meiner Pflicht die Menschlichkeit und Mäßigung gesucht habe, die der Glaube fordert, und daß ich ⟨auch⟩ danach gesucht habe, wie die Klugheit Erfolg hat und was die Reinheit vermag. So soll durch die Lehre unseres Gesetzes der Friede der heiligsten Brüderlichkeit, dessen Gnade der höchste Gott seinen Dienern ins Wesen gemischt hat, durch vollständige Eintracht stabil

diam teneretur. Sed quia vim illam sceleris infusi paucorum licet sensibus pervicaciter inhaerentem intentionis nostrae ratio non potuit edomare favente adhuc sibi huic nequitiae patrocinio, ut extorqueri sibi omnino non sinerent, in quo se deliquisse gauderent, spectandum nobis est, dum totum hoc per paucos sedit, in populum omnipotentis dei misericordia mitigetur. Inde enim remedium sperare debemus, cum omnia bona vota et facta referuntur. Verum dum caelestis medicina procedat, hactenus sunt consilia nostra moderanda, ut patientiam percolamus et, quicquid insolentia illorum pro consuetudine intemperantiae suae temptant aut faciunt, id totum tranquillitatis virtute toleremus. Nihil ex reciproco reponatur iniuriae; vindictam enim, quam deo servare debemus, insipientis est manibus usurpare, maxime cum debeat fides nostra confidere, quicquid ab huiusmodi hominum furore patietur, martyrii gratia apud deum esse valiturum. |35b| Quid est enim aliud in hoc saeculo in nomine dei vincere quam inconditos hominum inpetus quietae legis populum lacessentes constanti pectore sustinere? Quod si observaverit vestra sinceritas, cito videbitis per gratiam summae divinitatis, ut languescentibus eorum institutis vel moribus, qui se miserrimae contentionis vexillarios praebent, sciant omnes non debere se paucorum persuasione pereuntes sempiterno leto dare, quo possint paenitentiae gratia semper vitae aeternae correctis erroribus suis integrari. Valete voto communi per saecula iubente deo, fratres carissimi.

15. Geschenk eines Bauplatzes und der Baukosten für eine Basilika an eine kleine katholische Gemeinde

Der Brief an eine kleine katholische Minderheitsgemeinde in einer offensichtlich mehrheitlich donatistischen Stadt bezeugt noch einmal das Verfahren des Kaisers nach 321. Obwohl erheblich später (Kraft 201: 330) geschrieben, wird deutlich, wie der Kaiser versucht, die katholischen Ge-

bleiben. Aber weil der Gedanke, der in unserer Absicht lag, jene Kraft des Verbrechens nicht bezwingen konnte, die in die Sinnen einiger weniger eingedrungen ist und nun dort beharrlich festhaftet (denn die Bosheit hat sich bis jetzt selbst erfolgreich verteidigt, so daß sie nicht zuließ, daß man ihr entwand, worin sie sich mit Freuden versündigte), müssen wir darauf achten, daß das Volk durch die Barmherzigkeit des allmächtigen Gottes erweicht werde. Denn der Frevel sitzt nur in einigen wenigen. Von Gott also müssen wir die Heilung erhoffen, da er alle guten Worte und Taten belohnt. Solange nun die himmlische Medizin ihre Wirkungszeit hat, müssen wir unsere Pläne so gestalten, daß wir Geduld üben und durch die Tugend der Gemütsruhe das ertragen, was die Überheblichkeit jener Menschen durch die gewohnte Zügellosigkeit tut. Keine Gesetzlosigkeit soll erwidert werden! Denn nur Toren reißen die Rache, die wir Gott allein überlassen müssen, mit eigenen Händen an sich. Unser Glaube sollte sich doch darauf verlassen, daß das, was durch solchen Zorn von Menschen erlitten wird, bei Gott durch die Gnade des Martyriums in besonderem Wert stehen wird. |35b| Denn was bedeutet das „Im-Namen-Gottes-Siegen" in dieser Welt anderes, als die ungeordneten Angriffe der Menschen, die das Volk des Gesetzes der Ruhe aufreizen, mit beständigem Wesen zu ertragen? Wenn Eure Aufrichtigkeit dies beachtet, dann werdet ihr durch die Gnade der höchsten Gottheit leicht erkennen, daß die Einrichtungen und Sitten der Menschen, die sich zu Fähnrichen des erbärmlichen Kampfes hergeben, erschlaffen. Alle sollen wissen, daß sie nicht durch die Überredung einiger weniger umkommen und sich dem ewigen Untergang übergeben müssen. Sie können durch die Gnade der Buße immer noch ihre Irrtümer korrigieren und des ewigen Lebens teilhaftig werden. Lebt allezeit wohl, liebste Brüder, nach dem gemeinsamen Wunsch, wie Gott es befohlen hat!

meinden zu unterstützen, ohne gegen die Donatisten vorzugehen. Die Milde ihnen gegenüber wird noch einmal ausführlich begründet. Der Brief zeigt auch, „daß sich die Katholiken anscheinend nicht so gut mit der Stadtverwaltung standen wie die Donatisten; diesen war es möglich, trotz Konstantins wiederholten Gesetzen . . . die der katholischen Kirche zustehende Immunität für Kleriker in Anspruch zu nehmen und die Lasten, die ja getragen werden mußten, auf die Katholiken abzuwälzen" (Kraft 201).

a) Brief Konstantins an Zeuzius und andere Bischöfe

Text nach: v. Soden 36 (Quelle: Optatus, Zwisa 213).

|35b| Constantinus Victor Maximus ac triumphator semper Augustus Zeuzio, Gallico, Victorino, Sperantio, Ianuario, Felici, Crescentio, Pantio, Victori, Babbutio, Donato episcopis. Cum summi dei, qui huius mundi auctor et pater est, cuius benificio vitam carpimus, caelum suspicimus, humana etiam societate gaudemus, hanc voluntatem esse constet, ut omne humanum genus in commune consentiat et quodam societatis affectu quasi mutuis amplexibus glutinetur, non dubium est haeresis et schisma a diabolo, qui caput est malitiae, processisse; et ideo, quicquid ab haereticis geritur, eius instinctu fieri, qui eorum sensus mentes cogitationesque possedit, nulla dubitatio est. Nam cum eiusmodi homines in sua potestate redegerit, hisdem usquequaque dominatur. quid autem boni efficere insanus, perfidus, |36a| inrelegiosus, profanus, deo contrarius, ecclesiae sanctae inimicus potest, qui a deo sancto, vero, iusto, summo atque omnium domino recedens – qui nos constituit et in hac luce produxit, qui spiritum ad vitam quam carpimus dedit et qui nos id quod suum esse voluit, et omnia sua voluntate perfecit – ad diaboli partem prono errore decurrit? Sed quia semel possessus animus a malo – necesse est doctoris sui operibus instare – ea perficiat, quae aequitati et iustitiae contraria videantur, idcirco ii, qui a diabolo possessi sunt, eius falsitati et nequitiae obsecuntur. Non autem miratum est a bonis inprobos discedere; nam sic recte proverbio signatum est: pares cum paribus congregari. Qui malo impiae mentis infecti sunt, necesse est a nostra societate dissideant. *Homo siquidem malus*, ut scriptura loquitur, *de malo thesauro profert mala, bonus vero ex bono profert bonum*. Sed quia, ut dictum est, haeretici et schismatici, qui bonum relinquentes et malum sectantes ea perficiunt, quae deo displiceant, diabolo, qui eorum pater est, adprobentur adhaerere, rectissime et sapienter gravitas vestra fecit et secundum sanctum fidei praeceptum ab eorum perversis contentionibus temperando et hisdem remittendo, quod idem sibi

|35b| Der Sieger, Kaiser Konstantin Maximus, Triumphator und immer Kaiser an Zeuzius, Gallikus, Viktorinus, Sperantius, Iannuarius, Felicius, Crescentius, Pantius, Viktorius, Babbutius und Donatus, die Bischöfe. Da wir durch die Gnade des höchsten Gottes, der Schöpfer und Vater der Welt ist, das Leben genießen, den Himmel erblicken und uns auch der menschlichen Gemeinschaft erfreuen, steht fest, daß es sein Wille ist, daß das ganze Menschengeschlecht sich einig sei und durch den Drang zur Gemeinschaft in gegenseitiger Bindung verknüpft werde. Daher ist es nicht zweifelhaft, daß Häresie und Schisma vom Teufel, der das Haupt des Übels ist, ausgegangen sind. Daher ist auch kein Zweifel, daß das, was von den Häretikern getan wird, auf seine Veranlassung geschieht, der ihre Sinne und ihr Denken in Besitz genommen hat. Denn wenn er sich solcher Menschen bemächtigt hat, herrscht er immer über sie. Kann denn ein Wahnsinniger, ein Treuloser, |36a| ein Areligiöser, ein Unheiliger, ein Gegner Gottes, ein Feind der heiligen Kirche, einer, der sich vom heiligen, wahren, gerechten Gott und Herrn über alles (der uns doch erschaffen und uns in dieses Licht gebracht und uns den Geist für das Leben, das wir führen, gegeben hat und der wollte, daß wir sein Eigentum sind und der alles durch seinen Willen vollendet hat) entfernt und in seinem Hang zum Irrtum die Partei des Teufels gewählt hat, etwas Gutes tun? Aber weil jemand, wenn einmal die Seele vom Schlechten besessen ist – er bräuchte ⟨sonst⟩ einen Lehrer, der ihm mit Taten hart zusetzt –, das tut, was der Billigkeit und Gerechtigkeit entgegengesetzt ist, darum folgen die, die vom Teufel besessen sind, dessen Falschheit und Schlechtigkeit. Es ist also nicht verwunderlich, daß sich die Schlechten von den Guten trennen, denn so sagt schon ganz richtig das Sprichwort: „Gleich und gleich gesellt sich gern." Darum ist es auch notwendig, daß sich diejenigen von unserer Gemeinschaft trennen, die vom Übel eines unfrommen Geistes befallen sind. „Denn ein schlechter Mensch", sagt die Schrift, „bringt aus seinem schlechten Schatz Schlechtes hervor, ein guter Mensch aber Gutes aus seinem guten Schatz." Weil aber, wie gesagt wurde, Häretiker und Schismatiker das Gute verlassen und dem Übel nachlaufen und das tun, was Gott mißfällt, erweisen sie, daß sie dem Teufel anhängen, der ihr Vater ist. Eure Ehrwürdigkeit hat darum sehr richtig und weise gehandelt und Ihr habt nach der heiligen Vorschrift des Glaubens Euch ihrer verderbten Streitereien enthalten und ihnen überlassen, was sie sich an ungebührendem und fremdem Gut anzueignen bemühten, damit sie nicht, wie es die Art ihrer schlimmen und perfiden Verderbt-

indebitum atque alienum usurpare contendunt, ne, sicuti est eorum perversitas maligna et perfida, ad seditiones usque prorumperent et inter turbas atque concentus sui similes incitarent atque ita aliquid exsisteret, quod sedari non oporteret. Sceleratum quippe eorum propositum semper requirit diaboli opera perficere. Et ideo cum a sacerdotibus dei per patientiam cum ipso suo patre superantur, sibi ii, qui cultores dei summi gloriam, illis vero damnationem conparent et condigna supplicia. Ex hoc quippe maius |36b| dei summi exsistat iustiusque iudicium, quod eos aequo animo tolerat et patientia condemnat his omnia, quae ab ipsis processerunt, sustinendo, deus siquidem se omnium vindecem promisit. Et ideo cum vindicta deo permittitur, acrius de inimicis supplicium sumitur, quod vos nunc famulos et sacerdotes dei libenter fecisse cognovi et satis gratulatus sum, quod de impiis et sceleratis, sacrilegis et profanis, perfidis et inrelegiosis et deo ingratis et ecclesiae inimicis nullam vindictam poscitis et, ut idem potius ad veniam pertineant, postulatis. Hoc est vere ac penitus deum nosse, hoc est praeceptis insistere, hoc est feliciter credere, hoc est vere sentire, hoc est scire, quod maior vindicta in contrarios ecclesiae provocetur, cum hisdem in saeculo parcitur. Accepta igitur epistola sapientiae et gravitatis vestrae conperi haereticos sive schismaticos eam basilicam ecclesiae catholicae, quam in Constantina civitate iusseram fabricari, solita inprobitate invadendam putasse et frequenter tam a vobis quam a iudicibus nostris ex nostra iussione commonitos et reddere, quod suum non erat, noluisse, vos tamen imitatores patientiae dei summi eorum malitiae placida mente ea, quae vestra sunt, relinquentes et potius locum vobis invicem alium, fiscalem scilicet, poscere. Quam petitionem more instituti mei libenter amplexus sum et statim ad rationalem conpetentes litteras dedi, ut domum bonorum nostrorum transgredi faciat cum omni iure suo ad dominium ecclesiae catholicae, quam promta liberalitate donavi ac vobis tradi protinus iussi. In quo tamen loco sumptu fiscali basilicam erigi praecepi, ad consularem quoque scribi mandavi Numidiae, ut ipse in eiusdem ecclesiae fabricatione |37a| in omnibus sanctimoniam vestram iuvaret. Lectores etiam ecclesiae catholicae et hypodiacones, reliquos quoque, qui instinctu memoratorum quibusdam pro moribus ad munera vel ad decurionatum vocati sunt, iuxta statutum legis meae ad

heit ist, Aufstände entfesseln und unter den Volksmassen eine mit ihnen gleiche Übereinstimmung hervorbringen oder damit nicht etwas anderes zum Vorschein kommt, was nicht zur Ruhe gebracht werden kann. Denn ihr verbrecherischer Plan sucht immer die Werke des Teufels zu tun. Und wenn sie mit ihrem eigenen Vater ⟨,dem Teufel,⟩ von den Priestern Gottes durch Geduld besiegt werden, dann bereiten sich die Diener des höchsten Gottes die Herrlichkeit ⟨im Reich Gottes⟩, jenen aber bereiten sie die Verdammnis und angemessene Strafen. Denn daraus entsteht |36b| das größere und gerechtere Gericht des höchsten Gottes, daß er sie mit gleichmütigem Sinn duldet. Und indem seine Geduld ihnen Aufschub gewährt, verurteilt er alles, was von ihnen ausgegangen ist. Denn Gott hat verheißen, alles zu bestrafen. Daher, wenn man die Strafe Gott überläßt, bestimmt man den Gegnern eine schärfere Strafe. Ich habe erkannt, daß Ihr, die Diener und Priester Gottes, das gern getan habt. Und ich beglückwünsche Euch, daß Ihr keine Strafe für diese unfrommen und verbrecherischen, frevlerischen und gottlosen, treulosen und areligiösen, Gott undankbaren und der Kirche feindlich gesinnten Menschen fordert, sondern daß Ihr beantragt, daß sie Vergebung erlangen. Das heißt Gott wahrhaftig und gänzlich kennen, das heißt, seinen Geboten zu folgen, das heißt, glücklich zu glauben, das heißt, wahrhaftig zu denken, das heißt zu wissen, daß man für die Gegner der Kirche die größere Strafe hervorruft, wenn man sie in der Welt verschont. Ich habe den Brief Eurer Weisheit und Ehrwürdigkeit empfangen und habe erfahren, daß die Häretiker oder Schismatiker in die Basilika der katholischen Kirche, die ich in der Stadt Konstantina zu bauen befohlen hatte, in ihrer gewohnten Schlechtigkeit eindringen zu müssen glaubten und daß sie – obwohl oft von Euch wie auch von unseren Richtern nach unserem Befehl aufgefordert – das nicht zurückgeben wollten, was ihnen nicht gehört. Ich habe auch erfahren, daß Ihr als Nachfolger der Geduld des höchsten Gottes ihrer Schlechtigkeit das überläßt, was Euch gehört, und statt dessen für Euch einen Platz aus staatlichem Eigentum erbittet. Ich habe Eurer Petition nach der Gewohnheit meines Amtes gern entsprochen und sofort dem Rationalis entsprechende Briefe gegeben, daß er ein Haus aus unserem Besitz mit allen seinen Rechten in das Eigentum der katholischen Kirche übergeben soll. Ich habe es Euch mit bereitwilliger Freigebigkeit geschenkt und sogleich Euch zu übergeben befohlen. An dieser Stelle habe ich auch angeordnet, auf Staatskosten eine Basilika zu errichten. Ich habe auch an den Konsul von Numidien schreiben lassen, daß er Eure Heiligkeit beim Bau |37a| der Kirche in allem unterstützt. Über die Lektoren, Subdiakonen und die übrigen ⟨Kleriker⟩ der katholischen Kirche, die auf Veranlassung der Genannten nach gewissen Gewohnheiten zu Kommunalpflichten oder zu Dekurionatspflichten herangezogen wur-

nullum munus statui evocandos; sed et eos, qui ducti sunt haereticorum instinctu, iussimus protinus molestis perfunctionibus absolvi. De cetero etiam legem meam super ecclesiasticos catholicos datam custodiri mandavi, quae omnia, ut vestrae patientiae palam fierent, harum litterarum testificatione perscripta sunt. Et utinam quidem haeretici vel schismatici, aliquando suae saluti providerent et detersis eorum tenebris ad visionem verae lucis oculos aperirent et a diabolo secederent et ad deum, qui unus et verus, qui omnium iudex est, vel sero confugerent! Sed quia constat eos in sua malitia manere et in suis facinoribus mori velle, sufficit hisdem commonitio nostra et praecedens assidua cohortatio. Si enim iussionibus nostris obtemperare voluissent, ab omni malo liberarentur. Nos tamen, fratres, sequamur, quae nostra sunt, mandatis instemus, custodiamus divina praecepta, ex bonis actibus vitam nostram ab erroribus vindicantes favente dei misericordia per rectum limitem dirigamus. Data Non. Februar. Serdica.

den, habe ich festgesetzt, daß sie nach der Anordnung meines Gesetzes zu keinen Lasten herangezogen werden dürfen. Und über diejenigen, die auf Antrieb der Häretiker herangezogen wurden, befehlen wir, sie sogleich von ihren beschwerlichen Aufgaben zu befreien. Im übrigen habe ich auch befohlen, mein Gesetz zu beachten, das ich über die Glieder der katholischen Kirche herausgegeben habe. Das alles ist zum Beweis in diesem Brief aufgezeichnet, damit es Eurer Geduld offenbar werde. O daß doch die Häretiker und Schismatiker sich einmal um ihr Heil kümmerten und nach Abkehr von ihrer Finsternis der Schau des wahren Lichtes die Augen öffneten und sich vom Teufel abwendeten und zu dem einen und wahren Gott, dem Richter von allem, ihre Zuflucht nähmen! Aber da es ja feststeht, daß sie bei ihrer Schlechtigkeit bleiben und in ihren Verbrechen beharren wollen, genügt für sie die Erinnerung an die früher gegebene, noch gültige Ermahnung. Wenn sie unsere Befehle beachten wollten, wären sie von allem Übel befreit. Uns aber, Brüder, laßt das Unsere tun, bei den Vorschriften bleiben, die göttlichen Gebote beachten, mit guten Werken unser Leben von Irrtümern befreien und durch Gottes Erbarmen den rechten Weg gehen. SERDICA, 5. FEBRUAR.

III. TEXTE ZUM ARIANISCHEN STREIT

16. Bitte Konstantins an Alexander und Arius, ihren Streit wegen Geringfügigkeit einzustellen

Mit dem folgenden Brief nimmt Konstantin zum ersten Mal Stellung zum arianischen Streit, mit dem er sich seit seinem Sieg über Licinius zu befassen hatte. Der Brief stammt aus der Zeit nach dem Sieg, aber noch vor dem Konzil von Nicäa, also aus dem Jahr 324.

Der Kaiser empfiehlt den streitenden Parteien, ihre Meinungsunter-

a) Brief Konstantins an Alexander und Arius

Text nach: Euseb, v. C. II 64–72.

64. Νικητὴς Κωνσταντῖνος Μέγιστος Σεβαστὸς Ἀλεξάνδρῳ καὶ Ἀρείῳ.

Διπλῆν μοι γεγενῆσθαι πρόφασιν τούτων, ὧν ἔργῳ τὴν χρείαν ὑπέστην, αὐτὸν ὡς εἰκὸς τὸν τῶν ἐμῶν ἐγχειρημάτων βοηθὸν καὶ σωτῆρα τῶν ὅλων θεὸν ποιοῦμαι μάρτυρα.

65, 1 Πρῶτον μὲν γὰρ τὴν ἁπάντων τῶν ἐθνῶν περὶ τὸ θεῖον πρόθεσιν εἰς μίαν ἕξεως σύστασιν ἑνῶσαι, δεύτερον δὲ τὸ τῆς κοινῆς οἰκουμένης σῶμα καθάπερ χαλεπῷ τινι τραύματι πεπονηκὸς ἀνακτήσασθαι καὶ συναρμόσαι προὐθυμήθην. 2. ἃ δὴ προσκοπῶν ἕτερον μὲν ἀπορρήτῳ τῆς διανοίας ὀφθαλμῷ συνελογιζόμην, ἕτερον δὲ τῇ τῆς στρατιωτικῆς χειρὸς ἐξουσίᾳ κατορθοῦν ἐπειρώμην, εἰδὼς ὡς εἰ κοινὴν ἅπασι τοῖς τοῦ θεοῦ θεράπουσιν ἐπ' εὐχαῖς ταῖς ἐμαῖς ὁμόνοιαν καταστήσαιμι, καὶ ἡ τῶν δημοσίων πραγμάτων χρεία σύνδρομον ταῖς ἁπάντων εὐσεβέσι γνώμαις τὴν μεταβολὴν καρπώσεται. **66.** μανίας γὰρ δήπουθεν οὐκ ἀνεκτῆς ἅπασαν τὴν Ἀφρικὴν ἐπιλαβούσης καὶ διὰ τοὺς ἀβούλῳ κουφότητι τὴν τῶν δήμων θρησκείαν εἰς διαφόρους αἱρέσεις σχίσαι τετολμηκότας, ταύτην ἐγὼ τὴν νόσον καταστεῖλαι βουληθεῖς, οὐδεμίαν ἑτέραν ἀρκοῦσαν τῷ πράγματι θεραπείαν ηὕρισκον, ἢ εἰ τὸν κοινὸν τῆς οἰκουμένης ἐχθρὸν ἐξελών, ὃς ταῖς ἱεραῖς ὑμῶν συνόδοις τὴν ἀθέμιτον ἑαυ-

schiede höchstens als theologischen Schulstreit auszutragen, aber nicht in die Öffentlichkeit zu bringen. Die Streitsache sei so gering, daß sie die Grundzüge des göttlichen Gesetzes nicht berührt.

Diese Auffassung hat Konstantin die Kritik eingetragen, er habe das Thema des Streites nicht verstanden. Das hat er wohl auch tatsächlich nicht. Dennoch kann man bedauern, daß er sich hier nicht hat durchsetzen können, der Kirchengeschichte wäre sonst ein verworrenes Kapitel erspart geblieben. Der Gedanke des Kaisers, man könne auch bei Meinungsverschiedenheiten in bestimmten Fragen sich gegenseitig anerkennen und tolerieren, ist ein Gedanke, der seiner Zeit weit voraus gewesen ist und deshalb leider keinen Nachhall gefunden hat. Das Auftreten seiner Nachfolger in diesem Streit gab dann mehr als fragliche Auswirkungen der Verbindung von Staat und Kirche zu beobachten.

64. Der Sieger Kaiser Konstantin der Große an Alexander und Arius.

Zwei Vorsätze habe ich von dem gefaßt, was ich als Notwendiges in meinem Werk auf mich nehmen wollte. Dafür mache ich – wie es sich gehört – Gott selbst, den Helfer bei meinen Unternehmungen und Heiland aller ⟨Welt⟩, zum Zeugen.

65, 1. Zuerst wollte ich die Vorstellung aller Völker über das Göttliche zu einer einheitlichen Haltung vereinigen. Dann wollte ich den Körper des gemeinsamen Weltganzen, der gleichsam an einer schlimmen Wunde litt, wieder herstellen und verbinden. 2. Indem ich mir das überlegte, folgerte ich das eine mit dem geheimen Auge der Erkenntnis. Das andere aber versuchte ich durch die Kraft des kriegerischen Armes ins Werk zu setzen. Denn ich wußte: Wenn ich durch meine Gebete eine gemeinsame Einigkeit unter denen zustande bringen könnte, die Gott verehren, dann würden auch die staatlichen Angelegenheiten durch die fromme Gesinnung aller Menschen eine Veränderung erfahren. **66.** Als durch diejenigen, die in unbekümmerter Leichtsinnigkeit es gewagt hatten, die Religionsausübung der Völker in verschiedene Sekten zu spalten, ein unerträglicher Wahnsinn ganz Afrika ergriffen hatte, da beschloß ich, diese Krankheit niederzuhalten. Ich fand, daß in dieser Angelegenheit keine andere Heilung Hilfe brächte, als daß ich den gemeinsamen Feind des Weltganzen, der Euren heiligen Synoden seine eigene frevelhafte Meinung entgegensetzte, ver-

τοῦ γνώμην ἀντέστησεν, ἐνίους ὑμῶν πρὸς τὴν τῶν πρὸς ἀλλήλους διχονοούντων ὁμόνοιαν βοηθοὺς ἀποστείλαιμι.

67. Ἐπειδὴ γὰρ ἡ τοῦ φωτὸς δύναμις καὶ ὁ τῆς ἱερᾶς θρησκείας νόμος, ὑπὸ τῆς τοῦ κρείττονος εὐεργεσίας οἷον ἔκ τινων τῆς ἀνατολῆς κόλπων ἐκδοθείς, ἅπασαν ὁμοῦ τὴν οἰκουμένην ἱερῷ λαμπτῆρι κατήστραψεν, εἰκότως ὑμᾶς, ὥσπερ τινὰς ἀρχηγοὺς τῆς τῶν ἐθνῶν σωτηρίας ὑπάρξειν πιστεύων, ὁμοῦ καὶ ψυχῆς νεύματι καὶ ὀφθαλμῶν ἐνεργείᾳ ζητεῖν ἐπειρώμην. ἅμα γοῦν τῇ μεγάλῃ νίκῃ καὶ τῇ κατὰ τῶν ἐχθρῶν ἀληθεῖ θριαμβείᾳ τοῦτο πρῶτον εἱλόμην ἐρευνᾶν, ὃ δὴ πρῶτόν μοι καὶ τιμιώτατον ἁπάντων ὑπάρχειν ἡγούμην.

68, 1 Ἀλλ', ὦ καλλίστη καὶ θεία πρόνοια, οἷόν μου τῆς ἀκοῆς μᾶλλον δὲ τῆς καρδίας αὐτῆς τραῦμα καίριον ἥψατο, πολλῷ χαλεπωτέραν τῶν ἐκεῖ καταλειφθέντων τὴν ἐν ὑμῖν γιγνομένην διχοστασίαν σημαῖνον, ὡς πλείονος ἤδη τὰ καθ' ὑμᾶς μέρη θεραπείας δεῖσθαι, παρ' ὧν τοῖς ἄλλοις τὴν ἴασιν ὑπάρξειν ἤλπισα. 2. διαλογιζομένῳ δή μοι τὴν ἀρχὴν καὶ τὴν ὑπόθεσιν τούτων ἄγαν εὐτελὴς καὶ οὐδαμῶς ἀξία τῆς τοσαύτης φιλονεικίας ἡ πρόφασις ἐφωράθη. διόπερ ἐπὶ τὴν τῆς ἐπιστολῆς ταύτης ἀνάγκην ἐπειχθείς, καὶ πρὸς τὴν ὁμόψυχον ὑμῶν ἀγχίνοιαν γράφων, τήν τε θείαν πρόνοιαν καλέσας ἀρωγὸν τῷ πράγματι, μέσον τῆς πρὸς ἀλλήλους ὑμῶν ἀμφισβητήσεως οἷον εἰρήνης πρύτανιν ἐμαυτὸν εἰκότως προσάγω. 3. ὅπερ γὰρ δὴ συναιρομένου τοῦ κρείττονος, εἰ καὶ μείζων ἦν τις ἀφορμὴ διχονοίας, οὐ χαλεπῶς ἂν ἠδυνήθην, ὁσίαις τῶν ἀκουόντων γνώμαις ἐγχειρίζων τὸν λόγον, εἰς τὸ χρησιμώτερον ἕκαστον μεταστῆσαι, τοῦτο, μικρᾶς καὶ λίαν εὐτελοῦς ἀφορμῆς ὑπαρχούσης, ἣ πρὸς τὸ ὅλον ἐμποδὼν ἵσταται, πῶς οὐκ εὐχερεστέραν καὶ πολλῷ ῥᾳδιωτέραν μοι τοῦ πράγματος τὴν ἐπανόρθωσιν μνηστεύσει;

69, 1 Μανθάνω τοίνυν ἐκεῖθεν ὑπῆρχθαι τοῦ παρόντος ζητήματος τὴν καταβολήν. ὅτε γὰρ σύ, ὦ Ἀλέξανδρε, παρὰ τῶν πρεσβυτέρων ἐζήτεις, τί δήποτε αὐτῶν ἕκαστος ὑπέρ τινος τόπου τῶν ἐν τῷ νόμῳ γεγραμμένων, μᾶλλον δ' ὑπὲρ ματαίου τινὸς ζητήσεως μέρους ᾐσθάνετο, σύ τε, ὦ Ἄρειε, τοῦθ', ὅπερ ἢ μηδὲ τὴν ἀρχὴν ἐνθυμηθῆναι ἢ ἐνθυμηθέντα σιωπῇ παραδοῦναι προσῆκον ἦν, ἀπροόπτως ἀντέθηκας, ὅθεν τῆς ἐν ὑμῖν διχονοίας ἐγερθείσης ἡ μὲν σύνοδος ἠρνήθη, ὁ δὲ ἁγιώτατος λαὸς εἰς ἀμφοτέρους σχισθεὶς ἐκ τῆς τοῦ κοινοῦ σώματος ἁρμονίας ἐχωρίσθη. 2. οὐκοῦν ἑκάτερος ὑμῶν, ἐξ ἴσου τὴν συγγνώμην παρασχών, ὅπερ ἂν ὑμῖν ὁ συνθεράπων ὑμῶν δικαίως παραινῇ δεξάσθω. τί δὲ τοῦτό ἐστιν; οὔτε ἐρωτᾶν ὑπὲρ

nichte. Einige von Euch habe ich als Helfer zur Einmütigkeit der gegeneinander uneins Gewordenen abgesandt.

67. Denn da ja die Kraft des Lichtes und das Gesetz der heiligen Religionsausübung – durch die Wohltaten des Höchsten gleichsam aus dem Schoß des Ostens hervorgegangen – das Weltganze mit heiligem Licht erleuchtet haben, glaubte ich, daß Ihr – wie es sich gehört – Führer zum Heil für die Völker wäret. Ich versuchte ⟨jedenfalls⟩ mit dem Wink der Seele und der Kraft der Augen danach zu streben. Zugleich mit dem großen Sieg und dem wahrhaften Triumph gegen die Feinde beschloß ich, das zuerst zu erforschen, was mir von allem das Wichtigste und Bedeutendste zu sein scheint.

68, 1. Aber, o beste und göttliche Vorsehung, welche tödliche Wunde hat mein Gehör, mehr, das Herz selbst getroffen? Diese Wunde ist, daß mir kund wurde, daß die unter Euch entstandene Uneinigkeit schlimmer ist als die Streitigkeiten, die in Afrika zurückgeblieben sind. Ja, Eure Länder bedürfen schon mehr der Heilung ⟨als sie⟩. Und von Euren Ländern hatte ich doch gehofft, daß sie für andere eine Heilung bedeuteten! 2. Als ich mir aber den Grund und den Gegenstand davon betrachtete, stellte sich der Vorwand als völlig unsinnig und einer solchen Streitsucht nicht wert heraus. So wurde es mir zur ⟨inneren⟩ Notwendigkeit, Euch diesen Brief zu schreiben. Und ich schreibe ihn an Eure einmütige Einsicht und rufe die göttliche Vorsehung als Helfer an zu diesem Werk: Ich stelle mich gleichsam als Ratgeber des Friedens mitten in den Streit, den Ihr untereinander austragt. 3. Auch wenn der Streitpunkt größer wäre, würde es mir unter Gottes Mithilfe nicht schwerfallen, jeden zum Besseren zu bekehren. Ich würde meine Rede den frommen Gesinnungen meiner Hörer anvertrauen. Wo aber der Streitpunkt, der dem Ganzen im Wege steht, hier klein und ziemlich geringfügig ist, wie sollte es mir da nicht schneller und um vieles leichter möglich sein, die Sache in Ordnung zu bringen?

69, 1. Ich habe in Erfahrung gebracht, daß der Grund der gegenwärtigen Frage folgendes ist: Du, Alexander, hast von den Presbytern erfragt, was jeder von ihnen über eine bestimmte Stelle im Gesetz, mehr noch über eine sinnlose Teilfrage meine. Du, Arius, hast etwas, was sich von Anfang an nicht zu erwägen ziemt (oder was man, wenn es schon erwogen wird, mit Schweigen übergehen muß), ohne reifliche Überlegung zur Antwort gegeben. Dadurch entstand der Streit unter Euch, wurde die Gemeinschaft verleugnet, das heilige Volk in zwei Teile gespalten und aus der Harmonie des gemeinsamen Lebens gerissen. 2. Nun möge doch jeder von Euch dem anderen gleichermaßen die Vergebung gewähren und das annehmen, was ich als Euer Mitknecht Euch zu Recht rate. Was ist das? Es wäre schicklich ge-

τῶν τοιούτων ἐξ ἀρχῆς προσῆκον ἦν, οὔτε ἐρωτώμενον ἀποκρίνασθαι. τὰς γὰρ τοιαύτας ζητήσεις, ὁπόσας μὴ νόμου τινὸς ἀνάγκη προστάττει ἀλλ' ἀνωφελοῦς ἀργίας ἐρεσχελία προτίθησιν, εἰ καὶ φυσικῆς τινος γυμνασίας ἕνεκα γίγνοιτο, ὅμως ὀφείλομεν εἴσω τῆς διανοίας ἐγκλείειν καὶ μὴ προχείρως εἰς δημοσίας συνόδους ἐκφέρειν, μηδὲ ταῖς τῶν δήμων ἀκοαῖς ἀπρονοήτως πιστεύειν. 3. πόσος γάρ ἐστιν ἕκαστος, ὡς πραγμάτων οὕτω μεγάλων καὶ λίαν δυσχερῶν δύναμιν ἢ πρὸς τὸ ἀκριβὲς συνιδεῖν ἢ κατ' ἀξίαν ἑρμηνεῦσαι; εἰ δὲ καὶ τοῦτό τις εὐχερῶς ποιεῖν νομισθείη, πόσον δήπου μέρος τοῦ δήμου πείσει; ἢ τίς ταῖς τῶν τοιούτων ζητημάτων ἀκριβείαις ἔξω τῆς ἐπικινδύνου παρολισθήσεως ἀντισταίη; οὐκοῦν ἐφεκτέον ἐστὶν ἐν τοῖς τοιούτοις τὴν πολυλογίαν, ἵνα μήπως, ἢ ἡμῶν ἀσθενείᾳ φύσεως τὸ προταθὲν ἑρμηνεῦσαι μὴ δυνηθέντων, ἢ τῶν ἀκροατῶν βραδυτέρᾳ συνέσει πρὸς ἀκριβῆ τοῦ ῥηθέντος κατάληψιν ἐλθεῖν μὴ χωρησάντων, ἐξ ὁποτέρου τούτων ἢ βλασφημίας ἢ σχίσματος εἰς ἀνάγκην ὁ δῆμος περισταίη.

70. Διόπερ καὶ ἐρώτησις ἀπροφύλακτος καὶ ἀπόκρισις ἀπρονόητος ἴσην ἀλλήλαις ἀντιδότωσαν ἐφ' ἑκάτερα συγγνώμην. οὐδὲ γὰρ ὑπὲρ τοῦ κορυφαίου τῶν ἐν τῷ νόμῳ παραγγελμάτων ὑμῖν ἡ τῆς φιλονεικίας ἐξήφθη πρόφασις, οὐδὲ καινή τις ὑμῖν ὑπὲρ τῆς τοῦ θεοῦ θρησκείας αἵρεσις ἀντεισήχθη, ἀλλ' ἕνα καὶ τὸν αὐτὸν ἔχετε λογισμόν, ὡς πρὸς τὸ τῆς κοινωνίας σύνθημα δύνασθαι συνελθεῖν. **71,** 1. ὑμῶν γὰρ ἐν ἀλλήλοις ὑπὲρ μικρῶν καὶ λίαν ἐλαχίστων φιλονεικούντων, τοσοῦτον τοῦ θεοῦ λαόν, ὃν ὑπὸ ταῖς ὑμετέραις φρεσὶν εὐθύνεσθαι προσήκει, διχονοεῖν οὔτε πρέπον οὔθ' ὅλως θεμιτὸν εἶναι πιστεύεται. 2. ἵνα δὲ μικρῷ παραδείγματι τὴν ὑμετέραν σύνεσιν ὑπομνήσαιμι, ἴστε δήπου καὶ τοὺς φιλοσόφους αὐτοὺς ὡς ἑνὶ μὲν ἅπαντες δόγματι συντίθενται, πολλάκις δὲ ἐπειδὰν ἔν τινι τῶν ἀποφάσεων μέρει διαφωνῶσιν, εἰ καὶ τῇ τῆς ἐπιστήμης ἀρετῇ χωρίζονται, τῇ μέντοι τοῦ δόγματος ἑνώσει πάλιν εἰς ἀλλήλους συμπνέουσιν. εἰ δὴ τοῦτό ἐστι, πῶς οὐ πολλῷ δικαιότερον ἡμᾶς τοὺς τοῦ μεγάλου θεοῦ θεράποντας καθεστῶτας ἐν τοιαύτῃ προαιρέσει θρησκείας ὁμοψύχους ἀλλήλοις εἶναι; 3. ἐπισκεψώμεθα δὴ λογισμῷ μείζονι καὶ πλείονι συνέσει τὸ ῥηθέν, εἴπερ ὀρθῶς ἔχει δι' ὀλίγας καὶ ματαίας ῥημάτων ἐν ὑμῖν φιλονεικίας ἀδελφοὺς ἀδελφοῖς ἀντικεῖσθαι καὶ τὸ τῆς συνόδου τίμιον ἀσεβεῖ διχονοίᾳ χωρίζεσθαι δι' ἡμῶν, οἳ πρὸς ἀλλήλους ὑπὲρ μικρῶν οὕτω καὶ μηδαμῶς ἀναγκαίων φιλονεικοῦμεν. δημώδη ταῦτά ἐστι καὶ

wesen, über solche Dinge von Anfang an weder Fragen zu stellen noch zu antworten, wenn man danach gefragt wird. Denn solche Untersuchungen, die nicht von der Notwendigkeit eines Gesetzes befohlen werden, sondern die der Spaß zu unnützem Müßiggang vorlegt, müssen wir im Verstand einschließen (wenn sie schon wegen der physischen Übung geschehen mögen). Wir dürfen sie nicht leichtfertig in öffentliche Versammlungen hinaustragen und sie auch nicht den Ohren des Volkes unüberlegt anvertrauen. 3. Ist denn jeder so groß, daß er die Bedeutung so schwerer und ziemlich schwieriger Sachen genau verstehen und würdig interpretieren könnte? Und wenn man wirklich glaubt, das könne einer mit Leichtigkeit tun: Wie groß wird der Teil des Volkes sein, das er überzeugt? Oder wer könnte der Genauigkeit solcher Untersuchungen ohne die Gefahr des Ausgleitens entgegentreten? Man muß sich in solchen Fällen von der Weitläufigkeit des Redens fernhalten. Denn weil wir entweder durch die Schwäche unserer Natur das Vorgelegte nicht ⟨angemessen⟩ interpretieren oder durch den schwächeren Verstand unserer Zuhörer keine genaue Aufnahme des Gesagten erlangen können, könnte das Volk – aus diesen beiden Gründen – zur Lästerung oder zur Spaltung kommen.

70. Deshalb sollen die leichtfertige Frage und die unbedachte Antwort einander Vergebung gewähren. Denn der Grund des Streites ist ja nicht über eine Hauptsache von den Anordnungen des Gesetzes entbrannt. Und keiner von Euch hat eine neue Lehre eingeführt. Aber Ihr habt ein und dieselbe Meinung, so daß Ihr ⟨auch wieder⟩ zur Gemeinschaft kommen könnt. **71**, 1. Denn es wird weder für schicklich noch für recht gehalten, daß ein so großes Volk Gottes, das Ihr durch Euren Geist führen solltet, in Uneinigkeit gerät, weil Ihr über kleine und sehr unbedeutende Fragen gegeneinander streitet. 2. Ich möchte Eure Einsicht an ein kleines Beispiel erinnern: Ihr wißt, daß selbst die Philosophen zwar in einer Grundlehre einig sind, sich aber oft in einem Teil der Aussagen unterscheiden. Auch wenn sie in der Trefflichkeit des Verständnisses voneinander abweichen, so kommen sie doch wieder durch die Einheit der Grundlehre zusammen. Wenn das so ist, wäre es doch um vieles richtiger, wenn wir als die Diener des großen Gottes, die in dieser ⟨einen⟩ Lehre der Gottesverehrung stehen, untereinander einmütig sind. 3. Laßt uns nun das Gesagte noch mit ausführlicheren Gedanken und größerem Verstand betrachten. Ist es denn richtig, daß Brüder wegen des geringfügigen und sinnlosen Streites um Worte ihren Brüdern entgegenstehen und die Kostbarkeit eines gemeinsamen Weges durch gottlose Uneinigkeit verlassen? Diese Uneinigkeit ist durch uns entstanden, weil wir untereinander über so unbedeutende und keineswegs notwendige Fragen streiten. So etwas ist pöbelhaft und eher unvernünftigen Kindern angemessen, als es sich für den Verstand von

παιδικαῖς ἀνοίαις ἁρμόττοντα μᾶλλον ἢ τῇ τῶν ἱερέων καὶ φρονίμων ἀνδρῶν συνέσει προσήκοντα. 4. ἀποστῶμεν ἑκόντες τῶν διαβολικῶν πειρασμῶν. ὁ μέγας ἡμῶν θεός, ὁ σωτὴρ ἁπάντων, κοινὸν ἅπασι τὸ φῶς ἐξέτεινεν· ὑφ' οὗ τῇ προνοίᾳ ταύτην ἐμοὶ τῷ θεραπευτῇ τού κρείττονος τὴν σπουδὴν εἰς τέλος ἐνεγκεῖν συγχωρήσατε, ὅπως αὐτοὺς τοὺς ἐκείνου δήμους ἐμῇ προσφωνήσει καὶ ὑπηρεσίᾳ καὶ νουθεσίας ἐνστάσει πρὸς τὴν τῆς συνόδου κοινωνίαν ἐπαναγάγοιμι. 5. ἐπειδὴ γάρ, ὡς ἔφην, μία τίς ἐστιν ἐν ἡμῖν πίστις καὶ μία τῆς καθ' ἡμᾶς αἱρέσεως σύνεσις, τό τε τοῦ νόμου παράγγελμα τοῖς δι' ἑαυτοῦ μέρεσιν εἰς μίαν ψυχῆς πρόθεσιν τὸ ὅλον συγκλείει, τοῦτο ὅπερ ὀλίγην ἐν ὑμῖν ἀλλήλοις φιλονεικίαν ἤγειρεν, ἐπειδή μὴ πρὸς τὴν τοῦ παντὸς νόμου δύναμιν ἀνήκει, χωρισμόν τινα καὶ στάσιν ὑμῖν μηδαμῶς ἐμποιείτω. 6. καὶ λέγω ταῦτα, οὐχ ὡς ἀναγκάζων ὑμᾶς ἐξ ἅπαντος τῇ λίαν εὐήθει, καὶ οἵα δήποτέ ἐστιν ἐκείνη, ζητήσει συντίθεσθαι. δύναται γὰρ καὶ τὸ τῆς συνόδου τίμιον ὑμῖν ἀκεραίως σῴζεσθαι καὶ μία καὶ ἡ αὐτή κατὰ πάντων κοινωνία τηρεῖσθαι, κἂν τὰ μάλιστά τις ἐν μέρει πρός ἀλλήλους ὑμῖν ὑπὲρ ἐλαχίστου διαφωνία γένηται, ἐπειδὴ μηδὲ πάντες ἐν ἅπασι ταὐτὸν βουλόμεθα, μηδὲ μία τις ἐν ἡμῖν φύσις ἢ γνώμη πολιτεύεται. 7. περὶ μὲν οὖν τῆς θείας προνοίας μία τις ἐν ὑμῖν ἔστω πίστις μία σύνεσις μία συνθήκη τοῦ κρείττονος, ἃ δ' ὑπὲρ τῶν ἐλαχίστων τούτων ζητήσεων ἐν ἀλλήλοις ἀκριβολογεῖσθε, κἂν μὴ πρὸς μίαν γνώμην συμφέρησθε, μένειν εἴσω λογισμοῦ προσήκει, τῷ τῆς διανοίας ἀπορρήτῳ τηρούμενα. 8. τὸ μέντοι τῆς κοινῆς φιλίας ἐξαίρετον καὶ ἡ τῆς ἀληθείας πίστις ἥ τε περὶ τὸν θεὸν καὶ τὴν τοῦ νόμου θρησκείαν τιμὴ μενέτω παρ' ὑμῖν ἀσάλευτος· ἐπανέλθετε δὴ πρὸς τὴν ἀλλήλων φιλίαν τε καὶ χάριν, ἀπόδοτε τῷ λαῷ ξύμπαντι τὰς οἰκείας περιπλοκάς, ὑμεῖς τε αὐτοὶ καθάπερ τὰς ἑαυτῶν ψυχὰς ἐκκαθήραντες αὖθις ἀλλήλους ἐπίγνωτε. ἡδίων γὰρ πολλάκις φιλία γίνεται μετὰ τὴν τῆς ἔχθρας ἀπόθεσιν αὖθις εἰς καταλλαγὴν ἐπανελθοῦσα.

72, 1 Ἀπόδοτε οὖν μοι γαληνὰς μὲν ἡμέρας νύκτας δ' ἀμερίμνους, ἵνα κἀμοί τις ἡδονὴ καθαροῦ φωτὸς καὶ βίου λοιπόν ἡσύχου εὐφροσύνη σῴζηται· εἰ δὲ μή, στένειν ἀνάγκη καὶ δακρύοις δι' ὅλου συγχεῖσθαι καὶ μηδὲ τὸν τοῦ ζῆν αἰῶνα πράως ὑφίστασθαι. τῶν γάρ τοι τοῦ θεοῦ λαῶν, τῶν συνθεραπόντων λέγω τῶν ἐμῶν, οὕτως ἀδίκῳ καὶ βλαβερᾷ πρὸς ἀλλήλους φιλονεικίᾳ κεχωρισμένων, ἐμὲ πῶς ἐγχωρεῖ τῷ λογισμῷ συνεστάναι λοιπόν; 2. ἵνα δὲ τῆς ἐπὶ τούτῳ λύπης τὴν ὑπερβολὴν αἴσθησθε· πρώην ἐπιστὰς τῇ Νικομηδέων πόλει πα-

Priestern und verständigen Männern schickt. Laßt uns doch freiwillig von den teuflischen Versuchungen fernbleiben! 4. Unser großer Gott, der Heiland aller, hat für alle ein gemeinsames Licht hervorgehen lassen. Laßt mich, den Diener Gottes, durch seine Vorsehung mein eifriges Bemühen zu Ende bringen, daß ich durch meine Rede, durch meinen Dienst und durch die Aufstellung von Warnungen die Völkerschaften Gottes wieder auf den gemeinsamen Weg führe. 5. Denn da ja, wie ich sagte, unter uns *ein* Glaube ist und *ein* Verständnis unserer Gemeinschaft und das Gebot des Gesetzes in allen seinen Teilen das Ganze zu *einem* seelischen Wollen zusammenschließt, soll das, was unter Euch einen kleinen Streit hervorgerufen hat (der aber die Bedeutung des Gesetzes im ganzen nicht betrifft), keine Spaltung und Unruhe bewirken. 6. Das sage ich nicht, um Euch zu zwingen, jederzeit in einfältigen Fragen (und dazu gehört auch Eure Streitfrage) einer Meinung zu sein. Denn es kann die Kostbarkeit eines gemeinsamen Weges unverfälscht bewahrt und die Gemeinschaft aller erhalten werden, auch wenn in einer Teilfrage unter Euch eine Meinungsverschiedenheit entsteht, da wir ja ⟨nun einmal⟩ nicht alle in allem dasselbe wollen und in uns nicht *eine* Natur oder Erkenntnis wohnt. 7. Über die göttliche Vorsehung aller soll unter Euch ein Glaube sein, ein Verständnis und eine Auffassung Gottes. Was Ihr aber untereinander über diese geringfügigen Fragen genau durchdiskutiert, muß, wenn Ihr dabei nicht zu *einer* Erkenntnis gelangt, in Gedanken verbleiben, muß in den Geheimnissen des Geistes verwahrt werden. 8. Allerdings das Gut der gemeinsamen Freundschaft, der Glaube an die Wahrheit, der Glaube im Blick auf Gott und die würdige Verehrung des Gesetzes sollen unter Euch unerschüttert bleiben. Kommt wieder zu gegenseitiger Freundschaft und Liebe zurück, gebt dem ganzen Volk die Umarmung, wie sie zu einer Familie gehört, wieder! Ihr selbst aber reinigt Eure Seelen und erkennt Euch danach wieder an! Denn oft wird die Freundschaft angenehmer ⟨als sie zuvor war⟩, wenn sie nach Ablegung der Feindschaft wieder zur Versöhnung gelangt ist.

72, 1. Gebt mir die heiteren Tage und die sorglosen Nächte wieder, damit auch mir die Freude des reinen Lichtes und die Heiterkeit eines ruhigen Lebens bewahrt bleibt! Und wenn das nicht geschieht, dann muß ich klagen, unter Tränen ganz mutlos werden und meine Lebenszeit als schwer auf mich nehmen. Denn wenn das Volk Gottes – ich spreche von meinen Mitknechten – durch einen so ungerechten und verderblichen Streit gegeneinander gespalten ist, wie kann es meinem Geist dann noch möglich sein, ruhig zu bleiben? 2. Damit Ihr aber das Übermaß der Trauer erkennt, ⟨will ich erzählen⟩: Als ich mich neulich in Nikomedien aufhielt, eilte ich schon

ραχρῆμα πρὸς τὴν ἑῴαν ἠπειγόμην τῇ γνώμῃ. σπεύδοντι δή μοι ἤδη πρὸς ὑμᾶς καὶ τῷ πλείονι μέρει σὺν ὑμῖν ὄντι ἡ τοῦδε τοῦ πράγματος ἀγγελία πρὸς τὸ ἔμπαλιν τὸν λογισμὸν ἀνεχαίτισεν, ἵνα μὴ τοῖς ὀφθαλμοῖς ὁρᾶν ἀναγκασθείην, ἃ μηδὲ ταῖς ἀκοαῖς προαισθέσθαι δυνατὸν ἡγούμην. 3. ἀνοίξατε δή μοι λοιπὸν ἐν τῇ καθ' ὑμᾶς ὁμονοίᾳ τῆς ἑῴας τὴν ὁδόν, ἣν ταῖς πρὸς ἀλλήλους φιλονεικίαις ἀπεκλείσατε, καὶ συγχωρήσατε θᾶττον ὑμᾶς τε ὁμοῦ καὶ τοὺς ἄλλους ἅπαντας δήμους ἐπιδεῖν χαίροντα, καὶ τὴν ὑπὲρ τῆς κοινῆς ἁπάντων ὁμονοίας καὶ ἐλευθερίας ὀφειλομένην χάριν ἐπ' εὐφήμοις λόγων συνθήμασιν ὁμολογῆσαι τῷ κρείττονι.

17. Bericht des Euseb über das Eingreifen des Kaisers in die theologische Diskussion auf dem Konzil von Nicäa

Eine ausführliche, quellenmäßige Belegung des Verlaufes des Konzils von Nicäa (325) kann im Zusammenhang dieser Quellensammlung nicht gegeben werden. Die Ereignisse sind natürlich von großer Bedeutung; der Kaiser selbst verlegt die Synode eigenmächtig von Ancyra nach Nicäa, er ist selbst anwesend und hält auch selber eine Rede.

a) Aus dem Brief des Euseb an seine Gemeinde

Text nach: Opitz, Urk. 22, 7 u. 8.

7. Ταύτης ὑφ' ἡμῶν ἐκτεθείσης τῆς πίστεως οὐδενὶ παρῆν ἀντιλογίας τόπος, ἀλλ' αὐτός τε πρῶτος ὁ θεοφιλέστατος ἡμῶν βασιλεὺς ὀρθότατα περιέχειν αὐτὴν ἐμαρτύρησεν. οὕτω τε καὶ ἑαυτὸν φρονεῖν συνωμολόγησε καὶ ταύτῃ τοὺς πάντας συγκατατίθεσθαι ὑπογράφειν τε τοῖς δόγμασι καὶ συμφωνεῖν τούτοις αὐτοῖς παρεκελεύετο, ἑνὸς μόνου προσεγγραφέντος ῥήματος τοῦ ὁμοουσίου, ὃ καὶ αὐτὸς ἑρμήνευε λέγων· ὅτι μὴ κατὰ τῶν σωμάτων πάθη λέγοιτο ὁμοούσιος ⟨ὁ υἱός⟩, οὔτ' οὖν κατὰ διαίρεσιν οὔτε κατά τινα ἀποτομὴν ἐκ τοῦ πατρὸς ὑποστῆναι· μηδὲ γὰρ δύνασθαι τὴν ἄυλον καὶ νοερὰν καὶ ἀσώματον φύσιν σωματικόν τι πάθος ὑφίστασθαι, θείοις δὲ καὶ ἀπορρήτοις λόγοις προσήκειν τὰ τοιαῦτα νοεῖν. καὶ ὁ μὲν σοφώτατος ἡμῶν καὶ εὐσεβέστατος βασιλεὺς τοιάδε ἐφιλοσόφει. οἱ δὲ προφάσει τῆς τοῦ ὁμοουσίου προσθήκης τήνδε τὴν γραφὴν πεποιήκασιν·

in Gedanken in den Orient. Ich strebte schon zu Euch, war zum großen Teil schon bei Euch, da hat der Bericht von dieser Sache meine Gedanken wieder zurückgewandt, damit ich nicht mit meinen Augen zu sehen gezwungen würde, was ich nicht einmal mit meinem Gehör glaubte wahrnehmen zu können. 3. Öffnet mir durch die Einmütigkeit unter Euch wieder den Weg in den Orient, den Ihr mir durch Euren Streit gegeneinander verschlossen habt. Macht es mir schneller möglich, Euch und alle anderen Völker mit Freude zu sehen und den schuldigen Dank für die gemeinsame Einmütigkeit aller und für die Freiheit mit gemeinsamen Lobgesängen an Gott zu richten!

Als Beispiel für das Eingreifen des Kaisers in den Verhandlungen gerade bei dem folgenschweren Wort „homoousios" soll hier der Bericht des Euseb von Caesarea stehen, der gleich nach dem Konzil geschrieben wurde. Mit diesem Bericht möchte Euseb seiner Gemeinde die Beschlüsse des Konzils näherbringen und den antiarianischen Ton interpretieren und begründen.

7. Als dieses Glaubensbekenntnis von uns festgesetzt wurde, gab es für niemanden einen Punkt zum Widerspruch. Sondern als erster bezeugte unser gottgeliebtester Kaiser selbst, daß es sich damit sehr richtig verhielte. Er bekannte, genauso zu denken, und ordnete an, daß ihm alle zustimmen, die Dogmen unterschreiben und ihre Übereinstimmung mit ihnen erklären sollten. Dabei fügte er nur ein Wort hinzu, nämlich „homoousios" ⟨wesensgleich bzw. wesenseins⟩. Dieses Wort erläuterte er selber so: Der Sohn soll nicht wesensgleich genannt werden in bezug auf die körperlichen Leidenschaften, auch sei er nicht durch Teilung oder irgendeine Trennung aus dem Vater hervorgegangen. Denn die immaterielle, geistige und körperlose Natur könne nicht einem körperlichen Erleiden unterliegen. Solches zieme sich aber nur mit göttlichen und aussprechlichen Worten zu denken. So philosophierte unser weisester und frömmster Kaiser. Sie aber verfaßten auf Grund der Hinzufügung des „homoousios" folgendes Schriftstück: 8.

8. «Πιστεύομεν εἰς ἕνα θεόν, πατέρα, παντοκράτορα, πάντων ὁρατῶν τε καὶ ἀοράτων ποιητήν, καὶ εἰς ἕνα κύριον Ἰησοῦν Χριστόν, τὸν υἱὸν τοῦ θεοῦ, γεννηθέντα ἐκ τοῦ πατρὸς μονογενῆ τουτέστιν ἐκ τῆς οὐσίας τοῦ πατρός, θεὸν ἐκ θεοῦ, φῶς ἐκ φωτός, θεὸν ἀληθινὸν ἐκ θεοῦ ἀληθινοῦ, γεννηθέντα οὐ ποιηθέντα, ὁμοούσιον τῷ πατρί, δι' οὗ τὰ πάντα ἐγένετο τά τε ἐν τῷ οὐρανῷ καὶ τὰ ἐν τῇ γῇ, τὸν δι' ἡμᾶς τοὺς ἀνθρώπους καὶ διὰ τὴν ἡμετέραν σωτηρίαν κατελθόντα καὶ σαρκωθέντα, ἐνανθρωπήσαντα, παθόντα καὶ ἀναστάντα τῇ τρίτῃ ἡμέρᾳ, ἀνελθόντα εἰς οὐρανούς, ἐρχόμενον κρῖναι ζῶντας καὶ νεκρούς. καὶ εἰς τὸ ἅγιον πνεῦμα. τοὺς δὲ λέγοντα‹ ‹ἦν ποτε ὅτε οὐκ ἦν› καὶ ‹πρὶν γεννηθῆναι οὐκ ἦν› καὶ ὅτι ‹ἐξ οὐκ ὄντων ἐγένετο› ἢ ἐξ ἑτέρας ὑποστάσεως ἢ οὐσίας φάσκοντας εἶναι ἢ κτιστὸν ἢ τρεπτὸν ἢ ἀλλοιωτὸν τὸν υἱὸν τοῦ θεοῦ ἀναθεματίζει ἡ καθολικὴ καὶ ἀποστολικὴ ἐκκλησία».

18. Briefe Konstantins im Anschluß an das Konzil von Nicäa

Von den vier Briefen, die Konstantin unmittelbar im Anschluß an das Konzil von Nicäa (325) geschrieben hat, gebe ich die drei umfangreicheren wieder.

Der erste richtet sich an die Alexandriner („nach dem Inhalt ist der mit Arius sympathisierende alexandrinische Klerus als angeredet zu denken", Kraft 219) und möchte sie zur Anerkennung der Beschlüsse des Konzils bewegen. Konstantin hielt es wohl für wichtig, gerade bei den Sympathisanten des Arius für die Akzeptierung zu werben.

Der zweite richtet sich nach Nikomedien und begründet in seinem zweiten Teil, warum die Absetzung und Verbannung des Euseb von Nikomedien (also des Bischofs der Adressaten) notwendig gewesen ist. Der Brief ist in seiner heutigen Form nicht einheitlich. Kraft weist folgendes m. E. überzeugend nach: „Aus dem Befund ist zu schließen, daß der Brief erst von Athanasius in seine heutige Form gebracht worden ist. Der dritte Teil, Abschn. 9–17, ist als Schluß eines echten Schreibens Konstantins an die nikomedische Gemeinde anzusehen . . . Der erste Teil, Abschn. 1–5, ist eine zusammenhängende Darstellung belehrender Art; die Verfasserschaft ist Konstantin zuzuschreiben. Vielleicht ist es ein Stück aus einer der theo-

Wir glauben an den einen Gott, den Vater, den Allherrscher, den Schöpfer alles Sichtbaren und Unsichtbaren. Und an den einen Herrn Jesus Christus, den Sohn Gottes, der Einziggeborene aus dem Vater, d. h. aus dem Wesen des Vaters, Gott von Gott, Licht von Licht, wahrer Gott von wahrem Gott, geboren, nicht geschaffen, wesensgleich mit dem Vater, durch den alles im Himmel und auf Erden erschaffen wurde. Er kam um uns Menschen und um unserer Rettung willen vom Himmel und wurde Fleisch; er wurde Mensch, hat gelitten und ist auferstanden am dritten Tage, stieg hinauf in den Himmel und ⟨wird⟩ kommen, die Lebenden und die Toten zu richten. Und an den Heiligen Geist. Und diejenigen, die sagen: „Es gab eine Zeit, als Christus nicht war" und: „Bevor er geboren wurde, war er nicht" und: „Er wurde aus dem Nichts erschaffen", oder die, die behaupten, daß der Sohn Gottes von einer anderen Hypostase oder einem anderen Wesen ⟨als Gott-Vater⟩ oder ein Geschöpf sei, oder die behaupten, daß er Veränderungen unterworfen sei, die verdammt die katholische und apostolische Kirche.

logischen Reden Konstantins ... Vom Zwischenstück ist es schwer, ein eindeutiges Urteil zu fällen. Es kann echt, aber auch teilweise gefälscht sein; auf jeden Fall verbindet es die beiden anderen Teile künstlich" (Kraft 229). Die Verbindungsstelle zwischen Teil II und III habe ich durch (*) kenntlich gemacht. Der erste Teil ist eines der wenigen Zeugnisse des Kaisers, wo er ausführlich auf die Christologie zu sprechen kommt, und von daher von höchster Wichtigkeit. Auch dieser erste Teil dürfte in zeitlicher Nähe zum Konzil entstanden sein. Zu den Alexandrinern, die Konstantin nach Nikomedien verbannt hatte (Abschnitt 15), gehörte besonders Arius. Die Verbannung dorthin war sicherlich als die geringste aller möglichen Strafen von Konstantin gewählt worden; Euseb war Arianer und Nikomedien häufiger Aufenthaltsort von ihm selbst. Zum Problem kam es erst, als Euseb den Arius in Nikomedien in die volle Kirchengemeinschaft aufnahm.

Der dritte Brief wirbt für die Annahme des vom Konzil beschlossenen, einheitlichen Ostertermins. So ist zu vermuten, daß auch dieser Brief – wie die beiden anderen – sich an die Betroffenen richtet und bei ihnen Verständnis sucht für die Annahme des Beschlossenen. Empfänger dürften also die quartodezimanischen Gemeinden gewesen sein (vgl. auch Kraft 223).

a) Brief Konstantins an die Kirche der Alexandriner

Text nach: Opitz, Urk. 25
(Quelle: Athanasius, de decr. Nic. syn. 38).

Κωνσταντῖνος Σεβαστὸς τῇ καθολικῇ Ἀλεξανδρέων ἐκκλησίᾳ.

1. Χαίρετε, ἀγαπητοὶ ἀδελφοί. τελείαν παρὰ τῆς θείας προνοίας εἰλήφαμεν χάριν, ἵνα πάσης πλάνης ἀπαλλαγέντες μίαν καὶ τὴν αὐτὴν ἐπιγινώσκωμεν πίστιν. 2. οὐδὲν λοιπὸν τῷ διαβόλῳ ἔξεστι καθ' ἡμῶν· πᾶν ὅ, τι δ' ἂν κακοτεχνησάμενος ἐπεχείρησεν, ἐκ βάθρων ἀνῄρηται· τὰς διχονοίας, τὰ σχίσματα, τοὺς θορύβους ἐκείνους καὶ τὰ τῶν διαφωνιῶν ἵν' οὕτως εἴπω θανάσιμα φάρμακα κατὰ θεοῦ κέλευσιν ἡ τῆς ἀληθείας ἐνίκησε λαμπρότης. ἕνα τοιγαροῦν ἅπαντες θεὸν καὶ τῷ ὀνόματι προσκυνοῦμεν καὶ εἶναι πεπιστεύκαμεν. 3. ἵνα δὲ τοῦτο γένηται ὑπομνήσει θεοῦ συνεκάλεσα εἰς τὴν Νικαέων πόλιν τοὺς πλείστους τῶν ἐπισκόπων, μεθ' ὧν καθάπερ ὡς εἷς ἐξ ὑμῶν ἐγὼ συνθεράπων ὑμέτερος καθ' ὑπερβολὴν εἶναι χαίρων καὶ αὐτὸς τὴν τῆς ἀληθείας ἐξέτασιν ἀνεδεξάμην. 4. ἠλέγχθη γοῦν ἅπαντα καὶ ἀκριβῶς ἐξήτασται, ὅσα δὴ ἀμφιβολίαν ἢ διχονοίας πρόφασιν ἐδόκει γεννᾶν, καὶ φεισάσθω ἡ θεία μεγαλειότης, ἡλίκα καὶ ὡς δεινὰ περὶ τοῦ ἡμετέρου σωτῆρος, περὶ τῆς ἐλπίδος καὶ ζωῆς ἡμῶν ἀπρεπῶς ἐβλασφήμουν τινὲς τἀναντία ταῖς θεοπνεύστοις γραφαῖς καὶ τῇ ἁγίᾳ πίστει φθεγγόμενοί τε καὶ πιστεύειν ὁμολογοῦντες.

5. Τριακοσίων γοῦν καὶ πλειόνων ἐπισκόπων ἐπὶ σωφροσύνῃ τε καὶ ἀγχινοίᾳ θαυμαζομένων μίαν καὶ τὴν αὐτὴν πίστιν, ἣ καὶ ταῖς ἀληθείαις ἀκριβὴς τοῦ θείου νόμου πέφυκε πίστις, εἶναι βεβαιούντων, μόνος Ἄρειος ἐφωράθη τῆς διαβολικῆς ἐνεργείας ἡττημένος καὶ τὸ κακὸν τοῦτο πρῶτον μὲν παρ' ὑμῖν, ἔπειτα δὲ καὶ παρ' ἑτέροις ἀσεβεῖ γνώμῃ διασπείρας. 6. ἀναδεξώμεθα τοιγαροῦν ἣν ὁ παντοκράτωρ παρέσχε γνώμην· ἐπανέλθωμεν ἐπὶ τοὺς ἀγαπητοὺς ἡμῶν ἀδελφούς, ὧν ἡμᾶς τοῦ διαβόλου ἀναιδής τις ὑπηρέτης ἐχώρισεν, ἐπὶ τὸ κοινὸν σῶμα καὶ τὰ γνήσια ἡμῶν μέλη σπουδῇ πάσῃ ἴωμεν. 7. τοῦτο γὰρ καὶ τῇ ἀγχινοίᾳ καὶ τῇ πίστει καὶ ὁσιότητι τῇ ὑμετέρᾳ πρέπει, ἵνα τῆς πλάνης ἐλεγχθείσης ἐκείνου, ὃν τῆς ἀληθείας ἐχθρὸν εἶναι συνέστηκε, πρὸς τὴν θείαν ἐπανέλθητε χάριν. 8. ὃ γὰρ τοῖς τριακοσίοις ὁμοῦ ἤρεσεν ἐπισκόποις, οὐδέν ἐστιν ἕτερον ἢ τοῦ θεοῦ γνώμη, μάλιστα ὅπου γε τὸ ἅγιον πνεῦμα τοιούτων καὶ τηλι-

Kaiser Konstantin an die katholische Kirche der Alexandriner.

1. Seid gegrüßt, geliebte Brüder! Wir haben von der göttlichen Vorsehung vollendete Gnade empfangen, daß wir von allem Irrtum befreit ein und denselben Glauben anerkennen. 2. Dem Teufel ist nun nichts mehr gegen uns möglich. Alles, was er versucht hatte, uns an Bösem zu tun, ist von der Grundlage her vernichtet. Der Glanz der Wahrheit hat nach Gottes Befehl über Meinungsverschiedenheiten, Schismen, jene Aufstände ⟨damals⟩ und über – um es so zu sagen – die tödlichen Gifte der Uneinigkeiten gesiegt. Denn wir haben einen Gott, verehren seinen Namen und glauben, daß es ihn gibt. 3. Damit das aber geschehen konnte, habe ich auf die Ermahnung Gottes hin viele Bischöfe in die Stadt Nicäa zusammengerufen. Mit ihnen habe ich als einer von Euch (ich freue mich über die Maßen, Euer Mitknecht zu sein) auch selbst die Prüfung der Wahrheit auf mich genommen. 4. Es wurde alles widerlegt und genau erforscht, was zum Vorwand für Zweifel oder Meinungsverschiedenheiten werden zu können schien. Und die göttliche Herrlichkeit sehe es uns nach, wie sehr und wie schrecklich einige über unseren Retter, über unsere Hoffnung und unser Leben auf ganz unziemliche Weise gelästert haben, indem sie gegen die vom göttlichen Geist eingegebenen Schriften und gegen den heiligen Glauben die Stimmen erhoben und zu glauben bekannt haben.

5. Dreihundert und mehr Bischöfe haben mit bewundernswerter Besonnenheit und Geistesgegenwart festgestellt, daß ein und derselbe Glaube ist und daß dieser Glaube genau aus den göttlichen Wahrheiten hervorgegangen ist. Nur Arius wurde als einer entlarvt, der von den Werken des Teufels besiegt worden ist und dieses Übel zunächst bei uns, dann auch bei anderen in gottloser Gesinnung ausgebreitet hat. 6. Laßt uns nun annehmen, was uns der Allmächtige als Erkenntnis schenkt. Laßt uns wieder zu unseren geliebten Brüdern zurückgehen, von denen uns ein schamloser Knecht des Teufels getrennt hatte. Laßt uns mit allem Eifer wieder zum gemeinsamen Leib und zu unseren rechten Gliedern kommen. 7. Denn dies ziemt sich Eurer Geistesgegenwart, Eurem Glauben und Eurer Frömmigkeit, daß Ihr wieder zur göttlichen Gnade zurückkehrt, nachdem der Irrtum jenes Menschen, der ganz sicher ein Feind der Wahrheit ist, widerlegt wurde. 8. Denn was dreihundert Bischöfen zugleich gefallen hat, ist nichts anderes als die Meinung Gottes, besonders da der Heilige Geist bei so vie-

κούτων ἀνδρῶν ταῖς διανοίαις ἐγκείμενον τὴν θείαν βούλησιν ἐξεφώτισε. 9. διὸ μηδεὶς ἀμφιβαλλέτω, μηδεὶς ὑπερτιθέσθω, ἀλλὰ προθύμως πάντες εἱς τήν ἀληθεστάτην ὁδὸν ἐπάνιτε, ἵν' ἐπειδὰν ὅσον οὐδέπω πρὸς ὑμᾶς ἀφίκωμαι, τὰς ὀφειλομένας τῷ παντεφόρῳ θεῷ μεθ' ὑμῶν ὁμολογήσω χάριτας, ὅτι τὴν εἰλικρινῆ πίστιν ἐπιδείξας τὴν εὐκταίαν ἡμῖν ἀγάπην ἀποδέδωκεν. καὶ ἄλλη χειρί. ὁ θεὸς ὑμᾶς διαφυλάξει, ἀδελφοὶ ἀγαπητοί.

b) Brief Konstantins an die Kirche der Nikomedier

Text nach: Opitz, Urk. 27
(Quelle: Athanaius, de decr. Nic. syn. 41).

Κωνσταντῖνος Σεβαστὸς τῇ καθολικῇ ἐκκλησίᾳ Νικομηδέων.

1. Τὸν δεσπότην θεὸν δηλαδὴ καὶ σωτῆρα Χριστὸν ἀκριβῶς ἅπαντες ἴστε, ἀγαπητοὶ ἀδελφοί, πατέρα τε καὶ υἱὸν εἶναι, πατέρα φημὶ ἄναρχον ἄνευ τέλους γονέα τοῦ αἰῶνος αὐτοῦ, υἱὸν δέ τοῦτ' ἔστι τὴν τοῦ πατρὸς βούλησιν, ἥτις οὔτε δι' ἐνθυμήσεώς τινος ἀνείληπται οὔτε πρὸς τὴν τῶν ἔργων αὐτοῦ τελεσιουργίαν διά τινος ἐξεζητημένης οὐσίας κατελήφθη. ὃς γὰρ τοῦτο καὶ νοεῖ καὶ νοήσει, οὗτος ἕξει πρὸς ἅπαν τιμωρίας γένος ἀκάματον ὑπομονήν. 2. ἀλλὰ γὰρ ὁ τοῦ θεοῦ υἱὸς Χριστὸς ὁ τῶν ἁπάντων δημιουργὸς καὶ τῆς ἀθανασίας αὐτῆς χορηγὸς ἐγεννήθη, ὅσον πρὸς τὴν πίστιν ἀνῆκεν ᾗ πεπιστεύκαμεν, ἐγεννήθη – μᾶλλον δὲ προῆλθεν αὐτὸς ὁ καὶ πάντοτε ἐν τῷ πατρὶ ὢν ἐπὶ τὴν τῶν ὑπ' αὐτοῦ γεγενημένων διακόσμησιν – ἐγεννήθη τοίνυν ἀμερίστῳ προελεύσει· ἡ γὰρ βούλησις ὁμοῦ καὶ τῷ οἰκητηρίῳ ἑαυτῆς ἐμπέπηγε καὶ ταῦθ', ἅπερ διαφόρου δέεται τημελείας, κατὰ τὴν ἑκάστου ποιότητα πράττει τε καὶ διοικεῖ. 3. τί οὖν ἐστι μεταξὺ τοῦ θεοῦ καὶ πατρὸς καὶ υἱοῦ; οὐδὲν δηλαδή. αὕτη γὰρ ἡ τῶν πραγμάτων συμπλήρωσις αἰσθήσει παρείληφε τὸ τῆς βουλήσεως πρόσταγμα, οὐχὶ δὲ μερισθεῖσαν ἐκ τῆς τοῦ πατρὸς οὐσίας τὴν βούλησιν διέστησεν. 4. ὃ δὲ τούτοις ἕπεται· τίς ἐστιν, ὃς τοῦ Χριστοῦ τοῦ ἐμοῦ δεσπότου πάθος δι' αἰδὼ μᾶλλον ἢ μωρίαν δέδιεν; ἆρ' οὖν πάσχει τὸ θεῖον, ἐπειδὰν ἡ τοῦ σεμνοῦ σώματος οἴκησις πρὸς ἐπίγνωσιν τῆς ἰδίας ἁγιότητος ὁρμᾷ, ἢ ὑποπίπτει θίξει τὸ τοῦ σώματος ἐκκεχωρισμένον; ἆρ' οὐχὶ διέστηκε τοῦθ' ὅπερ ἐκ τῆς τοῦ σώματος ἀφῄρηται ταπεινότητος; οὐχὶ δὲ ζῶμεν, κἂν πρὸς θάνατον ἡ τῆς ψυχῆς εὔκλεια τὸ σῶμα προσκαλέσηται; 5. τί τοίνυν ἐνταῦθα ἡ ἀβλαβής τε καὶ εἰλικρινὴς

len solcher Männer anwesend war und ihnen den göttlichen Willen erleuchtet hat. 9. Deshalb zweifle niemand und niemand soll es aufschieben, sondern geht alle bereitwillig auf den sehr wahren Weg zurück. Dann kann ich, wenn ich bald zu Euch komme, mit Euch Gott, dem Aufseher über alle Dinge, den schuldigen Dank bekennen, weil er den reinen Glauben an den Tag gelegt und uns die erwünschte Liebe wiedergegeben hat. Und mit anderer Hand: Gott bewahre Euch, geliebte Brüder!

Kaiser Konstantin an die katholische Kirche der Nikomedier.

1. Daß der Herr Gott und der Retter Christus Vater und Sohn sind, das wißt Ihr, geliebte Brüder, sicherlich. Vater nenne ich ihn als Erzeuger seines Äons, ohne Anfang und ohne Ende. Sohn aber, das ist der Wille des Vaters, der weder durch einen Gedanken aufgenommen noch an der Vollendung seiner Werke durch ein untersuchtes Wesen gehindert wird. Wer das bedenkt und bedenken wird, der wird zu jeder Art von Marterung eine unerschöpfliche Geduld haben. 2. Aber der Sohn Gottes, Christus, der Schöpfer aller Dinge und der Führer zu seiner Unsterblichkeit, wurde gezeugt (es ziemt sich im Blick auf den Glauben, den wir haben, ⟨es⟩ so ⟨zu sagen⟩); er wurde gezeugt – besser: er selbst, der immer beim Vater war, ging hervor, um das, was durch ihn entstanden war, zu ordnen –, er wurde also gezeugt in ungeteiltem Hervorgehen. Denn der Wille ist zugleich fest in seiner Wohnung und behandelt und ordnet doch das, was verschiedenartige Fürsorge braucht, je nach seiner Beschaffenheit. 3. Ist nun etwas zwischen Gott, dem Vater, und dem Sohn? Natürlich nicht. Denn die Fülle aller Dinge hat durch die Wahrnehmung die Anordnung des Willens empfangen, aber hat nicht den Willen aus dem Wesen des Vaters getrennt und abgesondert. 4. Was aber daraus folgt? Wer ist es, der das Leiden Christi, meines Herrn, mehr aus Scham als aus Torheit fürchtet? Leidet denn das Göttliche, wenn die Wohnung des ehrwürdigen Leibes zur Erkenntnis der eigenen Heiligkeit drängt? Oder unterliegt das, was vom Körper getrennt ist, der Teilhabe ⟨dessen, was der Körper erleidet⟩? Ist das nicht ⟨vom Leib⟩ abgesondert, was der Niedrigkeit des Leibes entzogen ist? Leben wir nicht, auch wenn der Ruhm der Seele den Leib zum Tod ruft? 5. Was hat hier nun der unversehrte und reine Glaube noch, was

πίστις ἄξιον ἀμφιβολίας κατείληφεν; ἢ οὐχ ὁρᾷς ὅτι σεμνότατον σῶμα ὁ θεὸς ἐπελέξατο, δι' οὗ τὰ τῆς πίστεως τεκμήρια καὶ τὰ τῆς οἰκείας ἀρετῆς ὑποδείγματα ἔμελλεν ἐμφανίζειν καὶ τὴν ἤδη συγκεχυμένην ὀλεθρίῳ πλάνῃ τοῦ ἀνθρωπίνου γένους ἀπώλειαν ἀποσείσασθαι καινήν τε θρησκείας διδόναι διδασκαλίαν καὶ τῷ τῆς ἁγνείας ὑποδείγματι τὰς ἀναξίας τοῦ νοῦ πράξεις καθαίρειν, ἔπειτα δὲ τὴν μὲν τοῦ θανάτου βάσανον ἐκλύειν, τὰ δὲ τῆς ἀθανασίας ἔπαθλα προαναφωνεῖν;

6. Ἀλλ' ὑμεῖς, οὓς λοιπὸν ἀδελφοὺς ἡ τῆς ἀγάπης κοινωνία εἰκότως ὑπ' ἐμοῦ προσαγορεύεσθαι ποιεῖ, οὐκ ἀγνοεῖτέ με τὸν ὑμέτερον συνθεράποντα, οὐκ ἀγνοεῖτε τὸ τῆς ὑμετέρας σωτηρίας ὀχύρωμα, οὗ τὴν φροντίδα γνησίως ἐπανῄρημαι, καὶ δι' οὗ τῶν ἡμετέρων ἐχθρῶν οὐ μόνον τὰ ὅπλα κατεμαχεσάμεθα, ἀλλὰ καὶ ζῶντας ἔτι τὴν ψυχὴν συνκαθείρξαμεν πρὸς τὸ τὴν τῆς φιλανθρωπίας ἀληθῆ πίστιν ἐκφάναι. 7. ἀλλ' ἐγὼ ἐπὶ τοῖς ἀγαθοῖς τούτοις διὰ τὴν τῆς οἰκουμένης μάλιστα ἀνανέωσιν ἔχαιρον. καὶ γὰρ θαύματος ἦν ἄξιον ἀληθῶς ἔθνη τοσαῦτα εἰς ὁμόνοιαν ἐπαγαγεῖν, ἃ πρὸ βραχέος ἐλέγετο τὸν θεὸν ἀγνοεῖν. πλὴν τί ἔμελλε γινώσκειν τὰ ἔθνη ταῦτα, ἃ οὐδεμίαν φιλονεικίας ἐπανῄρηντο φροντίδα; τί οὖν νοεῖτε, ἀδελφοὶ ἀγαπητοί, ὡς ὑμᾶς αὐτοὺς αἰτιῶμαι; Χριστιανοί ἐσμεν καὶ οἰκτρᾷ διαθέσει διχονοοῦμεν. 8. αὕτη ἄρα ἐστὶν ἡ ἡμετέρα πίστις, αὕτη ἡ τοῦ ἁγιωτάτου νόμου διδασκαλία; ἀλλὰ τίς ἐστιν αἰτία δι' ἣν ὁ τοῦ παρόντος κακοῦ ὄλεθρος ἐξεγήγερται; ὢ τῆς ἀτοπίας, ὢ μίσους ὑπερβολὴ πάσης ἀγανακτήσεως μέγεθος ὑπερβαίνουσα. τίς ἡ τοῦ λῃστηρίου τούτου ἀναπέφανται δεινότης, ἣ τὸν τοῦ θεοῦ υἱὸν ἀρνεῖται ἐξ ἀμερίστου τοῦ πατρὸς οὐσίας προεληλυθέναι; ἆρ' οὐχὶ πανταχοῦ ἐστιν ὁ θεός, καίτοι γε τοῦτον πάντοτε παρεῖναι ἡμῖν αἰσθανόμεθα; ἆρ' οὐχὶ διὰ τῆς τούτου δυνάμεως ἡ τῶν ὅλων συνέστηκεν εὐκοσμία, καίτοι γε τῆς τοῦ χωρισμοῦ διαστάσεως ἐστέρηται;

9. Μὴ οὖν ὑμῖν τι πέπρακται; ἀγαπητοὶ ἀδελφοί, καταμάθετε νῦν, ἀξιῶ, τὰς βασάνους τῆς παρούσης ἀλγηδόνος· ὁμολογητὰς ὑμᾶς εἶναι τούτου ἐπηγγέλλεσθε ὃν θεὸν εἶναι ἀρνεῖσθε, τοῦθ' ὑμᾶς τοῦ πανώλου διδασκάλου πείθοντος. ἱκετεύω, τίς ἐστιν ὁ ταῦτα διδάξας οὕτως ἄκακον πλῆθος; Εὐσέβιος δηλαδὴ ὁ τῆς τυραννικῆς ὠμότητος συμμύστης. ὅτι γὰρ πανταχοῦ τοῦ τυράννου γεγένηται πρόσφυξ, πολλαχόθεν ἔστι συνορᾶν. τοῦτο μὲν γὰρ αἱ τῶν ἐπισκόπων σφαγαὶ διαμαρτύρονται, ἀλλὰ τῶν ἀληθῶς ἐπισκόπων, τοῦτο δὲ ἡ χαλεπωτάτη τῶν Χριστιανῶν ἐκδίωξις διαρρήδην βοᾷ. 10. οὐδὲν γὰρ περὶ τῶν εἰς ἐμὲ γεγε-

des Zweifels würdig wäre? Siehst Du nicht, daß Gott den ehrwürdigsten Leib erwählt hat? Durch ihn wollte er die Zeichen des Glaubens und die Abbilder der eigenen Tugend aufzeigen und das schon über das ganze Menschengeschlecht durch den unheilvollen Irrtum ausgegossene Verderben abschütteln, eine neue Lehre der Gottesverehrung geben und durch die Abbilder der Heiligkeit die unwürdigen Taten des Geistes reinigen, schließlich die Pein des Todes auflösen und den Preis der Unsterblichkeit vorhersagen.

6. Aber Ihr, die die Gemeinschaft der Liebe zu Recht von mir Brüder nennen läßt, wißt genau, daß ich Euer Mitknecht bin. Ihr kennt genau die Festung Eures Heils. Die Sorge um sie habe ich rechtmäßig übernommen. Und durch sie haben wir nicht nur die Waffen unserer Feinde niedergekämpft, sondern wir haben auch noch den lebenden Seelen beigestanden zur Offenbarung des wahren Glaubens an die Menschenliebe. 7. Ich freue mich aber über diese guten Dinge besonders wegen der Erneuerung des Erdkreises. Denn es war wirklich des Staunens wert, so viele Völker zur Einmütigkeit zu bringen, von denen man vor kurzem noch sagte, daß sie Gott nicht kennen. Aber was mußten diese Völker erkennen, die noch keine Sorge wegen der Streitsucht auf sich nehmen mußten? Was denkt Ihr nun, geliebte Brüder, wie ich Euch beschuldigen werde? Wir sind Christen und spalten uns in verderblicher Gesinnung! 8. Ist das unser Glaube, ist das die Lehre des allerheiligsten Gesetzes? Aber was ist der Grund, weswegen das Verderbliche des gegenwärtigen Übels entstanden ist? Weh des Widersinns! Weh des Hasses, ⟨und davon⟩ ein Übermaß, das die Größe jeden Ärgers überschreitet! Was für ein Schrecken an Räuberei ist an den Tag getreten, die leugnet, daß der Sohn Gottes aus dem ungeteilten Wesen des Vaters hervorgegangen ist! Ist Gott nicht überall, obwohl wir wahrnehmen, daß er jederzeit bei uns ist? Besteht nicht die gute Ordnung aller Dinge durch seine Macht, obwohl ihr die Entfernung der Trennung fehlt?

9. Sollte nun nicht etwas von Euch aus getan werden? Geliebte Brüder, bemerkt nun, ich bitte Euch, die Qualen des gegenwärtigen Leidens. Ihr habt gelobt, den Gott zu bekennen, von dem Ihr leugnet, daß es ihn gibt. Davon hat Euch der verdorbene Lehrer überzeugt. Ich bitte (*), wer ist es, der dies dem arglosen Volk gelehrt hat? Natürlich Euseb, der Miteingeweihte der tyrannischen Roheit. Denn daß er sich überall zum Tyrannen hielt, ist aus vielen Dingen zu sehen. Denn die Morde an Bischöfen bezeugen das, freilich an denen, die wahrhaft Bischöfe waren. Und dies schreit die schlimmste Verfolgung von Christen ausdrücklich heraus. 10. Ich

νημένων ὕβρεων νῦν ἐρῶ, δι' ὧν, ὅτε μάλιστα αἱ τῶν ἐναντίων μερῶν ἐπραγματεύσαντο συνδρομαί, οὗτος καὶ ὀφθαλμοὺς κατασκόπους ὑπέπεμπε κατ' ἐμοῦ καὶ μόνον οὐκ ἐνόπλους τῷ τυράννῳ συνεισέφερεν ὑπουργίας. 11. μηδ' ἐμέ τις οἰέσθω εἶναι πρὸς τὴν τούτων ἀπόδειξιν ἀπαράσκευον. ἔλεγχος γάρ ἐστιν ἀκριβής, ὅτι τοὺς πρεσβυτέρους καὶ τοὺς διακόνους τοὺς Εὐσεβίῳ παρεπομένους φανερῶς ὑπ' ἐμοῦ συνειλῆφθαι συνέστηκεν. ἀλλὰ ταῦτα μὲν παρίημι, ἃ νῦν οὐκ ἀγανακτήσεως ἕνεκεν, ἀλλ' εἰς ἐκείνων αἰσχύνην ὑπ' ἐμοῦ προενήνεκται. ἐκεῖνο μόνον δέδια, ἐκεῖνο διαλογίζομαι, ὅτι ὑμᾶς ὁρῶ πρὸς τὴν τοῦ ἐγκλήματος καλεῖσθαι κοινωνίαν. διὰ γὰρ τῆς Εὐσεβίου ἀγωγῆς τε καὶ διαστροφῆς συνείδησιν τῆς ἀληθείας κεχωρισμένην ἀνειλήφατε. 12. ἀλλ' ἔστιν οὐ βραδεῖα θεραπεία, εἴ γε ἐπίσκοπον πιστόν τε καὶ ἀκέραιον νῦν γοῦν λαβόντες πρὸς τὸν θεὸν ἀπίδητε, ὅπερ ἐπὶ τοῦ παρόντος ἐν ὑμῖν ἐστι καὶ πάλαι ἐχρῆν τῆς ὑμετέρας κρίσεως ἠρτῆσθαι, εἰ μὴ ὁ προειρημένος Εὐσέβιος σὺν δίνῃ τῶν συναγομένων αὐτῷ ἐνταῦθα ἐληλύθει καὶ τὴν τῆς τάξεως ὀρθότητα ἀναισχύντως συνετετεταράχει.

13. Ἀλλ' ἐπειδὴ περὶ αὐτοῦ τοῦ Εὐσεβίου πρὸς τὴν ὑμετέραν ἀγάπην ὀλίγα προσῆκε φράσαι, μέμνηται ἡ ὑμετέρα ἀνεξικακία ἐπὶ τῆς Νικαέων πόλεως γεγενῆσθαι σύνοδον, ᾗ καὶ αὐτὸς ἐγὼ πρεπόντως τῇ τῆς ἐμῆς συνειδήσεως λατρείᾳ παρήμην, οὐδὴν ἕτερον βουλόμενος ἢ ὁμόνοιαν ἅπασιν ἐργάσασθαι καὶ πρὸ πάντων ἐλέγξαι τε καὶ ἀποσείσασθαι τὸ πρᾶγμα τοῦτο, ὃ τὴν μὲν ἀρχὴν εἰλήφαι διὰ τῆς Ἀρείου τοῦ Ἀλεξανδρέως ἀπονοίας, ἰσχυροποιεῖτο δὲ παραχρῆμα διὰ τῆς Εὐσεβίου ἀτόπου τε καὶ ὀλεθρίας σπουδῆς. 14. ἀλλ' αὐτὸς οὗτος Εὐσέβιος, προσφιλέστατοι καὶ τιμιώτατοι, μεθ' ὅσης νομίζετε συνδρομῆς ἅτε δὴ ὑπὸ τῆς συνειδήσεως αὐτῆς ἡττώμενος, μεθ' ὅσης δὲ αἰσχύνης τῇ πανταχόθεν ἐληλεγμένῃ ψευδολογίᾳ συνίστατο, ὑποπέμπων μέν μοι διαφόρους τοὺς ἀξιοῦντας ὑπὲρ αὐτοῦ, ἐξαιτούμενος δὲ παρ' ἐμοῦ συμμαχίαν τινά, ὅπως μὴ ἐπὶ τοσούτῳ ἐλεγχθεὶς πλημμελήματι τῆς ὑπαρχούσης αὐτῷ τιμῆς ἐκβάλλοιτο; μάρτυς ἐστί μοι τούτου ὁ θεὸς αὐτός, ὃς ἐμοί τε καὶ ὑμῖν φιλαγάθως ἐπιμένοι, ἐπεὶ καὶ ἐμὲ ἐκεῖνος περιέτρεψε καὶ ἀπρεπῶς ὑφήρπασεν, ὃ καὶ ὑμεῖς ἐπιγνώσεσθε. πάντα μὲν γὰρ ἐπράχθη τότε, καθὼς αὐτὸς ἐπόθει πᾶν ὁτιοῦν κακὸν ἐπὶ τῆς ἑαυτοῦ διανοίας ἀποκρυπτόμενος.

15. Ἀλλὰ πρώην, ἵνα τὰ λοιπὰ τῆς τούτου σκαιότητος παρῶ, τί μάλιστα μετὰ Θεογνίου, ὃν τῆς ἀνοίας ἔχει κοινωνόν, διεπράξατο, ἀκούσατε, παρακαλῶ. Ἀλεξανδρέας τινὰς τῆς

werde jetzt nicht über die Überheblichkeiten reden, die er gegen mich hervorgebracht hat. So hat er, als das Aufeinandertreffen der gegnerischen Teile besonders zahlreich wurde, auch heimlich Spione an mich abgeschickt. Und nur Waffen hat er dem Tyrannen nicht an Hilfe beigesteuert. 11. Und es glaube keiner, ich sei nicht zum Beweis dafür gerüstet! Denn es ist ein klarer Beweis, daß feststeht, daß Presbyter und Diakone, die dem Euseb folgten, nicht festgenommen wurden. Aber dies lasse ich beiseite. Es wurde auch nicht wegen der Verärgerung, sondern zu ihrer Beschämung von mir vorgebracht. Jenes nur ist meine Furcht, jenes erwäge ich, daß ich sehe, daß Ihr zur Gemeinschaft mit dem Unrecht aufgerufen werdet. Denn durch die Verführung und durch die Verkehrtheit des Euseb habt Ihr ein Gewissen erhalten, das von der Wahrheit getrennt ist. 12. Aber die Heilung ist nicht schwer, wenn Ihr nun einen treuen und unbescholtenen Bischof erhaltet und auf Gott schaut, was gegenwärtig Eure Aufgabe ist. Und das hätte auch früher von Eurer Entscheidung abhängen sollen, wenn nicht der vorhin erwähnte Euseb mit dem Kreis seiner Anhänger dorthin gekommen wäre und die Richtigkeit der Ordnung in schamloser Weise durcheinandergebracht hätte.

13. Aber weil es sich geziemt, daß ich Eurer Liebe ein wenig über Euseb selbst mitteile, so soll Eure Geduld sich daran erinnern, daß es in der Stadt Nicäa eine Synode gegeben hat, auf der auch ich, meinem Gewissen gehorchend, anwesend war. Ich wollte nichts anderes, als für alle Eintracht herzustellen und vor allen Teilnehmern die Sache zu widerlegen und zu beseitigen, die durch den Unverstand des Arius ihren Anfang genommen hatte und sofort durch den widersinnigen und verderblichen Eifer des Euseb ⟨dann⟩ stark geworden ist. 14. Aber dieser Euseb selbst, Geliebteste und Verehrteste, da er ja von seinem Gewissen besiegt wurde: Mit welcher Menschenmenge, mit welcher Schande glaubt Ihr, hielt er fest an der Lügenlehre, die doch überall widerlegt wurde? Er schickte mir unterschiedliche Leute, die für ihn baten, und forderte von mir eine Bundesgenossenschaft, damit er nicht, weil er eines solchen Irrtums überführt wurde, aus dem Amt, das er innehat, entfernt würde. Mein Zeuge dafür ist Gott selbst, der mir und Euch gütig bleiben möge, daß jener auch mich umgeworfen und auf unziemliche Weise abgewandt hat, was Ihr auch wißt. Denn damals wurde alles getan, wie er es verlangte, wobei er alles Schlechte in seinen Gedanken versteckte.

15. Aber – damit ich das Übrige seiner Torheit übergehe – ich ermahne Euch, hört, was er neulich mit Theognius, den er als Genossen seines Unverstandes besitzt, getan hat! Ich hatte befohlen, daß einige Alexandriner,

ἡμετέρας πίστεως ἀναχωρήσαντας ἐνταῦθα κεκελεύκειν ἀποσταλῆναι, ἐπειδὴ διὰ τῆς τούτων ὑπηρεσίας ὁ τῆς διχονοίας ἠγείρετο πυρσός. 16. ἀλλ' οὗτοι οἱ καλοί τε καὶ ἀγαθοὶ ἐπίσκοποι, οὓς ἅπαξ ἡ τῆς συνόδου ἀλήθεια πρὸς μετάνοιαν τετηρήκει, οὐ μόνον ἐκείνους ὑπεδέξαντο καὶ παρ' ἑαυτοῖς ἠσφαλίσαντο, ἀλλὰ καὶ ἐκοινώνησαν αὐτοῖς τῆς τῶν τρόπων κακοηθείας. διὸ τοῦτο περὶ τοὺς ἀχαρίστους τούτους ἔκρινα πρᾶξαι· ἁρπαγύντας γὰρ αὐτοὺς ἐκέλευσα ὡς πορρωτάτω ἐξορισθῆναι. 17. νῦν ὑμέτερόν ἐστι πρὸς τὸν θεὸν ἐκείνῃ τῇ πίστει βλέπειν, ᾗ πάντοτε καὶ γεγενῆσθαι συνέστηκε καὶ εἶναι πρέπει, καὶ διαπράξασθαι οὕτως, ἵνα ἐπισκόπους ἁγνούς τε καὶ ὀρθοδόξους καὶ φιλανθρώπους ἔχοντες χαίρωμεν· εἴ τις δὲ ἢ πρός μνήμην τῶν λυμεώνων ἐκείνων ἢ πρὸς ἔπαινον ἀπρονοήτως ἐξαφθῆναι τολμήσει παραχρῆμα τῆς ἰδίας τόλμης διὰ τῆς τοῦ θεράποντος τοῦ θεοῦ τοῦτ' ἔστιν ἐμοῦ ἐνεργείας ἀνασταλήσεται. ὁ ὑμᾶς θεὸς διαφυλάξει, ἀδελφοὶ ἀγαπητοί.

c) Brief Konstantins an die Kirchen über die Osterfrage

Text nach: Opitz, Urk. 26, 1ff.
(Quelle: Euseb, v. C. III 17–20).

Κωνσταντῖνος Σεβαστὸς ταῖς ἐκκλησίαις.

1. Πεῖραν λαβὼν ἐκ τῆς τῶν κοινῶν εὐπραξίας, ὅση τῆς θείας δυνάμεως πέφυκε χάρις, τοῦτόν γε πρὸ πάντων ἔκρινα εἶναί μοι σκοπόν, ὅπως παρὰ τοῖς μακαριωτάτοις τῆς καθολικῆς ἐκκλησίας πλήθεσι πίστις μία καὶ εἰλικρινὴς ἀγάπη ὁμογνώμων τε περὶ τὸν παγκρατῆ θεὸν εὐσέβεια τηρῆται. 2. ἀλλ' ἐπειδὴ τοῦτο οὐχ οἷόν τε ἦν ἀκλινῆ καὶ βεβαίαν τάξιν λαβεῖν, εἰ μὴ εἰς ταὐτὸν πάντων ὁμοῦ ἢ τῶν γοῦν πλειόνων ἐπισκόπων συνελθόντων ἑκάστου τῶν προσηκόντων τῇ ἁγιωτάτῃ θρησκείᾳ διάκρισις γένοιτο, τούτου ἕνεκεν πλείστων ὅσων συναθροισθέντων (καὶ αὐτὸς δὲ καθάπερ εἷς ἐξ ὑμῶν ἐτύγχανον συμπαρών· οὐ γὰρ ἀρνησαίμην ἄν, ἐφ' ᾧ μάλιστα χαίρω, συνθεράπων ὑμέτερος πεφυκέναι) ἄχρι τοσούτου ἅπαντα τῆς προσηκούσης τετύχηκεν ἐξετάσεως, ἄχρις οὗ ἡ τῷ πάντων ἐφόρῳ θεῷ ἀρέσκουσα γνώμη πρὸς τὴν τῆς ἑνότητος συμφωνίαν εἰς φῶς προήχθη, ὡς μηδὲν ἔτι πρὸς διχόνοιαν ἢ πίστεως ἀμφισβήτησιν ὑπολείπεσθαι.

3. Ἔνθα καὶ περὶ τῆς τοῦ πάσχα ἁγιωτάτης ἡμέρας γενομένης

die von unserem Glauben abgefallen waren, dorthin geschickt wurden, weil durch ihre Arbeit der Feuerbrand der Zwietracht entstanden war. 16. Aber diese lieben und guten Bischöfe, denen die Wahrheit der Synode Buße auferlegt hatte, nahmen jene nicht nur auf und brachten sie in Sicherheit, sondern machten sich auch gemein mit ihnen in den schlechten Sitten ihrer Art. Deswegen habe ich entschieden, das mit diesen undankbaren Leuten zu tun: Ich habe befohlen, sie zu ergreifen und in möglichst weit entlegene Länder in Verbannung zu schicken. 17. Nun ist es Eure Aufgabe, mit jenem Glauben auf Gott zu sehen, von dem fest bewiesen ist, daß er immer ⟨der richtige Glaube⟩ gewesen ist und es auch jetzt zu sein sich ziemt, damit wir uns freuen, heilige, rechtgläubige und menschenfreundliche Bischöfe zu haben. Wenn es aber einer wagen wird, sich mit der Erinnerung an jene Ausgestoßenen oder mit ihrem Lob unvernünftig zu befassen, so wird er sofort durch das Handeln des Dieners Gottes, also durch mich, von seinem Wagemut abgebracht werden. Gott behüte Euch, geliebte Brüder!

Kaiser Konstantin an die Kirchen.

1. Ich habe aus dem Wohlergehen des Staates erfahren, wie groß die Güte der göttlichen Kraft geworden ist. Daher habe ich beschlossen, daß ich besonders darauf achten muß, wie bei den allerglücklichsten Laien der katholischen Kirche *ein* Glaube, *eine* ungeheuchelte Liebe und *eine* einmütige Verehrung des allmächtigen Gottes bewahrt werde. 2. Aber es wäre nicht möglich gewesen, im Blick darauf eine feste und sichere Ordnung zu haben, wenn nicht alle oder doch wenigstens die meisten Bischöfe an einem Ort zusammengekommen wären und über jeden einzelnen Punkt, der sich auf die heiligste Gottesverehrung bezieht, beraten hätten. Deswegen haben sich wirklich die meisten versammelt (ich selbst war auch als einer von ihnen dabei; denn ich möchte nicht leugnen, worüber ich mich sehr freue, daß ich Euer Mitknecht geworden bin). Alles hat so lange eine gebührende Untersuchung erhalten, bis die Meinung, die Gott, dem Herrscher des Alls, gefällt, in einheitlicher Übereinstimmung ans Licht gebracht wurde, so daß nichts mehr im Blick auf Uneinigkeit und Glaubenszweifel übrigblieb.

3. Da auch über den Tag des heiligsten Ostern eine Untersuchung

ζητήσεως ἔδοξε κοινῇ γνώμῃ καλῶς ἔχειν ἐπὶ μιᾶς ἡμέρας πάντας τοὺς ἁπανταχοῦ Χριστιανοὺς ἐπιτελεῖν τὸ πάσχα. τί γὰρ ἡμῖν κάλλιον, τί δὲ σεμνότερον ὑπάρξαι δυνήσεται τοῦ τὴν ἑορτὴν ταύτην, παρ' ἧς τὴν τῆς ἀθανασίας εἰλήφαμεν ἐλπίδα, μιᾷ τάξει καὶ φανερῷ λόγῳ παρὰ πᾶσιν ἀδιαπτώτως φυλάττεσθαι; καὶ πρῶτον μὲν ἀνάξιον ἔδοξεν εἶναι τὴν ἁγιωτάτην ἐκείνην ἑορτὴν τῇ τῶν Ἰουδαίων ἑπομένους συνηθείᾳ πληροῦν, οἳ τὰς ἑαυτῶν χεῖρας ἀθεμίτῳ πλημμελήματι χράναντες εἰκότως τὰς ψυχὰς οἱ μιαροὶ τυφλώττουσιν. ἔξεστι γὰρ τοῦ ἐκείνων ἔθνους ἀποβληθέντος ἀληθεστέρᾳ τάξει, ἣν ἐκ πρώτης τοῦ πάθους ἡμέρας ἄχρι τοῦ παρόντος ἐφυλάξαμεν, καὶ ἐπὶ τοὺς μέλλοντας αἰῶνας τὴν τῆς ἐπιτηρήσεως ταύτης συμπλήρωσιν ἐκτείνεσθαι. 4. μηδὲν τοίνυν ἔστω ἡμῖν κοινὸν μετὰ τοῦ ἐχθίστου τῶν Ἰουδαίων ὄχλου. εἰλήφαμεν γὰρ παρὰ τοῦ σωτῆρος ἑτέραν ὁδόν, πρόκειται δρόμος τῇ ἱερωτάτῃ ἡμῶν θρησκείᾳ καὶ νόμιμος καὶ πρέπων· τούτου συμφώνως ἀντιλαμβανόμενοι τῆς αἰσχρᾶς ἐκείνης ἑαυτοὺς συνηθείας ἀποσπάσωμεν, ἀδελφοὶ τιμιώτατοι. 5. ἔστι γὰρ ὡς ἀληθῶς ἀτοπώτατον ἐκείνους αὐχεῖν, ὡς ἄρα παρεκτὸς τῆς αὐτῶν διδασκαλίας ταῦτα φυλάττειν οὐκ εἴημεν ἱκανοί. τί δὲ φρονεῖν ὀρθὸν ἐκεῖνοι δυνήσονται, οἳ μετὰ τὴν κυριοκτονίαν τε καὶ πατροκτονίαν ἐκείνην ἐκστάντες τῶν φρενῶν ἄγονται οὐ λογισμῷ τινι, ἀλλ' ὁρμῇ ἀκατασχέτῳ, ὅπη δ' ἂν αὐτοὺς ἡ ἔμφυτος αὐτῶν ἀπάγῃ μανία; ἐκεῖθεν τοίνυν κἂν τούτῳ τῷ μέρει τὴν ἀλήθειαν οὐχ ὁρῶσιν, ὡς ἀεὶ κατὰ τὸ πλεῖστον αὐτοὺς πλανωμένους ἀντὶ τῆς προσηκούσης ἐπανορθώσεως ἐν τῷ αὐτῷ ἔτει δεύτερον τὸ πάσχα ἐπιτελεῖν. 6. τίνος οὖν χάριν τούτοις ἑπόμεθα, οὓς δεινὴν πλάνην νοσεῖν ὡμολόγηται; δεύτερον γὰρ τὸ πάσχα ἐν ἑνὶ ἐνιαυτῷ οὐκ ἄν ποτε ποιεῖν ἀνεξόμεθα. ἀλλ' εἰ καὶ ταῦτα μὴ προὔκειτο, τὴν ὑμετέραν ἀγχίνοιαν ἐχρῆν καὶ διὰ σπουδῆς καὶ δι' εὐχῆς ἔχειν πάντοτε, ἐν μηδενὸς ὁμοιότητι τὸ καθαρὸν τῆς ὑμετέρας ψυχῆς κοινωνεῖν δοκεῖν ἀνθρώπων ἔθεσι παγκάκων.

7. Πρὸς τούτοις κἀκεῖνο πάρεστι συνορᾶν, ὡς ἐν τηλικούτῳ πράγματι καὶ τοιαύτης θρησκείας ἑορτῇ διαφωνίαν ὑπάρχειν ἐστὶν ἀθέμιτον. 8. μίαν γὰρ ἡμῖν τὴν τῆς ἡμετέρας ἐλευθερίας ἡμέραν τουτέστιν τὴν τοῦ ἁγιωτάτου πάθους ὁ ἡμέτερος παρέδωκε σωτήρ, μίαν εἶναι τὴν καθολικὴν αὐτοῦ ἐκκλησίαν βεβούληται, ἧς εἰ καὶ τὰ μάλιστα εἰς πολλούς τε καὶ διαφόρους τόπους τὰ μέρη διῄρηται, ἀλλ' ὅμως ἑνὶ πνεύματι τουτέστι τῷ θείῳ βουλήματι θάλπεται. 9. λογισάσθω δὲ ἡ τῆς ὑμετέρας ὁσιότητος ἀγχίνοια ὅπως ἐστὶ δεινόν τε καὶ ἀπρεπὲς κατὰ τὰς

geschah, beschloß man einmütig, daß es gut ist, wenn alle Christen überall an einem Tag Ostern feierten. Denn was kann für uns schöner und ehrwürdiger sein, als wenn dieses Fest, an dem wir die Hoffnung auf die Auferstehung empfangen haben, in einer einheitlichen Ordnung und der offen zutage liegenden Berechnung von allen ohne einen Fehler begangen wird? Als erstes schien es uns unwürdig zu sein, jenes allerheiligste Fest auszuführen, indem man der Sitte der Juden folgt, die ihre eigenen Hände durch gottlosen Irrtum verunreinigt haben und darum zu Recht als Verbrecher mit Blindheit an der Seele geschlagen sind. Es ist aber möglich, daß in der wahrhaftigeren Ordnung (nachdem wir die Sitten der Juden zurückgewiesen haben), die wir vom ersten Ostertag bis heute beachtet haben, wir auch in der zukünftigen Zeit Ostern feiern können. 4. Nichts sei uns gemeinsam mit dem feindlichen Volk der Juden! Denn wir haben von unserem Erretter einen anderen Weg empfangen; unserer allerheiligsten Gottesverehrung ist eine Bahn vorgelegt worden, die gesetzmäßig und geziemend ist. Indem wir sie annehmen, laßt uns von jenem schändlichen Brauch ⟨der Juden⟩ Abstand nehmen! 5. Denn es wäre tatsächlich widersinnig, wenn jene Juden sich rühmen könnten, daß wir ohne ihre Lehre nicht imstande wären, Ostern zu begehen. Warum aber sollten diejenigen richtig denken können, die nach jenem Herren- und Vatermord von Sinnen geraten sind und nicht mehr von vernünftiger Überlegung, sondern von einem unaufhaltsamen Trieb dahin geleitet werden, wohin sie der ihnen innewohnende Wahnsinn fortreißt? Daher sehen sie auch in diesem Punkt die Wahrheit nicht, so daß sie sogar – statt daß sie die entsprechenden Belehrungen annähmen, verirren sie sich im Übermaß – im selben Jahr ein zweites Mal Ostern feiern. 6. Weshalb also folgen wir denen, die zugegebenermaßen an einem schrecklichen Irrtum kranken? Denn wir werden nicht zulassen, im selben Jahr ein zweites Ostern zu feiern. Aber auch wenn diese Tatsache nicht vorläge, dann wäre es nötig, daß Ihr durch Eifer und Gebet allezeit geistesgegenwärtig seid und daß die Reinheit Eurer Seele in nichts eine Gemeinschaft mit den Sitten jener ganz schlechten Menschen zu haben den Anschein erweckt.

7. Dazu sollte man auch ins Auge fassen, daß es frevelhaft ist, in einer so gewichtigen Sache und bei einem solchen Fest der Gottesverehrung Unstimmigkeiten zu haben. 8. Denn unser Retter hat uns nur einen Tag unserer Freiheit, d. h. einen Tag des allerheiligsten Ostern übergeben. Und er hat gewollt, daß seine katholische Kirche eins ist, deren Glieder ⟨zwar⟩ in viele und unterschiedliche Gegenden zerstreut sind, aber zugleich doch von einem Geist, d. h. dem göttlichen Willen entflammt werden. 9. Es erwäge aber eure frömmste Geistesgegenwart, daß es schrecklich und

αὐτὰς ἡμέρας ἑτέρους μὲν ταῖς νηστείαις σχολάζειν, ἑτέρους δὲ συμπόσια ἐπιτελεῖν, καὶ μετὰ τὰς τοῦ πάσχα ἡμέρας ἄλλους μὲν ἐν ἑορταῖς καὶ ἀνέσεσιν ἐξετάζεσθαι, ἄλλους δὲ ταῖς ὡρισμέναις ἐκδεδόσθαι νηστείαις. διὰ τοῦτο γοῦν τῆς προσηκούσης ἐπανορθώσεως τυχεῖν καὶ πρὸς μίαν διατύπωσιν ἄγεσθαι τοῦτο ἡ θεία πρόνοια βούλεται, ὡς ἔγωγε ἅπαντας ἡγοῦμαι συνορᾶν.

10. Ὅθεν ἐπειδὴ τοῦτο οὕτως ἐπανορθοῦσθαι προσῆκεν, ὡς μηδὲν μετὰ τῶν πατροκτόνων τε καὶ κυριοκτόνων ἐκείνων εἶναι κοινόν, ἔστι δὲ τάξις εὐπρεπής, ἣν ἅπασαι αἱ τῶν δυτικῶν τε καὶ μεσημβρινῶν καὶ ἀρκτῴων τῆς οἰκουμένης μερῶν παραφυλάττουσιν ἐκκλησίαι καί τινες τῶν κατὰ τὴν ἑῴαν τόπων, οὗ ἕνεκεν ἐπὶ τοῦ παρόντος καλῶς ἔχειν ἅπαντες ἡγήσαντο καὶ αὐτὸς δὲ τῇ ὑμετέρᾳ ἀγχινοίᾳ ἀρέσειν ὑπεσχόμην, ἵν' ὅπερ δ' ἂν κατὰ τὴν Ῥωμαίων πόλιν Ἰταλίαν τε καὶ Ἀφρικὴν ἅπασαν, Αἴγυπτον, Σπανίας, Γαλλίας, Βρεττανίας, Λιβύας, ὅλην Ἑλλάδα, Ἀσιανήν τε διοίκησιν καὶ Ποντικὴν καὶ Κιλικίαν μιᾷ καὶ συμφώνῳ φυλάττεται γνώμῃ, ἀσμένως τοῦτο καὶ ἡ ὑμετέρα προσδέξηται σύνεσις, λογιζομένη ὡς οὐ μόνον πλείων ἐστὶν ὁ τῶν κατὰ τοὺς προειρημένους τόπους ἐκκλησιῶν ἀριθμός, ἀλλὰ καὶ ὡς τοῦτο μάλιστα κοινῇ πάντας ὁσιώτατόν ἐστι βούλεσθαι ὅπερ καὶ ὁ ἀκριβὴς λόγος ἀπαιτεῖν δοκεῖ, καὶ οὐδεμίαν μετὰ τῆς Ἰουδαίων ἐπιορκίας ἔχειν κοινωνίαν. 11. ἵνα δὴ τὸ κεφαλαιωδέστατον συντόμως εἴπω, κοινῇ πάντων ἤρεσε κρίσει τὴν ἁγιωτάτην τοῦ πάσχα ἑορτὴν μιᾷ καὶ τῇ αὐτῇ ἡμέρᾳ συντελεῖσθαι. οὐδὲ γὰρ πρέπει ἐν τοσαύτῃ ἁγιότητι εἶναί τινα διαφοράν, καὶ κάλλιον ἕπεσθαι τῇ γνώμῃ ταύτῃ, ἐν ᾗ ουδεμία ἔσται ἀλλοτρίας πλάνης καὶ ἁμαρτήματος ἐπιμιξία.

12. Τούτων οὖν οὕτως ἐχόντων ἀσμένως δέχεσθε τὴν οὐρανίαν χάριν καὶ θείαν ὡς ἀληθῶς ἐντολήν· πᾶν γὰρ ὅ, τι δ' ἂν ἐν τοῖς ἁγίοις τῶν ἐπισκόπων συνεδρίοις πράττηται, τοῦτο πρὸς τὴν θείαν βούλησιν ἔχει τὴν ἀναφοράν. διὸ πᾶσι τοῖς ἀγαπητοῖς ἡμῶν ἀδελφοῖς ἐμφανίσαντες τὰ προγεγραμμένα, ἤδη καὶ τὸν προειρημένον λόγον καὶ τὴν παρατήρησιν τῆς ἁγιωτάτης ἡμέρας ὑποδέχεσθαί τε καὶ διατάττειν ὀφείλετε, ἵν' ἐπειδὰν πρὸς τὴν πάλαι μοι ποθουμένην τῆς ὑμετέρας διαθέσεως ὄψιν ἀφίκωμαι, ἐν μιᾷ καὶ τῇ αὐτῇ ἡμέρᾳ τὴν ἁγίαν μεθ' ὑμῶν ἑορτὴν ἐπιτελέσαι δυνηθῶ καὶ πάντων ἕνεκεν μεθ' ὑμῶν εὐδοκήσω, συνορῶν τὴν διαβολικὴν ὠμότητα ὑπὸ τῆς θείας δυνάμεως διὰ τῶν ἡμετέρων πράξεων ἀνῃρημένην, ἀκμαζούσης πανταχοῦ τῆς ὑμετέρας πίστεως καὶ εἰρήνης καὶ ὁμονοίας. ὁ θεὸς ὑμᾶς διαφυλάξει, ἀδελφοὶ ἀγαπητοί.

unziemlich ist, wenn an denselben Tagen die einen fasten und die anderen Gastmähler feiern, wenn die einen nach den Ostertagen sich bei Festen und Ausgelassenheiten aufhalten, während sich die anderen dem festgesetzten Fasten hingeben. Deswegen will die göttliche Vorsehung, daß diese Sache die angemessene Berichtigung erfahre und zu einer einheitlichen Ordnung gebracht werde. Ich glaube, daß ihr das alle einseht.

10. Da es sich also ziemt, die Sache so zu berichtigen, daß nichts dabei mit jenen Herren- und Vatermördern gemeinsam ist, und da die Ordnung gut ist, die alle Kirchen im Westen, Süden und Norden der Erde und auch einige Kirchen in den östlichen Gegenden beachten, hielten wir es alle im Augenblick auch für gut (und ich selber habe es auf meine Verantwortung genommen, daß Eure Geistesgegenwart zustimmen wird), daß das, was in der Stadt Rom und in ganz Italien und Afrika, in Ägypten, Spanien, Gallien, Britannien, Libyen, ganz Griechenland, in der asiatischen, der pontischen und der kilikischen Diözese mit einer und einmütiger Auffassung beachtet wird, auch Eure Einsicht freudig annehmen möge. Erwägt, daß nicht nur die Zahl der Kirchen an den eben genannten Orten größer ist, sondern daß es auch ein Gebot der Frömmigkeit ist, wenn alle gemeinsam wollen, was genaue Berechnung zu fordern scheint. Außerdem haben wir so in nichts Gemeinschaft mit den Meineiden der Juden. 11. Ich will das Wichtigste kurz sagen: Durch gemeinsames Urteil von allen wurde beschlossen, das heiligste Osterfest an ein und demselben Tag zu feiern. Denn es ziemt sich nicht, daß es in einer so heiligen Sache einen Unterschied gibt. Und es ist besser, der Ansicht zu folgen, in der keine Beimischung von fremdem Irrtum und fremdem Frevel ist.

12. Da sich das nun so verhält, so nehmt gern und so wahrhaftig wie möglich die himmlische Gnade und den göttlichen Befehl an. Denn alles, was immer auf den heiligen Zusammenkünften der Bischöfe verhandelt wird, das hat Gewähr bei dem göttlichen Ratschluß. Deshalb solltet Ihr alles, was ich eben geschrieben habe, unseren geliebten Brüdern bekannt machen. Ihr sollt aber auch schon die eben erwähnte Berechnung und Begehung des heiligsten Tages übernehmen und ⟨anderen weiter⟩ auftragen, damit ich (, wenn ich komme, um Eure schon früher von mir so ersehnte Ordnung zu sehen) an ein und demselben Tag mit Euch Ostern feiern kann und mich ⟨dann⟩ über alles mit Euch freue. Denn dann sehe ich, daß die teuflische Roheit von der göttlichen Kraft durch unsere Taten beseitigt wurde, während überall Euer Glaube, Euer Friede und Eure Einmütigkeit blüht. Gott bewahre Euch, geliebte Brüder!

19. Aufforderung Konstantins an Arius zur Umkehr

Der Brief an Arius und seine Genossen ist durch Athanasius überliefert. Der ursprüngliche Datumsvermerk unter dem Brief, der auf das Jahr 333 hindeutet (und dem Dörries 103 folgt), ist sicher falsch. Der Brief bezieht sich inhaltlich ganz eindeutig auf die Zeit von 325–327. In diese Zeit gehört auch die Aufforderung an Arius, zum Kaiser zu kommen und zur Versöhnung der streitenden Parteien beizutragen.

Kraft 239–242 findet in diesem Brief zwei Teile. Dabei soll der erste dieser beiden Teile vor 325 verfaßt sein und nicht von Konstantin stammen. Besonders stimmt dazu die Bemerkung, daß sich Arius in Libyen aufhalten soll; aber auch das Zitat aus den Sibyllinischen Büchern und die Verwendung antiker Mythologie ist für Konstantin ungewöhnlich. Nun ist allerdings immerhin so viel zu bemerken, daß aus Abschnitt 20 nicht mehr hervorgeht, als daß Arius die Mehrheit der Libyer hinter sich weiß; ob er sich wirklich dort aufhält, darüber gibt die Textstelle keine Sicherheit. Nur wenn das der Fall wäre, wäre der Beweis von Kraft schlüssig, der darauf beruht, daß Arius nach 325 nicht mehr in Libyen gewesen ist.

Der Leser möge sich selber ein Urteil bilden. Stilistisch und vom Gedankengang her vermag ich keine Brüche oder Unterschiede im Brief zu

a) Brief Konstantins an Arius und seine Genossen

Text nach: Opitz, Urk. 34
(Quelle: Athanasius, de decr. Nic. syn. 40).

Κωνσταντῖνος Σεβαστὸς Ἀρείῳ καὶ τοῖς σὺν αὐτῷ Ἀρειανοῖς.

1. Κακὸς ἑρμηνεὺς αὐτόχρημα εἰκών τε καὶ ἀνδριάς ἐστι τοῦ διαβόλου. ὥσπερ γὰρ ἐκεῖνον οἱ δεινοὶ πλάσται πρὸς ἀπάτης δέλεαρ πλάττουσιν, οἱονεὶ κάλλους αὐτῷ εὐπρέπειαν προσμηχανώμενοι αἰσχίστῳ καθάπαξ ὄντι τὴν φύσιν, ὅπως ἂν τοὺς ταλαιπώρους ἀπολλύοι πλάνην αὐτοῖς προπίνων, τὸν αὐτὸν οὗτος ἂν οἶμαι τρόπον ποιήσειεν, ᾧ μόνον σπουδῆς ἄξιον τοῦτ' εἶναι δοκεῖ, τὸ τὰ τῆς οἰκείας ἰταμότητος δηλητήρια ἀφειδῶς προβάλλεσθαι. 2. τοιγάρτοι καινὴν καί, ἀφ' οὗ γεγόνασιν ἄνθρωποι, οὐδεπώποτε φανεῖσαν ἀπιστίας εἰσάγει πίστιν, διόπερ οὐδὲν τῆς ἀληθείας ἄρα ἀπᾷδον ἐκεῖνο φαίνεται τὸ πάλαι τῇ θείᾳ ῥήσει διηρθρωμένον, ὅτι πρὸς τὸ κακόν εἰσι πιστοί. 3. τί δ' ἄν τις ἐκεῖνο λέγοιτο τὴν τοῦ βουλεύεσθαι χάριν αὐτὸν ἀ-

finden, so daß ich meine, daß die Schwierigkeiten mit dem Aufenthaltsort des Arius doch anders gelöst werden könnten. Auf jeden Fall ist der Brief von einer Unmittelbarkeit, die zu Recht an eine Rede erinnert (Kraft 241). Es scheint sich m. E. um einen Brief zu handeln, der wirklich in einem Zug heruntergeschrieben und nicht mehr überarbeitet wurde. Das zeigen auch z. T. schwer verständliche Passagen, die sich kaum übersetzen lassen. Der Inhalt ist von mehreren Ausfällen gegen Arius geprägt, die wenig kaiserlich wirken. Das scheint mir aber eher für die Echtheit zu sprechen, besonders da ähnliche Ausfälle (obgleich etwas harmloser) auch in anderen Kaiserbriefen begegnen.

Sollte der Brief (oder Teile von ihm) echt sein, dann ist er ein aufschlußreiches Dokument über den Versuch des Kaisers, Einfluß auf die theologische Diskussion zu nehmen. Die Beschäftigung mit den Arius-Zitaten und die entsprechenden Entgegnungen könnten bei genauerer Analyse noch interessante Ergebnisse zutage fördern.

Ich habe diesen Brief hier vollständig wiedergegeben, weil ich seine Echtheit und Einheitlichkeit für wahrscheinlich halte. Ist er echt, so bereitet er zugleich die Verständigung des Kaisers mit Arius und dessen Rehabilitierung vor.

Kaiser Konstantin an Arius und seine Genossen, die Arianer.

1. Ein schlechter Ausleger ⟨der Schrift⟩ ist ganz und gar ein Abbild und eine plastische Darstellung des Teufels. Denn wie die herausragenden Bildhauer den Teufel als Verführer zum Betrug darstellen, indem sie gleichsam ihm, der doch von Natur häßlich ist, ein treffliches Äußeres voll Schönheit beilegen, so daß er damit die armseligen Menschen verdirbt und ihnen Irrtum einredet, so – glaube ich – tut es derjenige, der sich nur darum eifrig bemüht, das Gift seiner eigenen Unverschämtheit schonungslos ⟨anderen⟩ hinzuwerfen. 2. Denn er führt einen neuen, seit Menschengedenken noch nicht bekannten, ungläubigen Glauben herauf; daher scheint das, was schon früher durch das göttliche Wort gesagt wurde, in nichts von der Wahrheit abzuweichen: Es sind Leute, die einen Glauben haben, ⟨der sie⟩ zum Bösen ⟨verführt⟩. 3. Was soll man dazu sagen, daß jener die Gabe der Überlegung verloren hat und keine erleichternde Hilfe mehr finden will?

πολωλεκότα μηκέτι κουφισμοῦ τινα ἐπικουρίαν εὕρασθαι ἐπιθυμεῖν; τί τοίνυν φημί, Χριστὲ Χριστέ, κύριε κύριε; τί δήποτε ἡμᾶς τὸ ἀσεβὲς τοῦτο ληστήριον ὁσημέραι τιτρώσκει; ἕστηκεν ἐξ ἐναντίας δεινή τις βιαία τόλμα, βρυχᾶται ἐπιπρίουσα τὸν ὀδόντα δύσμορφος ὑπ' ἀτιμίας καὶ παντοδαποῖς περιτετρωμένη ἐγκλήμασιν. 4. αὕτη μέντοι ἐν τῷ νόμῳ καὶ τῷ περὶ σοῦ κηρύγματι ὥσπερ τισὶ ζάλαις καὶ τρικυμίαις κακῶν διαφορουμένη ἐξερεύγεται μὲν ἐξώλεις λόγους, γράφουσα δὲ τούτους ἐκφαίνει, οὓς οὐδέποτε σὺ τῷ ἀϊδίῳ τῆς σαυτοῦ πηγῆς τῷ πατρὶ συνυπάρχων ἐν ταῖς περὶ σαυτοῦ γνώσεσιν ἀφώρισας. συνάγει δὲ ὅλως καὶ συμφορεῖ δεινὰ ἄττα καὶ ἄνομα ἀσεβήματα, νῦν μὲν τὰς γλώττας κραδαίνουσα, νῦν δ' αὖ πάλιν ταῖς τῶν ἀθλίων σπουδαῖς ἐπαιρομένη, οὓς ἐπ' ἀδείας αὕτη παρόντας ἐξαπατᾷ καὶ φθείρει.

5. Βούλομαι δὲ ἤδη τοῦ προέδρου αὐτῆς τὴν φύσιν ἐξετάσαι. τί γὰρ δὴ λέγαι; «ἢ κατέχωμεν», φησίν, «οὗ ἤδη ἐγκρατεῖς γεγόναμεν ἢ γενέσθω ὡς αὐτοὶ βουλόμεθα». πέπτωκε καὶ ταῦτα πέπτωκε ἀναιρούμενος «δόλῳ», φησίν, «ἢ δεινότητι πανουργίας». οὐδὲν διαφέρει. σεμνὸν μόνον ἡγεῖται, ὃ διὰ πονηρᾶς ἐπινοίας εἰς αὐτὸν εἰσερρύη. «πλήθη», φησίν, «ἔχομεν». 6. προβήσομαι δὴ μικρὸν αὐτὸς ἐπὶ τὸ πρόσθεν, ὡς ἂν τῶν τῆς μανίας πολέμων θεατὴς γένωμαι. αὐτός, ἔφην, ἐγὼ προβήσομαι ὁ τοὺς τῶν ἀφρόνων πολέμους παύειν εἰωθώς. ἄγε δή, Ἄρες Ἄρειε, ἀσπίδων χρεία. μὴ σύ γε τοῦτο ποιήσῃς, ἱκετεύομεν. ἐπισχέτω γοῦν σε ἡ τῆς Ἀφροδίτης ὁμιλία. ἀλλὰ γὰρ εἴθ' ὡς τοῖς ὄχλοις ἄριστα συνεκροτῆσθαι δοκεῖς, οὕτω σοι τῇ περὶ τὸν Χριστὸν εὐσεβείᾳ προσῆκε ἀκμάζειν. 7. ἰδοὺ δὴ πάλιν αὖ ἱκέτης ἔρχομαι καὶ τοῖς ὅπλοις παμπληθὲς ἰσχύων μάχεσθαι μὲν οὐκ ἐθέλω, τῇ δὲ τοῦ Χριστοῦ πεφραγμένος πίστει σέ τε ἰάσαθαι καὶ τοὺς ἄλλους θεραπεῦσαι βούλομαι. 8. τί οὖν φῄς ταῦτα πράττειν, ἃ μὴ τοῖς ἤθεσι προσῆκε τοῖς σοῖς; ἀλλὰ μεθ' ὁποίας ἡσυχίας, εἰπέ μοι, ἤ τίνα περιουσίαν περιβεβλημένος, μᾶλλον δὲ ἐφ' ὅ τι προπετείας ἐληλακώς; ὢ τόλμης ὑπὸ κεραυνῶν ἀξίας καθαιρεθῆναι. ἀκούσατε γάρ, ἃ δεδήλωκε πρώην πρός με, ἰὸν ἀποστάζοντι γράφων τῷ καλάμῳ. «οὕτω», φησί, «πιστεύομεν». εἶτ', οἶμαι, προσθεὶς οὐκ οἶδα ἄττα σοβαρῶς πως καὶ μάλα ἀκριβῶς ἐξησκημένα, προιὼν πορρωτέρω οὐδὲν ὅ, τι τῶν δεινῶν ἀπεσιώπησεν, ἀλλ' ὅλον, ὡς ἂν εἴποι τις, τὸν τῆς παρανοίας ἀνέῳξε θησαυρόν. «ἀπελαυνόμεθα», φησί, «καὶ τὴν τοῦ εἰσδεχθῆναι ἡμᾶς ἄδειαν ἀφαιροῦνται». 9. ἀλλ' οὐδέν πω ταῦτα πρὸς τὸ πρᾶγμα, τοῖς δὲ ἑξῆς προσέχετε τὸν νοῦν· αὐτοῦ γὰρ χρήσομαι

Was soll ich nun sagen: Christe, Christe, Herr, Herr? Warum verwundet uns diese gottlose Räuberbande Tag für Tag? Es steht uns eine furchtbare, gewalttätige Kühnheit gegenüber! Sie brüllt laut und knirscht die Zähne, sie ist mißgestaltet vor Unehre und überall durchbohrt von den vielfältigen Anklagen. 4. Diese Kühnheit, obwohl sie im Gesetz und in der Verkündigung über Dich gleichsam wie von bösen Stürmen und Wellen auseinandergeschlagen wird, spricht verderbte Worte aus und bringt sie durch die Veröffentlichung ans Tageslicht. Aber Du, der Du mit einem Vater aus Deinem eigenen Ursprung zusammen bist, hast doch solche Worte niemals dazu bestimmt, daß man Dich selbst daraus erkennen könnte! Diese Kühnheit trägt und bringt schreckliche und gesetzlose Gottlosigkeiten zusammen. Bald schwingt sie große Reden, bald stützt sie sich auf den Eifer der Elenden und richtet sie zugrunde.

5. Denn was sagt er? „Entweder wir halten fest, was wir geworden sind, oder es geschehe, wie wir selbst es wollen." Er ist gefallen, ja, er ist gefallen, weil er ⟨solch ein Wort⟩ auf sich genommen hat: „Durch List", sagt er, „oder durch gewandtes Umgehen mit Verschlagenheit." Es macht keinen Unterschied. Er hält nur für heilig, was durch böse Gedanken ⟨gerade⟩ in ihn kommt. „Das Volk haben wir", sagt er. 6. Ich will ein wenig weiter vortreten, damit ich Zuschauer bei diesen Kriegen des Wahnsinns werde. Ich selbst, sagte ich, werde vortreten, der ich die Kriege der Unverständigen zu beenden pflege. Wohlan, Ares-Arius, jetzt sind Schilde not! – ⟨Nein⟩, wir bitten Dich, daß Du es nicht tun mögest. Es halte Dich die Liebe Aphroditens zurück! Wenn es Dir doch so, wie Du die Menge aufs beste zu bereden scheinst, auch darauf ankäme, in gleicher Weise in der christlichen Frömmigkeit stark zu werden! 7. Siehe, ich komme wieder als Bittender. Ich komme, obwohl ich sehr stark bin, nicht um mit Waffen zu kämpfen. Sondern ich will Dich, geschützt durch den Glauben an Christus, heilen und ⟨auch⟩ die anderen gesund machen. 8. Warum sagst Du, das zu tun, was Deinen Sitten nicht zukommt? Aber sage mir, mit welcher Ruhe oder mit welcher Dir selbst beigelegten Überlegenheit, mehr noch, zu welcher Unverschämtheit bist Du gekommen? Wehe einer solchen Krankheit, die es wert ist, von Blitzen vernichtet zu werden! Denn hört, was er neulich mir mitgeteilt hat, wobei er mit einem Schreibrohr geschrieben hat, das von Gift tropft! „So glauben wir", sagt er. Daran fügte er, glaube ich, noch hochmütig ich weiß nicht was für sehr sorgfältig aufbereitetes Zeug. Und indem er weiter fortfuhr, verschwieg er nichts von dem, was schrecklich ⟨auszusprechen⟩ ist, sondern öffnete sozusagen den ganzen Schatz des Unverstandes. „Wir werden vertrieben", sagt er. „Und die Möglichkeit, uns aufzunehmen, wird verhindert." 9. Aber das gehört nicht zur Sache; achtet daher auf das Folgende – ich gebrauche seine

τοῖς ῥήμασι. «δεόμεθα», φησί, «ἐὰν ἐπὶ τῆς αὐτῆς ἐπιμείνῃ γνώμης ὁ τῆς Ἀλεξανδρείας ἐπίσκοπος, ἄδειαν ἡμῖν τοῦ λοιποῦ δοθῆναι κατὰ τὴν τοῦ νόμου διάταξιν τὰς ἐνθέσμους καὶ ἀπαραιτήτους θεραπείας τῷ θεῷ ἐπιτελεῖν». 10. ὢ δεινῆς ἀναιδείας, ἣν σπουδῇ τῆς ἀληθείας ἀπελέγξαι προσῆκεν. ὃ γὰρ αὐτῷ καθ' ἡδονὴν ἐτύγχανεν ὄν, τοῦτο τῇ συντομίᾳ τῆς φράσεως ἀπετυπώσατο. τί φῂ ἄτοπε; διάστασιν εὐπρόσωπον ἡμῖν τῷ σαθρῷ τῆς κατεαγυίας σου διανοίας ἐπιτειχίζειν μηχανᾷ καὶ τοὺς ἐπὶ κακῷ σοι προσπλακέντας ἀπολέσαι σπεύδεις; 11. «τί οὖν» φῄς, «πράξω, εἰ μηδεὶς ἄξιον ἡγεῖται με δέξασθαι», τοῦτο γὰρ πολλάκις ἐκ τῆς ἀνοσίας φάρυγγος ἐκβοᾷς. ἐγὼ δὲ τοὐναντίον ἔρομαί σε· ποῦ δὲ σαφὲς γνώρισμα καὶ μαρτύριον τῆς σεαυτοῦ διανοίας ἐπεδείξω; ἣν ἐχρῆν σε διαπτύξαντα καὶ τοῖς θείοις καὶ τοῖς ἀνθρωπίνοις σαφῆ καταστῆσαι. καὶ μάλιστα τότε τὰ ἰοβόλα τῶν ἑρπετῶν τὸ τηνικαῦτα μᾶλλον ἀγριαίνειν πέφυκεν, ὅταν ἑαυτὰ τοῖς τῶν φωλεῶν μυχοῖς ἐνιδρυνθέντα αἴσθηται.

12. Ἐκεῖνο δέ γε λίαν ἀστεῖον αὐτοῦ τὸ σπουδαίως εὖ μάλα καθάπερ ὑπό τι προσωπεῖον αἰδοῦς σιγὴν πλάττεσθαι. τῇ μὲν τοῦ σχήματος τέχνῃ τιθασσὸν σεαυτὸν καὶ χειροήθη σύ γε παρέχεις, κακῶν δὲ μυρίων καὶ ἐπιβουλῶν ἔνδον γέμων τοὺς πολλοὺς λέληθας. ἀλλ' ὢ τῆς ἀθλιότητος· ὡς ὁ πονηρὸς βεβούληται, οὕτως Ἄρειος ἡμῖν ἀνομίας ἐργαστήριον κατεστήσατο. 13. λέγε δὴ νῦν μοι παρελθὼν τῆς σεαυτοῦ πίστεως τὸ γνώρισμα καὶ μηδαμῶς γε ἀποσιωπήσῃς, ὦ τὸ μὲν στόμα διάστροφον, τὴν δὲ φύσιν ὀξύρροπον πρὸς πονηρίαν κεκτημένε· «ἕνα» λέγεις «θεόν», σύμψηφον ἔχεις κἀμέ, οὕτω φρόνει. «τῆς οὐσίας αὐτοῦ ἄναρχον καὶ ἀτελεύτητον λόγον εἶναι» φῄς; στέργω τοῦτο· οὕτω πίστευε. 14. εἴ τι περαιτέρω προσπλέκεις, τοῦτ' ἀναιρῶ· εἴ τι πρὸς ἀσεβῆ χωρισμὸν συγκαττύεις, τοῦτο οὔτε ὁρᾶν οὔτε νοεῖν ὁμολογῶ· εἰ «τὴν τοῦ σώματος ξενίαν πρὸς οἰκονομίαν τῶν θείων ἐνεργειῶν» παραλαμβάνεις, οὐκ ἀποδοκιμάζω. εἰ «τὸ πνεῦμα τῆς ἀϊδιότητος ἐν τῷ ὑπερέχοντι λόγῳ γεγενῆσθαι» λέγεις, δέχομαι. τίς ἔγνω τὸν πατέρα, εἰ μὴ ὁ ἐλθὼν ἀπὸ τοῦ πατρός; τίνα ἔγνω ὁ πατήρ, εἰ μὴ ὃν ἀϊδίως καὶ ἀνάρχως ἐξ αὐτοῦ γεγέννηκε; σὺ μὲν «ὑπόστασιν ξένην» ὑποτάττειν οἴει δεῖν κακῶς δήπου πιστεύων, ἐγὼ δὲ τῆς ὑπερεξόχου καὶ ἐπὶ πάντα διηκούσης δυνάμεως τὸ πλήρωμα τοῦ πατρὸς καὶ υἱοῦ οὐσίαν μίαν εἶναι γινώσκω. 15. εἰ τοίνυν σὺ ἀφαιρεῖς μὲν ἀπ' ἐκείνου, ἀφ' οὗ χωρισθῆναι οὐδὲ διανοίᾳ τῶν ἐρεσχελούντων

eigenen Worte: „Wir bitten, wenn der Bischof von Alexandrien bei seiner Meinung bleibt, daß uns die Erlaubnis gegeben wird, nach der Anordnung des Gesetzes Gott die gesetzmäßige und unvermeidliche Gottesverehrung zu leisten." 10. O furchtbare Frechheit, die durch den Eifer der Wahrheit widerlegt werden muß! Denn was ihm nach Lust gerade einfällt, das formuliert er in kunstvoll gedrängter Ausdrucksweise. Was sagst Du, widersinniger Mensch? Denkst Du in der Verdorbenheit Deines zerbrochenen Verstandes, Du würdest eine Spaltung aufrichten, die uns angenehm ist? Und bemühst Du Dich, die zu verderben, die mit Dir am Schlechten mitgearbeitet haben? 11. „Was werde ich tun", sagst Du, „wenn es niemand für richtig hält, mich aufzunehmen?" So rufst Du oft aus Deiner gottlosen Kehle. Ich will Dir dagegen sagen: Wo hast Du deutlich ein Erkennungszeichen oder ein Zeugnis von Deinem Denken gegeben? Es wäre nötig gewesen, es aufzudecken und es göttlichen wie menschlichen Wesen deutlich vorzustellen. Und die giftspritzenden Tiere pflegen dann besonders wütend zu werden, wenn sie aufgespürt werden, wenn sie sich in den hintersten Winkeln ihrer Höhlen gelagert haben.

12. Er macht es sehr geschickt, daß er sich eifrig unter dem Vorwand der Ehrfurcht schweigend stellt. In der Art der Haltung gibst Du Dich selber gehorsam und zahm, aber innerlich hältst Du, der Du voll bist von Tausenden von Schlechtigkeiten und Nachstellungen, viel verborgen. Weh des Elends! Wie es der Böse gewollt hat, so hat Arius uns eine Werkstätte der Gottlosigkeit eingerichtet. 13. Komme zu mir und sage mir das Erkennungszeichen Deines Glaubens und verschweige nichts, Du Mensch mit einem verderbten Mund, der Du eine leicht zur Schlechtigkeit reizbare Natur besitzt! Du sagst, daß ein Gott ist? Damit stimme ich auch überein, so denke! Du sagst: „Es gibt einen Logos von seinem Wesen, ohne Anfang und ohne Ende." Damit bin ich zufrieden, so glaube! 14. Wenn Du noch etwas darüber hinaus hinzufügst, dann hebe ich es ⟨wieder⟩ auf. Wenn Du etwas von der gottlosen Trennung daranfügst, dann bekenne ich, dies weder hören noch sehen zu können. Wenn Du die Fremdheit des Körpers gegenüber dem Heilsplan der göttlichen Kräfte annimmst, dann mißbillige ich es nicht. Wenn Du sagst: „Der Geist der Ewigkeit ist in dem ihn übertreffenden Logos gezeugt", nehme ich es an. Wer erkannte den Vater außer dem, der vom Vater gekommen ist? Wen erkannte der Vater außer dem, den er ohne Anfang und ohne Ende aus sich gezeugt hat? Du nun glaubst schlecht, wenn Du meinst, eine fremde Hypostase annehmen zu müssen. Ich weiß, daß das Wesen des Vaters und des Sohnes, der über alles hinausreichenden und sich auf alles erstreckenden Kraft, ein ⟨einziges⟩ Wesen ist. 15. Wenn Du nun von jenem etwas wegnimmst, von dem es auch durch den Verstand der Spötter nicht möglich ist, etwas zu trennen, dann erfin-

δεδύνηται οὐδεπώποτε οὐδέν, προσθήκης δὲ χαρακτῆρας εἰδοποιεῖς καὶ ὅλως γνωρίσματα ζητήσεων διορίζεις ἐκείνῳ, ᾧ ὁλόκληρον μὲν ἐξ ἑαυτοῦ τὴν ἀϊδιότητα δέδωκεν, ἀδιάφθορον δὲ τὴν ἔννοιαν, ἀθανασίας δὲ δι' ἑαυτοῦ καὶ ἐκκλησίας ἔνειμε πίστιν – κατάβαλε οὖν δή, κατάβαλε τὸ εὔηθες τοῦτο ἀνόμημα, ὦ ἀστεῖε σὺ καὶ εὔφωνε καὶ τὰ κακὰ πρὸς ἀπιστίαν τῶν ἀνοήτων ἐξᾴδων. 16. εἰκότως ἄρα σε ὁ πονηρὸς τῇ ἑαυτοῦ κατεστρέψατο κακίᾳ, καὶ τοῖς μὲν ἴσως ἡδὺ τὸ τοιοῦτον εἶναι ἐδόκει (οὕτω γὰρ ἀστεῖον σεαυτὸν προσπεποίηκας), ἔστι δὲ πάντη ὀλέθριον τὸ κακόν. 17. φέρε δή, τῆς ἐν τοῖς ἀτοπήμασι διατριβῆς ἀπαλλαγεὶς ἄκουε, ὦ δαιμόνιε Ἄρειε. σοὶ γὰρ διαλέγομαι. τῆς ἐκκλησίας δήπου τοῦ θεοῦ ἀποκεκηρυγμένος οὐκ αἰσθάνῃ; ἀπόλωλας, εὖ ἴσθι, ἐὰν μὴ βλέψας εἰς σεαυτὸν τὴν παροῦσάν σου κατακρίνῃς ἄνοιαν. ἀλλ' ἐρεῖς, ὡς ὄχλοι συμπράττουσί σοι καὶ τὰς φροντίδας ἀπελαφρύνουσιν.

18. Ἄκουε δὴ οὖν μικρὸν ὑποσχὼν τὰ ὦτα, ὦ ἀνόσιε Ἄρειε, καὶ σύνες τὴν σαυτοῦ ἄνοιαν. σὺ δέ, ὦ πάντων κηδεμὼν θεός, εὐμενὴς εἴης τῷ λεγομένῳ, εἰ πίστεως ἔχοιτο. ἐγὼ γὰρ ὁ σὸς ἄνθρωπος ἵλεω ἔχων τὴν παρὰ σοῦ προμήθειαν καὶ ἐξ Ἑλληνικῆς καὶ ἐκ Ῥωμαικῆς γραφῆς πάνυ ἀρχαιοτάτης σαφῶς ἀποδείξω τὴν Ἀρείου μανίαν πρὸ τρισχιλίων που ἐτῶν ὑπὸ τῆς Ἐρυθραίας προρρηθεῖσαν τε καὶ προφημισθεῖσαν. 19. ἔφη γὰρ ἐκείνη γε· «οὐαί σοι, Λιβύη, ἐν παράλοις κειμένη χώροις· ἥξει γάρ σοι καιρός, ἐν ᾧ μετὰ τοῦ δήμου καὶ τῶν σαυτῆς θυγατέρων δεινὸν ἀγῶνα καὶ ὠμὸν καὶ παγχάλεπον ὑπελθεῖν ἀναγκασθήσῃ, ἀφ' οὗ κριτήριον μὴν εἰς ἅπαντας πίστεώς τε καὶ εὐσεβείας διαδοθήσεται, σοὶ δὲ πρὸς ἔσχατον ἀποκλινεῖ καταστροφῆς. ὑμεῖς γὰρ τῶν οὐρανίων ἀνθῶν τὸ δεκτήριον ἀνασπάσαι τετολμήκατε καὶ δήγματι σπαράξαι καὶ μέντοι σιδηροῖς ἐγχρᾶναι τοῖς ὀδοῦσι». 20. τί δῆτα, ὦ πανοῦργε; ποῦ γῆς σαυτὸν εἶναι νῦν ὁμολογεῖς; ἐκεῖ δηλονότι. κατέχω γάρ σου τὰ γράμματα, ἃ τῷ τῆς μανίας καλάμῳ πρός με διεχάραξας, ἐν οἷς φῂς πάντα τὸν Λίβυν δῆμον σύμψηφον εἶναί σοι πρὸς σωτηρίαν δήπου. εἰ δὲ οὐ φήσεις ταυτὶ οὕτως ἔχειν, μαρτύρομαι ἤδη τὸν θεόν, ἦ μὴν ἀρχαιότατον τῆς Ἐρυθραίας πυκτίον Ἑλληνικῇ συντεταγμένον γλώττῃ εἰς Ἀλεξάνδρειαν ἀποστέλλειν, ὡς ἂν θᾶττον ἀπόλοιο. 21. εἶτα σὺ ἀναμάρτητος, ὦ δικρανόφορε; εἶτα οὐ σαφῶς ἀπόλωλας, ὦ ἄθλιε, τοιούτῳ δεινῷ περιεστοιχισμένος; ἴσμεν, ἴσμεν σου τὸ ἐγχείρημα· ποία φροντίς, ποῖόν σε θράττει δέος; οὐ λέληθεν ἡμᾶς· ὦ δύστηνε καὶ ταλαίπωρε, ὢ τῆς

dest Du erst die Wesensmerkmale des Zusatzes und Du setzt an dem ⟨Logos⟩ Merkmale für Untersuchungen fest, der doch in allen Teilen unversehrt aus sich heraus die Ewigkeit, den unvergänglichen Gedanken, gegeben hat und der durch sich selbst und die Kirche den Glauben an die Unsterblichkeit ausgeteilt hat. Wirf sie weg, wirf Deine törichten Gesetzlosigkeiten weg, Du geschickter und redegewandter Mensch, der Schlechtigkeiten aufbringt zum Unglauben für die Unverständigen! 16. Zu Recht hat Dich der Böse seiner eigenen Schlechtigkeit unterworfen. Und denen so etwas ⟨, wie Du es lehrst,⟩ ebenfalls angenehm zu sein scheint (denn Du hast Dich selber so geschickt gemacht ⟨, daß Dir viele nachfolgen⟩), denen ist das Schlechte in allem verderblich. 17. Wohlan, entferne Dich von Deiner Beschäftigung mit Widersinnigkeiten und höre zu, dämonenbesessener Arius! Denn ich will mit Dir reden! Hast Du nicht bemerkt, daß Du von der katholischen Kirche verstoßen bist? Wisse wohl: Du gehst zugrunde, wenn Du nicht auf Dich selbst siehst und Deinen gegenwärtigen Unverstand verurteilst. Aber Du wirst sagen, daß das Volk bei Dir mitmacht und die Sorgen mitträgt.

18. Höre also und gewähre mir ein wenig Dein Ohr, gottloser Arius, und sieh Deinen eigenen Unverstand ein! Du aber, Gott, Beschützer von allem, Du mögest dem Gesagten gnädig sein, wenn es sich damit recht verhält. Denn ich, Dein Mensch, der ich Deine gnädige Fürsorge besitze, werde sowohl aus sehr alten griechischen als auch römischen Schriften klar beweisen, daß der Wahnsinn des Arius schon vor ungefähr 3000 Jahren von der Erythräerin vorausgesagt und prophezeit worden ist. 19. Denn sie sagte: „Weh Dir, Libyen, gelegen im Meergebiet! Denn es wird für Dich eine Zeit kommen, da wirst Du mit Deinem Volk und Deinen Töchtern unter einen schrecklichen, rohen und schlimmen Kampf kommen müssen. Daraus wird ein Gericht des Glaubens und der Frömmigkeit an alle ergehen. Zu Dir aber neigt sich die Katastrophe bis zum Letzten. Denn Ihr habt es gewagt, den Raum der himmlischen Blüten einzureißen, ihn mit Bissen zu zerreißen und mit eisernen Zähnen zu zerbeißen." 20. Was also, Du Übeltäter! Wo bekennst Du, bist Du gerade? Offensichtlich auch dort. Denn ich habe Deinen Brief, den Du mit dem Schreibrohr des Wahnsinns an mich geschrieben hast, worin Du sagst, daß ganz Libyen mit Dir einer Meinung ist über das Heil. Wenn Du da nicht sagst, daß es sich so verhält, dann schwöre ich Dir bei Gott, daß ich das sehr alte Buch der Erythräerin, das in Griechisch abgefaßt ist, nach Alexandrien schicken werde, damit Du schnell Dein Ende findest. 21. Bist Du noch unschuldig. Du Zwiespältiger? Hast Du nicht deutlich verloren. Du Elender, durch eine so gewaltige Sache rings umstellt? Wir kennen, ja, wir kennen Dein Unternehmen. Welche Sorge und welche Furcht beunruhigt Dich? Es ist uns nicht verbor-

ἀμβλύτητος τῶν σῶν φρενῶν, ὃς οὐδὲ τὴν νόσον καὶ τὴν ἀμηχανίαν τῆς σεαυτοῦ ψυχῆς ἀναστένεις· ὦ ἀνόσιε, ὃς τὴν ἀλήθειαν ποικίλοις διορύττεις λόγοις καὶ τοιοῦτος ὢν οὐκ αἰσχύνῃ ἡμᾶς ψέγων καὶ νῦν μὲν ἐλέγχων, ὥς γε οἴει, νῦν δ' αὖ πάλιν νουθετῶν· ὦ πίστει καὶ λόγοις ὑπερφέρων, παρ' οἵου δῆτα οἱ ἄθλιοι ἐπικουρίαν ἑαυτοῖς πορίζεσθαι γλίχονται. 22. καίτοι οὐδὲ συγγίνεσθαι τῷ τοιούτῳ ἐχρῆν, οὐδὲ ὅλως αὐτὸν προσφθέγγεσθαι, πλὴν εἰ μή τις ἐν τοῖς ὑπούλοις τούτου ῥήμασι τὴν τοῦ ὀρθῶς βιοῦν ἐλπίδα τοῖς μετρίοις ἀποκεῖσθαι οἴεται. 23. ἀλλ' οὐκ ἔστι τοῦτο, πολλοῦ γε δεῖ, τὸ δ' ἀληθές, ὢ τῆς ὑμετέρας ἀνοίας, ὅσοι τούτῳ συναναμίγνυσθε. τίς ἆρα οἶστρος τῆς χαλεπῆς τούτου γλώττης καὶ τῆς ὄψεως ἀνασχέσθαι κατηνάγκασεν;

24. Εἶεν· ἀλλ' ἐπ' αὐτὸν ἤδη σὲ βαδιοῦμαι τῷ λόγῳ· ὦ τὴν μὲν ψυχὴν ἄφρον συ, τὴν δὲ γλῶτταν στωμύλε, ἄπιστε δὲ τὰς φρένας, δός δή μοι τοῦ λόγου οὐκ ἀμφιλαφές τι λέγω καὶ ἱππήλατον πεδίον, ἀλλ' οὖν κύκλον γε εὐπερίγραφον, μὴ σαθρὸν μόνον, ἀλλ' ἐρρωμένον τε καὶ στερρὸν τῇ φύσει, ὦ ἀνόσιε δῆτα καὶ κάκιστε καὶ κρυψίνου. ἐξάγομαι γὰρ ταῦτα λέγειν· μᾶλλον δὲ βρόχον ἤδη σοι περιάψας καὶ συμποδίσας τῷ λόγῳ εἰς μέσους σε καταστήσω, ὡς ἂν πᾶς ὁ δῆμος τὴν σὴν καταμάθῃ φαυλότητα. 25. ἐπ' αὐτὸ δὲ πορεύσομαι ἤδη τὸ πρᾶγμα. νενιμμέναι δήπουθέν εἰσιν αἱ χεῖρες· προσίωμεν ταῖς εὐχαῖς· ἐπικαλέσαι δὴ τὸν θεόν. μᾶλλον δὲ μικρὸν ἐπισχών, εἰπέ μοι, ὦ πανοῦργέ συ, τίνα θεὸν ἐπικαλέσῃ πρὸς βοήθειαν; ἀλλὰ γὰρ ἠρεμεῖν οὐ δύναμαι. 26. ὦ τῶν πάντων ἔχων τὸ κῦρος δέσποτα, ὦ τῆς μονήρους δυνάμεως πάτερ, διὰ τουτονὶ τὸν ἀνόσιον ὀνείδη τε καὶ μώλωπας καὶ μέντοι καὶ τραύματα καὶ ὀδύνας ἡ σὴ ἔχει ἐκκλησία. Ἄρειός σοι τόπον ἤδη προσαρμόζει καὶ μάλα γε εὐφυῶς, ἐφ' οὗ καθιζάνων οἶμαι σύνοδον ἑαυτῷ ἢ παῖδα τὸν Χριστὸν τὸν σὸν τὸν ἐκ σοῦ τὸν τῆς ἡμετέρας ἐπικουρίας ἀρχηγέτην θέσεως νόμῳ περιποιεῖται καὶ ἴσχει. 27. ἐπάκουσον, ἀντιβολῶ σε, τῆς θαυμασίας πίστεως. σὲ τὴν κατὰ τὸν τόπον κινεῖσθαι, δέσποτα, κίνησιν οἴεται. σὲ τῆς ἀφωρισμένης καθέδρας κύκλῳ περιγράφειν τολμᾷ. ποῦ γὰρ οὐκ ἔστιν ἡ σὴ παρουσία; ἢ ποῦ τὴν σὴν οὐ πάντες ἐνέργειαν ἐκ τῶν ἐπὶ πάντα σου διηκόντων νόμων αἰσθάνονται; πάντα γὰρ αὐτὸς περιέχεις, καὶ ἔξω σου οὔτε τόπον οὔτε ἄλλο οὐδὲν ἐπινοεῖσθαι θέμις. οὕτως ἡ σὴ δύναμις μετ' ἐνεργείας ἐστὶν ἄπειρος. 28. σὺ μὲν δὴ ἐπάκουσον, ὁ θεός, ὑμεῖς δέ, πᾶς ὁ λαός, προσέχετε τὸν νοῦν. ὁ γὰρ ἀναίσχυντος οὗτος καὶ ἀχρεῖος, ὁ ἐπ' ἄκρον μοχθηρίας τε καὶ

gen, Du Unglückseliger und Armseliger! Weh des Stumpfsinns Deiner Gedanken, der Du nicht einmal die Krankheit und die Not der eigenen Seele bejammerst! Du Gottloser, der Du die Wahrheit mit verschiedenartigen Reden untergräbst und Dich, obwohl Du so einer bist, nicht schämst, uns zu tadeln und bald zu widerlegen – wie Du meinst – und bald zu ermahnen! Du Hochmütiger im Glauben und in den Worten, von einem solchen Menschen bemühen sich die Elenden Hilfe zu erhalten! 22. Eigentlich wäre es nötig, mit so einem Menschen nicht zusammenzusein und ihn nicht einmal zu begrüßen, außer wenn jemand glaubt, in seinen trügerischen Reden läge für die anständigen Leute die Hoffnung, richtig zu leben, aufbewahrt. 23. Aber weit gefehlt, das ist nicht das Wahre! Weh Eurem Unverstand, die Ihr Euch mit ihm verbindet! Welche Raserei hat Euch gezwungen, seine schlimme Zunge und sein Angesicht zu ertragen?

24. Wohlan, ich will mich in der Rede nun an Dich selbst heranmachen, Du unverständige Seele, geschwätzige Zunge, ungläubiger Geist! Gib mir für das, was ich sage, kein großes und weites Wortfeld, sondern einen gut umschriebenen Kreis, nicht morsch, sondern kräftig und fest von Natur, Du Gottloser, Du Schlechtester, Du Arglistiger! Denn ich ziehe aus, das zu sagen, mehr, ich werde Dir schon die Schlinge anlegen und Dich im Wort fesseln und Dich öffentlich vorführen, damit das ganze Volk Deine Schlechtigkeit erfährt. 25. Nun will ich zur Sache selbst kommen. Die Hände sind gewaschen. Laßt uns zum Gebet kommen, Gott anrufen. Nein, halt ein wenig an! Sage mir, Du Spitzbube, welchen Gott Du zu Hilfe zu rufen pflegst! Denn sonst kann ich keine Ruhe haben. 26. O Herr, der Du die Macht über alles hast, Vater der einzigen Kraft! Durch diesen Gottlosen hat Deine Kirche Schmähungen und Striemen und Wunden und Schmerzen ⟨zu ertragen⟩. Arius paßt Dir schon sehr bequem einen Sitz an, auf dem er Dich sitzen läßt. Und durch Adoption verschafft er sich und hält dann für Dich bereit als Genossen oder Sohn Deinen Christus, der doch aus Dir stammt und der Urheber unserer Rettung ist. 27. Ich flehe Dich an, höre auf seinen wunderlichen Glauben. Er glaubt, daß Du Bewegung bist, die sich im Raum bewegt. Er wagt es, Dich durch den Kreis eines definierten Sitzes zu beschreiben. Aber wo ist Deine Gegenwart nicht? Oder wo würden nicht alle Dein Wirken wahrnehmen aus Deinen Gesetzen, die sich ⟨ja auch⟩ auf alles erstrecken? Denn Du selbst umschließt alles und außerhalb von Dir ist es nicht gestattet, einen Ort oder irgend etwas anderes zu denken. So ist Deine Kraft samt Deinem Wirken unbegrenzt. 28. Du Gott höre! Ihr Laien, seid aufmerksam! Denn dieser schamlose und unbrauchbare Mensch, der es bis auf die Spitze der Bosheit und

ἀνομίας ὁμοίως ἐληλακὼς εὐλάβειαν σκήπτεται. 29. «ἄπαγε», φησίν, «οὐ βούλομαι τὸν θεὸν ἐγὼ ὕβρεων πάθει δοκεῖν ἐνέχεσθαι». καὶ διὰ τοῦτο ὑποτίθεμαι καὶ πλάττω θαυμάσιά γε τῇ πίστει, ὡς ὁ θεὸς νεογενῆ καὶ νεόκτιστον οὐσίαν Χριστοῦ ποιησάμενος βοήθειαν ἑαυτῷ παρεσκευάσατο, ὥς γέ μοι δοκεῖ. «ὃ γὰρ ἄν», φησίν, «ἀπ' αὐτοῦ ἀφέλῃς, τούτῳ ἐλάττονα πεποίηκας». 30. εἶτα, ὦ λυμεὼν καὶ ὀλέθριε, σοὶ τοῦτ' ἔστι πίστις; σὺ καθ' ὑπόθεσιν καὶ πλάσμα λαμβάνεις τὸν τὰ πλάσματα τῶν ἐθνῶν κατακρίναντα, σὺ ἐπείσακτον καλεῖς καὶ ὡς ἐπὶ καθηκόντων ὑπηρέτην τὸν ἄνευ ἐνθυμήσεως καὶ λογισμοῦ τῷ συνυπάρχειν τῇ τοῦ πατρὸς ἀϊδιότητι πάντα διανύσαντα; ἐφάρμοσον νῦν, εἰ δὴ τολμᾷς, ἐφάρμοσον, φημί, τῷ θεῷ καὶ τὸ εὐλαβεῖσθαι καὶ τὸ ἐλπίζειν τὸ ἐκβησόμενον, ἔτι δὲ τὸ ἐνθυμεῖσθαι, τὸ λογίζεσθαι τὸ σκεπτόμενον, τὸ γνώμην ἀποφαίνεσθαι καὶ διαρθροῦν καὶ ὅλως τὸ τέρπεσθαι, τὸ γελᾶν, τὸ λυπεῖθαι. 31. τί τοίνυν φῄς, ὦ τῶν ἀθλίων ἀθλιώτερε, ὦ τῆς κακίας αὐτόχρημα μῆστορ; σύνες δή, εἰ δύνασαι, ὡς ἐν αὐτῇ γέ σου τῇ πανουργίᾳ μοχθηρὸς ὢν ἁλίσκῃ. 32. «ὁ Χριστός», φησί, «δι' ἡμᾶς πέπονθεν». ἀλλ' ἤδη φθάσας ἔγωγε εἶπον, ὡς μορφῇ σώματος ἀπεστάλη. «ναί», φησίν, «ἀλλὰ δέος μὴ δόξωμεν κατά τι ἐλαττοῦν». εἶτα, ὦ τῶν θηρίων μεσίτα, ταῦτα λέγων οὐ μαίνῃ καὶ σαφῶς λυττᾷς; ἰδοὺ γὰρ δὴ ὁ κόσμος αὐτὸς μορφή, ἤγουν σχῆμα τυγχάνει ὢν καὶ οἱ ἀστέρες γε χαρακτῆρες προβέβληνται, καὶ ὅλως τὸ πνεῦμα τοῦ σφαιροειδοῦς τούτου κύκλου εἶδος τῶν ὄντων τυγχάνει ὂν καὶ ὥσπερ μόρφωμα. καὶ ὅμως ὁ θεὸς πανταχοῦ πάρεστι. ποῦ τοίνυν εἰσὶν ἐν τῷ θεῷ αἱ ὕβρεις; ἢ κατὰ τί ὁ θεὸς ἐλαττοῦται; 33. ὦ πατροκτόνε τῆς ἐπιεικείας σύ, λόγισαι δὴ οὖν ἐξ αὐτοῦ τεκμαιρόμενος καὶ ἐνθυμήθητι, εἰ ἁμάρτημα τοῦτ' εἶναι δοκεῖ, τὸ ἐν Χριστῷ παρεῖναι τὸν θεόν. ἐκεῖνος μὲν οὖν κατεῖδε τὴν ἀτιμίαν τοῦ λόγου καὶ τὴν τιμωρίαν οὐ βραδέως ἐπήγαγε. χωρὶς δὲ τούτων καθ' ἑκάστην δήπουθεν ἡμέραν ἁμαρτήματα ἐν τῷ κόσμῳ γίνεται. καὶ ὅμως ὁ θεὸς πάρεστι καὶ τὰ τῆς δίκης οὐχ ὑστερίζαι. τί οὖν παρὰ τοῦτο ἐλαττοῦται, εἰ τὸ μέγεθος αὐτοῦ τῆς δυνάμεως τὰ πανταχοῦ διαισθάνεται; οὐδέν, οἶμαι. 34. ὁ μὲν γὰρ τοῦ κόσμου νοῦς διὰ τοῦ θεοῦ· δι' αὐτοῦ πᾶσα διαμονή. δι' αὐτοῦ πᾶσα δίκη. ἡ δὲ τοῦ Χριστοῦ πίστις ἀνάρχως ἐξ αὐτοῦ. ὅλος δὲ θεοῦ νόμος ἐστὶ Χριστός, δι' αὐτοῦ τὸ ἄπειρον ἅμα καὶ ἀτελεύτητον ἔχων.

Gesetzlosigkeit treibt, nimmt sich die Frömmigkeit zum Vorwand. 29. „Wohlan", sagt er, „ich will nicht, daß man meint, Gott werde vom Leiden, hervorgerufen durch irgendwelche Freveltaten, angegriffen. Und deshalb nehme ich an und erdichte wundersame Sachen für den Glauben, nämlich, daß Gott sich eine neugeborene und neuerschaffene Wesenheit Christus gemacht und für sich selbst zum Helfer bereitet hat – so scheint mir jedenfalls. Denn was Du von ihm wegnimmst", sagt er, „um so viel hast Du ihn kleiner gemacht." 30. Ist das für Dich ein Glaube, Du schmutziger und verdorbener Kerl? Du nimmst – einfach als Setzung – auch den für ein Gebilde an, der doch die Gebilde der Heiden richtet. Den, der durch die Einheit mit der Ewigkeit des Vaters, ohne es nötig zu haben nachzudenken, alles vollendet, den nennst Du einen ⟨Gott gegenüber⟩ Fremden, gleichsam einen Diener, der Gott in bestimmten, zufällig eingetretenen Verhältnissen helfen soll? Behaupte von Gott auch noch, wenn Du es wagst, behaupte von Gott auch noch, sage ich, daß er Hoffnungen hat, wie eine Sache wohl ausgehen möge, oder daß er sich fürchtet, daß er Erwägungen anstellt, daß er eine Meinung äußert oder zergliedert oder schließlich, daß er sich ergötzt, lacht oder betrübt ist! 31. Was sagst Du nun, Du Elendster aller Elenden, Du Erzeuger von Bosheit? Sieh ein, wenn Du es kannst, wie Du Schändlicher in Deiner eigenen Schlechtigkeit gefangen bist! 32. Er sagt: „Christus hat um unseretwillen gelitten." Aber ich bin dem oben schon zuvorgekommen und habe gesagt, daß er in körperlicher Gestalt abgesandt wurde. „Ja", sagt er, „aber wir sollen in keiner Hinsicht den Anschein erwecken, Gott zu verkleinern." Du Halbtier, bist Du nicht wahnsinnig, wenn Du das sagst, und bist Du nicht ganz deutlich von Sinnen? Denn sieh: Die Welt ist selbst Gestalt, ist eine feste Form, und die Sterne wurden als Abbilder angebracht, und überhaupt ist der Geist des kugelförmigen Weltenrunds Abbild (Idee) aller seienden Dinge und gleichsam Gestalt. Und Gott ist zugleich allgegenwärtig. Wo sind dann nun in Gott die Frevel? Oder in welcher Hinsicht wird Gott verkleinert? 33. Du Vatermörder an dem, was sich schickt, bedenke nun und ziehe daraus Deine Schlüsse, erwäge, ob das eine Sünde zu sein scheint, daß Gott in Christus gegenwärtig ist! Jener hat die Schmach des Logos gesehen und die Strafe nicht zu spät herbeigeführt. Denn davon abgesehen geschehen in der Welt jeden Tag Sünden. Und doch ist Gott gegenwärtig und bleibt mit den gerechten Strafen nicht zurück. Wo wird Gott verkleinert, wenn die Größe seiner Macht überall wahrgenommen wird? Nirgends, meine ich. 34. Denn von ihm stammt der Sinn der Welt, jedes Bestehen und jedes Gericht. Der Glaube an Christus stammt anfangslos aus ihm. Christus ist das ganze Gesetz Gottes, durch ihn hat es Grenzenlosigkeit und Unendlichkeit.

35. Ἀλλὰ γὰρ σὺ κατὰ σεαυτὸν ἐννοῶν φαίνῃ, ὦ τῆς μανίας λίαν· περίστρεψον νῦν εἰς τὴν σαυτοῦ ἀπώλειαν τὸ τοῦ διαβόλου ξίφος. ὁρᾶτε δή, πάντες ὁρᾶτε, ὡς γοερὰς ἤδη προίσχεται φωνὰς τῷ τοῦ ἔχεως ἐνισχημένος δήγματι, ὡς αἱ φλέβες αὐτοῦ καὶ σάρκες τῷ ἰῷ ἐγκατειλημμέναι δεινὰς ἀνακινοῦσιν ὀδύνας, ὡς διερρύηκεν αὐτοῦ τὸ σῶμα πᾶν κατισχνωθέν – αὐχμοῦ τε καὶ ῥύπου καὶ θρήνων καὶ ὠχριάσεως καὶ φρίκης καὶ μυρίων τε γέμει κακῶν καὶ δεινῶς κατέσκληκεν – ὡς εἰδεχθὲς καὶ κατάρρυπον τὸ τῆς κόμης δάσος, ὡς ὅλος ἡμιθνὴς καὶ ἐξασθενῶν ἤδη τὸ βλέμμα, ὡς ἄναιμον τὸ πρόσωπον καὶ ὑπὸ μερίμνης ἐκτετηκός, ὡς ὁμοῦ πάντα εἰς αὐτὸν συνδραμόντα, οἶστρος μανία τε καὶ ματαιότης, διὰ τὸ χρόνιον τοῦ πάθους ἄγριόν τε καὶ θηριώδη σε πεποιήκασιν. 36. αὐτίκα οὐδὲ ἐπαισθανόμενος οὗ δὴ κακοῦ τυγχάνει ὢν «αἴρομαι», φησίν, «ὑφ' ἡδονῆς καὶ πηδῶ γε σκιρτῶν ὑπὸ χαρᾶς καὶ πτεροῦμαι». καὶ πάλιν νεανικῶς γε λίαν «εἶεν», φησίν, «ἀπολώμεθα». 37. τοῦτο μέν γε καὶ ἀληθές ἐστι· σοὶ γὰρ μόνῳ ἡ κακία τὰς παρ' ἑαυτῆς σπουδὰς δαψιλῶς κεχορήγηκε, καὶ ὃ πολλῆς ἐωνεῖτο τιμῆς, τοῦτό σοι ῥᾷστα δέδωκε. φέρε δὴ νῦν εἰπέ, ποῦ τὰ σεμνά σού ἐστι παραγγέλματα; ἀπόνιψαι δῆτα τῷ Νείλῳ σαυτόν, εἶ οἷόν τε, ὦ ἀτόπου γέμων ἄνθρωπε ἀναισθησίας· καίτοι σύ γε τὴν οἰκουμένην ἅπασαν τοῖς σεαυτοῦ ἀσεβήμασι διαταράξαι ἐσπούδακας. 38. ἆρα γε συνίης ὡς ἅπαντα ἤδη ὁ τοῦ θεοῦ ἄνθρωπος ἐγὼ ἐξεπίσταμαι; ἀλλὰ γὰρ ἀπορῶ, πότερον μένειν ἢ ἀπιέναι δεῖ· οὔτε γὰρ βλέπειν εἰς τοῦτον ἔτι δύναμαι καὶ τὴν ἁμαρτίαν ἐπαισχύνομαι, ὦ Ἄρειε δῆτα Ἄρειε. ἡμᾶς μὲν εἰς φῶς κατέστησας, σαυτὸν δὲ εἰς σκότος, ὦ ταλαίπωρε, κατέβαλες. τοῦτό σου τῶν πόνων πέφηνε τὸ τέλος.

39. Ἀλλ' ἐκεῖσε πάλιν ἐπάνειμι· πλῆθος εἶναι φῂς τῶν περὶ σὲ ἀλωμένων. εἰκός, οἶμαι, καὶ δέχου γε τούτους, δέχου, φημί. λύκοις γὰρ ἑαυτοὺς καὶ λέουσι βρωθησομένους ἐκδεδώκασι. πλὴν ἀλλὰ καὶ τούτων ἕκαστος προσθήκῃ κεφαλαίων δέκα καὶ τελέσμασι τούτων πιεσθεὶς αὐτίκα δὴ μάλα ἱδρώσει, ἐὰν μὴ τὴν ταχίστην ἐπὶ τὴν σωτήριον δραμὼν ἐκκλησίαν τὴν τῆς ἀγάπης εἰρήνην τῷ φίλτρῳ τῆς ὁμονοίας ἐπανέληται. 40. οὐδὲ γὰρ δὴ ὑπὸ σοῦ λοιπὸν ἐξαπατηθήσονται ἐπὶ πονηρᾷ συνειδήσει κατεγνωσμένου, οὐδ' ἀνέξονται τέλεον ἀπολέσθαι ταῖς μιαραῖς σου ζητήσεσιν ἐμπλακέντες. σαφῆ καὶ γνώριμα πᾶσι πρὸς γοῦν τὸν ἑξῆς χρόνον τὰ σά ἐστι σοφίσματα· καὶ μὴν οὐδὲ αὐτὸς ἀνύσαι τι δυνήσῃ, ἀλλὰ μάτην σχηματιῇ, ἐπιείκειάν τε καί πραότητα

35. Aber Du scheinst Deine eigenen Gedanken zu denken, Du Übermaß des Wahnsinns! Wende Dich nun auf Dein eigenes Verderben, Du Schwert des Teufels! Seht aber, seht alle, welche jämmerlichen Töne er schon von sich gibt, weil er vom Biß der Schlange getroffen ist! Seht, wie seine Adern und sein Fleisch vom Gift ergriffen werden und ihm schreckliche Schmerzen bereiten, wie sein ganzer, abgemagerter Körper birst (denn er ist voll von Schmutz und Unsauberkeit und Wehklagen und Blässe und Schauder und tausend Schlechtigkeiten und ist schrecklich ausgezehrt)! Seht, wie scheußlich und beschmutzt sein dichter Haarschopf ist, wie halbtot und geschwächt sein Blick, wie blutleer und von Sorge ertötet sein Gesicht! Seht, wie alles zugleich auf ihn einstürzt: Wut, Raserei und Torheit! Durch die lange Zeit des Leidens hat Dich das wild und tierartig gemacht. 36. Im Augenblick hat er es noch gar nicht wahrgenommen, welches Übel ihn ergriffen hat. Er sagt: „Ich hüpfe vor Freude und springe, ich tanze vor Glück und fühle mich wie mit Flügeln versehen." Und dann sagt er in jugendlichem Leichtsinn: „Wohlan, laßt uns zugrunde gehen!" 37. Das ist sogar wahr: Die Bosheit hat Dich für den Eifer um sie reichlich entschädigt. Und was sonst für viel Geld gekauft werden muß, hat sie Dir so leicht dahingegeben. Wohlan, sag, wo sind Deine frommen Lehren? Wasche Dich im Nilwasser, wenn Du kannst, Du Mensch voll unsinniger Stumpfsinnigkeit! Du hast Dich darum bemüht, den ganzen Erdkreis mit Deiner Gottlosigkeit zu verwirren. 38. Verstehst Du nicht, daß ich, der Mensch Gottes, schon alles genau weiß? Aber ich bin in Verlegenheit, ob ich bleiben oder weggehen soll. Denn ich vermag es nicht, einen solchen Menschen zu sehen, und scheue mich vor der Sünde, Arius, ja Du Götzendiener des Ares! Uns hast Du ins Licht gestellt, Dich selbst aber, Du Armseliger, in die Finsternis geworfen. Dies scheint das Ende Deiner Mühen zu sein.

39. Aber ich komme wieder dahin zurück, wo Du sagst, es sei eine Menge von Leuten, die über Dich jubeln. Ich meine, das ist ganz natürlich so. Nimm sie auf, sage ich, nimm sie auf! Wölfen und Löwen haben sie sich selbst ausgeliefert, um gefressen zu werden. Außerdem wird jeder von ihnen mit der zehnfachen Kopfsteuer belegt werden. Dadurch bedrückt, wird er gleich sehr schwitzen, wenn er nicht schnell zur rettenden Kirche läuft und durch den Liebestrank der Eintracht wieder zum Frieden der Liebe zurückkehrt. 40. Denn ⟨dann⟩ werden sie von Dir, der Du selber durch ein schlechtes Gewissen verurteilt wirst, nicht mehr verführt werden. Und sie werden es schließlich auch nicht mehr zulassen, ⟨nur deshalb⟩ zugrunde zu gehen, weil sie in Deine verruchten Untersuchungen verwickelt wurden. Deutlich und für alle Menschen erkennbar sind für die folgende Zeit Deine Spekulationen. Und auch Du selbst wirst nichts mehr

λόγων καθυποκρινόμενος καὶ ἁπλότητος ὡς εἰπεῖν προσωπεῖον ἔξωθεν περιτιθέμενος. μάταιον ἔσται σου τὸ ὅλον τέχνασμα. αὐτίκα γάρ σε ἡ ἀλήθεια περιστήσεται. αὐτίκα σου τὰς φλόγας ὁ τῆς δυνάμεως ὡς εἰπεῖν ὄμβρος ἀποσβέσει. 41. καὶ μέντοι καὶ τοὺς ἑταίρους καὶ ὁμογνώμονάς σου ἐνόχους ἤδη τῇ βουλῇ γενομένους αἱ τῶν δημοσίων λειτουργημάτων καταλήψονται φροντίδες, ἐάν γε μὴ τὴν ταχίστην ἀποφεύγοντες τῆς πρὸς σὲ συνουσίας τὴν ἀδιάφθορον ἀνταλλάξωνται πίστιν. 42. σὺ δέ, ὁ σιδηρόφρων ἀνήρ, δεῖγμά μοι δὸς τῆς σῆς προαιρέσεως, εἰ σαυτῷ πιστεύεις, καὶ ἔρρωσαι τῷ βεβαίῳ τῆς πίστεως καὶ καθαρὰν ὅλως ἔχεις συνείδησιν. ἧκε πρός ἐμέ, ἧκε, φημί, πρὸς θεοῦ ἄνθρωπον. πίστευσον, ὡς ταῖς ἐμαυτοῦ πεύσεσι διερευνήσομαί σου τὰ ἀπόρρητα τῆς καρδίας· κἂν μέν τι μανικὸν ἐνεῖναι δόξῃ, τὴν θείαν ἐπικαλεσάμενος χάριν παραδείγματός σε κάλλιον ἰάσομαι. ἐὰν δὲ ὑγιαίνων τὰ κατὰ ψυχὴν φανῇς, τὸ τῆς ἀληθείας φῶς ἐπιγνοὺς ἐν σοὶ καὶ τῷ θεῷ χάριν εἴσομαι καὶ ἐμαυτῷ τῆς εὐσεβείας συνησθήσομαι.

20. *Aufforderung an Alexander zur Wiederaufnahme der Arianer*

Als Ergebnis des vorhergehenden Briefes hatte Arius ein Glaubensbekenntnis vorgelegt, das dem Kaiser genehm war. Dies führte dazu, daß auf einer zweiten Synode in Nicäa (327) Arius rehabilitiert und auch Euseb

a) Brief Konstantins an Alexander

Text nach: Opitz, Urk. 32
(Quelle: Gelasius III 15, 1–5).

Νικητὴς Κωνσταντῖνος Μέγιστος Σεβαστὸς πατρὶ Ἀλεξάνδρῳ ἐπισκόπῳ.

1. Καὶ νῦν ἄρα ὁ παμμίαρος φθόνος ἀνοσίοις ὑπερθέσεως σοφίσμασιν ἀνθυλακτήσει· τί οὖν πρὸς τὸ παρόν; ἕτερα παρὰ τὰ ὑπὸ τοῦ ἁγίου πνεύματος δι' ὑμῶν κεκριμένα δογματίζομεν, ἀδελφὲ τιμιώτατε; 2. Ἄρειον, Ἄρειον ἐκεῖνον λέγω πρὸς ἐμὲ τὸν Σεβαστὸν ἐλθεῖν ἐκ παρακλήσεως πλείστων ὅσων ἐκεῖνα φρονεῖν περὶ τῆς καθολικῆς πίστεως ἡμῶν ἐπαγγελλόμενον,

ausrichten können. Vergeblich gibst Du Dir einen schönen Schein, heuchelst Milde und Sanftmut durch Deine Worte und legst Dir von außen her die Maske der Einfachheit bei. Vergeblich wird Dein ganzer Schwindel sein. Denn die Wahrheit wird Dich jetzt umstellen. Und Deine Flammen wird sozusagen der Regen der ⟨kaiserlichen⟩ Macht auslöschen. 41. Deine Gesinnungsgenossen, die Deinem Ratschlag schon verfallen sind, werden gezwungen werden, für öffentliche Dienste Sorge zu tragen, wenn sie nicht aufs schnellste die Gemeinschaft mit Dir verlassen und sie gegen den unvergänglichen Glauben eintauschen. 42. Du aber, Mann mit eisernem Herzen, gib mir ein Zeichen Deines Entschlusses, wenn Du Dir selbst glaubst, stark bist in der Festigkeit des Glaubens und tatsächlich ein reines Gewissen hast. Komm zu mir, sage ich, komm zu dem Menschen Gottes! Glaube mir, ich werde durch meine Fragen die verborgensten Winkel Deines Herzens deutlich werden lassen. Und wenn noch etwas von Wahnsinn darin zu sein scheint, werde ich Dich, nachdem ich die göttliche Hilfe herbeigerufen habe, besser heilen, als es als Beispiel ⟨in Lehrbüchern zu lesen steht⟩. Wenn Du aber seelisch gesund erscheinst, dann werde ich das Licht der Wahrheit in Dir erkennen, werde Gott dankbar sein und werde mich mit Dir über die Frömmigkeit freuen.

und Theognius zurückgerufen wurden. Für diese Entwicklung wirbt Konstantin nun bei Alexander, von dem er möchte, daß er Arius und die arianischen Priester wieder in ihre Ämter einsetzt. Vor der Entscheidung darüber ist Alexander gestorben; sein Nachfolger Athanasius hat die Wiedereinsetzung verweigert.

Der Sieger, Kaiser Konstantin der Große, an Vater Alexander, den Bischof.

1. Nun wird also der schändliche Neid mit gottlosen Täuschungen für Aufschub dagegen anbellen. Was sollen wir nun im Blick auf die anliegende Sache sagen? Bestimmen wir etwas anderes als das, was durch Euch vom Heiligen Geist entschieden wurde, geehrter Bruder? 2. Ich sage, daß Arius, jener Arius zu mir, dem Kaiser gekommen ist. Er kam auf Fürsprache vieler, weil ich ihn aufgefordert hatte, über unseren katholischen Glauben

ἅπερ ἐν τῇ κατὰ Νίκαιαν συνόδῳ δι' ὑμῶν ὡρίσθη καὶ ἐκρατύνθη, παρόντος καὶ συνορίζοντος κἀμοῦ τοῦ ὑμετέρου συνθεράποντος. 3. παραχρῆμα οὖν οὗτος ἅμα σὺν Εὐζωίῳ, γνόντες δηλονότι τὴν τοῦ βασιλικοῦ προστάγματος βούλησιν, ἀφίκοντο πρὸς ἡμᾶς. διελέχθην οὖν αὐτοῖς παρόντων πλειόνων περὶ τοῦ λόγου τῆς ζωῆς. ἐγώ εἰμι ὁ ἄνθρωπος ἐκεῖνος, ὃς τὸν νοῦν τὸν ἐμαυτοῦ μετὰ πίστεως εἰλικρινοῦς ἀνέθηκα τῷ θεῷ· ἐγώ εἰμι ὁ ὑμέτερος συνθεράπων, ὃς πᾶσαν τὴν περὶ τῆς ἡμετέρας εἰρήνης καὶ ὁμονοίας ἐπανῄρημαι φροντίδα.

4. καὶ μεθ' ἕτερα· ἀπέστειλα τοιγαροῦν οὐ μόνον ἀναμιμνήσκων, ἀλλὰ καὶ ἀξιῶν ὑποδέξασθαι τοὺς ἀνθρώπους ἱκετεύοντας. εἴπερ οὖν τῆς ἐν Νικαίᾳ ἐκτεθείσης ὀρθῆς καὶ εἰς ἀεὶ ζώσης ἀποστολικῆς πίστεως ἀντιποιουμένους αὐτοὺς εὕρητε – τοῦτο γὰρ καὶ ἐφ' ἡμῶν φρονεῖν διεβεβαιώσαντο – προνοήσατε πάντων, παρακαλῶ. ἐὰν γὰρ τούτων ποιήσητε πρόνοιαν, τὰ μίση τῇ ὁμονοίᾳ νικήσητε ἂν 5. ἐπικουρήσατε οὖν, παρακαλῶ, τῇ ὁμονοίᾳ, συνεισενέγκατε τὰ τῆς φιλίας καλὰ πρὸς τοὺς τὰ τῆς πίστεως μὴ διακρινομένους, ποιήσατέ με ἀκοῦσαι ταῦτα, ἅπερ βούλομαι καὶ ἐπιθυμῶ, τὴν τῶν πάντων ὑμῶν εἰρήνην καὶ ὁμόνοιαν. ὁ θεός σε διαφυλάξει, πάτερ τιμιώτατε.

21. Briefe Konstantins bezüglich der Synode von Tyrus

Die beiden folgenden Briefe befassen sich mit den Ereignissen um die Synode in Tyrus (335), den letzten wichtigen Ereignissen des arianischen Streites vor dem Tod des Kaisers 337. Nach der Unterwerfung der Meletianer war es zu einer Allianz mit den Anhängern des Euseb von Nikomedien gegen Athanasius gekommen. Dieser schien nun dem Kaiser „der letzte Störer des Kirchenfriedens" (Vogt, Constantin 201) zu sein. Er berief daraufhin eine Synode nach Caesarea, wo Athanasius nicht erschien. Darauf lud er zu einer zweiten Synode ein, diesmal nach Tyrus. Die Einladung dazu bildet das erste der beiden abgedruckten Schreiben. Der Kaiser läßt das Erscheinen und die Verhandlung ausdrücklich überwachen. Vor allem möchte er sichergehen, daß Athanasius kommt.

das zu denken, was auf dem Konzil von Nicäa durch Euch beschlossen und festgesetzt wurde. Auch ich war als Euer Mitknecht anwesend und habe mit Euch beschlossen. 3. Sogleich kam er mit Euzoius zusammen. Und als sie den Willen der kaiserlichen Anordnung erkannt hatten, kamen sie zu uns. Ich unterhielt mich mit ihnen über das Wort des Lebens, während viele anwesend waren. Ich bin jener Mensch, der ich meinen Verstand mit ungeheucheltem Glauben Gott geweiht habe. Ich bin Euer Mitknecht, der ich die ganze Sorge für unseren Frieden und unsere Einheit auf mich genommen habe . . .

Und nach anderem:

4. Ich schickte sie nun fort. Und Euch erinnere ich nicht nur daran, sondern fordere es auch, Menschen aufzunehmen, die darum bitten. Wenn Ihr sie nun findet als Menschen, die nach dem in Nicäa festgesetzten, richtigen und ewig lebendigen, apostolischen Glauben streben – sie haben bei uns bekräftigt, so zu denken –, dann ermahne ich Euch: Sorgt für sie alle. Denn wenn Ihr für sie sorgt, dann werdet Ihr den Haß durch die Einmütigkeit besiegen. 5. Ich ermahne Euch, helft der Einmütigkeit, tragt das Gut der Freundschaft zu denen, die in Glaubensdingen keine Unterscheidungsgabe haben. Macht, daß ich höre, was ich möchte und begehre, den Frieden und die Einmütigkeit von Euch allen. Gott möge Dich bewahren, lieber Vater!

Athanasius erscheint auch, verläßt die Synode aber kurz vor Schluß wieder, um seiner Verurteilung zuvorzukommen. Er wendet sich an den Kaiser und appelliert an ihn. Konstantin nimmt die Appellation an und beruft die gesamte Synode zu sich. „Der Vorwurf – ein Gericht – diesmal eine Synode – habe ungerecht geurteilt, traf Konstantin immer noch empfindlich“ (Kraft 145). Die Berufung der Synode an seinen Hof stellt den Inhalt des zweiten Schreibens dar, in dem zugleich die dem Kaiser bis dahin bekannten Vorgänge geschildert werden. Die Verhandlungen enden mit der Verbannung des Athanasius; ob dabei die Aussage des Euseb von Nikomedien eine Rolle gespielt hat, daß Athanasius angekündigt habe, die alexandrinische Kornflotte nicht nach Rom auslaufen zu lassen, scheint mir sehr fraglich (vgl. auch Kraft 145f.).

a) Brief an die Synode in Tyrus (Mitteilung über Einladung und Überwachung)

Text nach: Euseb, v. C. IV 42.

Νικητὴς Κωνσταντῖνος Μέγιστος Σεβαστὸς τῇ ἁγίᾳ συνόδῳ τῇ κατὰ Τύρον.

1. Ἦν μὲν ἴσως ἀκόλουθον καὶ τῇ τῶν καιρῶν εὐκαιρίᾳ μάλιστα πρέπον ἀστασίαστον εἶναι τὴν καθολικὴν ἐκκλησίαν καὶ πάσης λοιδορίας τοὺς τοῦ Χριστοῦ νῦν ἀπηλλάχθαι θεράποντας. ἐπειδὴ δὲ οὐχ ὑγιοῦς φιλονεικίας οἴστρῳ τινὲς ἐλαυνόμενοι (οὐ γὰρ ἂν εἴποιμι βιοῦντες ἑαυτῶν ἀξίως), τὰ πάντα συγχέειν ἐπιχειροῦσιν, ὅπερ πάσης συμφορᾶς ἐπέκεινα κεχωρηκέναι μοι δοκεῖ, τούτου χάριν θέοντας ὑμᾶς, τὸ τοῦ λόγου, προτρέπομαι χωρίς τινος ὑπερθέσεως εἰς ταὐτὸ συνδραμεῖν, πληρῶσαι τὴν σύνοδον, ἐπαμῦναι τοῖς χρῄζουσιν ἐπικουρίας, τοὺς ἀδελφοὺς ἰάσασθαι κινδυνεύοντας, εἰς ὁμόνοιαν ἐπαναγαγεῖν τὰ διεστῶτα τῶν μελῶν, διορθώσασθαι τὰ πλημμελούμενα, ἕως καιρὸς ἐπιτρέπει, ἵνα ταῖς τοσαύταις ἐπαρχίαις τὴν πρέπουσαν ἀποδῶτε συμφωνίαν, ἥν, φεῦ τῆς ἀτοπίας, ἐλαχίστων ἀνθρώπων ἀπώλεσεν ὑπεροψία. 2. ὅτι δὲ τοῦτο καὶ τῷ δεσπότῃ τῶν ὅλων θεῷ ἐστιν ἀρεστὸν καὶ ἡμῖν πάσης εὐχῆς ὑπέρτερον καὶ ὑμῖν αὐτοῖς, ἐάν γε τὴν εἰρήνην ἀνακαλέσησθε, οὐ τῆς τυχούσης αἴτιον εὐδοξίας, πάντας ἀνθρώπους συνομολογεῖν ἡγοῦμαι. μὴ τοίνυν μέλλετε λοιπόν, ἀλλ᾽ ἐπιτείναντες ἐντεῦθεν ἤδη τὰ τῆς προθυμίας, τοῖς προκειμένοις ὅρον ἐπιθεῖναι σπουδάσατε τὸν προσήκοντα, μετὰ πάσης εἰλικρινείας δηλαδὴ καὶ πίστεως συνελθόντες, ἣν ἑκασταχοῦ μόνον οὐχὶ φωνὴν ἀφιεὶς ὁ σωτὴρ ἐκεῖνος ᾧ λατρεύομεν ἀπαιτεῖ μάλιστα παρ᾽ ὑμῶν. 3. οὐδὲν δὲ τῶν εἰς τὴν ἐμὴν εὐλάβειαν ἡκόντων ὑμῖν ἐνδεήσει. πάντα μοὶ πέπρακται ὅσα γράφοντες ἐδηλώσατε. ἐπέστειλα πρὸς οὓς ἐβουλήθητε τῶν ἐπισκόπων, ἵνα παραγενόμενοι κοινωνήσωσιν ὑμῖν τῶν φροντισμάτων, ἀπέστειλα Διονύσιον τὸν ἀπὸ ὑπατικῶν, ὃς καί τοὺς ὀφείλοντας εἰς τὴν σύνοδον ἀφικέσθαι μεθ᾽ ὑμῶν ὑπομνήσει, καὶ τῶν πραττομένων ἐξαιρέτως δὲ τῆς εὐταξίας κατάσκοπος παρέσται. 4. ἐὰν γάρ τις, ὡς ἐγὼ οὐκ οἴομαι, τὴν ἡμετέραν κέλευσιν καὶ νῦν διακρούσασθαι πειρώμενος μὴ βουληθῇ παραγενέσθαι, ἐντεῦθεν παρ᾽ ἡμῶν ἀποσταλήσεται. ὃς ἐκ βασιλικοῦ προστάγματος αὐτὸν ἐκβαλὼν ὡς οὐ προσῆκεν ὅροις αὐτοκράτορος ὑπὲρ τῆς ἀληθείας ἐξενεχθεῖσιν ἀντιτείνειν διδάξει. 5. λοιπὸν ἔσται τῆς ὑμετέρας ὁσιότητος

Der Sieger Kaiser Konstantin der Große an die Synode in Tyrus.

1. Es wäre folgerichtig und unseren glücklichen Zeiten angemessen, wenn die katholische Kirche frei von Unruhen wäre und die Diener Christi sich jetzt jedes Schmähwortes enthielten. Da aber einige, getrieben von der Leidenschaft ihrer ungesunden Streitsucht (denn ich möchte nicht sagen: indem sie auf eine Weise leben, die ihnen selbst angemessen ist), versuchen, alles zu verwirren, was mir weit von jedem Zufall entfernt zu sein scheint, deshalb bitte ich Euch (die Ihr sozusagen ja schon lauft), ohne jeden Verzug zusammenzukommen, die Synode abzuhalten, denen beizustehen, die Hilfe brauchen, die Brüder, die in Gefahr stehen, zu heilen, die getrennten Glieder zur Eintracht zu führen und das Fehlerhafte wieder richtig zu machen, solange es die Zeit gestattet, damit Ihr diesen Eparchien die angemessene Einmütigkeit wiedergebt, die der Hochmut weniger Menschen – weh der Widersinnigkeit! – verdorben hat. 2. Daß dies sowohl dem Herrn über alle Dinge, Gott, wohlgefällig als auch uns mehr als wünschenswert ist und Euch selbst, wenn Ihr den Frieden zurückbringt, einen nicht alltäglichen Ruhm eintragen wird, das wird, glaube ich, jeder Mensch zugeben. Zögert jetzt nicht mehr, sondern spannt von nun an Euren Willen an und bemüht Euch, den anliegenden Punkten eine angemessene Definition zu geben, indem Ihr mit aller Lauterkeit und natürlich im Glauben, den der Retter, dem wir dienen, überall ausdrücklich fordert, zusammenkommt. 3. Nichts von dem, was meiner Frömmigkeit zukommt, soll Euch fehlen. Es wurde alles von mir getan, was Ihr in Eurem Brief dargelegt habt. Ich habe zu den Bischöfen geschickt, von denen Ihr es wolltet, damit sie dazukommen und mit Euch an Euren Gedanken teilnehmen. Ich habe den Konsular Dionysius abgesandt. Er soll diejenigen, die mit Euch zur Synode zu kommen schuldig sind, ermahnen und soll bei der Synode dabeisein als Beobachter über das, was verhandelt wird, besonders aber über die gute Ordnung. 4. Denn wenn jemand, was ich nicht glaube, unseren Befehl auch jetzt ausschlägt und nicht kommen will, dann wird von uns jemand abgesandt werden, der ihn auf kaiserlichen Befehl verbannen und belehren wird, daß es sich nicht ziemt, den vom Herrscher zugunsten der Wahrheit ausgegangenen Bestimmungen sich zu widersetzen. 5. Im übrigen wird es

ἔργον ὁμογνώμονι κρίσει, μήτε πρὸς ἀπέχθειαν μήτε πρὸς χάριν, ἀκολούθως δὲ τῷ ἐκκλησιαστικῷ καὶ ἀποστολικῷ κανόνι, τοῖς πλημμεληθεῖσιν εἴτ' οὖν κατὰ σπάλμα συμβεβηκόσι τὴν ἁρμόττουσαν θεραπείαν ἐπινοῆσαι, ἵνα καὶ πάσης βλασφημίας ἐλευθερώσητε τὴν ἐκκλησίαν καὶ τὰς ἐμὰς ἐπικουφίσητε φροντίδας, καὶ τὴν τῆς εἰρήνης χάριν τοῖς νῦν στασιάζουσιν ἀποδόντες μεγίστην εὔκλειαν ὑμῖν αὐτοῖς προξενήσητε. ὁ θεὸς ὑμᾶς διαφυλάττοι, ἀδελφοὶ ἀγαπητοί.

b) Brief an die Synode in Tyrus (Einberufung an den Hof)

Text nach: Athanasius, Apol. II 86, 91 ff.

86|91| Μέγιστος Σεβαστὸς τοῖς ἐν Τύρῳ συνελθοῦσιν ἐπισκόποις. Ἐγὼ μὲν ἀγνοῶ τίνα ἐστὶ τὰ ὑπὸ τῆς ὑμετέρας συνόδου μετὰ θορύβου καὶ χειμῶνος κριθέντα· δοχεῖ δέ πως ὑπό τινος ἀταξίας ταραχώδους ἡ ἀλήθεια διεστράφθαι, ὑμῶν δηλαδὴ διὰ τὴν πρὸς τοὺς πλησίον ἐρεσχελίαν, ἣν ἀήττητον εἶναι βούλεσθε, τὰ τῷ Θεῷ ἀρέσκοντα μὴ συνορώντων. Ἀλλ' ἔσται τῆς θείας προνοίας ἔργον καὶ τὰ τῆς φιλονεικίας ταύτης κακὰ φανερῶς ἁλόντα διασκεδάσαι, καὶ ἡμῖν διαῤῥήδην ἐπιδεῖξαι, εἴ τινα τῆς ἀληθείας αὐτόθι συνελθόντες ἐποιήσασθε φροντίδα, καὶ εἰ τὰ κεκριμένα χωρίς τινος χάριτος καὶ ἀπεχθείας ἐκρίνατε. Τοιγαροῦν ἠπειγμένως πάντας ὑμᾶς πρὸς τὴν ἐμὴν συνελθεῖν |92| εὐσέβειαν βούλομαι, ἵνα τὴν τῶν πεπραγμένων ὑμῖν ἀκρίβειαν δι' ὑμῶν αὐτῶν |93| παραστήσητε. Τίνος δὲ ἕνεκεν ταῦτα γράψαι πρὸς ὑμᾶς ἐδικαίωσα, καὶ ὑμᾶς πρὸς ἐμαυτὸν διὰ τοῦ γράμματος καλῶ, ἐκ τῶν ἑπομένων γνώσεσθε. Ἐπιβαίνοντί μοι λοιπὸν τῆς ἐπωνύμου ἡμῶν καὶ πανευδαίμονος πατρίδος τῆς Κωνσταντινουπόλεως (συνέβαινε |95| δὲ τηνικαῦτα ἐφ' ἵππου ὀχεῖσθαι), ἐξαίφνης Ἀθανάσιος ὁ ἐπίσκοπος ἐν μέσῃ τῇ λεωφόρῳ μετὰ ἑτέρων τινῶν, οὓς περὶ αὐτὸν εἶχεν, ἀπροσδόκητος οὕτως προσῆλθεν, ὡς καὶ παρέχειν ἐκπλήξεως ἀφορμήν. Μαρτυρεῖ μοι γὰρ ὁ πάντων ἔφορος Θεὸς, ὡς οὐδὲ ἐπιγνῶναι αὐτὸν, ὅστις ἦν, παρὰ τὴν πρώτην ὄψιν ἠδυνήθην, εἰ μὴ τῶν ἡμετέρων τινὲς, καὶ ὅστις ἦν καί τὴν ἀδικίαν ἣν πέπονθε, διηγήσασθαι πυνθανομένοις, ὥσπερ εἰκὸς, ἀπήγγειλαν ἡμῖν. Ἐγὼ μὲν οὖν οὔτε διηλέχθην αὐτῷ κατ' ἐκεῖνο καιροῦ, οὔτε ὁμιλίας, ἐκοινώνησα. Ὡς δὲ ἐκεῖνος μὲν ἀκουσθῆναι ἠξίου, ἐγὼ δὲ παρ-

nun die Aufgabe Eurer Heiligkeit sein, mit einstimmigem Urteil, ohne Haß- oder Gunstbezeigung, aber gemäß dem kirchlichen und apostolischen Kanon für das, was gefrevelt wurde, bzw. für das, was an Fehlern jetzt geschehen ist, eine angemessene Heilung zu bedenken, damit Ihr die Kirche von jeder Gotteslästerung befreit und meine Sorgen erleichtert und denen, die gegeneinander streiten, den Frieden wiedergebt und Euch selbst großen Ruhm verschafft. Gott bewahre Euch, geliebte Brüder!

Kaiser Konstantin der Große an die in Tyrus zusammengekommenen Bischöfe. Ich weiß nicht, was das von Eurer Synode unter Lärm und Leidenschaft Entschiedene ist. Es scheint aber irgendwie durch ungeordnete Wirren die Wahrheit verdreht worden zu sein. Denn durch Eure Streitsucht gegen die Nächsten, die Ihr nicht überwinden wollt, erkennt Ihr das nicht, was Gott wohlgefällig ist. Aber es wird das Werk der göttlichen Vorsehung sein, auch die Übel dieser Rechthaberei deutlich aufzudecken und aufzulösen und uns ausdrücklich zu offenbaren, ob Ihr, seit Ihr dort zusammengekommen seid, Euch Sorge um die Wahrheit gemacht habt und ob Ihr Eure Entscheidungen ohne Liebe und Haß gefällt habt. Ich will nun, daß Ihr eilig zu meiner |92| Frömmigkeit kommt, damit Ihr durch Euch selbst genau darlegt, was von Euch getan wurde |93|. Weshalb ich es für richtig hielt, das an Euch zu schreiben, und weshalb ich Euch durch diesen Brief zu mir rufe, werdet Ihr aus dem Folgenden erkennen. Als ich in die nach uns benannte, vollkommen glückliche Stadt Konstantinopel hineinging (ich |95| saß zu dieser Zeit zufällig zu Pferde), da kam mir plötzlich der Bischof Athanasius in der Mitte der Heerstraße so unerwartet entgegen, daß es mich in Bestürzung versetzte. Gott, der alles sieht, zeugt für mich, daß ich beim ersten Anblick nicht einmal erkennen konnte, wer er war. Aber einige der Unsrigen erstatteten mir – wie es schicklich ist – Bericht darüber, daß er, von ihnen danach gefragt, erzählt habe, wer er sei und welches Unrecht er erlitten habe. Ich habe mich zu jener Zeit nicht mit ihm unterhalten, noch war ich mit ihm zusammen. Als jener darauf bestand, gehört zu werden, und ich es ihm abschlug und beinahe befohlen

ητούμην, καὶ μικροῦ δεῖν ἀπελαύνεσθαι αὐτὸν ἐκέλευον, μετὰ πλείονος παῤῥησίας οὐδὲν ἕτερον ἑαυτῷ παρ' ἡμῶν ἢ τὴν ὑμετέραν ἄφιξιν ἠξίωσεν ὑπάρξαι, ἵνα, ὑμῶν παρόντων, ἃ πέπονθεν ἀναγκαίως, ἀποδύρασθαι δυνηθῇ. Ὅπερ |96| ἐπειδὴ εὔλογον εἶναί μοι καὶ τοῖς καιροῖς πρέπον κατεφαίνετο, ἀσμένως ταῦτα γραφῆναι πρὸς ὑμᾶς ἔταξα, ἵνα πάντες ὅσοι τὴν σύνοδον τὴν ἐν Τύρῳ γενομένην ἀνεπληρώσατε |97|, ἀνυπερθέτως τὸ στρατόπεδον τῆς ἐμῆς ἡμερότητος ἐπειχθῆτε, τοῖς ἔργοις αὐτοῖς ἐπιδείξοντες τὸ τῆς ὑμετέρας κρίσεως καθαρόν τε καὶ ἀδιάστροφον· ἐπ' ἐμοῦ δηλαδὴ, ὃν τοῦ Θεοῦ εἶναι γνήσιον θεράποντα οὐδ' ἂν ὑμεῖς ἀρνηθείητε. Τοιγαροῦν διὰ τῆς ἐμῆς πρὸς Θεὸν λατρείας τὰ πανταχοῦ εἰρηνεύεται, καὶ τῶν βαρβάρων αὐτῶν |98| τὸ τοῦ Θεοῦ ὄνομα γνησίως εὐλογούμενον, οἳ μέχρι νῦν τὴν ἀλήθειαν ἠγνόουν· δῆλον δὲ, ὅτι ὁ τὴν ἀλήθειαν ἀγνοῶν οὐδὲ τὸν Θεὸν ἐπιγινώσκει. Πλὴν ὅμως, καθὰ προείρηται, καὶ οἱ βάρβαροι νῦν, δι' ἐμὲ τὸν Θεοῦ θεράποντα γνήσιον, ἐπέγνωσαν τὸν Θεὸν, καὶ εὐλαβεῖσθαι μεμάθηκαν, ὅν ὑπερασπίζειν μου |99| πανταχοῦ καὶ προνοεῖσθαι τοῖς ἔργοις αὐτοῖς ᾔσθοντο· ὅθεν μάλιστα καὶ ἴσασι τὸν Θεόν· ὃν ἐκεῖνοι μὲν διὰ τὸν πρὸς ἡμᾶς φόβον εὐλαβοῦνται, ἡμεῖς |1| δὲ οἱ τὰ ἅγια μυστήρια τῆς εὐμενείας αὐτοῦ δοκοῦντες προβάλλεσθαι (οὐ γὰρ ἂν εἴποιμι φυλάττειν), ἡμεῖς, φημὶ, οὐδὲν πράττομεν ἢ τὰ πρὸς διχόνοιαν καὶ μῖσος |2| συντείνοντα, καὶ ἁπλῶς εἰπεῖν, τὰ πρὸς ὄλεθρον τοῦ ἀνθρωπίνου γένους ἔχοντα τὴν ἀναφοράν. Ἀλλ' ἐπείχθητε, καθὰ προείρηται, πρὸς ἡμᾶς σπουδάσατε πάντες ᾗ τάχος, πεπεισμένοι, ὡς παντὶ σθένει κατορθῶσαι πειράσομαι, ὅπως ἐν τῷ νόμῳ Θεοῦ ταῦτα ἐξαιρέτως ἀδιάπτωτα φυλάττηται, οἷς οὔτε ψόγος, οὔτε κακοδοξία τις δυνήσεται προσπλακῆναι· διασκεδασθέντων δηλαδὴ καὶ συντριβέντων ἄρδην, καὶ παντελῶς ἀφανισθέντων τῶν ἐχθρῶν τοῦ νόμου, οἵτινες ἐπὶ προσχήματι τοῦ ἁγίου ὀνόματος ποικίλας καὶ διαφόρους βλασφημίας παρέχουσιν.

hätte, daß er fortgehen soll, da forderte er mit großem Freimut, daß ihm von uns nichts anderes zuteil werden solle, als daß Ihr hierher kommt, damit er sich, wenn Ihr daseid, über das beklagen könne, was ihm gewaltsam angetan wurde |96|. Da mir das vernünftig und den Zeiten angemessen erschien, ordnete ich gern an, Euch zu schreiben, daß Ihr alle, die Ihr an der Synode in Tyrus teilgenommen habt |97|, ohne Aufschub an den Hof unserer Güte kommt, um durch die Werke selbst die Reinheit und Untadeligkeit Eures Urteils bei mir unter Beweis zu stellen. Auch Ihr werdet nicht leugnen, daß ich Gottes rechtmäßiger Diener bin. Denn durch meinen Dienst für Gott wird überall Frieden gehalten, und selbst die Barbaren |98|, die bis jetzt die Wahrheit nicht kannten, loben nun in echter Weise den Namen Gottes. Es ist offenbar, daß der, der die Wahrheit nicht kennt, auch Gott nicht kennt. Aber, wie ich gerade sagte, auch die Barbaren haben nun durch mich, den echten Diener Gottes, Gott erkannt und ihn fürchten gelernt. Denn von diesem Gott nahmen sie durch die Tatsachen selbst wahr, daß er mich überall beschützt |99| und für mich sorgt. Besonders daher kennen sie also Gott. Und sie fürchten ihn wegen der Furcht uns gegenüber. Wir aber |1|, die wir die heiligen Mysterien seiner Gnade vorzulegen scheinen (denn ich kann wohl nicht sagen: verwalten), wir, sage ich, tun nichts anderes als das, was auf Meinungsverschiedenheit und Haß |2| hinzielt, und als das, was – um es einfach zu sagen – zum Verderben des Menschengeschlechtes führt. Aber wie gesagt, kommt möglichst schnell zu mir und seid überzeugt, daß ich mit ganzer Kraft versuchen werde, Ordnung zu schaffen, damit besonders das vom Gesetz fehlerfrei bewahrt bleibt, woran kein Tadel und kein schlechter Ruf angehängt werden kann. Dabei sollen die Feinde des Gesetzes, die unter dem Vorwand des heiligen Namens verschiedenartige und unterschiedliche Gotteslästerungen von sich geben, zerstreut, zerschmettert und ganz und gar vernichtet werden.

IV. EDIKTE, VERLAUTBARUNGEN UND BERICHTE ÜBER EDIKTE

22. *Kleinere Edikte Konstantins*

Von den Edikten Konstantins kann selbstverständlich nur eine sehr kleine Auswahl gegeben werden. Die zehn folgenden Edikte sollen deutlich machen, welche Richtung die offizielle Politik Konstantins einschlug und daß besonders in den Jahren 316–321 eine besondere Begünstigung des Christentums auftaucht und christliche Ideen Berücksichtigung

a) Verbot der Gesichtsschändung (315/6)

Text nach: Cod. Theod. 9, 40, 2.

Si quis in ludum fuerit vel in metallum pro criminum deprehensorum qualitate damnatus, minime in eius facie scribatur, dum et in manibus et in suris possit poena damnationis una scribtione conprehendi, quo facies, quae ad similitudinem pulchritudinis caelestis est figurata, minime maculetur. DAT. XII KAL. APRIL. CAVILLVNO CONSTANTINO A. IIII ET LICINIO IIII CONSS.

b) Anerkennung der bischöflichen Gerichtsbarkeit (318)

Text nach: Cod. Theod. 1, 27, 1.

Iudex pro sua sollicitudine observare debebit, ut, si ad episcopale iudicium provocetur, silentium accommodetur et, si quis ad legem Christianam negotium transferre voluerit et illud iudicium observare, audiatur, etiamsi negotium apud iudicem sit inchoatum, et pro sanctis habeatur, quidquid ab his fuerit iudicatum: ita tamen, ne usurpetur in eo, ut unus ex litigantibus pergat ad supra dictum auditorium et arbitrium suum enuntiet. Iudex enim praesentis cau-

finden. Vieles muß hier unerwähnt bleiben, z. B. alle die Gesetze des Kaisers, die keinen direkten Bezug zum Christentum haben, sicherlich aber auch aus christlichem Gedankengut entstanden sind (z. B. Verbot des Konkubinats, Aufhebung der Benachteiligung von Ehelosen etc.).

Die beigegebenen Datierungen entstammen den Rechtscodices und sind sehr unsicher; sie sollten nur mit äußerster Vorsicht herangezogen werden.

Merkwürdig mag die Anordnung von Haruspicien für vom Blitz getroffene öffentliche Gebäude wirken. Allerdings werden auch hier private Opfer strengstens untersagt. Dörries bemerkt zu Recht, daß sich diese Bestimmung mehr auf die Kontrolle der Haruspicien richtet als auf sie selbst (Dörries 180).

Eine ausführliche Auflistung der relevanten Edikte Konstantins findet man bei Dörries 162–208.

Wenn jemand bei Verbrechen ertappt und ihrer Schwere wegen zu den Spielen oder zum Bergwerk verurteilt wurde, soll er keinesfalls in seinem Gesicht gebrandmarkt werden. Nur an den Händen oder an den Waden kann die Strafe, zu der er verurteilt worden ist, mit einer Schrift festgehalten werden. Das Gesicht aber, das nach dem Gleichnis himmlischer Schönheit gebildet wurde, soll nicht geschändet werden. [. . .]

Ein Richter soll im Rahmen seiner Sorgfalt darauf achten, daß, wenn jemand an ein Bischofsgericht appelliert, dies stillschweigend toleriert wird. Und wenn jemand eine Angelegenheit auf das christliche Gesetz zu übertragen und jenes Gericht mit der Sache befassen lassen möchte, dann soll er gehört werden, auch wenn die Angelegenheit bereits vor dem ⟨weltlichen⟩ Richter in Verhandlung steht. Und es soll für unantastbar gelten, was von den bischöflichen Gerichten beschlossen wird. Jedoch soll es so sein, daß nicht eine der Prozeßparteien an das oben genannte Auditorium Berufung einlegt und ⟨damit⟩ seine eigene ⟨vorgefaßte⟩ Entscheidung ausspricht.

sae integre habere debet arbitrium, ut omnibus accepto latis pronuntiet. DATA VIIII KAL. IVLIAS CONSTANTINOPOLI . . . A. ET CRISPO CAES. CONSS.

c) Immunität des Klerus (319)

Text nach: Cod. Theod. 16, 2, 2.

Qui divino cultui ministeria religionis inpendunt, id est hi, qui clerici appellantur, ab omnibus omnino muneribus excusentur, ne sacrilego livore quorundam a divinis obsequiis avocentur. DAT. XII KAL. NOV. CONSTANTINO A. V ET LICINIO CAES. CONSS.

d) Verbot von Haruspicien in Privathäusern (319)

Text nach: Cod. Theod. 9, 16, 1.

Nullus haruspex limen alterius accedat nec ob alteram causam, sed huiusmodi hominum quamvis vetus amicitia repellatur, concremando illo haruspice, qui ad domum alienam accesserit, et illo, qui eum suasionibus vel praemiis evocaverit, post ademptionem bonorum in insulam detrudendo: superstitioni enim suae servire cupientes poterunt publice ritum proprium exercere. Accusatorem autem huius criminis non delatorem esse, sed dignum magis praemio arbitramur. P(RO)P(OSITA) KAL. FEB. ROM(AE) CONSTANTINO A. V ET LICINIO CAES. CONSS.

e) Noch einmal: Verbot von Haruspicien (319)

Text nach: Cod. Theod. 9, 16, 2.

Haruspices et sacerdotes et eos, qui huic ritui adsolent ministrare, ad privatam domum prohibemus accedere vel sub praetextu amicitiae limen alterius ingredi, poena contra eos proposita, si contempserint legem. Qui vero id vobis existimatis conducere, adite aras publicas adque delubra et consuetudinis vestrae celebrate sollemnia: nec enim prohibemus praeteritae usurpationis officia libera luce tractari. DAT. ID. MAI. CONSTANTINO A. V ET LICINIO CONSS.

Denn der Richter des vorliegenden Falles muß eine unangetastete Entscheidung treffen können, damit er ein Urteil fällen kann, das von allen Seiten akzeptiert wird. [. . .]

Diejenigen, die dem göttlichen Kult die Dienste der Religion zollen, d. h. diejenigen, die Kleriker genannt werden, sollen gänzlich von allen Abgaben befreit werden, damit sie nicht von den göttlichen Obliegenheiten durch den gottlosen Neid gewisser Leute abgelenkt werden. [. . .]

Kein Opferschauer soll an die Schwelle eines anderen Menschen herantreten, auch nicht aus einem anderen Grunde. Auch eine noch so alte Freundschaft von Menschen dieser Art soll zurückgewiesen werden. Jener Opferschauer soll verbrannt werden, der an ein fremdes Haus herangeht. Und jener, der ihn mit Überredungen oder Belohnungen gerufen hat, soll nach Einziehung seiner Güter auf eine Insel vertrieben werden. Denn die, die ihrem Aberglauben zu dienen begehren, können ihren jeweiligen Ritus ⟨ja⟩ öffentlich ausüben. Wir glauben aber, daß der Ankläger solcher Verbrechen kein Denunziant ist, sondern vielmehr eine Belohnung verdient hat. [. . .]

Opferschauern und Priestern und denjenigen, die einen solchen Ritus auszuüben pflegen, verbieten wir, an ein privates Haus heranzugehen oder unter dem Vorwand einer Freundschaft die Schwelle eines anderen zu betreten, ⟨und zwar⟩ unter Androhung einer Strafe gegen sie, wenn sie das Gesetz verachtet haben werden. Ihr aber, die Ihr glaubt, daß Euch das nützt, geht zu den öffentlichen Altären und Heiligtümern und feiert die Festlichkeiten Eures Brauches. Denn wir verbieten nicht, daß die Ausübung eines vergangenen Götzendienstes bei freiem Licht geschieht. [. . .]

f) Anordnung von Haruspicien für vom Blitz getroffene öffentliche Gebäude (320)

Text nach: Cod. Theod. 16, 10, 1.

Si quid de palatio nostro aut ceteris operibus publicis degustatum fulgore esse constiterit, retento more veteris observantiae quid portendat, ab haruspicibus requiratur et diligentissime scribtura collecta ad nostram scientiam referatur, ceteris etiam usurpandae huius consuetudinis licentia tribuenda, dummodo sacrificiis domesticis abstineant, quae specialiter prohibita sunt. Eam autem denuntiationem adque interpretationem, quae de tactu amphitheatri scribta est, de qua ad Heraclianum tribunum et mag(istrum) officiorum scribseras, ad nos scias esse perlatam. DAT. XVI KAL. IAN. SERDICAE; ACC(EPTA) VIII ID. MAR. CRISPO II ET CONSTANTINO II CC. CONSS.

g) Verordnung des Sonntags (321)

Text nach: Cod. Just. 3, 12, 2.

Omnes iudices urbanaeque plebes et artium officia cunctarum venerabili die solis quiescant. ruri tamen positi agrorum culturae libere licenterque inserviant, quoniam frequenter evenit, ut non alio aptius die frumenta sulcis aut vineae scrobibus commendentur, ne occasione momenti pereat commoditas caelesti provisione concessa. PP. V MON. MART. CRISPO II ET CONSTANTINO II CONSS.

h) Erlaubnis der Sklavenfreilassung am Sonntag (321)

Text nach: Cod. Theod. 2, 8, 1.

Sicut indignissimum videbatur diem solis veneratione sui celebrem altercantibus iurgiis et noxiis partium contentionibus occupari, ita gratum ac iucundum est eo die quae sunt maxime votiva conpleri. Atque ideo emancipandi et manumittendi die festo cuncti licentiam habeant et super his rebus acta non prohibeantur. P(RO)P(OSITA) V NON. IVL. CARALIS CRISPO II ET CONSTANTINO II CC. CONSS.

Wenn ein Teil von unserem Palast oder anderen öffentlichen Bauwerken vom Blitz nur oberflächlich getroffen wurde und stehenbleibt, soll die Weise des alten Gottesdienstes wieder versucht und von Opferschauern erfragt werden, was ⟨der Blitzschlag⟩ ankündigt. Das soll dann aufs sorgfältigste aufgeschrieben und zu unserer Kenntnis gebracht werden. Den übrigen ist die Ingebrauchnahme dieser Gewohnheit zu gestatten, sofern private Opfer unterbleiben, die aufs strengste zu verhindern sind. Die Prophezeiung und Interpretation, die über die Wirkung ⟨des Blitzes am⟩ Amphitheater geschrieben wurde, worüber Du an den Tribun Heraklianus und die Beamten geschrieben hast, ist zu unserer Kenntnis zu bringen. [. . .]

Alle Richter und Stadtleute und die Verrichtungen der verschiedenen Gewerbe sollen am verehrungswürdigen Sonntag ruhen. Jedoch die Landleute sollen sich frei und ungebunden der Bestellung der Äcker widmen, weil es oft geschieht, daß an keinem anderen Tag besser der Weizen dem Schnitt und der Wein der Grube anvertraut werden könnte, damit nicht die durch die himmlische Vorsehung gebotene Gelegenheit mit dem günstigen Augenblick verstreicht. [. . .]

Wie es sehr unwürdig erscheint, den durch seine Verehrung festlichen Sonntag durch Wortgefechte vor Gericht oder schädlichen Parteienstreit zu okkupieren, so ist es doch beliebt und angenehm, daß an diesem Tage das getan wird, was am meisten gottgeweiht ist. Daher besitzen alle die Erlaubnis, an diesem Festtag Söhne aus der väterlichen Gewalt zu entlassen und Sklaven freizugeben. Und über diese Angelegenheiten ist die Anfertigung von Akten nicht untersagt. [. . .]

i) Zulassung letztwilliger Verfügungen an die Kirche (321)

Text nach: Cod. Theod. 16, 2, 4.

Habeat unusquisque licentiam sanctissimo catholicae venerabilique concilio decedens bonorum quod optavit relinquere. Non sint cassa iudicia. Nihil est, quod magis hominibus debetur, quam ut supremae voluntatis, post quam aliud iam velle non possunt, liber sit stilus et licens, quod iterum non redit, arbitrium. P(RO)P(OSITA) V NON. IVL. ROM(AE) CRISPO II ET CONSTANTINO II CAESS. CONSS.

j) Abschaffung der Einreihung unter die Gladiatoren als Strafe

Text nach: Cod. Teod. 15, 12, 1.

Cruenta spectacula in otio civili et domestica quiete non placent. Quapropter, qui omnino gladiatores esse prohibemus eos, qui forte delictorum causa hanc condicionem adque sententiam mereri consueverant, metallo magis facies inservire, ut sine sanguine suorum scelerum poenas agnoscant. P(RO)P(OSITA) BERYTO KAL. OCTOB. PAVLINO ET IVLIANO CONSS.

23. Das Häretikeredikt

Das folgende Edikt, als „Häretikeredikt" bekannt, stammt vermutlich aus dem Jahr 326 und ist offenbar auf den Osten berechnet (Dörries 83f.). Der Vergleich mit einem wenig später ausgegangenen Gesetz (vgl. Kraft 248) zeigt die Echtheit. Zu beachten ist, daß weder Donatisten (die ja seit 321 Duldung erfuhren) noch die Meletianer erwähnt werden. Bei diesem Schreiben handelt es sich um das schärfste des Kaisers gegen christliche Sekten. Es mag vielleicht verwunderlich erscheinen, daß der Kaiser, der immer wieder bei der Toleranz gegen die Heiden verharrt, gegenüber den

Es soll jeder einzelne die Erlaubnis haben, der heiligsten und ehrwürdigsten Versammlung der katholischen Kirche, wenn er stirbt, nach seinem Wunsch Güter zu hinterlassen. Richterliche Entscheidungen sind nicht hinfällig. Es gibt nichts, was den Menschen mehr geschuldet wird, als daß der Griffel des letzten Willens, nach dem sie ja nichts anderes mehr wollen können, frei und der Wille, der unveränderlich ist, zulässig sein sollen. [. . .]

Blutige Schauspiele gefallen nicht für den bürgerlichen Müßiggang und für die private Ruhe. Deshalb verwehren wir es denen, Gladiatoren zu sein, die zufällig wegen ihrer Delikte diesen Beruf und dieses Urteil zu erhalten pflegen. Lasse sie lieber dem Bergwerk dienstbar sein, damit sie ohne Blut die Strafe für ihre Verbrechen erkennen. [. . .]

Häretikern und Schismatikern innerhalb der Kirche sich zur Unduldsamkeit entschließt. Das dürfte freilich mit der Bedeutung zusammenhängen, die er der Kirche sowohl in seinem politischen wie theologischen Denken beimißt. Wenn er sich als Beauftragter Gottes versteht, um die rechte Gottesverehrung wieder in Gang zu bringen und damit glückliche Zeiten heraufzuführen, ist die Einheit unter der Kirche notwendig. Und dieser Einheit ist eigentlich das ganze religionspolitische Handeln Konstantins gewidmet. So sind wohl auch immer wieder die Versuche zu verstehen, diese Einheit – wenn alle anderen Mittel versagt haben – durch das Eingreifen des Staates herzustellen.

a) Edikt Konstantins über die Häretiker

Text nach: Euseb, v. C. III 64f.

64. 1 Νικητὴς Κωνσταντῖνος Μέγιστος Σεβαστὸς αἱρετικοῖς. Ἐπίγνωτε νῦν διὰ τῆς νομοθεσίας ταύτης, ὦ Ναυατιανοί, Οὐαλεντῖνοι, Μαρκιωνισταί, Παυλιανοί, οἵ τε κατὰ Φρύγας ἐπικεκλημένοι, καὶ πάντες ἁπλῶς εἰπεῖν οἱ τὰς αἱρέσεις διὰ τῶν οἰκείων πληροῦντες συστημάτων, ὅσοις ψεύδεσιν ἡ παρ' ὑμῖν ματαιότης ἐμπέπλεκται, καὶ ὅπως ἰοβόλοις τισὶ φαρμάκοις ἡ ὑμετέρα συνέχεται διδασκαλία, ὡς τοὺς μὲν ὑγιαίνοντας εἰς ἀσθένειαν, τοὺς δὲ ζῶντας εἰς διηνεκῆ θάνατον ἀπάγεσθαι δι' ὑμῶν. 2. ὦ τῆς μὲν ἀληθείας ἐχθροί, τῆς δὲ ζωῆς πολέμιοι καὶ ἀπωλείας σύμβουλοι· πάντα παρ' ὑμῖν τῆς ἀληθείας ἐστὶν ἐναντία, αἰσχροῖς πονηρεύμασι συνᾴδοντα, ἀτοπίαις καὶ δράμασι χρήσιμα, δι' ὧν ὑμεῖς τὰ μὲν ψευδῆ κατασκευάζετε, τοὺς δ' ἀναμαρτήτους θλίβετε, τὸ φῶς τοῖς πιστεύουσιν ἀρνεῖθε. ἐπὶ προσχήματι γοῦν θειότητος ἀεὶ πλημμελοῦντες πάντα μιαίνετε, τὰς ἀθῴους καὶ καθαρὰς συνειδήσεις θανατηφόροις πληγαῖς τραυματίζετε, αὐτὴν δὲ σχεδὸν εἰπεῖν τὴν ἡμέραν τῶν ἀνθρωπείων ὀφθαλμῶν καθαρπάζετε. 3. καὶ τί δεῖ καθ' ἕκαστον λέγειν, ὅπου γε περὶ τῶν ὑμετέρων κακῶν εἰπεῖν τι κατ' ἀξίαν οὔτε βραχέος ἐστὶ χρόνου οὔτε τῶν ἡμετέρων ἀσχολιῶν. οὕτω γάρ ἐστι μακρὰ καὶ ἄμετρα τὰ παρ' ὑμῖν ἀτοπήματα, οὕτως εἰδεχθῆ καὶ πάσης ἀπηνείας πλήρη, ὡς μηδ' ὁλόκληρον ἡμέραν πρὸς ἔκφρασιν τούτων ἀρκεῖν· ἄλλως τε καὶ ἐκκλίνειν τῶν τοιούτων προσήκει τὰς ἀκοὰς τούς τ' ὀφθαλμοὺς ἀποστρέφειν ὑπὲρ τοῦ μὴ χραίνεσθαι τῇ καθ' ἕκαστον διηγήσει τὴν τῆς ἡμετέρας πίστεως εἰλικρινῆ καὶ καθαρὰν προθυμίαν. 4. τί οὖν ἀνεξόμεθα περαιτέρω τῶν τοιούτων κακῶν; ἀλλ' ἡ μακρὰ παρεπιθύμησις ὥσπερ λοιμικῷ νοσήματι καὶ τοὺς ὑγιαίνοντας χραίνεσθαι ποιεῖ. τίνος οὖν ἕνεκεν τὴν ταχίστην τὰς ῥίζας ὡς εἰπεῖν τῆς τοσαύτης κακίας οὐ διὰ δημοσίας ἐπιστρεφείας ἐκκόπτομεν;

65. 1. Τοιγάρτοι ἐπειδὴ τὸν ὄλεθρον τοῦτον τῆς ὑμετέρας ἐξωλείας ἐπὶ πλεῖον φέρειν οὐκ ἔστιν οἷόν τε, διὰ τοῦ νόμου τούτου προαγορεύομεν, μή τις ὑμῶν συνάγειν ἐκ τοῦ λοιποῦ τολμήσῃ. διὸ καὶ πάντας ὑμῶν τοὺς οἴκους, ἐν οἷς τὰ συνέδρια ταῦτα πληροῦτε, ἀφαιρεθῆναι προσετάξαμεν, μέχρι τοσούτου τῆς φροντίδος ταύτης προχωρούσης, ὡς μὴ ἐν τῷ δημοσίῳ μόνον, ἀλλὰ μηδὲ ἐν οἰκίᾳ ἰδιωτικῇ ἢ τόποις τισὶν ἰδιάζουσι τὰ τῆς

64, 1. Der Sieger, Kaiser Konstantin der Große, an die Häretiker.

Erkennt nun durch dieses Edikt, Ihr Novatianer, Valentianer, Markioniten, Paulinianer, Ihr, die Ihr nach den Phrygiern benannt seid, und Ihr alle, die Ihr – um es einfach zu sagen – durch besonders enge Verbindungen die Sekten füllt, in welche Lügen Euer Wahnsinn sich verstrickt hat und wie Eure Lehre aus so schrecklichen Giften besteht, daß durch Euch die Gesunden zur Krankheit und die Lebenden zu einem stetigen Tod geführt werden. 2. O Ihr Feinde der Wahrheit, Ihr Gegner des Lebens, Ihr Ratgeber des Verderbens! Alles ist bei Euch gegen die Wahrheit gerichtet, stimmt mit scheußlichen Bosheiten zusammen, taugt nur zu Unsinnigkeiten und Schauspielen. Dadurch erdichtet Ihr Lügen, verderbt die Unschuldigen und beraubt die Gläubigen des Lichtes. Indem Ihr laufend mit dem Vorwand der Gottheit frevelt, besudelt Ihr alles, verwundet untadelige und reine Gewissen mit tödlichen Schlägen. Beinahe möchte ich sagen: Ihr raubt den menschlichen Augen den Tag. 3. Doch warum ist es nötig, das ⟨alles⟩ einzeln aufzuzählen! Dafür, über Eure üblen Taten angemessen etwas zu sagen, haben wir nicht genug Zeit und sind zu sehr beschäftigt. Denn so groß und maßlos sind Eure Widersinnigkeiten, so häßlich und so voll von aller Härte, daß ein ganzer Tag für die Aufzählung davon nicht hinreicht. Außerdem ziemt es sich, die Ohren von solchen Dingen wegzuhalten und die Augen wegzuwenden, damit nicht durch eine genaue und einzelne Aufzählung der lautere und reine Eifer unseres Glaubens beschmutzt wird. 4. Warum sollen wir solche üblen Taten weiter dulden? Die große Langmut bewirkt ⟨nur⟩, daß auch die Gesunden von der gleichsam pestartigen Krankheit befallen werden. Warum sollen wir nicht sozusagen die Wurzeln dieser Schlechtigkeiten durch öffentliche Sorgfalt ausreißen?

65, 1. Da also nun dieses Verderben, das aus Eurer Verderbtheit kommt, nicht länger ertragen werden kann, ordnen wir durch dieses Edikt an, daß keiner von Euch mehr wagen soll, Zusammenkünfte zu organisieren. Darum haben wir angeordnet, daß alle Eure Häuser, in denen Ihr diese Zusammenkünfte durchführt, eingezogen werden sollen. Dabei geht der Sinn dieser Anordnung so weit, daß Ihr nicht nur nicht in öffentlichen, sondern auch nicht in privaten Stätten oder Häusern den Haufen Eurer abergläubigen

δεισιδαίμονος ὑμῶν ἀνοίας συστήματα συντρέχειν. 2. πλὴν ὅπερ ἔστι κάλλιον, ὅσοι τῆς ἀληθινῆς καὶ καθαρᾶς ἐπιμελεῖσθε θρησκείας, εἰς τὴν καθολικὴν ἐκκλησίαν ἔλθετε καὶ τῇ ταύτης ἁγιότητι κοινωνεῖτε, δι' ἧς καὶ τῆς ἀληθείας ἐφικέσθαι δυνήσεσθε· κεχωρίσθω δὲ παντελῶς τῆς τῶν ἡμετέρων καιρῶν εὐκληρίας ἡ τῆς διεστραμμένης διανοίας ὑμῶν ἀπάτη, λέγω δὲ ἡ τῶν αἱρετικῶν καὶ σχισματικῶν ἐναγής τε καὶ ἐξώλης διχόνοια. πρέπει γὰρ τῇ ἡμετέρᾳ μακαριότητι, ἧς ἀπολαύομεν σὺν θεῷ, τὸ τοὺς ἐπ' ἐλπίσιν ἀγαθαῖς βιοῦντας ἀπὸ πάσης ἀτάκτου πλάνης εἰς τὴν εὐθεῖαν ὁδόν, ἀπὸ τοῦ σκότους ἐπὶ τὸ φῶς, ἀπὸ ματαιότητος εἰς τὴν ἀλήθειαν, ἀπὸ θανάτου πρὸς σωτηρίαν ἄγεσθαι. 3. ὑπὲρ δὲ τοῦ τῆς θεραπείας ταύτης καὶ ἀναγκαίαν γενέσθαι τὴν ἰσχὺν προσετάξαμεν, καθὼς προείρηται, ἅπαντα τὰ τῆς δεισιδαιμονίας ὑμῶν συνέδρια, πάντων φημὶ τῶν αἱρετικῶν τοὺς εὐκτηρίους, εἴ γε εὐκτηρίους ὀνομάζειν οἴκους προσήκει, ἀφαιρεθέντας ἀναντιρρήτως τῇ καθολικῇ ἐκκλησίᾳ χωρίς τινος ὑπερθέσεως παραδοθῆναι, τοὺς δὲ λοιποὺς τόπους τοῖς δημοσίοις προσκριθῆναι, καὶ μηδεμίαν ὑμῖν εἰς τὸ ἑξῆς τοῦ συνάγειν εὐμάρειαν περιλειφθῆναι, ὅπως ἐκ τῆς ἐνεστώσης ἡμέρας ἐν μηδενὶ τόπῳ μήτε δημοσίῳ μήτ' ἰδιωτικῷ τὰ ἀθέμιτα ὑμῶν συστήματα ἀθροισθῆναι τολμήσῃ.

Προτεθήτω.

24. Berichte über Anordnungen Konstantins

Die beiden folgenden Texte sind Berichte Eusebs über Anordnungen des Kaisers. Im allgemeinen betrachtet man sie als verläßlich.

Im Zusammenhang mit der Anordnung des Sonntags steht die Einführung dieses Tages auch für die Soldaten. Den Christen sollte die Teilnahme am Gottesdienst ermöglicht werden. Dafür erwartete der Kaiser natürlich die Akzeptierung des Heeresdienstes durch die Kirche, was auch geschah. Den nichtchristlichen Soldaten ordnete der Kaiser ein Gebet an, das sicher von seinem Denken her deutliche Anklänge an seine eigene Frühzeit trägt und das sich im Rahmen monotheistisch-spätantiker Frömmigkeit interpretieren ließ. Natürlich verstand es der Kaiser christlich; aber er ermöglichte nichtchristlichen Soldaten auf diese Weise, es zu akzeptieren.

Unsinnigkeiten versammeln dürft. 2. Dagegen, was doch viel schöner ist: Kommt Ihr doch, die Ihr um wahre und reine Gottesverehrung bemüht seid, in die katholische Kirche und habt Gemeinschaft an ihrer Heiligkeit, durch die auch Ihr zur Wahrheit gelangen könnt. Ganz und gar verbannt von dem Glück unserer Zeiten soll aber der Betrug Eurer verderblichen Gedanken sein – ich spreche von der fluchbeladenen und verderblichen Zwietracht der Häretiker und Schismatiker. Denn es ziemt sich angesichts des Glückes, das wir mit Gott genießen, daß die, die mit guten Hoffnungen leben, von allem ungeordneten Irrtum zum geraden Weg, von der Finsternis zum Licht, vom Wahnsinn zur Wahrheit und vom Tod zur Rettung geführt werden. 3. Damit solche Gottesverehrung auch zur Notwendigkeit wird, haben wir angeordnet (wie schon erwähnt), alle Versammlungen Eures Aberglaubens – ich spreche von den Bethäusern aller Häretiker, falls man sie überhaupt Bethäuser nennen darf – ohne die Möglichkeit eines Widerspruches einzuziehen und der katholischen Kirche ohne Aufschub zu übergeben. Und es soll Euch keine Gelegenheit gelassen werden, weiterhin noch zusammenzukommen. So sollen sich von dem gegenwärtigen Tage an weder an einem öffentlichen noch an einem privaten Ort Eure gesetzlosen Zusammenkünfte mehr bilden können.

Zu veröffentlichen!

Der zweite Text berichtet davon, daß Konstantin den höchsten Staatsbeamten verbot, Opfer darzubringen. Das ordnet sich dem Wunsch ein, dem Reich – wenn auch möglichst ohne Zwang – ein christliches Gepräge zu geben. Dazu war selbstverständlich die Loyalität der oberen Führungskräfte notwendig, vielleicht sogar ein Stückweit Vorbildcharakter. Konstantin versuchte dies besonders dadurch zu erreichen, daß er solche Positionen möglichst mit Christen besetzte. Wo dies nicht geschehen konnte, wollte er wenigstens das öffentliche Auftreten dieser Personen zugunsten des Heidentums verhindern. Die Anordnung stammt wohl aus dem Jahr 325 (vgl. Vogt, RAC 336f.).

a) Die Sonntagsfeier im Heer

Text nach: Euseb, v. C. IV 18–20.

18, 3. τὴν δέ γε σωτήριον ἡμέραν, ἣν καὶ φωτὸς εἶναι καὶ ἡλίου ἐπώνυμον συμβαίνει, τὰ στρατιωτικὰ πάντα διὰ σπουδῆς τιμᾶν διδάσκων, τοῖς μὲν τῆς ἐνθέου μετέχουσι πίστεως ἀκωλύτως τῇ ἐκκλησίᾳ τοῦ θεοῦ προσκαρτερεῖν μετεδίδου σχολῆς, ἐφ' ᾧ τὰς εὐχὰς μηδενὸς αὐτοῖς ἐμποδὼν γινομένου συντελεῖν, **19.** τοῖς δὲ μήπω τοῦ θείου λόγου μετασχοῦσιν ἐν δευτέρῳ νόμῳ διεκελεύετο κατὰ τὰς κυριακὰς ἡμέρας ἐν προαστείοις ἐπὶ καθαροῦ προιέναι πεδίου κἀνταῦθα μεμελετημένην εὐχὴν ἐξ ἑνὸς συνθήματος ὁμοῦ τοὺς πάντας ἀναπέμπειν θεῷ. μὴ γὰρ δόρασι χρῆναι, μηδὲ πανευχίαις, μηδ' ἀλκῇ σωμάτων τὰς ἑαυτῶν ἐξάπτειν ἐλπίδας, τὸν δ' ἐπὶ πάντων εἰδέναι θεόν, παντὸς ἀγαθοῦ καὶ δὴ καὶ αὐτῆς νίκης δοτῆρα, ᾧ καὶ τὰς ἐνθέσμους προσήκειν ἀποδιδόναι εὐχάς, ἄνω μὲν αἴροντας εἰς οὐρανὸν μετεώρους τὰς χεῖρας, ἀνωτάτω δ' ἐπὶ τὸν οὐράνιον βασιλέα τοὺς τῆς διανοίας παραπέμποντας ὀφθαλμούς, κἀκεῖνον ταῖς εὐχαῖς νίκης δοτῆρα καὶ σωτῆρα φύλακά τε καὶ βοηθὸν ἐπιβοωμένους. καὶ τῆς εὐχῆς δὲ τοῖς στρατιωτικοῖς ἅπασι διδάσκαλος ἦν αὐτός, Ῥωμαίᾳ γλώττῃ τοὺς πάντας ὧδε λέγειν ἐγκελευσάμενος· **20,** 1. «σὲ μόνον οἴδαμεν θεόν, σὲ βασιλέα γνωρίζομεν, σὲ βοηθὸν ἀνακαλούμεθα, παρὰ σοῦ τὰς νίκας ἠράμεθα, διὰ σοῦ κρείττους τῶν ἐχθρῶν κατέστημεν, σοὶ τὴν τῶν προυπαρξάντων ἀγαθῶν χάριν γνωρίζομεν, σὲ καὶ τῶν μελλόντων δοτῆρα ἐλπίζομεν, σοῦ πάντες ἱκέται γιγνόμεθα, τὸν ἡμέτερον βασιλέα Κωνσταντῖνον παῖδάς τε αὐτοῦ θεοφιλεῖς ἐπὶ μήκιστον ἡμῖν βίου σῶον καὶ νικητὴν φυλάττεσθαι ποτνιώμεθα.» 2. τοιαῦτα κατὰ τὴν τοῦ φωτὸς ἡμέραν ἐνομοθέτει πράττειν τὰ στρατιωτικὰ τάγματα, καί τοιαύτας ἐδίδασκεν ἐν ταῖς πρὸς θεὸν εὐχαῖς ἀφιέναι φωνάς.

b) Verbot des Opferns für höhere Beamte

Text nach: Euseb, v. C. II 44.

44. Μεταβὰς δ' ἐκ τούτων βασιλεὺς πραγμάτων ἐνεργῶν ἥπτετο. καὶ πρῶτα μὲν τοῖς κατ' ἐπαρχίας διῃρημένοις ἔθνεσιν ἡγεμόνας κατέπεμπε, τῇ σωτηρίῳ πίστει καθωσιωμένους τοὺς

18, 3. Konstantin belehrte das ganze Heer, den Tag des Erlösers, der auch Sonntag oder Lichttag genannt wird, mit Eifer zu beachten. Den Soldaten, die ⟨schon⟩ den göttlichen Glauben angenommen hatten, gewährte er die freie Zeit, ohne daß sie jemand hindert, in der Kirche Gottes auszuharren, um ihre Gebete zu vollenden. **19**. Den Soldaten, die das göttliche Wort noch nicht angenommen hatten, befahl er in einem zweiten Gesetz, an den Herrentagen im Bereich vor den Städten ins offene Land zu gehen. Und dort sollen alle auf ein Zeichen gemeinsam ein eingeübtes Gebet zu Gott senden. Denn sie sollen nicht ihre Hoffnung darauf setzen, Lanzen oder Rüstungen zu gebrauchen, sie sollen auch nicht auf die Kraft ihrer eigenen Körper hoffen, sondern sie sollen den Gott, der über allem ist, als Geber alles Guten und auch als Geber des Sieges erkennen. Ihm sollen sie auch die gebührenden Gebete darbringen, die Hände zu ihm zum Himmel erheben, die Augen ihres Verstandes aber hochauf zum himmlischen König richten und ihn in ihren Gebeten als Geber des Sieges und Retter, Bewahrer und Helfer anrufen. Und der, der den Text des Gebetes alle Soldaten gelehrt hat, das war Konstantin selbst. Er befahl allen in lateinischer Sprache so zu sprechen: **20**, 1. „Nur Dich kennen wir als Gott, Dich erkennen wir als König, Dich rufen wir als Helfer an. Von Dir haben wir unsere Siege erhalten, durch Dich stehen wir besser als die Feinde da, Dir wissen wir uns zu Dank verpflichtet für die bereits erwiesenen Wohltaten, auf Dich als den Geber zukünftiger Wohltaten hoffen wir. Wir alle sind Bittsteller vor Dir, wir flehen Dich an: Du mögest unsern Kaiser Konstantin und seine gottgeliebten Kinder möglichst lange für uns wohlbehalten und siegreich am Leben bewahren.“ 2. Solche Dinge ließ Konstantin die Heeresabteilungen am Lichttag tun, und solche Worte lehrte er sie, in ihren Gebeten zu Gott emporzuschicken.

Danach nahm der Kaiser seine Angelegenheiten wirksam in Angriff. Und zuerst schickte er Statthalter zu den in Eparchien geteilten Völkern, von denen die meisten sich bereits dem rettenden Glauben geweiht hatten.

πλείους, ὅσοι δ' ἑλληνίζειν ἐδόκουν, τούτοις θύειν ἀπείρητο. ὁ δ' αὐτὸς ἦν νόμος καὶ ἐπὶ τῶν ὑπερκειμένων τὰς ἡγεμονικὰς ἀρχὰς ἀξιωμάτων, ἐπί τε τῶν ἀνωτάτω καὶ τὴν ἔπαρχον διειληφότων ἐξουσίαν. ἢ γὰρ Χριστιανοῖς οὖσιν ἐμπρέπειν ἐδίδου τῇ προσηγορίᾳ, ἢ διακειμένοις ἑτέρως τὸ μὴ εἰδωλολατρεῖν παρήγγελλεν.

Den Statthaltern aber, die noch heidnisch zu sein schienen, denen verbot er zu opfern. Dasselbe Gesetz bestand auch für die Würdenträger oberhalb der Statthalter, für die obersten Beamten und für die, die die Macht als Eparchen erhalten hatten. Denen, die Christen waren, gab er ⟨das Recht⟩, sich durch diesen Namen besonders auszuzeichnen. Denen, die sich anders verhielten, gestattete er nicht, den Götzendienst auszuüben.

V. WEITERE SELBSTZEUGNISSE KAISER KONSTANTINS

25. Schreiben über die Rehabilitation der Christen im Osten

Der Brief an die „Einwohner der Eparchie Palästinas" ist ein Edikt, das unmittelbar nach Konstantins Sieg über Licinius ausging (324). „Empfän-

a) Brief Konstantins an die Bewohner der Eparchie Palästina

Text nach: Euseb, v. C. II 24–42.

24, 1. Νικητὴς Κωνσταντῖνος Μέγιστος Σεβαστὸς ἐπαρχιώταις Παλαιστίνης.

Ἦν μὲν ἄνωθέν τε καὶ πάλαι παρὰ τοῖς ὀρθῶς καὶ σωφρόνως περὶ τοῦ κρείττονος δοξάζουσιν ἔκδηλος ἡ διαφορὰ καὶ πᾶσαν ἀνείργουσα πόρρωθεν ἀμφιβολίαν, ὅσῳ τῷ μέσῳ διήλλαττεν ἡ περὶ τὴν σεβασμιωτάτην τοῦ χριστιανισμοῦ θεραπείαν ἀκριβὴς παρατήρησις παρὰ τοὺς πρὸς αὐτὴν ἐκπεπολεμωμένους τε καὶ καταφρονητικῶς ἔχειν ἐθέλοντας. 2. νυνὶ δὲ καὶ μᾶλλον ἐπιφανεστέραις πράξεσι καὶ κατορθώμασι λαμπροτέροις τό τε τῆς ἀμφιβολίας ἄλογον ἀποδέδεικται καὶ ὁπόση τις ἡ τοῦ μεγάλου θεοῦ δύναμις, ἡνίκα τοῖς μὲν πιστῶς τὸν σεμνότατον σέβουσι νόμον καὶ μηδὲν τῶν παραγγελμάτων παραλύειν τολμῶσιν ἄφθονα τὰ ἀγαθὰ καὶ πρὸς τὰς ἐγχειρήσεις ἰσχὺς ἀρίστη καὶ μετ' ἐλπίδων ἀγαθῶν ἀπαντῶσα, τοῖς δὲ τὴν ἀσεβῆ λαβοῦσι γνώμην πρὸς τὰς προαιρέσεις ἀκόλουθα καὶ τὰ ἀποβαίνοντα ἦν. 8. τίς γὰρ ἂν ἀγαθοῦ τύχοι τινός, τὸν τῶν ἀγαθῶν αἴτιον θεὸν οὔτε γνωρίζων οὔτε τὰ προσήκοντα σέβειν ἐθέλων; πίστιν δὲ τῷ ῥηθέντι καὶ τὰ ἔργα δίδωσιν.

25. Εἰ γ' οὖν τις εἰς τοὺς ἄνωθεν εἰς δεῦρο παρατείνοντας χρόνους ἀναδράμοι τῷ νῷ καὶ τὰς πώποτε γενομένας πράξεις κατίδοι τῷ λογισμῷ, πάντας ἂν εὕροι τοὺς μὲν ὅσοι δικαίαν καὶ ἀγαθὴν προκατεβάλοντο τῶν πραγμάτων κρηπῖδα εἰς ἀγαθὸν καὶ προαγαγόντας τὰς ἐγχειρήσεις πέρας, καὶ οἷον ἀπὸ ῥίζης τινὸς ἡδείας κομισαμένους καὶ τὸν καρπὸν γλυκύν, τοὺς δὲ ἀδίκοις ἐπιχειρήσαντας τόλμαις καὶ ἢ πρὸς τὸ κρεῖττον ἀνοή-

ger sind die Magistrate der einzelnen Städte, die für die Durchführung verantwortlich waren" (Kraft 207). Es handelt sich vor allem um „Bestimmungen über Rückgabe von Recht und Besitz an die bisher verfolgten Christen" (Dörries 43). Diesen Bestimmungen voran geht aber eine Erörterung über die jüngste Geschichte. Der Kaiser entwirft seine Geschichtstheologie und betrachtet sich als Beauftragten Gottes. Für die Theologie des Kaisers sind dieser und der nachfolgende Brief von höchster Wichtigkeit.

24, 1. Der Sieger, Kaiser Konstantin der Große, an die Einwohner der Eparchie Palästina.

Bei denen, die Gott über alles richtig und verständig verherrlicht haben, war der Unterschied schon früher klar, und es war über jeden Zweifel erhaben, in welchem Maße sich die Menschen, die den ehrwürdigsten Kult des Christentums befolgen, von denen unterscheiden, die sich im Blick auf diesen Kult feindlich und verachtungsvoll verhalten wollen. 2. Nun aber wurden durch strahlende Taten und glänzende Siege die Widersinnigkeit des Zweifels und die Art der Kraft des großen Gottes bewiesen. Denn die, die das verehrungswürdige Gesetz treu hielten und nichts von seinen Bestimmungen aufzulösen wagten, haben das Gute reichlich erhalten. Für ihre Unternehmungen hatten sie eine vorzügliche Kraft, die ihnen gute Hoffnungen machte. Für die aber, die eine gottlose Gesinnung hegten, war die Folge auch dementsprechend. 3. Denn wie könnte wohl etwas Gutes erreichen, wer den Grund des Guten, Gott, nicht erkennen und angemessen verehren will? Die Tatsachen machen meine Rede glaubwürdig.

25. Wenn jemand die Zeiten von Anfang an bis jetzt im Geist durchgeht und die jeweiligen Ereignisse mit Verstand betrachtet, dann kann er erkennen, daß die, die eine gute und gerechte Grundlage für ihre Taten geschaffen haben, ihre Unternehmungen auch zu einem guten Ende geführt haben. Gleichsam haben sie von einer süßen Wurzel süße Frucht geerntet. Diejenigen aber, die rechtlose Wagnisse beginnen, gegen das göttliche und

τως ἐκμανέντας ἢ πρὸς τὸ ἀνθρώπινον γένος λογισμὸν ὅσιον μηδένα λαβόντας, ἀλλὰ φυγὰς ἀτιμίας δημεύσεις σφαγὰς τοιαῦτα πολλὰ τολμήσαντας, καὶ οὐδὲ μεταμεληθέντας ποτὲ οὐδὲ τὸν νοῦν ἐπιστρέψαντας πρὸς τὰ καλλίω, ἴσων καὶ τῶν ἀμοιβαίων τυχόντας. καὶ ταῦτά γε οὐκ ἂν ἀπεικότως οὐδ' ἂν ἀπὸ λόγου συμβαίνοι.

26, 1. Ὅσοι μὲν γὰρ μετὰ δικαίας γνώμης ἐπί τινας ἔρχονται πράξεις καὶ τὸν τοῦ κρείττονος φόβον διηνεκῶς ἔχουσιν ἐν νῷ, βεβαίαν τὴν περὶ αὐτὸν φυλάττοντες πίστιν, καὶ τοὺς παρόντας φόβους τε καὶ κινδύνους οὐκ ἄγουσιν τῶν μελλουσῶν ἐκείνων ἐλπίδων προτιμοτέρους, κἂν εἰ πρὸς καιρὸν δυσχερῶν τινων πειραθεῖεν, τῷ μείζονας ἑαυτοῖς ἀποκεῖσθαι πιστεύειν τιμὰς ἤνεγκαν οὐδὲ τὰ προσπεσόντα βαρέως, ἀλλὰ τοσούτῳ λαμπροτέρας ἔτυχον εὐκλείας, ὅσῳ καὶ βαρυτέρων τῶν χαλεπῶν ἐπειράθησαν. 2. ὅσοι δὲ ἢ τὸ δίκαιον ἀτίμως παρεῖδον ἢ τὸ κρεῖττον οὐκ ἔγνωσαν, καὶ τοὺς τοῦτο πιστῶς μετιόντας ὕβρεσι καὶ κολάσεσιν ἀνηκέστοις ὑποβαλεῖν ἐτόλμησαν, καὶ οὐχ ἑαυτοὺς μὲν ἀθλίους ἐφ' οἷς διὰ τὰς τοιαύτας ἐκόλαζον προφάσεις ἔκριναν, εὐδαίμονας δὲ καὶ μακαριστοὺς τοὺς καὶ μέχρι τῶν τοιούτων τὴν πρὸς τὸ κρεῖττον διασῳζομένους εὐσέβειαν, τούτων πολλαὶ μὲν ἔπεσον στρατιαί, πολλαὶ δὲ πρὸς φυγὴν ἐτράπησαν, πᾶσα δὲ τούτων πολέμων παράταξις εἰς αἰσχίστην ἔληξεν ἧτταν.

27, 1. Ἐκ τῶν τοιούτων ἀναφύονται πόλεμοι βαρεῖς, ἐκ τῶν τοιούτων πορθήσεις πανώλεθροι, ἐντεῦθεν ἐλαττώσεις μὲν τῶν πρὸς τὰς χρείας ἀναγκαίων, πλῆθος δὲ τῶν ἐπηρτημένων δεινῶν, ἐντεῦθεν οἱ τῆς τοσαύτης ἀρχηγοὶ δυσσεβείας ἢ ἀνατλάντες τὰ ἔσχατα θάνατον πανώλεθρον ἐδυστύχησαν, ἢ ζωὴν αἰσχίστην διάγοντες θανάτου ταύτην βαρυτέραν ἐπέγνωσαν, καὶ οἷον ἰσομέτρους ταῖς ἀδικίαις τὰς τιμωρίας ἐκομίσαντο. 2. τοσοῦτον γὰρ ἕκαστος εὕρατο συμφορῶν, ὅσον τις καὶ καταπολεμῆσαι τὸν θεῖον ὡς ᾤετο νόμον ὑπ' ἀλογίας προήχθη, ὥστ' αὐτοῖς μὴ παρὰ τὴν ζωὴν εἶναι βαρέα μόνον, ἀλλὰ καὶ τῶν ὑπὸ γῆς κολαστηρίων χαλεπώτερον προσδοκᾶσθαι τὸν φόβον.

28, 1. Τοιαύτης δὴ καὶ οὕτω βαρείας δυσσεβείας τὰ ἀνθρώπεια κατεχούσης, καὶ τῶν κοινῶν οἷον ὑπὸ νόσου λοιμώδους τινὸς ἄρδην διαφθαρῆναι κινδυνευόντων καὶ θεραπείας σωτηρίου πολλῆς χρῃζόντων, τίνα τὸ θεῖον ἐπινοεῖ κουφισμόν, τίνα τῶν δεινῶν ἀπαλλαγήν; ἐκεῖνο δὲ πάντως νοητέον θεῖον, ὃ μόνον τε καὶ ὡς ὄντως ἔστι καὶ διαρκῆ κατὰ παντὸς ἔχει τοῦ χρόνου τὴν δύναμιν. πάντως δὲ οὐ κόμπος τὸ τὴν παρὰ τοῦ

menschliche Geschlecht rasen, keinen frommen Gedanken fassen, aber Verbannungen, Entehrungen, Konfiskationen, Mord und dergleichen in Angriff zu nehmen wagen und weder irgendwann einmal bereuen noch den Geist zum Besseren wenden, die werden auch ihre Vergeltung erhalten. Und das geschieht ihnen zu Recht und ist wohlbegründet.

26, 1. Denn die, die in gerechter Gesinnung an ihre Unternehmungen gehen, im Geist eine unablässige Gottesfurcht haben, fest den Glauben an Gott bewahren und die gegenwärtigen Ängste und Gefahren nicht für wichtiger halten als die Hoffnungen auf die Zukunft – diese Menschen trugen an dem, was ihnen widerfahren war, nicht schwer, auch wenn sie zeitweilig von Widerwärtigkeiten versucht wurden. Denn sie glaubten, daß ihnen größere Ehren aufbewahrt seien. Um so schwerer sie vom Übel versucht wurden, desto strahlenderen Ruhm erlangten sie auch. 2. Die aber, die das Gerechte verächtlich übersahen oder Gott nicht kannten und dann jene mit unangemessenen Mißhandlungen und Strafen zu belegen wagten, die Gott treu nachfolgten, die hielten sich nicht einmal selbst für unwürdig, weil sie aus solchen ⟨nichtigen⟩ Vorwänden bestraften. Und dementsprechend hielten sie auch die nicht für glücklich und selig, die sogar bis zu solchen Strafen die Frömmigkeit gegen Gott bewahrten. Von ihnen aber sind viele Soldaten gefallen, viele wandten sich zur Flucht; jede Schlacht ihrer Kriege ging in einer sehr schmählichen Niederlage zu Ende.

27, 1. Daraus sind die schweren Kriege erwachsen, daraus die verderblichen Verwüstungen, daraus der Mangel an Lebensnotwendigem und die Fülle der bedrohlichen Schrecken. Darum haben auch die Anführer dieser Gottlosigkeit das Äußerste erlitten und einen verderblichen Tod gefunden. Oder sie führten ein so elendes Leben, daß sie es für schwerer hielten als den Tod. Und so erhielten sie gleichsam die ihren Freveln angemessene Vergeltung. 2. Jeder ⟨von ihnen⟩ erhält so viel Unglück, in welchem Maße er das Göttliche angegriffen hat. Denn er hat ja geglaubt, das Gesetz wäre aus Unvernuft hervorgegangen. Daher haben sie ⟨alle⟩ nicht nur ein schweres Leben, sondern noch schlimmer: Sie müssen Angst haben vor den Strafen unter der Erde.

28, 1. Als so das Menschengeschlecht von einer schweren Gottlosigkeit ergriffen war und der Staat in Gefahr war, gleichsam von einer pestartigen Krankheit zugrunde gerichtet zu werden, als rettende Heilung dringend nötig war, welche Erleichterung erwog da die Gottheit, welche Rettung aus den Schrecken? Es muß jenes für die Gottheit gehalten werden, was einzig und wahrhaft ist und allezeit ausreichend Macht besitzt. Es ist ganz und gar keine Schmeichelei, wenn der, der Gottes Wohltat bekennt, ⟨da-

κρείττονος εὐποιίαν ὁμολογοῦντα σεμνολογεῖσθαι. 2. τὴν ἐμὴν ὑπηρεσίαν πρὸς τὴν ἑαυτοῦ βούλησιν ἐπιτηδείαν ἐζήτησέν τε καὶ ἔκρινεν, ὃς ἀπὸ τῆς πρὸς Βρεττανοῖς ἐκείνης θαλάσσης ἀρξάμενος καὶ τῶν μερῶν, ἔνθα δύεσθαι τὸν ἥλιον ἀνάγκῃ τινὶ τέτακται κρείττονι, ἀπωθούμενος καὶ διασκεδαννὺς τὰ κατέχοντα πάντα δεινά, ἵν' ἅμα μὲν ἀνακαλοῖτο τὸ ἀνθρώπειον γένος τὴν περὶ τὸν σεμνότατον νόμον θεραπείαν τῇ παρ' ἐμοῦ παιδευόμενον ὑπουργίᾳ, ἅμα δὲ ἡ μακαριστὴ πίστις αὔξοιτο ὑπὸ χειραγωγῷ τῷ κρείττονι **29,** 1 (οὐδέποτε γὰρ ἂν ἀγνώμων περὶ τὴν ὀφειλομένην γενοίμην χάριν, ταύτην ἀρίστην διακονίαν, τοῦτο κεχαρισμένον ἐμαυτῷ δῶρον πιστεύσας), μέχρι καὶ τῶν ἑῴων πρόειμι χωρίων, ἃ βαρυτέραις κατεχόμενα συμφοραῖς μείζονα καὶ τὴν παρ' ἡμῶν θεραπείαν ἐπεβοᾶτο. πάντως δὲ καὶ ψυχὴν ὅλην καὶ πᾶν ὅ τί περ ἀναπνέω, καὶ ὅλως εἴ τι τῆς διανοίας ἐνδοτάτω στρέφεται, τοῦτο τῷ μεγίστῳ θεῷ ὀφείλεσθαι παρ' ἡμῶν ὅλον ἀσφαλῶς πεπίστευκα.

2. Οἶδα μὲν οὖν ἀκριβῶς, ὡς οὐδὲν τῆς παρ' ἀνθρώπων εὐνοίας χρῄζοιεν ἂν οἱ τὴν οὐράνιον ὀρθῶς μεταδιώξαντες ἐλπίδα καί ταύτην ἐξαίρετόν τε καὶ ἀσφαλῶς ἐπὶ τῶν θείων καθιδρυσάμενοι τόπων τοσούτῳ τε τιμῶν ἀπολαύοντες μειζόνων, ὅσῳ περ σφᾶς αὐτοὺς τῶν γηίνων ἐλαττωμάτων τε καὶ δεινῶν ἐχώρισαν. 3. τὰς ἀνάγκας δὲ ὅμως τὰς πρὸς καιρὸν ἐπενεχθείσας αὐτοῖς καὶ τὰς οὐ προσηκούσας βασάνους ἀπὸ τῶν οὐδὲν αἰτίων οὐδὲ ὑπευθύνων ὡς πορρωτάτω ἀνείργειν ἡμᾶς οἶμαι προσήκειν· ἢ γένοιτ' ἂν ἀτοπώτερον, ὑπὸ μὲν τοῖς διῶξαι τοὺς ἄνδρας προθυμηθεῖσιν τῆς περὶ τὸ θεῖον ἕνεκα θεραπείας τὸ καρτερικὸν καὶ στερρὸν τῆς ψυχῆς αὐτῶν ἱκανῶς διαγνωσθῆναι, ὑπὸ δὲ τῷ θεράποντι τοῦ θεοῦ μὴ οὐκ εἰς λαμπρότερον καὶ μακαριστότερον σχῆμα τὴν δόξαν ἀρθῆναι.

30, 1 Ἅπαντες τοίνυν, εἴτε τινὲς μετοικίαν ἀντὶ τῆς ἐνεγκούσης ἠλλάξαντο, ὅτι μὴ τὴν πρὸς τὸ θεῖον παρεῖδον πίστιν, ἧπερ ὅλαις ψυχαῖς σφᾶς αὐτοὺς καθιέρωσαν, γνώσεσιν δικαστῶν ἀπηνέσιν ὑποβληθέντες, καθ' οὓς ἔτυχον ἕκαστοι χρόνους, εἴτε τινὲς βουλευτικοῖς συγκατηριθμήθησαν καταλόγοις, τὸν τούτων πρότερον ἀριθμὸν οὐ πληροῦντες, χωρίοις τε πατρῴοις ἀποκαταστάντες καὶ σχολῇ τῇ συνήθει τῷ πάντων ἐλευθερωτῇ θεῷ χαριστήρια φερόντων· 2. εἴτε τινὲς τῶν ὄντων ἐστέροντο καὶ πάσης τῆς ὑπαρχούσης οὐσίας ἀποβολῇ καταπεπληγότες κατηφέστατον εἰς δεῦρο διῆγον βίον, οἰκήσεσίν τε ταῖς ἀρχαίαις καὶ γένεσιν καὶ περιουσίαις ἀποδοθέντες τῆς παρὰ τοῦ κρείττονος εὐποιίας χαίροντες ἀπολαύοιεν.

von⟩ mit höchster Feierlichkeit spricht: 2. Meinen Dienst hat die Gottheit zur Erfüllung ihres Willens gesucht und für geeignet gehalten. Nachdem ich am britischen Meer und den Ländern, wo die Sonne untergeht, begonnen habe, wurde mir von der göttlichen Kraft bestimmt, alle bestehenden Schrecken fortzuschaffen und zu zerstreuen. So sollte ich das menschliche Geschlecht, belehrt durch meinen Dienst, zurückführen zur Beachtung des verehrungswürdigen Gesetzes, und es sollte sich zugleich der allerseligste Glaube ausbreiten unter der göttlichen Leitung. **29**. 1. Denn niemals möchte ich den schuldigen Dank vergessen. Im Vertrauen auf diesen guten Dienst, diese mir geschenkte Gabe, werde ich nun auch zu den östlichen Ländern kommen. Sie sind von noch viel größerem Unheil festgehalten und haben noch mehr nach unserer Hilfe geschrieen. Ich bin völlig überzeugt, daß ich die ganze Seele, jeden Atemzug und die innersten Regungen des Verstandes ganz dem größten Gott verdanke.

2. Ich weiß ganz sicher, daß diejenigen, die auf richtige Weise der himmlischen Hoffnung folgen und im Vertrauen darauf sich an göttlichen Orten niederlassen, die Gunsterweise von Menschen nicht brauchen. Sie erhalten um so größere Ehren, um so weniger ihnen an irdischen Nachteilen und Schrecken lag. 3. Aber ich glaube, daß es mir zukommt, zeitweilig auferlegte Zwänge oder ungerechte Qualen von Unschuldigen möglichst fernzuhalten. Sonst geschähe das Widersinnige, daß die Stärke und Härte ihrer Seele von denen erkannt würde, die diese Männer wegen ihres Gottesdienstes zu verfolgen strebten. Aber ihre Herrlichkeit würde von dem, der Gott dient, nicht zu einer helleren und gepriesenеren Gestalt erhoben werden.

30, 1. Alle, die irgendwann durch ein hartes Richterurteil ihre Heimat verlassen mußten, weil sie den Glauben an die Gottheit nicht vernachlässigten, dem sie sich mit ganzer Seele geweiht hatten, und alle, die in die staatlichen Sklavenlisten eingeschrieben wurden, ohne zuvor dazugehört zu haben, sollen Gott, dem Befreier aller Menschen, Dank sagen. Denn sie haben ihre väterlichen Ländereien und ihre Beschäftigungen zurückerhalten. 2. Und alle, die ihrer Güter beraubt wurden und durch den Verlust ihres ganzen Besitzes niedergeschlagen waren und bis jetzt höchst verachtet gelebt haben, sollen freudig die Wohltaten Gottes genießen. Denn sie wurden ihren Häusern, ihren Vorfahren, ihrem Geschlecht und ihrem Besitz zurückgegeben.

31, 1 Οὐ μὴν ἀλλὰ καὶ ὅσους οὐ βουλομένους νῆσοι κατέχουσιν, τῆς προμηθείας ταύτης ἀπολαῦσαι προστάττομεν, ὅπως ὀρῶν τε δυσχωρίαις καὶ περιρρύτῳ περικεκλεισμένοι θαλάσσῃ τῆς σκυθρωπῆς τε καὶ ἀπανθρώπου ἐρημίας ἐλευθερωθέντες τοῖς φιλτάτοις σφᾶς αὐτοὺς ἀποδοῖεν, τὸν εὐκταῖον πόθον πληρώσαντες· 2. οἳ πενιχρὰν ἐπὶ πολὺν χρόνον ζωὴν μετά τινος προστροπαίου ῥύπου διῆγον, οἷον ἅρπαγμά τι τὴν ἐπάνοδον ποιησάμενοι, καὶ τῶν φροντίδων εἰς τὸ λοιπὸν ἀπηλλαγμένοι. μετὰ φόβου γὰρ ὑφ' ἡμῖν βιοῦν, οἳ θεοῦ θεράποντες εἶναι αὐχοῦμέν τε καὶ πιστεύομεν, καὶ εἰς ἀκοὴν ἐλθεῖν μόνον εἴη τῶν ἀτοπωτάτων ἄν, μήτι γε δὴ καὶ πιστεῦσαι· οἳ καὶ τὰς ἀλλοτρίας ἁμαρτίας διορθοῦν πεφύκαμεν.

32, 1. Ὅσοι γε μὴν ἢ μοχθηραῖς μεταλλείαις ἐμπονεῖν κατεγνώσθησαν ἢ τὰς πρὸς τοῖς δημοσίοις ἔργοις ὑπηρεσίας πληροῦν, τῶν διαρκῶν μόχθων τὴν γλυκεῖαν σχολὴν ἀμειψάμενοι κουφότερον καὶ τὸν μετ' ἐξουσίας ἤδη βιούντων βίον, τὰς ἀμέτρους τῶν πόνων ἀηδίας εἰς πραεῖαν ἄνεσιν καταλύσαντες. 2. εἰ δὲ καὶ τῆς κοινῆς παρρησίας ἀποπεσόντες ὑπάρχοιέν τινες καὶ δυστυχήσαντες ἀτιμίαν, μετ' εὐφροσύνης τῆς προσηκούσης, οἷον ἀποδημίᾳ τινὶ χρονίῳ ἐχωρίσθησαν, τὴν προτέραν ἀξίαν ἀναλαβόντες ἐπὶ τὰς αὐτῶν ἐπειγέσθωσαν πατρίδας.

33. Οὐ μὴν ἀλλὰ καὶ τοῖς ἐξετασθεῖσι μὲν ἐν στρατιωτικαῖς ἀξίαις ποτέ, τούτων δὲ διὰ τὴν ἀπηνῆ τε καὶ ἄδικον πρόφασιν ἐκπεσοῦσιν, ὅτι τὸ γινώσκειν τὸ κρεῖττον ὁμολογοῦντες προτιμότερον ἧς εἶχον ἀξίας ἦγον, ἔστω πρὸς βούλησιν ἢ τὰ στρατιωτικὰ στέργουσιν ἐφ' οὗπερ ἦσαν σχήματος μένειν, ἢ μετὰ ἀφέσεως ἐντίμου ἐλευθέραν ἄγειν σχολήν· πρέπον γὰρ ἂν εἴη καὶ ἀκόλουθον τὸν τοσαύτην μεγαλοψυχίαν καὶ καρτερίαν πρὸς τοὺς ἐπενεχθέντας κινδύνους ἐπιδειξάμενον καὶ σχολῆς, εἰ βούλοιτο, καὶ τιμῆς πρὸς τὴν αἵρεσιν ἀπολαύειν.

34, 1. Καὶ μὴν καὶ ὅσοι τῆς εὐγενείας πρὸς βίαν στερόμενοι τοιουτότροπόν τινα γνῶσιν δικαστῶν ὑπέστησαν, ὥστε ἢ γυναικείοις ἢ λινοϋφίοις ἐμβληθέντες ἀήθη καὶ ἄθλιον ὑπομένειν πόνον ἢ οἰκέται νομίζεσθαι τοῦ ταμιείου, οὐδὲν αὐτοῖς τῆς προτέρας ἐπαρκεσάσης γενέσεως, οὗτοι τιμῶν τε ὧν ἀπέλαυον πρόσθεν καὶ τοῖς τῆς ἐλευθερίας καλοῖς ἐνευφραινόμενοι, ἀνακαλεσάμενοι τὰς συνήθεις ἀξίας, μετὰ πάσης λοιπὸν εὐφροσύνης βιούτωσαν. 2. καὶ ὁ δουλείαν μὲν ἐλευθερίας ἀλλαξάμενος ἀθεμίτῳ τινὶ καὶ ἀπανθρώπῳ δήπου ἀπονοίᾳ, πολλάκις τε τὰς ἀήθεις διακονίας ἀποδυράμενος, καὶ οἷον αἰφνίδιον οἰκέτην ἑαυτὸν ἀντ' ἐλευθέρου γνούς, ἐλευθερίας τῆς πρόσθεν καθ'

31, 1. Genauso ordne ich an, daß auch diejenigen, die unfreiwillig auf den Inseln festgehalten werden, diese Fürsorge genießen. Denn sie, die von unwegsamen Bergen und dem Meer umgeben waren, sollen sich selbst ihren geliebten Freunden wiedergeben und ihren sehnlichsten Wunsch erfüllen. Denn sie wurden von der düsteren und menschenleeren Einöde befreit. 2. Diejenigen, die lange Zeit ein armes Leben in fluchbeladenem Schmutz führten, sollen ihre Rückkehr wie eine Beute ergreifen ⟨können⟩ und die übrige Zeit von Sorgen befreit sein. Schon zu hören, daß unter uns mit Furcht gelebt wird, wo wir uns rühmen, Gottesverehrer zu sein, wäre widersinnig. Geschweige denn, daß man so etwas auch noch glauben müßte. Wir sind doch dazu geboren, fremde Fehler zu bessern.

32, 1. Die dazu verurteilt wurden, im mühseligen Bergbau oder als staatlicher Zwangsarbeiter tätig zu sein, die sollen die dauernde Mühsal mit süßer Ruhe vertauschen. Sie sollen mit Erlaubnis schon jetzt ein leichtes Leben führen und die maßlosen Unannehmlichkeiten ihrer Mühe in milder Erholung enden lassen. 2. Und wenn einige die bürgerliche Freiheit verloren haben oder die Aberkennung der bürgerlichen Ehrenrechte über sie verhängt worden ist, dann sollen sie jetzt mit berechtigter Freude, gleichsam als wären sie auf einer langen Reise fort gewesen, die frühere Ehrenstellung in ihren ersehnten Vaterländern wieder einnehmen.

33. Genauso auch bei denen, die militärische Ehren hatten und sie durch einen harten und ungerechten Vorwand verloren, nur weil sie erkannt hatten, daß das Bekenntnis zu Gott ehrenvoller ist als die Ehren, die sie innehatten: Je nach Wunsch sollen die, die das Heer lieben, in dem Rang bleiben, den sie ⟨damals⟩ innehatten. Und die, die die Freiheit lieben, sollen nach einem ehrenvollen Abschied in Ruhe gehen. Denn es ist doch wohl schicklich und folgerichtig, daß der, der eine solche Seelengröße und eine solche Ausdauer gegenüber auf ihn zukommenden Gefahren bewiesen hat, nach seiner Wahl Ruhe oder Ehre erhält.

34, 1. Genauso diejenigen, die mit Gewalt ihres Adels beraubt und durch einen Richterspruch dazu verurteilt wurden, in Wollspinnereien und Leinewebereien eingewiesen zu werden und dort eine ungewohnte und mühselige Arbeit zu erdulden oder ohne Rücksicht auf ihre frühere Herkunft den Sklaven der Schatzkammer zugerechnet zu werden: Sie sollen sich der Ehren, die sie früher hatten, und des Gutes der Freiheit wieder erfreuen, die gewohnten Stellungen zurückerhalten und mit ganzer Freude leben. 2. Und wer immer durch einen gesetzwidrigen und unmenschlichen Wahnsinn die Freiheit mit der Knechtschaft vertauschen mußte, oft seinen ungewohnten Dienst bejammerte und sich plötzlich anstatt als freier Mann als Sklave erkannte: Der gebe sich – nachdem er durch unsere Anordnung

ἡμέτερον λαβόμενος πρόσταγμα, ἀποδιδότω τε τοῖς γεννήτορσιν ἑαυτὸν καὶ πόνους τοὺς ἐλευθέρῳ πρέποντας μετίτω, ἃς προεμόχθησεν οὐκ οἰκείας διακονίας ἐκβαλὼν τῆς μνήμης.

35, 1. Παρεατέον δὲ οὐδὲ τὸ τῶν οὐσιῶν, ὧν ἕκαστοι κατὰ διαφόρους ἐστερήθησαν προφάσεις. ἀλλ' εἴτε τινὲς τὸν ἄριστόν τε καὶ θεῖον ὑποστάντες ἀγῶνα τοῦ μαρτυρίου ἀφόβῳ τε καὶ θαρραλέᾳ τῇ γνώμῃ τῶν ὄντων ἐστερήθησαν, εἴτε τινὲς ὁμολογηταὶ καταστάντες τὴν αἰώνιον ἐλπίδα παρεσκεύασαν ἑαυτοῖς, ὅσοι τε μετοικῆσαι καταναγκασθέντες, ὅτι μὴ τοῖς διώξασιν εἶξαν παριδόντες τὴν πίστιν, τῶν ὄντων ἐστέροντο καὶ αὐτοί, ἢ εἴ γέ τινες οὐδὲ καταγνωσθέντες θάνατον στέρησιν ἐδυστύχησαν τῶν ὄντων, τούτων τοῖς πρὸς γένους προσνέμεσθαι τοὺς κλήρους προστάττομεν. 2. πάντως δὲ διαγορευόντων τῶν νόμων τῶν ἀγχιστέων τοῖς ἐγγυτέρω, ῥᾴδιον διαγινώσκειν οἷς προσήκουσιν οἱ κλῆροι, καὶ ὅτι οὗτοι κατὰ λόγον ἐπὶ τὴν διαδοχὴν ἔλθοιεν ἄν, οἵπερ ἦσαν οἰκειότεροι καὶ αὐτομάτῳ χρησαμένων ἐκείνων τῷ τέλει. **36.** εἰ δὲ τῶν ἀγχιστέων μηδεὶς ὑπολείποιτο μηδενὸς τῶν προειρημένων κατὰ λόγον ἂν γενόμενος κληρονόμος, μήτε τῶν μαρτύρων φημί, μήτε τῶν ὁμολογησάντων, μήτε τῶν μετοίκων μέντοι τῶν ἐπὶ τοιαύτῃ μεταστάντων προφάσει, ἡ καθ' ἑκάστους ἀεὶ τοὺς τόπους ἐκκλησία διαδέχεσθαι τετάχθω τὸν κλῆρον· οὐκ ἔσται δὲ τοῦτο πάντως οὐδὲ τοῖς ἀπελθοῦσι βαρύ, εἴπερ ἧς ἕνεκα πάντας ὑπέστησαν πόνους κληρονόμον εὐτυχοῖεν ταύτην. προσκεῖσθαί γε μὴν ἀναγκαῖον καὶ τόδε, ὡς εἰ τῶν προειρημένων τινὲς ἐδωρήσαντό τι τῶν ὄντων οἷς ἐβούλοντο, τούτοις τὴν δεσποτείαν εὔλογον κυρίαν μένειν.

37, 1. Ὅπως δὲ μηδὲ πλάνη τις ἐμφαίνοιτο τῷ προστάγματι, ἀλλ' ἕτοιμον ᾖ τὸ δίκαιον ἅπασι γινώσκειν, εἰδέτωσαν ἅπαντες, εἴτε χωρίον εἴτε οἰκίαν εἴτε κῆπον εἴτε ἕτερόν τι τῶν προειρημένων κατέχοιεν, καλὸν καὶ λυσιτελοῦν αὐτοῖς εἶναι καὶ ὁμολογεῖν αὐτοὺς καὶ ἀποκαθιστάναι σὺν ἁπάσῃ ταχυτῆτι. 2. εἰ γὰρ καὶ τὰ μάλιστα φανεῖεν ἐξ αὐτῶν τινες ἀπὸ τῆς οὐ δικαίας δεσποτείας πολλὰ καρπωσάμενοι, καὶ γίνεσθαι τούτων τὴν ἀπαίτησιν ἡμεῖς οὐ δικαίαν κρίνομεν, ὅμως γε μὴν αὐτοὶ ὁπόσα τε καὶ ὁπόθεν συνέλεξαν ἐπιγνόντες, τῷ ἁμαρτήματι τούτῳ συγχώρησιν γενέσθαι παρ' ἡμῶν δεηθήτωσαν, ὅπως ἅμα μὲν τῇ τοιαύτῃ διορθώσει ἡ φθάσασα ἰαθῇ πλεονεξία, ἅμα δὲ ὁ μέγιστος θεός, οἷον ἀντὶ μεταμελείας τινὸς τοῦτο προσιέμενος, εὐμενὴς ἐπὶ τοῖς ἁμαρτηθεῖσι γένοιτο. **38.** ἐροῦσι μὲν γὰρ ἴσως ἀντ' ἀπολογίας προϊσχόμενοι οἱ τῶν τοιούτων οὐσιῶν κατα-

die Freiheit zurückerhalten hat – seinen Eltern wieder und gehe einer Beschäftigung nach, die einem freien Mann ziemt. Die unwürdigen Dienste aber, die er vorher tun mußte, soll er vergessen.

35, 1. Auch die Sache mit den Gütern, die unter verschiedenen Vorwänden geraubt wurden, muß geregelt werden. Wenn einige, die den guten und göttlichen Kampf des Martyriums in furchtloser und mutiger Gesinnung bestanden haben, ⟨dabei auch⟩ ihres Vermögens beraubt wurden, und wenn einige, die als Bekenner bestanden und sich ewige Hoffnung bereitet haben und ⟨daher⟩ gezwungen wurden, ⟨aus dem Leben⟩ auszuwandern, weil sie vor ihren Verfolgern nicht zurückwichen und den Glauben nicht aufgaben, ihre Güter ⟨durch Einziehung⟩ verloren, oder wenn einige, die nicht zum Tod verurteilt wurden, unglücklicherweise die Beraubung von ihren Gütern erfuhren: Diesbezüglich ordne ich an, daß die Erbschaften den nächsten Verwandten zufallen sollen. 2. Die Gesetze ordnen an, daß das Erbe den nächststehenden Verwandten zukommt und daß ordnungsgemäß diejenigen zur Erbschaft gelangen, die auch bei einem natürlichen Tod der Erblasser die nächsten Angehörigen gewesen wären. Es ist also leicht zu erkennen, wem die Erbschaften zukommen. **36**. Wenn aber keiner der nächsten Verwandten übriggeblieben ist, der ordnungsgemäß Erbe der vorhin genannten Märtyrer, Bekenner oder durch einen Vorwand Verbannten werden könnte, dann soll angeordnet werden, daß die Kirche an den jeweiligen Orten das Erbe erhält. Dies muß aber hinzugefügt werden: Wenn einige der vorher Genannten etwas aus ihrem Besitz jemandem freiwillig geschenkt hatten, dann soll dem Beschenkten sein wohlbegründetes Eigentumsrecht erhalten bleiben. **37**, 1. Damit aber kein Irrtum aus der Anordnung hervorgeht, sondern alle erkennen können, was gerecht ist, sollen alle Personen, die ein Land, ein Haus, einen Garten oder etwas anderes von den vorher Genannten besitzen, wissen: Es ist gut und vorteilhaft ⟨für sie⟩, dies mit aller Schnelligket anzugeben und zurückzuerstatten. 2. Und wenn einige von ihnen aus dem unrechtmäßigen Besitz großen Gewinn erzielt haben, so bestimme ich, daß die Rückforderung davon nicht rechtmäßig ist. Aber sie sollen dennoch Herkunft und Größe ihres Gewinnes aufstellen und bei mir darum bitten, eine Genehmigung für ihr fehlerhaftes Verhalten zu erlangen. Dies soll geschehen, damit durch eine solche Berichtigung ihre verderbliche Habgier geheilt wird und zugleich der allmächtige Gott das als Reue annimmt und sich über ihre sündhaften Taten gnädig erweist. **38**. Die gegenwärtigen Besitzer dieser Güter werden uns vielleicht sagen und als Verteidigung vorbringen (wenn es überhaupt wür-

στάντες δεσπόται, εἴ γε τοῦτο κρατεῖν ἐπ' αὐτῶν ἄξιον ἢ δυνατὸν τὸ πρόσρημα, ὡς οὐκ ἦν οἷόν τε ἀποθέσθαι τὸ τηνικαῦτα, ἡνίκα πολύτροπος ἁπάντων τῶν δεινῶν ἦν θέα, ὠμῶς ἀπελαυνόμενοι, ἀφειδῶς ἀπολλύμενοι, ἀμελῶς ἐρριμμένοι, δημεύσεις τῶν οὐδὲν αἰτίων συχναί, διώξεις ἀκόρεστοι, τῶν ὄντων διαπράσεις· εἰ δὲ τοῖς τοιούτοις διισχυρίζοιντο λόγοις τινὲς καὶ ταῖς ἀπλήστοις ἐπιμένοιεν προαιρέσεσιν, οὐκ ἀτιμώρητον ἑαυτοῖς τὸ τοιοῦτον αἰσθήσονται, καὶ μάλιστα ὁπότε οὕτω τὰ παρ' ἡμῶν τῷ μεγίστῳ διακονεῖται θεῷ. ὅσα πρότερον ἡ ὀλέθριος ἀνάγκη συνηνάγκαζε λαμβάνειν, νῦν κατέχειν ἐπισφαλὲς ὑπάρχει· ἄλλως τε παντὶ τρόπῳ τὰς ἀπληστίας λογισμοῖς καὶ παραδείγμασιν ἐλαττοῦν ἀναγκαῖον.

39. Οὐδὲ τὸ ταμιεῖον, εἴ τι κατέχοι τῶν προειρημένων, βεβαίως κατέχειν συγχωρηθήσεται, ἀλλ' οἷον οὐδὲ ἀντιφθέγξασθαι πρὸς τὰς ἱερὰς ἐκκλησίας τολμῆσαν, ὧν ἐπὶ χρόνον οὐ δικαίως κατέσχεν, τούτων ἐκστήσεται δικαίως ταῖς ἐκκλησίαις *** ἅπαντα δ' ὅσα ταῖς ἐκκλησίαις προσήκειν ὀρθῶς ἂν φανείη, εἴτε οἰκίαι τὸ κτῆμα τυγχάνοιεν εἴτε ἀγροί τινες καὶ κῆποι εἴτε ὁποῖα δή ποτε ἕτερά τινα, οὐδενὸς τῶν εἰς τὴν δεσποτείαν ἐλαττουμένου δικαίου ἀλλ' ἀκεραίων πάντων μενόντων, ἀποκαθίστασθαι προστάττομεν.

40. Καὶ μὴν καὶ τοὺς τόπους αὐτούς, οἳ τοῖς σώμασι τῶν μαρτύρων τετίμηνται καὶ τῆς ἀναχωρήσεως τῆς ἐνδόξου ὑπομνήματα καθεστᾶσιν, τίς ἂν ἀμφιβάλοι μὴ οὐχὶ ταῖς ἐκκλησίαις προσήκειν, ἢ οὐχὶ καὶ προστάξειεν ἄν; ἡνίκα μήτε δῶρον ἄμεινον μήτε κάματος χαριέστερος καὶ πολλὴν ἔχων· τὴν ὠφέλαιαν ἕτερος ἂν γένοιτο, ἢ τοῦ θείου προτρέποντος νεύματος τὴν περὶ τῶν τοιούτων ποιεῖσθαι σπουδήν, καὶ ἃ μετὰ πονηρῶν ἐξῃρέθη προφάσεων τῶν ἀδίκων καὶ μοχθηροτάτων ἀνδρῶν, ἀποκατασταθέντα δικαίως ταῖς εὐαγέσιν αὖθις ἐκκλησίαις ἀποσωθῆναι.

41. Ἐπειδὴ δὲ ὁλοκλήρου προνοίας ἂν εἴη μηδὲ τούτους σιωπῇ παρελθεῖν, ὅσοιπερ ἢ ὠνῆς δικαίῳ ἐπρίαντό τι παρὰ τοῦ ταμιείου ἢ κατὰ δωρεὰν κατέσχον συγχωρηθέν, μάτην καὶ ἐπὶ τὰ τοιαῦτα τὰς ἀπλήστους ἐπιθυμίας ἐκτείνοντες, γινωσκέτωσαν, ὡς οἱ τοιοῦτοι, εἰ καὶ ὅτι μάλιστα οἷς ἐτόλμησαν πρίασθαι ἀλλοτρίαν τὴν παρ' ἡμῶν εἰς αὐτοὺς ἐπειράθησαν καταστῆσαι φιλανθρωπίαν, ὅμως ταύτης εἰς τὸν δυνατὸν καὶ πρέποντα τρόπον οὐκ ἀτυχήσουσιν. ταῦτα μὲν οὖν εἰς τοσοῦτον ἀνήχθω.

42. Ἐπειδὴ δὲ ἀποδείξεσιν ἐναργεστάταις καὶ σαφεστάταις ἐξεφάνη ἀρετῇ τε τοῦ πάντα δυνατοῦ θεοῦ καὶ παραινέσεσιν ἅμα καὶ βοηθείαις, ἃς ὑπὲρ ἐμοῦ συχνὰς ἀξιοῖ ποιεῖσθαι, τὴν

dig oder möglich ist, dafür ein solches Wort zu gebrauchen): Es war damals nicht möglich, diese Güter zurückzugeben, weil es ein vielgestaltiges Schauspiel aller möglichen Schrecken gab, roh Vertriebene, schonungslos Zugrundegerichtete, sorglos Hin-und-her-Geworfene, außerdem zahlreiche grundlose Vermögenseinziehungen, unaufhörliche Verfolgungen und Beschlagnahmung von Gütern. Wenn sich einige auf solche Worte stützen und so bei ihren unersättlichen Vorlieben bleiben ⟨wollen⟩, dann werden sie erfahren ⟨müssen⟩, daß das nicht straffrei bleibt. Und das muß besonders deswegen so geschehen, weil unsere Anordnung dem allmächtigen Gott dient. Was früher ein unglückseliger Zwang anzunehmen befahl, das wäre jetzt zu behalten gefährlich. Auch ansonsten ist es nötig, die Unersättlichkeit mit Vernunftgründen und Beispielen zu vermindern.

39. Auch der staatlichen Finanzverwaltung soll es nicht gestattet sein, wenn sie etwas von den vorher Genannten besitzt, es zu behalten. Sie soll gleichsam den heiligen Kirchen nicht zu widersprechen wagen, denen gegenüber sie sich lange Zeit ungerecht verhalten hat. Und sie soll ihnen das ihnen zustehende Gut abtreten. Alles, was den Kirchen offensichtlich rechtmäßig zukommt, ordnen wir an zurückzugeben, ob es sich um den Besitz von Häusern oder Äckern oder Gärten oder sonst etwas handelt. Es darf nichts Rechtmäßiges im Blick auf den Besitz geschmälert werden, sondern alles muß unversehrt bleiben.

40. Und die Orte, die durch die Leiber der Märtyrer geehrt werden und gleichsam Denkmäler ihrer Auswanderung ⟨aus dem Leib und aus der Welt⟩ darstellen: Wer könnte daran zweifeln, daß sie den Kirchen zustehen, und würde das nicht sogar fordern? Und: Kein Geschenk wäre besser und keine Mühe angenehmer und nutzbringender als – wenn der göttliche Wille dazu ermuntert – eifrig an diese Aufgaben zu gehen und das, was unter üblen Vorwänden von ungerechten und schlechten Männern geraubt wurde, den heiligen Kirchen, wie es dem Recht entspricht, wieder zurückzugeben und ihnen ⟨für die Zukunft⟩ zu erhalten.

41. Es gehört zur vollkommenen Fürsorge, auch die nicht zu übersehen, die etwas durch gerechten Kauf vom Staat erworben haben oder etwas durch Geschenk besitzen und sich nun – allerdings vergeblich – auf solche unersättlichen Begierden ⟨weiterhin⟩ ausstrecken. Sie sollen wissen: Wenn sie auch dadurch, daß sie fremdes Gut zu kaufen wagten, unsere Menschenliebe zu sich ziemlich beseitigt haben, so werden sie doch daran – soweit es möglich ist – teilhaben.

42. Durch sichtbare und deutliche Beweise ist offenbar geworden, daß mit der Tugend des allmächtigen Gottes und seinen Ratschlägen und seiner Hilfe – die er mir reichlich zu gewähren mich für würdig hielt – das Un-

πρότερον κατέχουσαν πάντα τὰ ἀνθρώπεια δυσχέρειαν ἐκ πάσης ἐληλάσθαι τῆς ὑφ' ἡλίῳ, οἱ καθ' ἕνα τε καὶ σύμπαντες ἐσπουδασμέναις καθορᾶτε φροντίσιν, τίς ἐκείνη καθέστηκεν ἐξουσία, τίς χάρις, ἣ τῶν μὲν πονηροτάτων καὶ μοχθηροτάτων τὸ ὡς εἰπεῖν σπέρμα ἠφάνισέν τε καὶ διέφθειρεν, τῶν δὲ ἀγαθῶν τὴν εὐφροσύνην ἀνακληθεῖσαν ἐπὶ πάσας ἐκτείνει τὰς χώρας ἀφθόνως, καὶ αὖθις αὐτόν τε τὸν θεῖον νόμον τὰ εἰκότα μετὰ παντὸς σεβάσματος θεραπεύεσθαι, τούς τε τούτῳ σφᾶς αὐτοὺς καθιερώσαντας τὰ προσήκοντα σέβειν, ἐξουσίαν δίδωσιν ἅπασαν. οἳ καθάπερ ἔκ τινος σκότους βαθυτάτου ἀνακύψαντες καὶ λαμπρὰν τῶν πραγμάτων λαβόντες γνῶσιν, θεραπείαν τε τὴν προσήκουσαν τοῦ λοιποῦ περὶ αὐτὸν καὶ τιμὴν σύμφωνον ἐπιδείξονται.

26. *Lehrschreiben über die Toleranz*

Das Lehrschreiben an die Orientalen stammt ebenfalls aus der Zeit nach dem Sieg Konstantins über Licinius (324) und ist sicher in engem Zusammenhang mit dem vorigen zu sehen. Auch hier nimmt Konstantin Stellung zu den politischen Entwicklungen der vergangenen Jahre, aber diesmal wesentlich persönlicher gefaßt, wie überhaupt dem ganzen Brief ein stark persönlicher Zug eigen ist. Immer wieder enthält er Anrufungen Gottes, so daß man das Gefühl eines großen Gebetes erhält.

Inhaltlich wird hier im Sinne der alten Mailänder Vereinbarung den Heiden die Beibehaltung der Toleranz zugesagt. Insofern könnte man auch dieses Schreiben ein „Toleranzedikt" nennen (z. B. Dörries 51). Konstantin widersetzt sich dem wahrscheinlich auch von Christen vorgetragenen

a) Brief Konstantins an die Orientalen

Text nach: Euseb, v. C. II 48–60.

48, 1. Νικητὴς Κωνσταντῖνος Μέγιστος Σεβαστὸς ἐπαρχιώταις ἀνατολικοῖς.

Πάντα μὲν ὅσα τοῖς κυριωτάτοις τῆς φύσεως περιέχεται νόμοις, τῆς κατὰ τὴν θείαν διάταξιν προνοίας τε καὶ θεωρίας ἱκανὴν αἴσθησιν τοῖς πᾶσι παρέχει, οὐδὲ ἔστι τις ἀμφιβολία οἷς κατ' εὐθεῖαν γνώσεως ὁδὸν ἡ διάνοια ἐπ' ἐκεῖνον ἄγεται τὸν σκοπόν, ὡς ἡ τοῦ ὑγιοῦς λογισμοῦ καὶ τῆς ὄψεως αὐτῆς ἡ

glück, das früher die ganze Menschheit bedrückte, aus allen Ländern unter der Sonne verschwunden ist. Darum: Jeder für sich und alle gemeinsam mögen doch sorgfältig nachdenken und einsehen, was jene Macht gewesen ist, was jene Gnade, die sozusagen den Samen des Bösen und Schlechten verschwinden ließ und zerstörte! Sie hat die zurückgekehrte Freude der Guten über das ganze Land ausgespannt. Und wieder hat sie nun die Möglichkeit gewährt, dem göttlichen Gesetz mit aller Frömmigkeit geziemend zu dienen und die, die sich ihm geweiht haben, in gebührender Weise zu verehren. Die, die aus dem tiefsten Dunkel emporgetaucht sind und die helle Erkenntnis der Dinge empfangen haben: Sie werden dem Gesetz würdigen Dienst und einstimmige Ehre erweisen.

Wunsch, jetzt – nach dem Gewinn der Alleinherrschaft – das Christentum zur Staatsreligion zu machen. Der Charakter der Zeit als Umbruchszeit wird an diesem Dokument besonders deutlich.

Der Brief gibt uns außerdem Einblick in die Art, wie Konstantin jetzt offiziell seine Jugend betrachtet und die Regierungszeit seines Vaters im Gegenüber zu den anderen Herrschern einschätzt. Mit dem Bericht über das Versagen der Dreifußorakel stimmen viele Legenden, gerade aus dem Bereich des Mönchtums und Anachoretentums, überein, daß die Anwesenheit von Christen die Dämonen zum Schweigen brächten. Ob diese Stelle wirklich auf Erfahrungen Konstantins vom Hof Diokletians beruhen, scheint mir zweifelhaft (vgl. aber auch den Bericht von Laktanz m. p. 11), andererseits nicht unmöglich (zum Ganzen vgl. Kraft 212f.).

48, 1. Der Sieger Kaiser Konstantin der Große an die Bewohner der östlichen Eparchien.

Alles, was die unbedingt gültigen Naturgesetze enthalten, bietet für alle Menschen eine hinreichende Anschauung für die Fürsorge und Vorsehung der göttlichen Anordnung. Und für diejenigen, die die Vorsehung auf dem geraden Weg der Erkenntnis zu jenem Ziel führt, besteht auch kein Zweifel, daß selbst die exakte Verwendung des gesunden Verstandes oder der

ἀκριβὴς κατάληψις μιᾷ ῥοπῇ τῆς ἀληθοῦς ἀρετῆς ἐπὶ τὴν γνῶσιν ἀναφέρει τοῦ θεοῦ. διόπερ φᾶς συνετὸς ἀνὴρ οὐκ ἄν ποτε ταραχθείη τοὺς πολλοὺς ὁρῶν ἐναντίαις προαιρέσεσι φερομένους. 2. ἀνόητος γὰρ ἂν ἡ τῆς ἀρετῆς ἐλάνθανε χάρις, εἰ μὴ καταντικρὺ τὸν τῆς διεστραμμένης ἀπονοίας βίον ἡ κακία προὐβέβλητο. διὸ τῇ μὲν ἀρετῇ στέφανος πρόκειται, τῆς δὲ κρίσεως αὐθεντεῖ ὁ ὕψιστος θεός. ἐγὼ δ' ὡς ἔνι μάλιστα φανερῶς περὶ τῶν κατ' ἐμαυτὸν ἐλπίδων πᾶσιν ὑμῖν ὁμολογῆσαι πειράσομαι.

49, 1. Ἔσχον ἔγωγε τοὺς πρὸ τούτου γενομένους αὐτοκράτορας διὰ τὸ τῶν τρόπων ἄγριον ἀποσκλήρους, μόνος δ' ὁ πατὴρ ὁ ἐμὸς ἡμερότητος ἔργα μετεχειρίζετο, μετὰ θαυμαστῆς εὐλαβείας ἐν πάσαις ταῖς ἑαυτοῦ πράξεσι τὸν σωτῆρα θεὸν ἐπικαλούμενος. 2. ὅσοι δὲ λοιποί, οὐχ ὑγιαίνοντες τὰς φρένας ἀγριότητος μᾶλλον ἢ πραότητος ἐπεμέλοντο, καὶ ταύτην ἔτρεφον ἀφθόνως, ἐπὶ τῶν ἰδίων καιρῶν τὸν ἀληθῆ λόγον διαστρέφοντες, τῆς δὲ πονηρίας αὐτοῖς ἡ δεινότης εἰς τοσοῦτον ἐξήπτετο, ὡς πάντων ὁμοῦ τῶν θείων τε καὶ ἀνθρωπίνων πραγμάτων εἰρηνευομένων ἐμφυλίους ὑπ' ἐκείνων πολέμους ἀναρριπίζεσθαι.

50. Τὸν Ἀπόλλω τὸ τηνικαῦτα ἔφασαν ἐξ ἄντρου τινὸς καὶ σκοτίου μυχοῦ οὐχὶ δ' ἐξ οὐρανοῦ χρῆσαι, ὡς ἄρα οἱ ἐπὶ τῆς γῆς δίκαιοι ἐμπόδιον εἶεν τοῦ ἀληθεύειν αὐτόν, καὶ διὰ τοῦτο ψευδεῖς τῶν τριπόδων τὰς μαντείας ποιεῖσθαι. τοῦτο γάρ τοι ἡ ἱέρεια αὐτοῦ, κατηφεῖς τοὺς πλοκάμους ἀνεῖσα ὑπὸ μανίας τ' ἐλαυνομένη, τὸ ἐν ἀνθρώποις κακὸν ἀπωδύρετο. ἀλλ' ἴδωμεν ταῦτα εἰς ὁποῖον τέλος ἐξώκειλε. **51,** 1. σὲ νῦν τὸν ὕψιστον θεὸν καλῶ· ἠκροώμην τότε κομιδῇ παῖς ἔτι ὑπάρχων, πῶς ὁ κατ' ἐκεῖνο καιροῦ παρὰ τοῖς Ῥωμαίων αὐτοκράτορσιν ἔχων τὰ πρωτεῖα, δείλαιος, ἀληθῶς δείλαιος, πλάνῃ τὴν ψυχὴν ἠπατημένος, παρὰ τῶν δορυφορούντων αὐτόν, τίνες ἄρα εἶεν οἱ πρὸς τῇ γῇ δίκαιοι. πολυπραγμονῶν ἐπυνθάνετο, καί τις τῶν περὶ αὐτὸν θυηπόλων ἀποκριθείς, Χριστιανοὶ δήπουθεν, ἔφη. 2. ὁ δὲ τὴν ἀπόκρισιν ὥσπερ τι καταβροχθίσας μέλι τὰ κατὰ τῶν ἀδικημάτων εὑρεθέντα ξίφη κατὰ τῆς ἀνεπιλήπτου ὁσιότητος ἐξέτεινεν. αὐτίκα δὴ οὖν διατάγματα λύθρων μιαιφόνοις ὡς εἰπεῖν ἀκωκαῖς συνέταττε, τοῖς τε δικασταῖς τὴν κατὰ φύσιν ἀγχίνοιαν εἰς εὕρεσιν κολαστηρίων καινοτέρων ἐκτείνειν παρεκελεύετο.

52. Ἦν τότε, ἦν ἰδεῖν, μεθ' ὅσης ἐξουσίας ἡ σεμνότης ἐκείνη τῆς θεοσεβείας τῇ τῆς ὠμότητος συνεχείᾳ οὐ τὰς τυχούσας ἐφ'

Wahrnehmung an sich nur durch Hinwendung zur wahren Tugend auch zur Gotteserkenntnis führt. Deswegen wird ein verständiger Mann auch nicht verwirrt, wenn er sieht, daß sich andere von entgegengesetzten Vorhaben bestimmen lassen. 2. Denn die Gnade der Tugend wäre unerkennbar, wenn die Schlechtigkeit ihr nicht ein Leben in verkehrter Sinnlosigkeit entgegenhalten würde. Deswegen gebührt der Tugend der Kranz; der höchste Gott allein bestimmt das Urteil. Ich aber möchte versuchen, Euch allen möglichst deutlich Bekenntnis abzulegen über meine Hoffnungen.

49, 1. Ich halte die früheren Herrscher wegen der Grobheit ihrer Sitten für verhärtet. Lediglich mein Vater pflegte die Werke der Sanftmut und rief in allen seinen Taten mit bewundernswerter Frömmigkeit den Retter-Gott an. 2. Den übrigen aber, die keinen gesunden Verstand besaßen, lag mehr an der Grobheit als an der Milde. Und diese Grobheit pflegten sie reichlich. Zu ihren Zeiten verdrehten sie die Wahrheit. Der Schrecken der Bosheit wurde von ihnen derart angefacht, daß die Bürgerkriege wieder aufflammten, als sich alle göttlichen und menschlichen Angelegenheiten im Frieden befanden.

50. Man sagt, daß Apollon damals – nicht vom Himmel, sondern aus einer Höhle und einem finsteren Versteck – geweissagt habe, daß die Gerechten auf Erden ihm im Wege seien, die Wahrheit zu sagen. Und deshalb wären die Dreifußorakel lügenhaft. Und seine eigene Priesterin hat, mit aufgelösten Haaren und vom Wahnsinn getrieben, dieses Schlechte unter den Menschen bejammert. Aber laßt uns sehen, zu welchem Ende das hinausläuft! **51**. 1. Dich, den höchsten Gott, rufe ich an. Damals, als ich noch ein Knabe war, hörte ich, wie der, der den ersten Rang, die Herrschaft über die Römer innehatte – bedauernswert war er, wirklich bedauernswert –, bei seinen Trabanten anfragte, wer denn die Gerechten auf der Erde sind. Und er forschte und fragte genau. Und einer von den Priestern bei ihm antwortete: Wahrscheinlich die Christen. 2. Nachdem er diese Antwort wie Honig geschlürft hatte, zog er die Schwerter – die doch gegen die Taten des Unrechts erfunden worden waren – gegen die unbescholtene Heiligkeit. Sofort ordnete er, sozusagen mit mordbesudeltem Griffel, Blutbefehle an. Und den Richtern befahl er, die natürliche Geistesschärfe zur Erfindung neuer Strafen zu verwenden.

52. Damals konnte man dann sehen, mit welchem Freimut die gottesfürchtigen und ehrwürdigen Männer und Frauen die täglichen Mißhand-

ἑκάστης ἡμέρας ὕβρεις ὑφίστατο, σωφροσύνη δ', ἣν τῶν πολεμίων οὐδεὶς ἠδίκησε πώποτε, ὀργίλων πολιτῶν παροινίας πάρεργον ἐγίγνετο. ποῖον πῦρ ποῖαι βάσανοι ποῖον στρεβλωτηρίων εἶδος οὐχὶ παντὶ σώματι καὶ ἡλικίᾳ πάσῃ ἀδιακρίτως προσήγετο; τὸ τηνικαῦτα ἐδάκρυε μὲν ἀναμφιβόλως ἡ γῆ, ὁ δὲ τὰ σύμπαντα περιέχων κόσμος τῷ λύθρῳ χραινόμενος ἀπεκλάετο, ἥ γε μὴν ἡμέρα αὐτὴ τῷ πένθει τοῦ θεάματος ἐνεκαλύπτετο.

53. Ἀλλὰ τί ταῦτα; αὐχοῦσι νῦν ἐπ' ἐκείνοις οἱ βάρβαροι οἱ τοὺς κατ' ἐκεῖνο καιροῦ ἐξ ἡμῶν φεύγοντας ὑποδεδεγμένοι καὶ φιλανθρώπῳ τηρήσαντες αἰχμαλωσίᾳ, ὅτι οὐ μόνον τὴν σωτηρίαν ἀλλὰ καὶ τὰ τῆς σεμνότητος αὐτοῖς κατέστησαν ἐν ἀσφαλείᾳ ἔχειν. καὶ νῦν τὸ Ῥωμαίων γένος κηλῖδα ταύτην διηνεκῆ φέρει, ἣν οἱ κατ' ἐκεῖνο καιροῦ τῆς Ῥωμαϊκῆς οἰκουμένης ἐλαυνόμενοι Χριστιανοὶ καὶ βαρβάροις προσφεύγοντες προσετρίψαντο.

54. Ἀλλὰ τί τῶν θρήνων ἐκείνων καὶ τοῦ κοινοῦ τῆς οἰκουμένης πένθους ἐπὶ πλέον μεμνῆσθαί με δεῖ; οἴχονται λοιπὸν καὶ ἐκεῖνοι οἱ τοῦ μύσους αὐθένται, πρὸς διηνεκῆ κόλασιν τοῖς Ἀχέροντος βαράθροις ἐκδοθέντες, σὺν αἰσχρῷ τέλει. πολέμοις γὰρ ἐμφυλίοις καταμιγέντες οὔτ' ὄνομα οὔτε γένος αὐτῶν καταλελοίπασιν. ὃ δὴ οὐκ ἂν αὐτοῖς συμβεβήκει, εἰ μὴ ἡ ἀσεβὴς ἐκείνη τῶν τοῦ Πυθίου χρηστηρίων μαντεία κίβδηλον δύναμιν ἐσηήκει.

55, 1 Σὲ νῦν τὸν μέγιστον θεὸν παρακαλῶ· εἴης πρᾶός τε καὶ εὐμενὴς τοῖς σοῖς ἀνατολικοῖς, εἴης πᾶσι τοῖς σοῖς ἐπαρχιώταις ὑπὸ χρονίου συμφορᾶς συντριβεῖσι, δι' ἐμοῦ τοῦ σοῦ θεράποντος ὀρέγων ἴασιν. καὶ ταῦτά γε αἰτῶ οὐκ ἀπεικότως, ὦ δέσποτα τῶν ὅλων, ἅγιε θεέ· ταῖς σαῖς γὰρ ὑφηγήσεσιν ἐνεστησάμην σωτηριώδη πράγματα καὶ διήνυσα, τὴν σὴν σφραγῖδα πανταχοῦ προβαλλόμενος καλλινίκου ἡγησάμην στρατοῦ· κἄν πού τις τῶν δημοσίων καλῇ χρεία, τοῖς αὐτοῖς τῆς σῆς ἀρετῆς ἑπόμενος συνθήμασιν ἐπὶ τοὺς πολεμίους πρόειμι. 2. διὰ ταῦτά τοι ἀνέθηκά σοι τὴν ἐμαυτοῦ ψυχὴν ἔρωτι καὶ φόβῳ καθαρῶς ἀνακραθεῖσαν· τὸ μὲν γὰρ ὄνομά σου γνησίως ἀγαπῶ, τὴν δὲ δύναμιν εὐλαβοῦμαι, ἣν πολλοῖς τεκμηρίοις ἔδειξας καὶ τὴν ἐμὴν πίστιν βεβαιοτέραν εἰργάσω. ἐπείγομαι γοῦν καὶ τοὺς ὤμους αὐτὸς ὑποσχὼν τοὺς ἐμοὺς τὸν ἁγιώτατόν σου οἶκον ἀνανεώσασθαι, ὃν οἱ μυσαροὶ ἐκεῖνοι καὶ ἀσεβέστατοι τῷ ἀτοπήματι τῆς καθαιρέσεως ἐλυμήναντο.

56, 1. Εἰρηνεύειν σου τὸν λαὸν καὶ ἀστασίαστον μένειν ἐπι-

lungen unter der stetigen Roheit ertrugen. Und man konnte sehen, mit welchem Freimut die besonnenen Männer und Frauen, die keinem Feinde jemals ein Unrecht getan hatten, der spielerischen Gewalttätigkeit jähzorniger Bürger ausgeliefert wurden. Welches Feuer, welche Martern, welche Folterwerkzeuge wurden nicht unterschiedslos gegen jeden Körper und gegen jedes Alter angewandt! Zweifellos weinte damals die Erde, der allumfassende Kosmos, und klagte, weil sie vom Blut besudelt war. Und selbst das Tageslicht hatte sich aus Trauer über den Anblick verhüllt.

53. Aber was bedeutete das? Jetzt können sich die Barbaren, die damals unsere Flüchtlinge aufgenommen und in menschenfreundlicher Gefangenschaft gehalten haben, rühmen, daß sie ihnen nicht nur die Rettung, sondern auch die Ausübung ihrer Frömmigkeit gewährten. Und das römische Geschlecht trägt jetzt die fortwährende Schmach, die ihm von der Tatsache beigebracht wurde, daß die Christen damals aus dem Römerreich weichen und zu den Barbaren fliehen mußten.

54. Aber wozu ist es nötig, daß ich mich noch weiter an jene Tränen und an jene gemeinsame Trauer des ganzen Erdkreises erinnere? Die Urheber des Verbrechens sind fort; sie wurden durch ein schreckliches Ende den fortwährenden Strafen in den Tiefen des Acheron anheimgegeben. Nachdem sie sich in Bürgerkriege gemischt haben, ist weder ihr Name noch ihr Geschlecht übriggeblieben. Und das wäre ihnen nicht geschehen, wenn nicht jene gottlose Weissagung des pythischen Orakels eine solche betrügerische Kraft gehabt hätte.

55, 1. Dich nun, größter Gott, rufe ich an. Sei du mild und gnädig mit deinen Orientalen, verleihe durch mich, deinen Diener, allen, die unter deiner Herrschaft stehen und durch das Unglück der Zeit gedrückt worden sind, Heilung. Und darum bitte ich nicht unbillig, heiliger Gott, o Herr aller Dinge. Denn durch deine Anleitungen habe ich die rettenden Taten durchgeführt und vollendet. Mein siegreiches Heer habe ich geführt, indem ich überall dein Siegel voranziehen ließ. Und wenn einmal eine Not des Staates ruft, dann werde ich wieder gegen die Feinde ziehen, indem ich ⟨wie damals⟩ denselben Zeichen deiner Herrlichkeit folge. 2. Deswegen übergebe ich dir meine Seele. In ihr mischen sich auf reine Weise Furcht und Liebe ⟨zu dir⟩. Denn deinen Namen liebe ich wahrhaft, deine Kraft, die du mir mit vielen Zeichen bewiesen und dadurch meinen Glauben fester gemacht hast, verehre ich. Daher sehne ich mich nun, es selbst auf meine Schultern zu nehmen, dein heiligstes Haus wieder zu erneuern, das jene ekelhaften und gottlosen Menschen durch die Sinnlosigkeit der Zerstörung verdorben haben.

56, 1. Ich wünsche mir zum gemeinsamen Wohl des Erdkreises und aller

θυμῷ ὑπὲρ τοῦ κοινοῦ τῆς οἰκουμένης καὶ τοῦ πάντων ἀνθρώπων χρησίμου. ὁμοίαν τοῖς πιστεύουσιν οἱ πλανώμενοι χαίροντες λαμβανέτωσαν εἰρήνης τε καὶ ἡσυχίας ἀπόλαυσιν. αὕτη γὰρ ἡ τῆς κοινωνίας γλυκύτης κἀκείνους ἐπανορθώσασθαι καὶ πρὸς τὴν εὐθεῖαν ἀγαγεῖν ὁδὸν ἰσχύσει. μηδεὶς τὸν ἕτερον παρενοχλείτω· ἕκαστος ὅπερ ἡ ψυχὴ βούλεται κατεχέτω, τούτῳ κατακεχρήσθω. 2. τοὺς δ' εὖ φρονοῦντας πεπεῖσθαι χρή, ὡς οὗτοι μόνοι ἁγίως καὶ καθαρῶς βιώσονται, οὓς αὐτὸς καλεῖς ἐπαναπαύεσθαι τοῖς σοῖς ἁγίοις νόμοις. οἱ δ' ἑαυτοὺς ἀφέλκοντες ἐχόντων βουλόμενοι τὰ τῆς ψευδολογίας τεμένη· ἡμεῖς ἔχομεν τὸν φαιδρότατον τῆς σῆς ἀληθείας οἶκον, ὅνπερ κατὰ φύσιν δέδωκας. τοῦτο κἀκείνοις εὐχόμεθα, ἵνα δηλαδὴ διὰ τῆς κοινῆς ὁμονοίας καὶ αὐτοὶ τὴν θυμηδίαν ἀποφέρωνται. **57.** οὐδὲ γάρ ἐστι καινὸν οὐδέ τι νεώτερον τὸ καθ' ἡμᾶς, ἀλλ' ἐξ οὗπερ τὴν τῶν ὅλων διακόσμησιν παγίως γεγενῆσθαι πεπιστεύκαμεν, μετὰ τοῦ πρέποντός σοι σεβάσματος τοῦτο παρεκελεύσω, ἐσφάλη δὲ τὸ ἀνθρώπινον γένος πλάναις παντοίαις παρηγμένον· ἀλλὰ σύ γε διὰ τοῦ σοῦ υἱοῦ, ἵνα μὴ τὸ κακὸν ἐπὶ πλέον ἐπιβρίσῃ, καθαρὸν φῶς ἀνασχὼν ὑπέμνησας περὶ σεαυτοῦ τοὺς πάντας.

58, 1. Αἱ σαὶ πράξεις ταῦτα πιστοῦνται· τὸ σὸν κράτος ἀθῴους ἡμᾶς καὶ πιστοὺς ἐργάζεται, ἥλιος καὶ σελήνη ἔννομον ἔχουσι τὴν πορείαν, οὐδὲ τὰ ἄστρα ἄτακτον ἔχει τὴν τοῦ κοσμικοῦ κύκλου περιφοράν· αἱ τῶν καιρῶν ἀμοιβαὶ νομίμως ἀνακυκλοῦνται, ἡ τῆς γῆς ἑδραία στάσις τῷ σῷ λόγῳ συνέστηκε, καὶ τὸ πνεῦμα κατὰ τὸν ἐπιταχθέντα θεσμὸν ποιεῖται τὴν κίνησιν, ἥ τε τῶν ὑδάτων φορὰ θέουσα πρόεισιν ἀπλέτου ῥεύματος μέτρῳ, ἡ θάλασσα ὅροις ἐμπεριέχεται πεπηγόσι, καὶ ὅ τι ἂν τῇ γῇ καὶ τῷ ὠκεανῷ συμπαρεκτείνηται, τοῦτο πᾶν θαυμασταῖς τισι καὶ χρησίμοις τεχνάζεται πολυτελείαις. 2. ὅπερ εἰ μὴ κατὰ κρίσιν τῆς σῆς βουλήσεως ἐπράττετο, ἀναμφιβόλως ἂν ἡ τοσαύτη διαφορὰ καὶ ἡ πολλὴ τῆς ἐξουσίας διάκρισις παντὶ τῷ βίῳ καὶ τοῖς πράγμασιν ἐλυμήνατο. οἱ γὰρ πρὸς ἑαυτοὺς μαχεσθέντες χαλεπώτερον ἂν τὸ ἀνθρώπινον κατέβλαψαν γένος· ὅπερ καὶ μὴ ὁρώμενοι πράττουσιν.

59. Ἀλλὰ χάρις σοι πλείστη, δέσποτα τῶν ἁπάντων, μέγιστε θεέ· ὅσον γὰρ διαφόροις σπουδάσμασιν ἡ ἀθρωπότης γνωρίζεται, τοσούτῳ μᾶλλον τοῖς ὀρθότερον φρονοῦσι καὶ γνησίας ἐπιμελομένοις ἀρετῆς τὰ τοῦ θείου λόγου μαθήματα συνίσταται. πλὴν ὅστις αὐτὸν θεραπεύεσθαι κωλύει, ἄλλῳ τοῦτο μὴ λογιζέσθω· ἡ γὰρ ἰατρικὴ τῶν ἰαμάτων προκαθέζεται ἅπασιν

Menschen, daß dein Volk Frieden habe und nicht von Aufständen erschüttert wird. Zusammen mit den Gläubigen sollen auch die Irrenden sich freuen und den Genuß des Friedens und der Ruhe empfangen. Denn die Süßigkeit der Gemeinschaft ist stark genug, auch jene zu bessern und auf den richtigen Weg zu führen. Keiner belästige den anderen. Jeder soll haben, was seine Seele haben will. Und das soll er dann auch benutzen können. 2. Diejenigen aber, die vernünftig denken, sollen überzeugt davon sein, daß nur die heilig und rein leben werden ⟨können⟩, die du selbst rufst, bei deinen heiligen Gesetzen zu bleiben. Die sich selbst diesen Gesetzen entziehen, sollen – weil sie es wollen – ihre Lügentempel behalten. Wir haben das glänzende Haus deiner Wahrheit, das du uns in der Natur gegeben hast. Darum bitten wir auch für jene, damit auch sie durch die gemeinsame Einmütigkeit offenkundig herzliche Freude davontragen. **57.** Unsere Sache ist nichts Neues oder eine junge Erscheinung. Sondern wir sind überzeugt, daß du sie seit der Einrichtung der Weltordnung mit der dir gebührenden Verehrung befohlen hast. Das menschliche Geschlecht wurde durch viele Irrtümer verführt und ist zu Fall gekommen. Aber du hast durch deinen Sohn ein reines Licht emporgehalten und alle an dich selbst erinnert, damit das Böse nicht noch drückender würde.

58, 1. Deine Werke machen das glaubwürdig. Deine Kraft macht uns unsträflich und treu. Sonne und Mond haben ihre Bahn, und auch die Sterne haben keinen ungeordneten Umlauf durch den Weltkreis. Der Wechsel der Zeiten wiederholt sich gesetzmäßig. Die Erde besteht durch dein Wort in unbeweglichem Bestand. Der Wind macht seine Bewegung nach dem angeordneten Gesetz. Die Fülle der Wasser läuft und eilt in unermeßlichem Fließen. Das Meer wird von festen Grenzen umgeben. Und was immer sich auf der Erde oder im Ozean erstreckt, das alles ist in wunderbarer und nützlicher Pracht erschaffen. 2. Wenn nicht alles nach der Entscheidung deines Willens geschähe, dann würden so unterschiedliche Gewalten und eine solche Verschiedenheit alles Leben und alle Dinge zerstören. Denn die, die gegeneinander kämpfen, würden dann das menschliche Geschlecht noch schlimmer verletzen. Und das tun sie, ohne daß man sie sieht, auch jetzt schon.

59. Aber größter Dank sei dir, allmächtiger Gott, Herr aller Dinge! Denn wie die Menschheit am unterschiedlichen Eifer erkannt wird, um so mehr werden die göttlichen Lehren sich bei denen bestätigen, die richtig denken und sich in Wahrheit um die Tugend bemühen. Wer aber verhindert, daß er geheilt wird, der rechne das keinem anderen zu! Denn das wirksame Arzneimittel ist allen vor Augen gestellt. Nur darf keiner das

εἰς τοὐμφανὲς προκειμένη. μόνον μή τις καταβλαπτέτω τοῦθ', ὅπερ ἄχραντον εἶναι τὰ πράγματα παρεγγυᾷ. χρησώμεθα τοίνυν ἅπαντες ἄνθρωποι τῇ τοῦ δοθέντος ἀγαθοῦ συγκληρίᾳ, τουτέστι τῷ τῆς εἰρήνης καλῷ, χωρίζοντες δηλαδὴ τὴν συνείδησιν ἀπὸ παντὸς ἐναντίου. **60,** 1 πλὴν ἕκαστος ὅπερ πείσας ἑαυτὸν ἀναδέδεκται, τούτῳ τὸν ἕτερον μὴ καταβλαπτέτω· ὅπερ θάτερος εἶδέν τε καὶ ἐνενόησεν, τούτῳ τὸν πλησίον εἰ μὲν γενέσθαι δυνατὸν ὠφελείτω, εἰ δ' ἀδύνατον παραπεμπέσθω. ἄλλο γάρ ἐστι τὸν ὑπὲρ ἀθανασίας ἆθλον ἑκουσίως ἐπαναιρεῖσθαι, ἄλλο τὸ μετὰ τιμωρίας ἐπαναγκάζειν. 2. ταῦτα εἶπον, ταῦτα διεξῆλθον μακρότερον ἢ ὁ τῆς ἐμῆς ἐπιεικείας ἀπαιτεῖ σκοπός, ἐπειδὴ τὴν τῆς ἀληθείας ἀποκρύψασθαι πίστιν οὐκ ἐβουλόμην, μάλισθ' ὅτι τινὲς ὡς ἀκούω φασί τῶν ναῶν περιῃρῆσθαι τὰ ἔθη καὶ τοῦ σκότους τὴν ἐξουσίαν· ὅπερ συνεβούλευσα ἂν πᾶσιν ἀνθρώποις, εἰ μὴ τῆς μοχθηρᾶς πλάνης ἡ βίαιος ἐπανάστασις ἐπὶ βλάβῃ τῆς κοινῆς σωτηρίας ἀμέτρως ταῖς ἐνίων ψυχαῖς ἐμπεπήγει.

27. Rede an die Synode

Von den Reden des Kaisers „an die heilige Synode" besitzen wir drei Stück. Zwei sind bei Euseb überliefert, eine bei Gelasius. Nun soll der Kaiser nach seinem Eintreten in das Konzil von Nicäa (325) gleich nach der Eröffnungsrede des Euseb (von Nikomedien?) ebenfalls das Wort ergriffen haben (v. C. III 11). Euseb gibt uns den Wortlaut dieser Rede in v. C. III 12 wieder. Nun ist aber das kurze Stück kaum wirklich mit der Rede Konstantins identisch; es ist ein für die Darstellung der ›Vita‹ komponierter und zusammengestellter Text. „Insgesamt ist die Rede als ein Stück anzusehen, das Euseb für sein Geschichtswerk entworfen hat, vergleichbar anderen Reden bei ihm und bei anderen Historikern" (Kraft 269).

Die andere Rede fügt Euseb als Beispiel für eine Konstantin-Rede seinem Werk an (IV 42). Sie ist – mindestens in ihrer jetzigen Form – nicht echt (Kraft 271–272); die Tatsache, daß schon Euseb sie nicht als die Rede zur Eröffnung der nicäischen Synode bezeichnet, macht deutlich, daß sie es auch tatsächlich nicht gewesen ist. Sonst hätte Euseb (der auf dem Konzil ja anwesend war) uns das mitgeteilt.

Bleibt die Rede bei Gelasius. Sie hat zwar inhaltlich nichts mit der von Euseb v. C. III 12 gegebenen Kurzrede gemeinsam, ist aber durch den Inhalt sehr wahrscheinlich als echt ausgewiesen. In ihr tritt so deutlich das typische Christentum des Kaisers zu Tage, daß kaum angenommen werden kann, daß ein Christ diese Rede gefälscht haben könnte. Stilistisch ist sie

beschädigen, was die Tatsachen als untadelig beweisen. Laßt uns – d. h. alle Menschen – das Erbe des uns gegebenen Guten gebrauchen, das ist das Gut des Friedens. Und laßt uns unser Gewissen fernhalten von allem, was diesem Gut entgegensteht. **60**, 1. Keiner soll mit dem, was er aus eigener Überzeugung angenommen hat, dem anderen schaden. Jeder soll dem Nächsten, so gut es möglich ist, mit dem nützen, was er eher weiß oder schneller bedacht hat. Ist es aber unmöglich, ihm damit zu nützen, lasse er ihn in Ruhe. Denn es ist etwas anderes, den Kampf um die Unsterblichkeit freiwillig aufzunehmen als mit Strafen dazu zu zwingen. 2. Das alles habe ich gesagt und ausführlicher besprochen, als es das Ziel meiner Milde erfordert hätte. Denn ich möchte meinen Glauben an die Wahrheit nicht verborgen sein lassen, besonders deshalb, weil einige – wie ich höre – sagen, daß die Bräuche der Tempel und die Macht der Finsternis beseitigt wären. Das hätte ich auch allen Menschen so geraten, wenn sich nicht der gewaltsame Aufruhr des elenden Irrtums zum Schaden für das gemeinsame Heil in einigen Herzen maßlos verfestigt hätte.

glatter als die Briefe, aber das liegt wohl daran, daß sie ausführlich ausgearbeitet wurde und sicherlich nicht ohne Berater entstanden ist. Für meine Begriffe ist die Echtheit unbestreitbar (so auch Kraft 268–271). Darum habe ich sie auch hier in voller Länge wiedergegeben.

Nun ergibt sich aber ein weiteres Problem: Theodoret berichtet (wie übrigens auch der Historiker Sozomenos) ebenfalls von der Konstantinrede, und zwar in einer Form, die dem Bericht Eusebs nicht unähnlich ist. Theodoret zitiert aber dann den Schluß der Rede, und der ist wiederum identisch mit dem Schluß der Rede bei Gelasius. „Zusammengefaßt: Euseb, Sozomenos und Theodoret sind sich untereinander ähnlich; sie sind Gelasius unähnlich. Das Zitat bei Theodoret ist identisch mit dem Schlußabschnitt bei Gelasius. Der Schlußabschnitt bei Gelasius paßt nicht zum Rest der Rede“ (Kraft 269; vgl. dort zum ganzen Abschnitt). Letzteres ist offenkundig: Denn nur in diesem Schlußabschnitt kommt die Gelasius-Rede auf die innerkirchlichen Streitigkeiten zu sprechen, von denen sonst überhaupt nichts gesagt wird; außerdem ist die Anknüpfung ausgesprochen gekünstelt. Die Nahtstelle in Abschnitt 39 ist in der Übersetzung mit (*) gekennzeichnet.

So legt sich der Schluß nahe: „Die Rede bei Gelasius stammt aus dem Urkundenbuch des Dalmatius . . . – ohne den Schluß oder mit anderem Schluß. Gelasius hat sie hier eingefügt; vermutlich, weil ihr Titel ›Constantinus ad sanctam coetum‹ gelautet haben mag. Er hat sie aber mit dem ihm anderweitig bekannten Schluß der echten Rede versehen. Warum merkt

man, wenn man sie liest: weil sie kein Wort von dem Glaubensstreit usw. sagt. Und das hätte ja in einer Eröffnungsrede geschehen müssen" (Kraft 269f.).

Nach der Auffassung von Kraft ist die Rede also echt, nicht aber die Rede des Kaisers in Nicäa. Ich denke, ein Blick in ihren Inhalt bringt weiter. Die Rede läuft hinaus auf die Bitte an die heilige Synode um Aufnahme. Dazu schlägt die Rede einen weiten Bogen von dem Haus Gottes, durch dessen Türen der Kaiser bereits hindurchgegangen ist, bis zu den Türen der Kirche, die ihm die Bischöfe nicht verschließen sollen. Das ist eine ausgesprochen geschickte Komposition, und sie hat ihren Zweck gewiß erfüllt.

Ist es wirklich so undenkbar, daß der Kaiser seinen Auftritt in einer christlichen Synode mit einer solchen Bitte eröffnet haben sollte? Dann ginge es also hier nicht um die Taufe, auch nicht um eine Kirchenaufnahme ohne Taufe (vgl. Kraft 270f.), sondern um Aufnahme in den Kreis der Bischöfe, um die Genehmigung der Teilnahme an der Synode.

Das würde freilich bedeuten, daß das von Euseb und den anderen nicht

a) Rede Konstantins an die heilige Synode (Gelasius-Fassung)

Text nach: Gelasius II 7, 1–41.

Λόγος Κωνσταντίνου Σεβαστοῦ προσφωνητικὸς πρὸς τὴν ἁγίαν σύνοδον.

1. Πολλὰς μὲν πρὸς εὐποιίαν τῷ τῶν ἀνθρώπων γένει ἐπιφανεστάτας ὁδοὺς ἡ τοῦ παντοδυνάμου θεοῦ τρόφιμος δικαιοσύνη ὑπέστρωσεν, οὐχ ἥκιστα δὲ ἐκείνην τὴν ἐπισημοτέραν καὶ μάλιστα ἀστράπτουσαν, ἣν ἐν τῷ κεφαλαίῳ τοῦ ἁγιωτάτου νόμου τῆς καθολικῆς ἐκκλησίας πᾶσιν ἡμῖν παντὸς θαύματος μεῖζον ἤθροισε, τῆς πίστεως τὸ κυριακὸν οἰκητήριον. 2. τούτου δὲ τὴν μὲν κορυφὴν μέχρι τοῦ φέγγους τῶν ἄστρων ἐληλυθέναι ὁρῶμεν, τοὺς δὲ θεμελίους ἔτι ἀρχομένου τοῦ ἔργου οὕτως βαθέως καὶ πιστῶς ἐρριζῶσθαι θείῳ νεύματι γινώσκομεν, ὡς πᾶσαν τὴν οἰκουμένην αἴσθησιν τούτου λαβεῖν. 3. ἀπὸ τῆς κορυφῆς τοίνυν τῆς προειρημένης ἁπασῶν τῶν λοιπῶν ὅλων ὑπερκειμένης ἄχρι τοῦ τέλους τῆς ἐξόδου φαίνεται ὁμαλὴ καὶ ἰσόπεδος πορεία τῇ λαμπρότητι τοῦ φωτὸς χρωμένη, ἧς καὶ τὸ μέτωπον ἀστροειδεῖ σφραγῖδι κεκοσμημένον δυοκαίδεκα τὸν ἀριθμὸν κίονες χιόνος λαμπρότεροι, ἀκίνητοι τῇ θέσει τῆς πίστεως ἀϊδίως τῇ τῆς θεότητος τοῦ ἡμετέρου σωτῆρος δυνάμει

berichtet worden wäre. Dafür ließen sich verschiedene Gründe denken. Möglich wäre vielleicht auch die ganz einfache Theorie, daß der Kaiser in einem ersten Teil seiner Rede von sich gesprochen hat und seinem Wunsch, an der Synode teilzunehmen (die Zustimmung der Bischöfe hat er dabei wohl nur rhetorisch erfragt), in einem zweiten Teil dann vom Thema der Synode und der Einheit der Kirche. Euseb hätte sich dann auf den zweiten Teil beschränkt, weil er das Eigentliche der Synode betraf. Bei einer solchen Erklärung ergibt sich aber die Schwierigkeit, daß Gelasius (der ja den Schluß der Rede ganz deutlich anderen Quellen entnimmt) offensichtlich eine Überlieferung vor sich hatte, die nur den ersten Teil kennt.

Das Problem ist hier nicht zu lösen. Auf jeden Fall ist die Rede echt. Wo sie gehalten wurde, bleibt unbekannt. Ich möchte aber das Konzil von Nicäa auch nicht ausschließen. Wie immer man sich entscheiden möge, es bleibt sicherlich mit Kraft 271 festzuhalten: „Man kann aber nicht annehmen, daß der todkranke Kaiser sich vor seiner Taufe zu einer solchen Rede aufgeschwungen hätte."

Rede Kaiser Konstantins an die heilige Synode.

1. Die segenspendende Gerechtigkeit des allmächtigen Gottes hat viele ausgezeichnete Wege zum Wohl für das menschliche Geschlecht geebnet, besonders aber den hervorragendsten und sehr leuchtenden, den sie im wesentlichen Sinn des heiligsten Gesetzes der katholischen Kirche uns allen über alles wunderbar bereitet hat: das herrliche Haus des Glaubens. 2. Wir sehen seine Spitze bis in den Glanz der Sterne reichen. Wir erkennen, daß die Grundfesten noch zu Beginn des Werkes so tief und zuverlässig auf den göttlichen Wink hin im Boden befestigt wurden, daß der ganze Weltkreis es wahrnehmen kann. 3. Von der eben erwähnten, alles übrige überragenden Spitze bis zum äußersten Ausgang erscheint ein gerader und ebener Zugang, hell bestrahlt vom Glanz des Lichtes. Seine Vorderseite, geschmückt mit einem sternengleichen Siegel, tragen zwölf wie Schnee glänzende Säulen, unbeweglich durch die Setzung des Glaubens und ewig

βαστάζουσι. 4. τούτου τοίνυν τοῦ τηλικούτου ἔργου ὁ τεχνίτης προσλαμβάνουσιν ἡμῖν καὶ τὴν ἀπὸ ψυχῆς δικαίαν πίστιν τοῦ ἀθανάτου αὐτοῦ νόμου εἰς νοῦν ἔδωκεν ἡμῖν τὴν σεμνότητα· οὗπερ πρὸς τοὺς πυλῶνας οὐδὲν ἕτερον εἰ μὴ ἁγνῆς καὶ εὐσεβοῦς ἐπιθυμίας ἐπειγούσης, μόνῃ καθαρᾶς διανοίας πεποιθήσει πρόσεισιν ὁ βουλόμενος. 5. τούτῳ δὲ αὐτῷ θαυμαστήν τινα κόσμου λαμπρότητα σωτήριος προσήγαγε λογισμός· λέγω δέ, ἔνδοθεν πίστις ἀνθρώπων διὰ παντὸς τοῦ περιβόλου τοῦ κυριακοῦ ἀνθοῦσι στεφάνοις τετιμημένη ἀθανασίας καρπὸν ἀθροίζουσα ἁγνοὺς τόνους τῆς ζωῆς τῆς ἀνθρωπείας εἰς φανερὸν ἄγουσα ἐπιφανεῖς καθίστησιν. αὖθις ἐντεῦθεν ἡ ἔξωθεν οὐράνιος δόξα ἐστεμμένη τοῦ αἰωνος ἀεὶ τικτομένου μᾶλλον δὲ φυομένου βραβεῖα ὑπογράφει, καὶ τραφέντα μετὰ τοῦ προσήκοντος ἐπαίνου ἅπασαν τοῦ αὐτοῦ ἔργου τὴν τελεσιουργίαν κοσμεῖ. 6. ὁ δὲ αὐτὸς οὗτος ὁ κυριακὸς οἶκος ὑπὸ δύο μόνων φυλάκων φρουρεῖται· καὶ φόβος μὲν θεῖος πρόσεισι τῇ ἐνίων ἐννοίᾳ σωφρονιστήριον, πάρεστι δὲ ἀεὶ καὶ τοῖς εὖ φρονοῦσιν ὁ πρὸς τὸ θεῖον ἔπαινος τῆς συνέσεως βραβεῖον· τούτων γὰρ ἑκατέρων ἐπικειμένων τοῖς προθύροις τοῦ ἁγιωτάτου τόπου δικαιοσύνην μὴν αἱ θύραι ἀναπεπταμέναι δέχονται, αὕτη τε εἴσω οἰκισθεῖσα μένει ἀκήρατος, τῇ δὲ ἀδικίᾳ οὐδὲ θέμις ταῖς θύραις προσελθεῖν, ἀλλὰ ἐξόριστος τούτου τοῦ τόπου ἐκκλείεται. 7. ταῦτά με, ὦ τιμιώτατοι καὶ παντὸς ἐπαίνου ἄξιοι ἀδελφοί, τὰ πράγματα οὕτω σαφῆ εἰς τὴν τοῦ ἀϊδίου καὶ ἀθανάτου φωτὸς λαμπρότητα ἤγαγεν, ἵνα μὴ πόρρω με ἑστῶτα ἀμφίβολός τις ἴσως τῆς ψυχῆς πίστις ἀπεργάσηται τῆς ἀληθείας ἀνάρμοστον. 8. Ἀλλὰ τί πρῶτον διαβεβαιώσομαι; πότερον τῆς εὐδαιμονίας τὸν τύπον, ἥτις εἴσω τοῦ στήθους τοῦ ἐμοῦ συνειλημμένη λανθάνει, ἢ τὰς θείας εὐεργεσίας τὰς περὶ ἐμὲ ὑπὸ τοῦ παντοδυνάμου θεοῦ, ἐξ ὧν τὸν ἀριθμὸν πολλῶν ἔργων ἱκανὸν γοῦν λέγειν φανείη ἤδη, ὡς τὴν ἐμὴν μετριότητα ὁ αὐτὸς ἡμέτερος θεὸς καὶ πάντων πραγμάτων πατὴρ εἰκότως ἑαυτῷ κατεδουλώσατο. 9. πιστεύετε, ὦ τιμιώτατοι ἀδελφοί, προσλαμβάνοντες ἀκέραιον πίστιν τοῖς λεγομένοις, εἰ καὶ τὰ μάλιστα ἡ ἐμὴ διάνοια τῶν θείων εὐεργετημάτων κορεσθεῖσα εὐδαιμονεῖν δοκεῖ καὶ ἀπὸ τοιούτου πράγματος ἐξόχους ἐπαίνους πληρῶσαι δύνασθαι φαίνεται. ὅμως, ὅπερ τῆς ἀληθείας ἡ πίστις ἐναργῶς δείκνυσιν, οὔτε φωνὴ οὔτε γλῶττα τῷ προστάγματι τῆς διανοίας ὑπουργῆσαι ἀρκοῦσι καὶ μάλα εἰκότως. 10. ἀμέτρου γὰρ ὄντος τοῦ μεγέθους τῶν εὐεργεσιῶν ἡ μὲν διάνοια ὑψηλή τις οὖσα τοὺς ἀνωτέρω τοῦ σώματος τόπους καταλαμβάνει, ἡ δὲ

durch die Kraft der Gottheit unseres Retters. 4. Der Schöpfer eines solchen Werkes hat uns, die wir auch von Herzen den gerechten Glauben an sein unsterbliches Gesetz erlangt haben, Ehrwürdigkeit gegeben. Wo nichts anderes zu den Toren drängt als heilige und fromme Begierde, da kann jeder, der es will, nur im Vertrauen auf seine reine Gesinnung, herzutreten. 5. Ihn führt dann seine rettende Vernunft zu einem wunderbaren Schmuckglanz. Ich sage: Innen wird der Glaube durch beständiges Trachten nach den Dingen des Herrn mit Blütenkränzen geehrt und sammelt die Früchte der Unsterblichkeit und bringt heilige Kräfte des Menschenlebens ans Licht und macht sie offenbar. Von außen verleiht die himmlische Herrlichkeit, die mit dem immer geboren werdenden, besser immer aufwachsenden Äon geschmückt ist, den Kampfpreis. Und den, der lobenswert gelebt hat, schmückt sie mit der ganzen Vollendung seiner Werke. 6. Aber dieses dem Herrn gehörende Haus wird nur von zwei Wächtern bewacht. Die Gottesfurcht tritt dem Denken einiger Menschen als Zuchtmeister entgegen; es ist aber immer auch für die Wohlgesinnten das Lob Gottes als Siegespreis für die Einsicht da. Diese beiden wachen in der Vorhalle des allerheiligsten Ortes, und die geöffneten Türen nehmen nur die Gerechtigkeit auf, sie bleibt unversehrt innen wohnen. Der Ungerechtigkeit ist es aber nicht gestattet, zu den Türen zu gehen, sondern sie muß von diesem Ort ausgeschlossen bleiben. 7. Geliebteste und allen Lobes würdige Brüder, diese Dinge haben mich so deutlich in den Glanz des ewigen und unsterblichen Lichtes geführt, daß ein zweifelnder Glaube der Seele nicht mehr bewirkt, daß ich, der ich ⟨einmal⟩ ferne stand, mit der Wahrheit nicht in Übereinstimmung wäre.

8. Aber was soll ich zuerst bekräftigen? Das Bild des Glückes, das in meinem Herzen verborgen liegt? Oder die göttlichen Wohltaten, die durch den allmächtigen Gott an mir geschehen sind? Aus ihrer Vielfalt gäbe es wohl schon genügend Stoff, darüber zu reden, weil unser Gott und der Vater aller Dinge selbst meine Mittelmäßigkeit sich zu Recht unterworfen hat. 9. Glaubt mir, liebe Brüder, bringt meinen Worten ein ungetrübtes Vertrauen entgegen! Wenn auch mein Verstand, reichlich versehen mit den göttlichen Wohltaten, glücklich zu sein scheint und daher auch scheinbar besondere Lobpreisungen darbringen kann, so reicht doch weder Sprache noch Zunge dazu hin (wie es der Glaube an die Wahrheit zeigt), dem Gebot des Verstandes Folge zu leisten. Und das ist ganz natürlich so. 10. Denn wenn die Menge der Wohltaten maßlos ist, kann wohl ein erhabener Verstand die Begriffe jenseits des Körperlichen erfassen, aber es schweigt

τῆς γλώττης πορεία εἰς στενὸν κομιδῇ τόπον συγκλεισθεῖσα, ἀδόκιμος σχεδὸν τοῦ λέγειν οὖσα, παντάπασι σιωπᾷ. τίς γὰρ ἡμῶν οὕτω προπετὴς λογισμῷ, ἵνα τοιαύτης πεποιθήσεως ἀπορρίψῃ λόγον, δι' οὗ φάναι ἂν τολμήσειε πάνυ εὐκόλως τῷ τὰ πάντα δυναμένῳ θεῷ ἢ καὶ πάντων τῶν καλλίστων δημιουργῷ ἐνδόξους ἐπαίνους καὶ ἐπαξίους ἐντελῶς εἰπεῖν; 11. ὁπότε εἴ τις μόνην τὴν μεγαλοπρέπειαν τοῦ αὐτὸν τετέχθαι νομοθετήσαντος λογίσαιτο, εἰδὼς ἂν σκοπήσειε μηδὲν δύνασθαι εὑρεθῆναι, ὅπερ ἄξιον θεοῦ λεχθῆναι δυνήσεται. 12. τί τοίνυν τῆς ἐμῆς μετριότητος τὴν καθοσίωσιν λέγειν ἐχρῆν, εἰ μὴ τοῦτο, ὅπερ ὁ θεῖος λόγος τῆς ἀληθείας δείκνυσιν; οὗ τὸ μέγεθος ἥτις μεγίστη προσκύνησις σκοπησάτω σαφῶς, εἰ καταντῆσαι δυνήσεται ἐν αὐτοῖς τοῖς περὶ αὐτοῦ λεγομένοις καὶ οὐδεμία πλάνη αὐτὸν ὀλισθήσει.

13. Καὶ εἴθε μοι τῷ ὑμετέρῳ συνδιακόνῳ δαψιλὴς εὐπορία τοῦ λέγειν ἀρκέσειεν, ἵνα ἐκεῖνα ἄξια ὄντα τοῦ κηρύττεσθαι ἐγκωμιάσω, ἅπερ ὁ θεῖος σωτὴρ ὁ ἡμέτερος πάντων τε πραγμάτων φύλαξ τοῖς προοιμίοις τῆς αὐτοῦ παρουσίας, ὁπότε τῆς ἡμετέρας λυσιτελείας ἕνεκα ἁγνοῦ σώματος οἰκητήριον κατηξίωσεν ἐκ παρθένου λαβεῖν, πᾶσιν ἀνθρώποις δίδαγμα τοῦ παρ' αὐτοῦ οἴκτου δηλῶν, γαληνῷ νεύματι τῆς αὐτοῦ θεότητος ἔδειξε. 14. τίνος ἄρξομαι ἄρα; ἀπὸ τῆς αὐτοῦ διδαχῆς καὶ σεμνότητος; ἀλλὰ ἀπὸ θείων διδασκαλιῶν, ὧν αὐτὸς δι' ἑαυτοῦ μηδενὸς διδάσκοντος μόνος διδάσκαλος πέφηνεν; ἀλλ' ὅπως ἀνέπνευσαν διὰ τῆς αὐτοῦ προνοίας τοσοῦτοι δῆμοι, ὅσους οὐδὲ ἀριθμῷ περιλαβεῖν οἷόν τε, μικρᾷ τινι τροφῇ καὶ ἐλαχίστοις σιτίοις καὶ μόνοις δύο ἰχθύσι τῇ τούτου θείᾳ προνοίᾳ, 15. καὶ Λαζάρου μετὰ τὴν τελευτὴν βραχείᾳ τινὶ ῥάβδῳ ἀνάστασιν πεποίηκε καὶ εἰς τὴν τοῦ φωτὸς λαμπρότητα αὖθις ἀνήγαγε; 16. πῶς δ' ἂν εἴποιμι τὴν ἁγνὴν αὐτοῦ θεότητα, δι' ἧς γυναῖκά τινα ἀπορρητοτέρως νοσοῦσαν θεασάμενος καὶ τῆς ἑαυτοῦ ὁμιλίας μόνης καταξιώσας, ὑγιᾶ τε αὖθις καὶ παντὸς νοσήματος ἐλευθέραν ἔδειξε; 17. τίς δ' ἂν κατ' ἀξίαν εἴποι αὐτοῦ τὸ ἀθάνατον ἔργον, δι' οὗ τις συνεχεῖ καὶ μακρᾷ νόσου τηκεδόνι ἀναλωθεὶς καὶ τῶν μελῶν αὐτοῦ χυθέντων καὶ διασπασθέντων ὅλων κείμενος ἄφνω θείῳ ἰάματι ῥωσθεὶς αὐτὸ τὸ σκιμπόδιον, ἐφ' ᾧ ἔκειτο, τοῖς ὤμοις ἐπέθηκε καὶ εὐχαριστίας ἐπαίνους διαχέων διά τε τῆς πατρίδος καὶ τῆς ἐνορίας διέδραμεν; 18. ἀλλὰ τὸ θεῖον αὐτοῦ καὶ σταθηρὸν βάδισμα, ὡς ἐπιβαίνων τὴν ἀγρίαν θάλατταν καταπατήσας ἐπέζευσε καὶ τοῖς θείοις ἴχνεσι τῆς βαθυτάτης θαλάττης τὴν ὑγρότητα ἔπηξε καὶ διὰ μέσου πελά-

doch der Gang der Zunge dabei ganz und gar, die auf einem ganz engen Raum eingeschlossen und ohnehin kaum zu reden fähig ist. Denn wer von uns wäre so voreilig im Denken, daß er das Wort eines solchen Vertrauens einfach aus dem Mund herausschleuderte dadurch, daß er es wagen könnte, dem Gott, der alles kann und alles Gute erschaffen hat, so ganz ohne Mühe herrliche und angemessene Lobpreisungen auf vollkommene Weise zu sagen? 11. Wenn jemand nur die Größe des Gesetzgebers bedächte, die darin liegt, daß er ihn erschaffen hat, dann würde er wohl erkennen, daß nichts gefunden werden kann, was so gesagt werden kann, daß es Gott würdig ist. 12. Was kann nun ich, der ich meine Mittelmäßigkeit ⟨Gott⟩ geweiht habe, anderes sagen außer dem, was der göttliche Logos der Wahrheit ⟨mir⟩ zeigt? Denn wer ihn angemessen anbetet, der betrachte deutlich seine Größe, ob er das, was über Gott gesagt wird, erreichen kann. Und kein Irrtum wird ihn straucheln lassen.

13. O wenn doch mir, Eurem Mitdiener (συνδιάκονος!) ein reichliches Vermögen zu reden zu Gebote stünde, daß ich verherrlichen könnte, was wert ist, verkündigt zu werden, was unser göttlicher Retter, der Wächter über alle Dinge, zu Beginn seiner Ankunft mit dem stillen Wink der Gottheit gezeigt hat, als er es für recht hielt, von einer Jungfrau wegen unserer Erlösung die Wohnung in einem heiligen Leib zu nehmen, und allen Menschen die Lehre des von ihm ausgehenden Erbarmens offenbarte! 14. Womit soll ich also beginnen? Bei seiner Lehre? Bei seiner Ehrwürdigkeit? Oder bei den göttlichen Lehren, in denen er selbst, ohne daß ihn jemand belehrt hätte, als Lehrer in Erscheinung getreten ist? Oder wie er durch seine Fürsorge solche Volksmengen erquickte, daß man sie nicht zählen konnte, und das durch ein wenig Nahrung, durch wenige Brote und nur zwei Fische, ⟨allein⟩ durch seine göttliche Fürsorge? 15. Oder wie er nach dem Tod mit einem kurzen Stab die Auferweckung des Lazarus bewerkstelligt hat und ihn wieder in den Glanz des Lichtes führte? 16. Wie könnte ich reden von seiner heiligen Gottheit, durch die er eine Frau, die am Blutfluß litt, indem er sie ansah und nur seiner Berührung würdigte, wieder gesund machte und ihr die Befreiung von jeder Krankheit aufzeigte? 17. Wer könnte würdig sein, sein unsterbliches Werk zu erzählen, durch das ein Mensch, der von der unaufhörlichen und großen Auszehrung einer Krankheit geschwächt war und darniederlag, weil alle seine Glieder dahingestreckt und verkümmert waren, durch plötzliche göttliche Heilung gestärkt sein Bett, auf dem er gelegen hatte, auf die Schultern nahm und überfließend von Lob und Dank die Gegenden seines Vaterlandes durchzog? 18. Oder seinen göttlichen und festen Gang, wie er das wilde Meer durchschritt und durch sein Niedertreten bändigte und mit göttlichen Schritten die Nässe der Meerestiefe fest machte und er seinen Weg nahm

γους οὐδενὶ μέτρῳ βαθύτητος περιοριζομένου ὥσπερ διὰ γῆς τὴν πορείαν ἐποιήσατο; 19. ἀλλὰ τὴν ἠπίαν αὐτοῦ ἀνεξικακίαν, δι' ἧς νικητὴς ὢν ἐν πᾶσι τῶν ἀνοήτων δήμων τὴν αὐθάδειαν ἐδάμασε καὶ δαμασθεῖσαν πόρρω ἀπ' αὐτῶν διαχωρίζων τὴν ἀγριότητα τῷ νόμῳ ὑπέταξεν; 20. ἀλλ' ἐκεῖνα τὰ ὑπέρλαμπρα καὶ μέγιστα τῆς αὐτοῦ θεότητος, οἷς ζῶμεν, οἷς εὐδοκοῦμεν οἵτινες τῆς μελλούσης εὐδαιμονίας τὴν ἐλπίδα οὐ μόνον προσδοκῶμεν ἀλλ' ὥσπερ τινὶ τρόπῳ ἤδη κατέχομεν; 21. τί πλέον τολμῶ λέγειν καὶ μετ' αὐτῆς τῆς μικρᾶς τοῦ λόγου παρασκευῆς, εἰ μὴ μόνον τοῦτο, ὅπερ τῆς ἐμῆς καθωσιωμένης ψυχῆς συνεῖναι χρή, τὴν καθαρότητα, ὁποῖος τοίνυν ἐστὶν ὁ παντοδύναμος θεός, ὁ τὸν οὐρανὸν οἰκῶν, καὶ περὶ πᾶν τὸ ἀνθρώπινον γένος, μάλιστα δὲ καὶ ἐξαιρέτως περὶ τὴν καλλίστην καὶ παντὸς ἐπαίνου μείζονα δικαιοσύνην, ὁπότε καὶ τοῦ ἰδίου θείου πνεύματος τὸ ἁγιώτατον κατ' ἀξίαν σῶμα ἐνοικεῖν τε αὐτῷ καὶ οὕτω σωτηριῶδες τοῖς ἀνθρωπίνοις σώμασιν εἶναι κατηξίωσεν.

22. Ἐπειδὴ οὖν περὶ τῆς οὕτω ἁγιωτάτης καὶ σωτηρίου τῆς πάντα δυναμένης θεοῦ τάξεως ἄμετρος τῶν ἐχθρῶν μανία ὥσπερ ἀχλύϊ τινὶ συγκεχυμένη ἐπολεθρίου σκαιότητος ἑρμηνείαν ποιεῖθαι οὐκ ἀμφιβάλλει, διὰ βραχέων, εἰς ὅσον ἡ πίστις καὶ ἡ καθοσίωσις τῆς ψυχῆς τῆς ἐμῆς τοῦ λέγειν εὐπορίαν δαψιλεύεται, διηγήσασθαι πειράσομαι. 23. καὶ γὰρ αἱ τούτων τῶν ἐθνῶν κακόνοιαι τοιοῦτον γένος εἰσάγουσιν ἀναισχυντίας, ὥστε ἀσεβεῖ στόματι μὴ φοβηθῆναι εἰπεῖν τὸν θεὸν τὸν πάντα δυνάμενον πάντα τὰ τῷ θείῳ νόμῳ δηλούμενα μήτε πεποιηκέναι μήτε ποιῆσαι βεβουλῆσθαι. 24. ὢ τῆς τοιαύτης ἀσεβοῦς φωνῆς τῆς κατ' ἀξίαν ἅπασαν ὑπερβολὴν τιμωρίας καθ' ἑαυτῆς ἀπαιτούσης· ὄντως ἐμμανῶς καὶ τολμηρῶς τῆς θείας ταύτης εὐεργεσίας τὴν δόξαν τὴν μηδενὶ τῶν ἀνθρώπων περιληφθῆναι δυναμένην ἀφανῆ καταστῆσαι ἐπιθυμεῖ. 25. τί γὰρ μᾶλλον ἢ ἁγνότης ἄξιον τοῦ θεοῦ; ἥτις ἐκ τῆς ἁγιωτάτης ὁμιλίας μετὰ τῆς πηγῆς τῆς δικαιοσύνης προελήλυθε καὶ διὰ πάσης τῆς περιόδου τῆς οἰκουμένης ἐπλήμμυρε καὶ τὰς δυνάμεις τῶν ἁγιωτάτων ἀρετῶν τοῖς ἀνθρώποις ἐπέδειξεν, ἅσπερ ἑαυτοῖς πρῶτον ἐχθρὰς νομίσαντες ἔπαθον τὰ τῶν Ἀσσυρίων· οἷς προηγουμένου τοῦ φαύλου παραδείγματος καὶ τὰ λοιπὰ ἔθνη συνθέσθαι αὐτοῖς ἀνεπείσθη. 26. ἐν οἷς, ὥσπερ ἡμεῖς ἰδίᾳ θεωρίᾳ δοκιμάζομεν, τὸν τοῦ σωτῆρος ἡμῶν θεοῦ θεῖον ὁρῶμεν συνεργεῖν οἶκτον, ὁπότε καὶ καθ' ἡμέραν καὶ κατὰ χρόνους πολλοὺς ἐξ αὐτῶν πυρώδους μανίας οἴστρῳ ἐλαυνομένους ὁ αὐτὸς εἰς τὴν τοῦ σωτηριώδους ἰάματος ἀνεξικακίαν ἐκέλευσεν ἀνήκειν. καὶ

durch die mit keinem Maß bestimmbare Meerestiefe wie über trockenes Land? 19. Oder die gütige Geduld, durch die er bei allen unverständigen Völkern Sieger blieb, ihren Eigensinn bezwang und ihn weit von ihnen fort verbannte und ihre Wildheit ⟨seinem⟩ Gesetz unterordnete? 20. Oder jene überhell leuchtenden und größten Werke seiner Gottheit, durch die wir leben, durch die wir fröhlich sind, durch die wir die Hoffnung auf das kommende Glück nicht nur erwarten, sondern in gewisser Weise bereits besitzen? 21. Was soll ich noch mehr zu sagen wagen – und das mit dem geringen Werkzeug des Wortes – als nur das, was sich ziemt, der Reinheit meiner geweihten Seele innezuwohnen; wie beschaffen der allmächtige Gott ist, der den Himmel bewohnt, und wie ⟨die Lehren⟩ über das ganze menschliche Geschlecht beschaffen sind, besonders über die allerschönste und über jedes Lob erhabene Gerechtigkeit, ⟨die zutage getreten ist,⟩ als Gott es für recht hielt, daß die Heiligkeit seines eigenen göttlichen Geistes in einem angemessenen Leib Wohnung nähme und daß er so den menschlichen Leibern heilsam sein könnte.

22. Da nun der maßlose Wahnsinn der Feinde, vermengt mit Finsternis, nicht zögert, eine Auslegung verderblicher Torheit über die so heilige und rettende Ordnung des allmächtigen Gottes zu machen, will ich versuchen, es zu erläutern, soweit der Glaube und die Frömmigkeit meiner Seele reich genug sind, um zu reden. 23. Denn die üble Gesinnung dieser Heiden führt zu einer solchen Schamlosigkeit, daß sie sich nicht fürchten, mit gottlosem Mund zu sagen, der allmächtige Gott habe alles im Gesetz Offenbarte weder getan noch tun wollen. 24. Weh der gottlosen Rede, die zu Recht das ganze Übermaß an Strafe auf sich selbst herabruft! Wahrhaft wahnsinnig und tollkühn, will sie die Herrlichkeit dieser göttlichen Wohltat, die von keinem Menschen erworben werden konnte, unsichtbar machen. 25. Was ist Gottes mehr würdig als die Heiligkeit? Sie ist aus der heiligsten Gemeinschaft mit der Quelle der Gerechtigkeit hervorgegangen und ist durch den ganzen Umfang des Weltkreises geflossen und hat den Menschen die Kräfte der heiligsten Tugenden aufgezeigt. Weil sie diese Tugenden zunächst für feindlich hielten, erlitten sie das Schicksal der Assyrer. Nachdem ihr schlechtes Beispiel vorangegangen war, wurden auch die übrigen Völker verführt, ihnen beizustimmen. 26. An ihnen haben wir – wie wir aus eigener Anschauung geprüft haben – das göttliche Erbarmen unseres Rettergottes am Werk gesehen, als er selbst täglich und über lange Zeit vielen, die von der Wut eines entbrannten Wahnsinns getrieben wurden, befahl, zur Geduld der rettenden Heilung zu gelangen. Aber nicht

οὐδὲ οὕτως τοῖς λοιποῖς τῆς τοιαύτης εὐεργεσίας τὸ μέγεθος δύναται πρὸς χάριν ἐλθεῖν διὰ τὴν παρὰ ἀνθρώπων ἄγνοιαν τὴν θείαν δυναστείαν δύνασθαι πάντα λόγον ὑψῶσαι καὶ εἰς ὕψος ἀρθέντα βεβαιώσασθαι καὶ αὖθις καθελεῖν καὶ διαλῦσαι. 27. ἀλλὰ μᾶλλον τοῖς ἀνθρωπίνοις πράγμασιν ἐναντίως ἂν ἀπέβη, εἰ μὴ ὁ θεὸς ὁ τὰ πάντα δυνάμενος σιωπηρῷ τῆς αὐτοῦ θεότητος νεύματι πάντα πράττειν προέθετο. μᾶλλον γὰρ ἂν ἡ τῶν ἀνθρώπων μανία ἐγένετο συχνή, καὶ ἡ ἀνθρωπεία αὐθάδεια οὐκ ἔχουσα πέρας πάσας ἂν τὰς ψυχὰς ἐπόρθησεν. οὐδὲ ἂν τὰ ἄλλα πλεῖστα ὄντα, ἅπερ ἐν τῇ τοῦ κόσμου ἀναστροφῇ τὴν ἰδίαν λειτουργεῖ τάξιν, ἀναφανῆναι δεδύνηται· 28. ἀλλ' ὁμοῦ πάντα μετὰ τῆς ἀγνοίας τοῦ θείου ταχέως ἂν ἀπωλώλει, τοῦ δὲ φθόνου καὶ τῆς βασκανίας τὸ ἄδικον οὐχ ὡς ἐν ὀλίγοις μεμενήκει ἀλλ' οὐδεὶς ἂν ηὑρέθη ταύτης τῆς βασκανίας ἀλλότριος, τῶν θρησκειῶν τὰ γένη παντοίων εἰς τοσοῦτον μεγάλως τε καὶ πλατέως εἰς τὰς ψυχὰς τῶν ἀνθρώπων διαχυθέντων, ὡς ἀξίως τῇ τούτων αἰσχρότητι τὸ φῶς ταύτης τῆς ἡμετέρας λαμπρότητος ἐπισκιασθῆναι αὐτοῖς ἀεί τ' αὐτῆς αὐτοὺς στερίσκεσθαι. 29. οὐδεὶς οὖν λόγος δυνήσεται τῶν εἰρημένων τὴν ἐμὴν πίστιν ἀπὸ τῆς ἐμῆς ἐξέλκειν ψυχῆς. ἕπεται γὰρ αὐτῇ μηδενὸς φαύλου ἐμποδὼν ὄντος δύναμις τελεία, ὁ ζῶν τῆς ἀληθείας λόγος, εἷς πάντα δυνάμενος, φύλαξ πάντων πραγμάτων, τῆς ἡμετέρας σωτηρίας κηδεμών. οὗτος οὖν δοκεῖ τινι τρόπῳ τοῦ ἁγιωτάτου αὐτοῦ λόγου δαψιλεύεσθαι τὴν ὁμιλίαν τοῦ ἐλευθεροῦντος διαφυλάττειν καὶ τοῦ φωτὸς τὴν λαμπρότητα ἡμῖν παρέχειν.

30. Τίνος τοίνυν ἕνεκα καὶ νῦν πάντων τῶν ἐθνῶν οἱ δῆμοι τὸ οὐράνιον μὴ καθορῶντες φῶς καὶ τοῦ ἐνδοξοτάτου ὁσίου ὑπερφρονοῦντεσ, τὸ γήϊνον ἐπιζητοῦσιν οὐδεμίαν ἔχον ὑπόστασιν ἀληθείας οὐδε φαιδρότητα ἁγνῆς λαμπρότητος οὐδὲ δυναστείαν τῆς οὐρανίου θεότητος; 31. ὢ ἀναξίου δράματος· ἔτι καὶ νῦν μηδὲν ἐλλείποντες τῆς ἀσεβείας μηδὲ πρὸς τὸ δέον ἀφορῶντες, ὑπὸ τῆς ἀθλίας πλάνης καταπίπτοντες οὐκ ὁρῶσι· καὶ τοῖς ῥυπαροῖς τούτοις ἔργοις τοῖς τοῦ κόσμου τὴν λαμπρότητα οὐ παύονται μιαίνοντες, δηλαδὴ ξύλον καὶ λίθον καὶ χαλκὸν καὶ ἄργυρον καὶ χρυσὸν καὶ ταύτας τὰς γηΐνας ὕλας εἰς τὸ προσκυνεῖν καθιδρύντες καὶ ἀπὸ τούτων ἐλπίδα τῆς ζωῆς ἐπαγγελλόμενοι, ναοὺς αὐτοῖς μετὰ ἐπισήμου κόσμου οἰκοδομοῦντες καὶ ἀπὸ τούτου οὕτως αὔξοντες αὐτῶν τῆς προσκυνήσεως τὰς προσθήκας, ἐπειδήπερ τὸ μέγεθος τῶν οἰκοδομημάτων ὑπ' αὐτῶν γενομένων ἄξιον τῆς ἑαυτῶν ὄψεως παρέχεται τὸ θαῦμα. 32. ὁπότε τοίνυν ταῦτα ποιεῖν δοκοῦσι, σαφῶς νοεῖται, εἰ καὶ τὰ

einmal so kann die Größe einer solchen Wohltat den übrigen zur Freude gereichen, weil die Menschen nicht wissen, daß die göttliche Macht jede Erwägung erhöhen und, wenn sie zur Höhe gelangt ist, befestigen oder wieder niederreißen und auflösen kann. 27. Aber es wäre mit den menschlichen Verhältnissen viel schlimmer geworden, wenn sich nicht Gott, der alles kann, vorgenommen hätte, alles durch den schweigenden Wink seiner Gottheit ⟨selbst⟩ zu tun. Denn der Wahnsinn der Menschen wäre mehr geworden, und der menschliche Eigensinn, der noch nicht den Gipfel erreicht hatte, hätte alle Seelen vernichtet. Und auch das andere, was am meisten war und das im Wandel der Welt der eigenen Ordnung dient, hätte nicht offenbar werden können. 28. Aber es wäre alles zugleich nach der Unkenntnis Gottes schnell zugrunde gegangen, denn das Unrecht des Neides und der Zauberei wäre in nicht wenigen Menschen zurückgeblieben, und es wäre keiner gefunden worden, dem diese Zauberei fremd gewesen wäre, und die in ihrer Art mannigfaltigen Kulte hätten sich so weit und breit in die Seelen der Menschen ergossen, daß mit Recht das Licht dieses unseres Glanzes sich wegen ihrer Bosheit ihnen hätte verdunkeln müssen und sie dann für immer seiner beraubt gewesen wären. 29. Kein Wort von dem Gesagten kann meinen Glauben von meiner Seele wegziehen. Denn ihm folgt, ohne daß etwas Böses im Weg wäre, die vollkommene Kraft, das lebendige Wort der Wahrheit, der Eine, der Allmächtige, der Wächter über alle Dinge, der Bereiter unserer Rettung. Dieser nun scheint auf irgendeine Weise die Gemeinschaft mit dem heiligsten Logos reichlich zu schenken, ⟨die Erkenntnis⟩ des Befreiers zu erhalten und uns den Glanz des Lichtes zu gewähren.

30. Weswegen betrachten auch jetzt die Völker aller Heiden nicht das himmlische Licht und verachten das ehrenvollste Heilige und suchen das Irdische, das kein wahres Wesen und keine Helligkeit des heiligen Glanzes und keine Macht von der himmlischen Gottheit hat? 31. Weh des unwürdigen Schauspiels! Auch jetzt lassen sie nichts an Gottlosigkeit aus und betrachten nicht das Nötige und, von einem erbärmlichen Irrtum niedergeworfen, sehen sie nichts. Und sie hören nicht auf, die Welt mit diesen schmutzigen Werken zu beflecken. Holz, Stein, Erz, Silber und Gold und ⟨andere⟩ solche irdischen Substanzen stellen sie zur Verehrung auf, und von diesen Dingen lassen sie sich Hoffnung auf Leben verkündigen. Sie schmücken ihnen die Tempel mit festlichem Schmuck und lassen die Opfergaben ihrer Verehrung darum noch anwachsen, weil die Größe der Bauwerke, die von ihnen errichtet wurden, ihnen etwas Wunderbares bietet, das ihres Anblicks würdig ist. 32. Wenn sie nun dies tun, dann erkennt

μάλιστα αὐτοὶ οὐκ αἰσθάνονται οὐδὲ ὁρῶσιν ὑπερηφάνως, ὅτι τοῖς ἑαυτῶν ἔργοις αὐχεῖν δοκοῦντες ἁλίσκονται. ἡλίκος τοίνυν καὶ πόσος τε ὁ θεός ἐστιν ὁ πάντων δυνάστης οὐχ ὁρώμενος, τίς καὶ πάντων αὐθέντης ἐστὶ καὶ κριτής, ὅν τινες αὐτῇ τῇ πεποιθήσει τῆς ἰδίας, ὡς νομίζουσιν, ἀρετῆς ὑβρίζοντες ἑαυτοὺς λανθάνουσιν. 33. αὐτοῦ γὰρ γῇ διατυπώσει καὶ τὸ εἶδος τοῦ ἡμετέρου σώματος ἔλαβε τὸν ὀφειλόμενον τύπον, καὶ ἵνα σχῶμεν τῆς ἁρμονίας τὴν ἀκμήν, ὁ αὐτὸς τῶν πάντων μελῶν τὴν συζυγίαν ἰσχυροτάτοις νεύροις συνέδησεν, ἵνα ἐν πάσῃ πράξει τῆς ἡμετέρας σπουδῆς ἀκάματον ἔχοιμεν τὴν ἀκμὴν τῆς οἰκείας ἁρμονίας. τούτων τοίνυν σωτηριώδει διατυπώσει τελεσιουργηθέντων καὶ πνεῦμα ἡμῖν, ἵνα ταῦτα πάντα κινεῖσθαι δύναιτο καὶ ἀκμάζειν, ἐνέπνευσε καὶ θέαν τοῖς ἡμετέροις ὀφθαλμοῖς συνεχώρησε καὶ πρός σύνεσιν τῇ ἡμετέρᾳ κεφαλῇ δέδωκε καὶ εἴσω τῆς χώρας ταύτης πάσης τῆς διανοίας τῆς ἡμετέρας τὸν λογισμὸν συνέκλεισε. 34. τοιγαροῦν εἴ τις εὖ φρονῶν ταύτης τῆς διατυπώσεως τὸν λογισμὸν σκοπήσειε, τὰ δὲ λοιπὰ παύσειεν, ἃ μήτε λόγῳ μήτε ἀριθμῷ περιληφθῆναι δύναται, ταχείᾳ ἐνθυμήσει καὶ ἰδεῖν καὶ συνιέναι δυνήσεται τὴν αἰώνιον καὶ σωτηριώδη τοῦ ἀθανάτου θεοῦ ἐξουσίαν καὶ οὐ δυνήσεται ἐκεῖνον πλάνης τινὸς χωρὶς ἄνθρωπος ἐνδῆσαι, ὁπότε σαφῶς αὐτῷ ἔξεστι καὶ ἰδεῖν πάντα τὰ γεγονότα εἶναι δυνάμει τοῦ θεοῦ, ὡς αὐτὸς πάντα ταῦτα εἶναι βεβούληται.

35. Ἵνα δὲ εἴη ἰδεῖν, ὅτι τις ἀθέμιτος κόσμου πολιτεία τὴν τοῦ θεοῦ ἀγνωσίαν τοῖς ἀνθρώποις ἀπειργάσατο, λογισμοῦ ἁμαρτήματος προτέρου τεχθέντος ἐκ πλάνης τοῦ ἐχθροῦ ἐν ταῖς τῶν σκαιῶν ἀνθρώπων ἀθλίαις ψυχαῖς, ἐκ τοῦ θείου νόμου λαβεῖν ἡμᾶς ἔνεστι σαφῆ τὴν περὶ τούτου ἀπόδειξιν. 36. ἐξ ἐκείνου γὰρ καιροῦ, ἐξ οὗ ὑπὸ τῶν δύο ἐκείνων τῶν ἐν ἀρχῇ κατασταθέντων τὸ θεῖον καὶ ἅγιον πρόσταγμα μετὰ τῆς προσηκούσης, ἐπιμελείας οὐκ ἐφυλάχθη, ἐτέχθη μετὰ ταῦτα τῆς προσηγορίας ταύτης τὸ ἄνθος· γέγονε δὲ συνεχὲς καὶ μᾶλλον ἐπηύξησεν, ἐξ οὗ καὶ οἱ προειρημένοι δύο θείῳ νεύματι ἀπεβλήθησαν· 37. ἕως δὲ τοσούτου ἡ ὕλη αὐτὴ μετὰ τῆς σκαιότητος τῶν ἀνθρώπων προήχθη, ὥστε τῆς τε ἑῴας καὶ τῶν πρὸς δύσιν κρηπίδων κατεψηφίσατο· αὐτή τε ἡ ὑπερβολὴ τῆς ἐναντίας δυνάμεως τὰς διανοίας τῶν ἀνθρώπων κατέλαβε καὶ ἠμαύρωσεν. 38. ἐν ᾧ μέντοι προστάγματι ἅγιος καὶ ἀθάνατός ἐστι τοῦ τὰ πάντα δυναμένου θεοῦ ὁ ἀκάματος οἶκτος. πάσαις γὰρ ταῖς ἡμέραις καὶ τοῖς χρόνοις τοῖς παρεληλυθόσιν ἀναριθμήτους τῶν δήμων πολυπληθείας ἀπὸ τοῦ βάρους τούτου δι' ἐμοῦ τοῦ αὐτοῦ θερά-

man deutlich, auch wenn gerade sie selbst es nicht wahrnehmen und in ihrer hochmütigen Weise nicht sehen, daß sie, obwohl sie sich rühmen ⟨zu können⟩ meinen, von ihren eigenen Werken gefangen werden. Wie groß und welcher Art Gott, der Herr über alle Dinge, ist und wer der Urheber aller Dinge und der Richter ist, das sehen sie nicht. Sie verbergen ihn in ihrer Selbstüberhebung durch ihre Zuversicht auf ihre eigene – wie sie meinen – Tugend. 33. Denn durch das Abbild Gottes hat das Wesen unseres Leibes die notwendige Gestalt empfangen und, damit wir den Gipfel der Harmonie hätten, hat er die Verbindung aller Glieder mit sehr starken Sehnen gemacht, damit wir bei jeder Tat unseres Eifers unermüdlich diesen Gipfel unserer Harmonie halten ⟨können⟩. Nachdem dies durch das Abbild der Rettung vollendet war, blies er uns auch den Geist ein, damit er das alles bewegen könne und damit alles aufblühen kann, und er hat unseren Augen das Sehen geschenkt und hat sie für die Einsicht an unserem Kopf angebracht und hat im Inneren dieses Raumes die Überlegung unseres Verstandes eingeschlossen. 34. Wenn nun ein Mensch mit guter Einsicht die Überlegung dieses Abbildes betrachtete, dann ließe er das übrige sein, was weder durch Wort noch durch Zahl erfaßt werden kann, und würde in schneller Wahrnehmung die ewige und rettende Macht des unsterblichen Gottes sehen und erkennen können, und kein Mensch hatte mehr Mangel an dem, was fern von jedem Irrtum ist, weil es ihm möglich ist, deutlich zu sehen, daß alles durch die Kraft Gottes entstanden ist, wie er auch gewollt hat, daß dies alles existiert.

35. Damit nun zu sehen wäre, daß die gesetzlose Bürgerschaft der Welt die Unkenntnis Gottes unter den Menschen hervorgebracht hat (nachdem der Plan der früheren Sünde durch die Verführung des Feindes in den unglückseligen Seelen der törichten Menschen sie erzeugt hat), darüber ist es möglich, aus dem göttlichen Gesetz einen deutlichen Beweis zu entnehmen. 36. Denn von jener Zeit, da das göttliche und heilige Gebot von den beiden, die im Anfang erschaffen wurden, nicht mit der angemessenen Sorgfalt beachtet wurde, entstand danach eine Blüte der bezeichneten ⟨Sünde⟩. Sie riß nicht mehr ab und wuchs weiter. Daher wurden die beiden eben Genannten durch einen göttlichen Wink verworfen. 37. So weit wurde selbst die Materie von der Torheit der Menschen verführt, daß die Grundfesten des Ostens bis zum Westen verurteilt wurden. Das Übermaß der feindlichen Macht hatte selbst das Denken der Menschen ergriffen und verdunkelt. 38. Und in diesem Gebot ist ⟨dennoch⟩ das unermüdliche Erbarmen des allmächtigen Gottes heilig und unsterblich. Denn zu allen vergangenen Tagen und Zeiten befreite Gott zahllose Volksmengen, die ⟨von der Sünde⟩ geknechtet waren, durch mich, seinen Diener, und wird

ποντος ὁ θεὸς δεδουλωμένας ἐλευθεροῖ, καὶ εἰς ἐντελῆ αἰωνίου φωτὸς ἐξάξει λαμπρότητα. ἀπὸ τούτων τοιγαροῦν ἐγώ, ἀδελφοὶ ποθεινότατοι, οἰκειοτέρᾳ τινὶ προνοίᾳ καὶ ἐνδόξοις εὐεργεσίαις τοῦ ἀθανάτου καὶ ἡμετέρου θεοῦ τὸ λοιπὸν ἐπισημότερος εἶναι τῇ πρὸς αὐτὸν καθαρωτάτῃ πίστει πέποιθα.

39. Δεξάσθω τοιγαροῦν με ἡ ἁγνοτάτη σύνοδος τῆς ὑμετέρας ἁγιότητος, καὶ μή μοι τὴν σωφρονεστάτην ἐκκλησίαν καὶ τῆς ἁγνῆς κοινῆς τε πάντων ἡμῶν μητρὸς τὰς θύρας ἀντιτεθῆναι ἀνάσχησθε. εἰ καὶ τὰ μάλιστα καὶ νῦν ὁ λογισμὸς τῆς ἐμῆς ψυχῆς ἐντελῆ τὴν καθαρότητα τῆς καθολικῆς πίστεως ἐπιζητῶν, τοῦτο ἑαυτῷ γενέσθαι οὐκ οἴεται εἶναι ἄξιον, ὅμως προτρέπει καὶ ὑπομιμνήσκει, καὶ τὸ μέτωπον τῆς οἰκείας αἰδοῦς πασῶν τῶν καλλίστων ἀρετῶν ἐξενήνοχε σφραγῖδα, καὶ τῶν πυλώνων τῆς ἀθανασίας ἤρξατο ἅπτεσθαι καὶ τούτους κρούειν, ὅπως καὶ ὑμεῖς τῆς ὑμετέρας ἀδελφότητος εὐθὺς συγχωρῆσαι τὴν εὔνοιαν καταξιώσητε εἰς μίαν ὁμόνοιαν καὶ εἰρήνην τῆς καθολικῆς πίστεως βλέψαντες. 40. τοῦτο γὰρ τῷ θεῷ πρεπῶδες καὶ τῇ τῆς καθολικῆς ἐκκλησίας πίστει ἁρμόδιον καὶ τῷ κοινῷ τῶν πραγμάτων συμφέρον, ἵνα τῆς θεόθεν ἡμῖν παρασχεθείσης ἐντιμοτάτης εἰρήνης ἀξίαν ἀμοιβὴν τῷ ταύτην ἡμῖν χαρισαμένῳ κοινῶς ἅπαντες προσενέγκωμεν. 41. δεινὸν γὰρ ὡς ἀληθῶς ἂν εἴη καὶ ἄγαν δεινὸν καταλυθέντων τῶν πολεμίων καὶ μηδενὸς ἀντιτείνειν ἔτι τολμῶντος, βάλλειν ἡμᾶς ἀλλήλους καὶ τοῖς δυσμενέσιν ἡδονὴν καὶ γέλωτα προξενεῖν, ἄλλως τε δὲ καὶ περὶ θείων διαλεγομένους πραγμάτων καὶ τοῦ παναγίου πνεύματος τὴν διδασκαλίαν ἀνάγραπτον ἔχοντας. εὐαγγελικαὶ γὰρ βίβλοι καὶ ἀποστολικαὶ τῶν παλαιῶν προφητῶν τὰ θεσπίσματα σαφῶς ἡμᾶς, ἅπερ χρὴ περὶ τοῦ θείου φρονεῖν, ἐκπαιδεύουσι. τὴν πολεμοποιὸν οὖν ἀπελάσαντες ἔριν, ἐκ τῶν θεοπνεύστων λόγων λάβωμεν τῶν ζητουμένων τὴν λύσιν.

28. Anordnung der Zerstörung eines heidnischen Tempels in Mamre

Der Brief an Makarius von Jerusalem ist nicht genau zu datieren, dürfte aber am ehesten in den Jahren 326–328 entstanden sein. Der Kaiser bezieht sich auf die Beobachtung der Eutropia, der Mutter seiner Gemahlin Fausta, daß in Mamre ein heidnisches Heiligtum bestehe. Er beschwert sich über die Unachtsamkeit der Bischöfe, die diesen heiligen Platz nicht besser beachtet haben.

sie zum vollkommenen Glanz des ewigen Lichtes führen. Daher vertraue ich, geliebteste Brüder, daß ich durch die besondere Vorsehung und die herrlichen Wohltaten unseres unsterblichen Gottes auch weiterhin ausgezeichnet bin durch reinen Glauben an ihn.

39. So nehme mich nun die heiligste Versammlung Eurer Heiligkeit auf, und laßt nicht zu, daß mir die allerweiseste katholische Kirche und die Türen der heiligen Gemeinschaft und unser aller Mutter verschlossen sind. Und wenn besonders jetzt die Erwägung meiner Seele die vollkommene Reinheit des katholischen Glaubens sucht, dann glaube ich nicht, daß ihr das zu Recht geschähe ⟨, wenn die Türen verschlossen blieben⟩. Sie ermahnt und ermuntert zugleich, und das Gesicht ihrer eigenen Ehrfurcht trägt das Siegel aller besten Tugenden, und sie hat begonnen, an die Türen der Unsterblichkeit zu klopfen und zu schlagen, damit auch Ihr sie für würdig findet, ihr die Gunst Eurer Brüderlichkeit zu schenken (*), indem Ihr auf die Einmütigkeit und den Frieden des katholischen Glaubens schaut. 40. Denn das ist Gott angemessen und mit dem Glauben der katholischen Kirche in Übereinstimmung und dem Staatswohl nützlich, wenn wir für den von Gott bereiteten, kostbaren Frieden gemeinsam ihm, der ihn uns geschenkt hat, eine angemessene Gegengabe darbrächten. 41. Denn es wäre wahrhaft furchtbar und zu sehr furchtbar, wenn wir, da die Feinde vernichtet sind und sich keiner mehr zu erheben wagt, uns gegenseitig stritten und Freude und Spaß an Meinungsverschiedenheiten hätten. Wir haben doch, wenn wir über die göttlichen Dinge verhandeln, die Lehre des allerheiligsten Geistes ⟨in einem Buch⟩ aufgeschrieben: Die evangelischen und apostolischen Bücher und die Orakel der alten Propheten belehren uns deutlich, was man über das Göttliche denken muß. Laßt uns den kriegstreibenden Streit abweisen und aus den von Gott erfüllten Schriften die Lösung des von uns Untersuchten empfangen!

Ich habe diesen Brief aufgenommen, weil hier explizit die Zerstörung eines heidnischen Heiligtumes angeordnet wird. Wir haben auch andere Berichte über solche Übergriffe auf Tempel durch Konstantin (vgl. Nr. 33a), genauso wie bekannt ist, daß Tempelschätze zum Bau von Konstantiopel verwandt wurden. Diese Tatsachen sind zu beachten, auch wenn es sich dabei letztlich immer um Einzelfälle handelt. Trotz solcher Ereignisse kann sicherlich nicht von einem großangelegten Angriff auf das Tempelwesen die Rede sein. Aber an heiligen Stätten der Christenheit will es Konstantin nicht dulden.

Dieser Text mag auch als Beispiel für viele andere stehen, daß gerade zu dieser Zeit die Verehrung heiliger Orte (und auch der religiöse Tourismus) eine besondere Rolle zu spielen beginnt. Die größte Kirche, die in diesem

a) Brief Konstantins an Makarius und die Bischöfe Palästinas

Text nach: Euseb, v. C. III 52 u. 53.

52. Νικητὴς Κωνσταντῖνος Μέγιστος Σεβαστὸς Μακαρίῳ καὶ λοιποῖς ἐπισκόποις Παλαιστίνης.

Ἓν καὶ τοῦτο μέγιστον τῆς ὁσιωτάτης μου κηδεστρίας γέγονεν εἰς ἡμᾶς εὐεργέτημα τὸ λανθάνουσαν μέχρι νῦν παρ' ὑμῖν ἐναγῶν ἀνθρώπων ἀπόνοιαν διὰ τῶν πρὸς ἡμᾶς γνωρίσαι γραμμάτων, ὡς τῆς πρεπούσης ἐπανορθώσεως καὶ θεραπείας εἰ καὶ βραδέως ἀλλ' ὅμως ἀναγκαίως δι' ἡμῶν τὸ παροφθὲν ἁμάρτημα τυχεῖν. καὶ γάρ ἐστιν ὡς ἀληθῶς δυσσέβηνα παμμέγεθες τοὺς ἁγίους τόπους ὑπὸ τῶν ἀνοσίων χραίνεσθαι μιασμάτων. τί οὖν ἐστιν, ἀδελφοὶ προσφιλέστατοι, ὃ τὴν ὑμετέραν παρελθὸν ἀγχίνοιαν ἡ προειρημένη διὰ τὴν πρὸς τὸ θεῖον εὐλάβειαν οὐχ οἷά τε γέγονεν ἀποσιωπῆσαι; **53,** 1. τὸ χωρίον, ὅπερ παρὰ τὴν δρῦν τὴν Μαμβρῆ προσαγορεύεται, ἐν ᾧ τὸν Ἀβραὰμ τὴν ἑστίαν ἐσχηκέναι μανθάνομεν, παντοίως ὑπό τινων δεισιδαιμόνων μιαίνεσθαί φησιν· εἴδωλά τε γὰρ πάσης ἐξωλείας ἄξια παρ' αὐτὴν ἱδρῦσθαι καὶ βωμὸν ἐδήλωσεν πλησίον ἑστάναι καὶ θυσίας ἀκαθάρτους συνεχῶς ἐπιτελεῖσθαι. 2. ὅθεν ἐπειδὴ καὶ τῶν καιρῶν τῶν ἡμετέρων ἀλλότριον καὶ τῆς τοῦ τόπου ἁγιότητος ἀνάξιον καταφαίνεται, γινώσκειν ὑμῶν τὴν σεμνότητα βούλομαι δεδηλῶσθαι παρ' ἡμῶν πρὸς Ἀκάκιον τὸν διασημότατον κόμητα καὶ φίλον ἡμέτερον γράμμα, ἵν' ἄνευ τινὸς ὑπερθέσεως καὶ τὰ εἴδωλα ὅσα δ' ἂν ἐπὶ τοῦ προειρημένου εὑρίσκοιτο τόπου πυρὶ παραδοθῇ, καὶ ὁ βωμὸς ἐκ βάθρων ἀνατραπῇ, καὶ ἁπλῶς εἰπεῖν, πάντων τῶν τοιούτων ἐκεῖθεν ἄρδην ἀφανισθέντων, παντὶ σθένει καὶ τρόπῳ τὸ περιέχον ὅλον ἐκκαθᾶραι σπουδάσῃ, καὶ μετὰ ταῦτα, καθὼς ἂν αὐτοὶ διατυπώσητε, ἀξίαν τῆς καθολικῆς καὶ ἀποστολικῆς ἐκκλησίας βασιλικὴν ἀνοικοδομηθῆναι ἐπὶ τοῦ αὐτοῦ ποιῆσαι χωρίου. λοιπὸν ἔσται τῆς ὑμετέρας συνέσεώς τε καὶ εὐλαβείας, ἐπειδὰν πάντα ἐκεῖθεν τὰ μυσαρὰ παντελῶς ἀνῃρῆσθαι μάθητε, εἰς ταὐτὸ συνελθεῖν ἅμα τοῖς ἐκ Φοινίκης ἐπισκόποις, οὓς προσκαλέσασθαι ἐξ αὐθεντίας τοῦ γράμματος τούτου δυνήσεσθε, καὶ

Zusammenhang durch den Kaiser entsteht, ist wohl die Grabeskirche in Jerusalem.

52. Der Sieger Kaiser Konstantin der Große an Makarius und die übrigen Bischöfe Palästinas.

Eine ausgesprochen große Wohltat meiner frömmsten Schwiegermutter ist uns zuteilgeworden. Sie machte durch ihren Brief an uns den bei Euch verborgenen Unverstand schuldbeladener Menschen bekannt. So soll der bisher übersehene Frevel durch uns, wenn auch spät, so doch zugleich dringend notwendig, die nötige Besserung und Hilfe erfahren. Denn es ist wirklich eine ganz große Gottlosigkeit, wenn heilige Orte durch unheilige Greuel befleckt werden. Was ist es nun, geliebteste Brüder, was Eurer Geistesgegenwart entgangen ist, was aber meine eben genannte Schwiegermutter wegen ihrer Gottesfurcht nicht zu verschweigen imstande war? **53**, 1. Das Gebiet, das nach der Eiche Mamre genannt wird, von dem wir wissen, daß Abraham dort einen Altar gehabt hat, wird – sagt sie – von etlichen Götzendienern auf verschiedene Weise entweiht. Denn meine Schwiegermutter offenbarte, daß Götzenbilder, die der gänzlichen Vernichtung wert sind, sich direkt neben der Eiche befinden. Und ein Altar steht nahe dabei, und dort werden unaufhörlich unreine Opfer dargebracht. 2. Da dies nun unseren glücklichen Zeiten fremd und der hohen Heiligkeit des Ortes unangemessen erscheint, will ich, daß Eure Ehrwürdigkeit Folgendes weiß: Ein Brief von uns hat dem Klarissimus Akakius, unserem Komes und Freund, mitgeteilt, daß ohne jeden Aufschub die Götzenbilder, die sich an dem zuvor genannten Platz befinden, dem Feuer übergeben, der Altar von Grund auf zerstört und – um es kurz zu sagen – nach der Beseitigung alles Derartigen die ganze Gegend mit aller Kraft und auf jede Weise eifrig gereinigt werden soll. Danach soll er auf demselben Platz nach Euren Plänen eine Basilika bauen, die der katholischen und apostolischen Kirche würdig ist. Nachdem Ihr in Erfahrung gebracht habt, daß alle Abscheulichkeiten von dort ganz und gar zerstört sind, dann bleibt Eurer Gottesfurcht als nächster Schritt, zusammen mit den phönikischen Bischöfen, die Ihr aus der Vollmacht dieses Briefes heraus einladen könnt, Euch zu treffen und eine Basilika zu entwerfen, die meiner Freigiebigkeit würdig ist. So soll in

διαγράψαι βασιλικὴν τῆς ἐμῆς φιλοτιμίας ἀξίαν, ὅπως τοῖς προσταχθεῖσιν ἀκολούθως μετὰ πάσης ταχυτῆτος ἡ τοῦ ἔργου φαιδρότης κατ' ἀξίαν τῆς τοῦ τόπου ἀρχαιότητός τε καὶ σεμνότητος προνοίᾳ τοῦ προειρημένου ἡμῶν κόμητος τελεσιουργηθῆναι δυνηθῇ. ἐκεῖνο δὲ πρό γε ἁπάντων παραφυλάξαι ὑμᾶς βούλομαι, ὅπως μηδεὶς πρὸς τοὐπιὸν τῶν ἐναγῶν ἐκείνων καὶ μυσαρῶν ἀνθρώπων τῷ τόπῳ πλησιάσαι τολμήσῃ· ἔστι γὰρ ὡς ἀληθῶς ἡμῖν ἀφόρητον καὶ πᾶσι τοῖς τολμῶσι τιμωρίας ἄξιον μετὰ τὴν ἡμετέραν κέλευσιν ἀσεβές τι ἐν τῷ τοιούτῳ τόπῳ πραχθῆναι, ὃν καθαρῷ βασιλικῆς οἰκοδομήματι κοσμεῖσθαι διετάξαμεν, ὅπως ἁγίων ἀνθρώπων ἄξιον συνέδριον ἀποδειχθῇ. εἰ δέ τι παρὰ τὸ προσταχθὲν γενέσθαι συμβαίη, χωρίς τινος μελλήσεως τῇ ἡμερέρᾳ ἡμετότητι δι' ὑμετέρων δηλαδὴ γραμμάτων γνωρισθῆναι πρέπει, ἵνα τὸν ἁλισκόμενον ὡς παρανομήσαντα τὴν ἀνωτάτω κόλασιν ὑποστῆναι προστάξωμεν. 3. οὐ γὰρ ἀγνοεῖτε ἐκεῖ πρῶτον τὸν τῶν ὅλων δεσπότην θεὸν καὶ ὦφθαι τῷ Ἀβραὰμ καὶ διειλέχθαι. ἐκεῖ μὲν οὖν πρῶτον ἡ τοῦ ἁγίου νόμου θρησκεία τὴν καταρχὴν εἴληφεν, ἐκεῖ πρῶτον ὁ σωτὴρ αὐτὸς μετὰ τῶν δύο ἀγγέλων τὴν ἑαυτοῦ ἐπιφάνειαν τῷ Ἀβραὰμ ἐπεδαψιλεύσατο, ἐκεῖ τοῖς ἀνθρώποις ὁ θεὸς ἤρξατο φαίνεσθαι, ἐκεῖ τῷ Ἀβραὰμ περὶ τοῦ μέλλοντος αὐτῷ σπέρματος προηγόρευσεν καὶ παραχρῆμά γε τὴν ἐπαγγελίαν ἐπλήρωσεν, ἐκεῖ πλείστων ὅσων ἐθνῶν ἔσεσθαι αὐτὸν πατέρα προεκήρυξεν.

4. Ὧν οὕτως ἐχόντων ἄξιόν ἐστιν, ὥς γέ μοι καταφαίνεται, διὰ τῆς ἡμετέρας φροντίδος καὶ καθαρὸν ἀπὸ παντὸς μιάσματος τὸν τόπον τοῦτον φυλάττεσθαι καὶ πρὸς τὴν ἀρχαίαν ἁγιότητα ἀνακαλέσασθαι, ὡς μηδὲν ἕτερον ἐπ' αὐτοῦ πράττεσθαι, ἢ τὴν πρέπουσαν τῷ παντοκράτορι καὶ σωτῆρι ἡμῶν καὶ τῶν ὅλων δεσπότῃ θεῷ τελεῖσθαι θρησκείαν· ὅπερ μετὰ τῆς δεούσης προσῆκεν φυλάττειν ὑμᾶς φροντίδος, εἴ γέ μοι τὰ καταθύμια τῆς θεοσεβείας ἐξαιρέτως ἠρτημένα, ὥσπερ οὖν πέπεισμαι, ἡ ὑμετέρα σεμνότης πληροῦσθαι βούλεται.

Ὁ θεὸς ὑμᾶς διαφυλάξοι, ἀδελφοὶ ἀγαπητοί.

29. *Über die Neubesetzung des Bischofsstuhles von Antiochia*

Drei Briefe besitzen wir von Konstantin im Zusammenhang der Neubesetzung des überaus wichtigen Bischofsstuhles in Antiochia. Gewählt war Euseb von Caesarea, und auch der Kaiser hätte ihn wohl sehr gerne als

Ausführung des eben Befohlenen mit ganzer Eile der Glanz dieses Werkes der hohen Heiligkeit und Ehrwürdigkeit des Ortes angemessen und durch die Fürsorge des eben genannten Komes vollendet werden können. Ich will aber vor allem, daß Ihr darauf achtet, daß keiner von diesen schuldbeladenen und abscheulichen Menschen in Zukunft sich mehr dem Ort zu nahen wagt. Denn es ist für uns wahrhaft unerträglich und für alle, die es wagen, strafwürdig, nach unserem Befehl noch etwas Gottloses an dem Ort zu tun, von dem wir angeordnet haben, daß er mit dem reinen Bau einer Basilika geschmückt werden soll, damit er zu einem würdigen Versammlungsort heiliger Menschen gemacht wird. Wenn sich aber etwas ereignet, das gegen das Befohlene verstößt, dann ziemt es sich, es ohne Aufschub unserer Milde durch Euren Brief bekannt zu machen, damit wir anordnen, daß der Übertreter gefangengenommen wird und die schwerste Strafe erleiden muß. 3. Denn Ihr wißt, daß dort Gott, der Herr aller Dinge, zuerst dem Abraham erschienen ist und mit ihm geredet hat. Dort hat die Verehrung des heiligen Gesetzes ihren Anfang genommen. Dort hat der Retter selbst mit zwei Engeln dem Abraham seine Erscheinung zuteilwerden lassen. Dort hat Gott begonnen, den Menschen zu erscheinen. Dort hat Gott dem Abraham eine Verheißung gemacht über seine zukünftige Nachkommenschaft und hat so zugleich seine Verheißung erfüllt. Dort hat er ihm verkündigt, daß er der Vater sehr vieler Völker werden würde.

4. Da es sich nun so verhält, ist es – wie mir scheint – würdig, daß dieser Ort durch unsere Fürsorge von aller Verunreinigung rein erhalten und daß er wieder zu seiner alten Heiligkeit zurückgeführt wird, damit nichts anderes an ihm geschieht, als daß dem Allherrscher und unserem Retter und dem Herrn aller Dinge, Gott, die schuldige Verehrung dargebracht wird. Es ist angemessen, daß Ihr das mit der notwendigen Sorgfalt beachtet, wenn Eure Ehrwürdigkeit meine Herzenswünsche, die aus der Gottesverehrung hervorgehen, erfüllen will, wovon ich überzeugt bin.

Gott bewahre Euch, geliebte Brüder!

Bischof von Antiochia gesehen, weil er sich auf ihn verlassen konnte. Euseb aber bezog sich auf eine kirchenrechtliche Bestimmung, die gerade in Nicäa wieder beschlossen worden war, daß ein Bischof seine Gemeinde nicht wechseln darf. Konstantin mußte diesen Entschluß akzeptieren und schrieb darüber an Euseb selber, an das „Volk der Antiochener" und an die

Bischofssynode, die mit der Wahl befaßt war. Diesen letzten Brief habe ich hier als Beispiel ausgewählt, seine Entstehungszeit ist das Jahr 327/8 (Dörries 92).

Er ist auch insofern von Interesse, als der Kaiser hier den Bischöfen konkrete Vorschläge für eine Ersatzwahl macht. Sicher haben wir hier noch keine Bischofsnominierung durch den Kaiser vorliegen; Konstantin nennt

a) Brief Konstantins an Theodotus und andere Bischöfe

Text nach: Euseb, v. C. III 62.

1. Νικητὴς Κωνσταντῖνος Μέγιστος Σεβαστὸς Θεοδότῳ, Θεοδώρῳ, Ναρκίσσῳ, Ἀετίῳ, Ἀλφειῷ καὶ τοῖς λοιποῖς ἐπισκόποις τοῖς οὖσιν ἐν Ἀντιοχείᾳ.

Ἀνέγνων τὰ γραφέντα παρὰ τῆς ὑμετέρας συνέσεως, Εὐσεβίου τε τοῦ ἅμα ὑμῖν ἱερωμένου τὴν ἔμφρονα πρόθεσιν ἀπεδεξάμην, ἐπιγνούς τε τὰ πεπραγμένα σύμπαντα τοῦτο μὲν τοῖς ὑμετέροις γράμμασιν τοῦτο δὲ τοῖς Ἀκακίου καὶ Στρατηγίου τῶν διασημοτάτων κομήτων, διάσκεψίν τε τὴν δέουσαν ποιησάμενος, πρὸς τὸν Ἀντιοχέων λαὸν ἔγραψα ὅπερ ἀρεστόν τε τῷ θεῷ ἦν καὶ ἁρμόζον τῇ ἐκκλησίᾳ, ἀντίγραφόν τε τῆς ἐπιστολῆς ὑποταχθῆναι τοῖς γράμμασι τούτοις ἐνετειλάμην, ὡς ἂν καὶ αὐτοὶ γινώσκοιτε ὅ τί ποτε τῷ τοῦ δικαίου λόγῳ προκληθεὶς πρὸς τὸν λαὸν γράψαι προειλόμην, ἐπειδὴ τοῦτο τοῖς γράμμασιν ὑμῶν περιείχετο, ὥστε κατά γε τὴν τοῦ λαοῦ καὶ τὴν τῆς ὑμετέρας προαιρέσεως σύνεσίν τε καὶ βούλησιν Εὐσέβιον τὸν ἱερώτατον ἐπίσκοπον τῆς Καισαρέων ἐκκλησίας ἐπὶ τῆς Ἀντιοχέων προκαθέζεσθαι καὶ τὴν ὑπὲρ ταύτης ἀναδέξασθαι φροντίδα. 2. τά γε μὴν Εὐσεβίου γράμματα, ἃ τὸν θεσμὸν τῆς ἐκκλησίας μάλιστα φυλάττοντα ἐφαίνετο, τὴν ἐναντίαν εἰσηγεῖτο γνώμην, μηδαμῶς αὐτὸν τὴν ὑπὸ τοῦ θεοῦ ἐμπιστευθεῖσαν ἐκκλησίαν ἀπολιπεῖν· ἔδοξεν οὖν τὴν οὕτω δικαίαν πρόθεσιν καὶ πᾶσιν ὑμῖν φυλακτέαν κυρίαν μᾶλλον ποιήσασθαι μηδ' ἀποσπάσαι αὐτὸν τῆς ἰδίας ἐκκλησίας.

Ἐχρῆν δ' ὑμῶν τῇ συνέσει καὶ τὴν ἐμὴν γνώμην ἐμφανῆ γενέσθαι. ἀφῖκται γὰρ εἰς ἐμὲ Εὐφρόνιόν τε τὸν πρεσβύτερον πολίτην ὄντα τῆς κατὰ Καππαδοκίαν Καισαρείας καὶ Γεώργιον τὸν Ἀρεθούσιον πρεσβύτερον ὡσαύτως, ὃν ἐπὶ τῆς τάξεως ταύτης Ἀλέξανδρος ἐν Ἀλεξανδρείᾳ κατεστήσατο, εἶναι τὴν πίστιν δοκιμωτάτους. 3. καλῶς οὖν εἶχεν δηλῶσαι τῇ συνέσει

zwei Namen und erkennt den Bischöfen ausdrücklich die Möglichkeit zu, auch einen anderen zu wählen. Er nennt auch als Begründung die „Bewährung im Glauben“, er möchte gleichsam als Mitknecht der Bischöfe auf Leute aufmerksam machen, die sich bewährt haben. Aber ein vorsichtiger Versuch der Einflußnahme für reichspolitisch interessante Besetzungen von Bischofsstühlen dürfte in diesem Schreiben dennoch vorliegen.

1. Der Sieger, Kaiser Konstantin der Große, an Theodotus, Theodorus, Narkissus, Aetius, Alpheius und die übrigen Bischöfe in Antiochien.

Das Schreiben von Eurer Einsicht habe ich gelesen. Zugleich habe ich den verständigen Vorsatz des von Euch ⟨zum Amt⟩ für heilig gehaltenen Euseb angenommen. Nachdem ich alles, was geschehen war, einerseits durch Euren Brief, andererseits durch den von Akakius und Strategius, den Klarissimi und Komites, zur Kenntnis genommen und in angemessener Weise bedacht hatte, schrieb ich an das Volk der Antiochener, was Gott wohlgefällig gewesen ist und was der Kirche entspricht. Ich habe den Auftrag gegeben, daß eine Abschrift des Briefes diesem Brief angefügt wird, damit auch Ihr erkennt, was ich beschlossen habe, an das Volk zu schreiben, nachdem ich durch das Wort des gerechten Euseb dazu herausgefordert wurde. Das aber enthielt Euer Brief, daß nach der Einsicht des Volkes und Eurer Wahl Euseb, der heiligste Bischof der Kirche von Caesarea, Bischof der Kirche von Antiochien werden und die Sorge für sie übernehmen soll. 2. Der Brief des Euseb, der die Ordnung der Kirche besonders zu beachten scheint, erklärte die entgegengesetzte Meinung, daß er keinesfalls die ihm von Gott anvertraute Kirche verlassen wolle. Ich beschloß nun, lieber den so gerechten Vorsatz, den auch Ihr alle beachten müßt, rechtskräftig zu machen, als Euseb von seiner eigenen Kirche fortzureißen.

Es wäre nun aber nötig, daß Eurer Einsicht auch unsere Meinung bekannt wird. Es ist nämlich zu mir gedrungen, daß der Presbyter Euphronius, der Bürger der Stadt Caesarea in Kappadozien ist, und ebenso der Presbyter Georgius aus Arethusa, den Alexander in Alexandrien zu diesem Amt eingesetzt hat, sehr bewährt im Glauben sind. 3. Es schien mir

ὑμῶν τούς τε προχειρισαμένους καὶ ἑτὲρους, οὓς ἂν ἀξίους ἡγήσησθε πρὸς τὸ τῆς ἐπισκοπῆς ἀξίωμα, ὁρίσαι ταῦτα ἃ τῇ τῶν ἀποστόλων παραδόσει σύμφωνα ἂν εἴη. τῶν γὰρ τοιούτων εὐτρεπισθέντων δυνήσεται ὑμῶν ἡ σύνεσις κατὰ τὸν τῆς ἐκκλησίας κανόνα καὶ τὴν ἀποστολικὴν παράδοσιν οὕτω ῥυθμίσαι τὴν χειροτονίαν, ὡς ἂν ὁ τῆς ἐκκλησιαστικῆς ἐπιστήμης ὑφηγῆται λόγος.

Ὁ θεὸς ὑμᾶς διαφυλάξοι, ἀδελφοὶ ἀγαπητοί.

30. Stellungnahme gegen die Meletianer

Noch einmal ein Beispiel für das Verfahren Konstantins in den innerkirchlichen Streitigkeiten ist der Brief an den Bischof Athanasius von Alexandrien (die Anrede dürfte wohl nicht ursprünglich sein, vgl. Kraft 256). Im wesentlichen übernimmt der Kaiser hier seine Erfahrungen aus dem donatistischen Streit (die Streitpunkte waren ja auch verhältnismäßig ähnlich) und verfährt nun mit den Meletianern in gleicher Weise.

Der Kaiser nimmt die ihm angetragenen Vorwürfe sehr ernst und geht

a) Brief Konstantins an Athanasius

Text nach: Athanasius, Apol. II 68.

Μέγιστος, Σεβαστὸς τῷ πάπᾳ Ἀθανασίῳ.

Τοῖς παρὰ τῆς σῆς συνέσεως ἐντυχὼν γράμμασι, ταύτης γνώμης αὐτὸς ἐγενόμεν |5|, ὡς ἀντιγράφων τῇ σῇ στεῤῥότητι, προτρέψασθαί σε, ὅπως πρὸς εὐταξίαν καὶ οἶκτον τὸν τοῦ Θεοῦ λαὸν ἄγειν σπουδάσῃς. Ταῦτα γὰρ μάλιστα προηγούμενα ἐν τῇ ἐμαυτοῦ ψυχῇ κατέχω, ὡς ἀλήθειάν τε ἀσκεῖν, καὶ ἐν τῇ διανοίᾳ δικαιοσύνην ἀεὶ φυλάττειν, καὶ τούτοις μάλιστα χαίρειν, τοῖς ὀρθὴν ὁδὸν τοῦ βίου πορευομένοις. Περὶ δὲ ἐκείνων τῶν πάσης ἀρᾶς ἀξίων, τῶν Μελιτιανῶν δηλαδὴ τῶν σκαιοτάτων καὶ ἀθεμίτων, οἵτινες τῇ ἐμπληξίᾳ λοιπὸν ἀπονεναρκήκασι, καὶ μόνον φθόνῳ καὶ ζάλῃ καί θορύβοις τὰ ἄτοπα κινοῦσι, τὴν ἀθέμιτον αὐτῶν διάνοιαν ἐπιδεικνύντες, ταῦτα φθέγξομαι· Ὁρᾷς γὰρ ὅπως οἱ ἄνδρες οὓς ἐκεῖνοι ξίφει ἀνῃρῆσθαι ἔφασκον, ἐν μέσοις νῦν εἰσι, καὶ τῆς ζωῆς ἀπολαύουσι. Πρὸς δὴ ταῦτα τί ἂν γένοιτο πρόκριμα χεῖρον, οὕτω φανερῶς καὶ σαφῶς ἐπιφερόμενον τῇ ἐκείνων δίκῃ, ἢ τὸ τούτους, οὓς ἀνῃρῆσθαι ἔλεγον, ζῇν τε καὶ

nun gut, Eurer Einsicht mitzuteilen, daß Ihr diese eben Genannten und andere, die Ihr für das Bischofsamt für würdig erachtet, so bestimmen sollt, daß es im Einklang mit der Überlieferung der Apostel steht. Denn wenn das gut vorbereitet ist, dann wird Eure Einsicht nach den Kanones der Kirche und nach der apostolischen Überlieferung die Wahl so ordnen können, wie es die Satzung des kirchlichen Brauches vorschreibt.

Gott bewahre Euch, geliebte Brüder!

ihnen nach. Nun gibt es aber im Blick auf die Meletianer ein so gewichtiges Präjudiz, daß sie ihm mehr als Leute vorkommen, die „Lärmereien" verursachen. Darum wird Athanasius von den Vorwürfen freigesprochen, den Meletianern aber staatliche Strafmaßnahmen angekündigt. Das Vorgehen des Kaisers führte hier letztlich tatsächlich zur Unterwerfung der Meletianer.

Gegenüber Athanasius ist der Brief zwar nicht herzlich, aber doch von distanzierter Höflichkeit. Seine Entstehungszeit dürfte 332/3 sein (Dörries 99).

Der Sieger Kaiser Konstantin der Große an den Papst Athanasius.

Nachdem ich den Brief Deiner Einsicht erhalten habe, bin ich selber zu der Meinung gekommen |5|, daß ich Deiner Ehrwürdigkeit zurückschreiben und Dich ermuntern will, daß Du Dich bemühst, das Volk Gottes zur Ordnung und zur Barmherzigkeit zu leiten. Ich bemühe mich, in meiner Seele es für besonders wichtig zu halten, Wahrheit zu üben, und in meinem Verstand, immer Gerechtigkeit zu bewahren und mich besonders an denen zu freuen, die den rechten Weg des Lebens gehen. Über die jeden Fluches würdigen, verkehrten und gesetzlosen Meletianer, die ganz erstarrt sind in ihrem Irrtum und in Neid, Aufwallung und Lärmereien nur Sinnloses tun und so ihren gesetzlosen Verstand zeigen, will ich folgendes sagen: Du siehst, daß die Menschen, von denen jene sagen, daß sie mit dem Schwert ermordet worden seien, nun wieder in unserer Mitte sind und das Leben genießen. Was gibt es im Blick darauf für ein schlimmeres Präjudiz, das so offenbar und deutlich in ihrem Rechtsstreit nun dazugekommen ist, als den Tatbestand, daß die, von denen sie sagen, sie seien getötet worden,

τοῦ βίου ἀπολαύειν, οἵτινες δηλονότι καὶ ὑπὲρ ἑαυτῶν φθέγξασθαι δυνήσοντει; Προσέκειτο δὲ τοῖς παρὰ τῶν Μελιτιανῶν ἐκείνων καὶ τοῦτο· διεβεβαιοῦντο γὰρ ἀθεμίτῳ ὁρμῇ |6| ἐπεισελθόντα σε καὶ ἁρπάσαντα ποτήριον ἐν τῷ ἁγιωτάτῳ ἀποκείμενον τόπῳ κεκλακέναι, οὗ πράγματος ἀληθῶς οὐδὲν μεῖζον ἦν ἔγκλημα, οὔτε τηλικοῦτον ἀτόπημα, εἰ τοῦτο σΰτως πεπρᾶχθαί τε |7| καὶ ἡμαρτῆσθαι συνέβαινεν. Ἀλλὰ γὰρ τίς ἡ κατηγορία αὕτη: Τίς δὲ ἡ μετάβασις καὶ ποικιλία καὶ διαφορὰ τοῦ πράγματος, ὡς νῦν εἰς ἕτερον πρόσωπον τὴν κατηγορίαν τοῦ ἐγκλήματος τούτου μετάγειν; Ὅπερ δηλονότι πρᾶγμα αὐτοῦ τοῦ φωτὸς, ὡς εἰπεῖν, ἐστὶ τηλαυγέστερον, ὅτι τῇ σῇ συνέσει ἐπιβουλεῦσαι ἐσπούδαζον. Μετὰ δὴ ταῦτα τίς ἂν ἐκείνοις τοῖς ἀνθρώποις τοῖς τοσαῦτα εἰς βλάβην ἀναπλασαμένοις ἀκολουθῆσαι ἐθελήσειεν; ὅταν μάλιστα αὐτοὶ ἑαυτοὺς τὶς ὄλεθρον ἄγουσι |8|, καὶ συνορῶσιν, ὅτι πεπλασμένων καὶ ψευδῶν πραγμάτων εἰσὶ κατήγοροι; Ὡς ἔφην τοίνυν, τίς ἂν ἐκείνοις ἐξακολουθήσειε, καὶ εἰς τὴν ὁδὸν τῆς ἀπωλείας πρηνὴς ἀπέλθοι; Εἰς ἐκείνην δηλαδὴ, εἰς ἣν ἐκεῖνοι μόνοι τὴν ἐλπίδα τῆς σωτηρίας καὶ τῆς ἐπικουρίας ἔχειν οἴονται. Εἰ γὰρ βούλοιντο ἐπὶ καθαρὰν ἐλθεῖν συνείδησιν, καὶ ὑπομνησθῆναι τῆς ἀρίστης γνώμης, καὶ ἐπὶ τὴν ὑγιαίνουσαν ἐλθεῖν διάνοιαν· ῥαδίως γνώσονται οὐδεμίαν αὐτοῖς ὑπάρχειν ἐπικουρίαν παρὰ τῆς Προνοίας, ἐπειδήπερ τοιούτων εἰσὶ ζηλωταὶ καὶ ἐπὶ τῷ οἰκείῳ ὀλέθρῳ πειράζονται. Ταύτην δὴ οὖν οὐ τραχύτητά τινα, ἀλλὰ ἀλήθειαν δικαίως ἂν εἴποιμι. Τὸ τελευταῖον δὲ καὶ τοῦτο προστίθημι, ὅτι περ |9| βουλόμεθα δημοσίᾳ παρὰ τῆς σῆς συνέσεως πολλάκις ἀναγνωσθῆναι ταῦτα, ὡς ἂν ἐντεῦθεν εἰς τὴν ἁπάντων γνῶσιν ἔλθοι, καὶ μάλιστα εἰς τὴν ἐκείνων ἀφικέσθαι δυνηθείη, οἵτινες οὕτω πράττουσιν, οὕτως ἀναστρέφουσιν, ὡς ταῦτα ἅπερ παρ' ἡμῶν εὐθείας λέγεται λόγῳ, τῇ τῆς ἀληθείας εἰρῆσθαι πράξει. Ἐπεὶ τοίνυν |10| ἐν τούτῳ τῷ πράγματι τηλικοῦτόν ἐστιν ἀτόπημα, γινωσκέτωσαν οὕτω με κεκρικέναι, καὶ ταύτης εἶναι τῆς προαιρέσεως· εἴ τι τοιοῦτον κινοῖεν, μηκέτι λοιπὸν κατὰ τοὺς τῆς Ἐκκλησίας, ἀλλὰ κατὰ τοὺς δημοσίους νόμους αὐτόν με δι' ἐμαυτοῦ τῶν πραγμάτων ἀκροασόμενον |11|, καὶ λοιπὸν εὑρήσοντα αὐτοὺς, ὅτι μὴ μόνον κατὰ τοῦ ἀνθρωπίνου γένους λῃσταί τινες ὄντες, ἀλλὰ γὰρ καὶ κατ' αὐτῆς τῆς θείας διδασκαλίας φαίνονται. Ὁ Θεός σε διαφυλάξοι, ἀδελφὲ ἀγαπητέ.

leben und das Leben genießen und für sich selber sprechen können? Es lag aber unter den von den Meletianern ⟨vorgebrachten Anklagen⟩ auch das an: Sie bekräftigten, Du seist in gesetzlosem Eifer ⟨bei ihnen⟩ |6| eingedrungen und habest einen Kelch, der an heiligster Stätte aufbewahrt wurde, geraubt und zerbrochen. Es gäbe wirklich keine schwerere Anklage und keine größere Widersinnigkeit als diese Sache, wenn das wirklich so getan |7| und solche Schuld begangen wurde. Aber was ist diese Beschuldigung? Was soll dieser vielfältige und mannigfaltige Wechsel der Sache, daß sie nun die Anklage einer solchen Beschuldigung auf eine andere Person übertragen? Die Sache ist sozusagen klarer als das Licht: Sie bemühen sich, Deiner Einsicht nachzustellen. Wer würde nun danach auf jene Menschen hören wollen, die solche Sachen zum Schaden anderer erdichten? Wenn sie sich selbst ins Verderben bringen |8|, werden sie auch einsehen, daß sie andere wegen erdichteter und erlogener Angelegenheiten angeklagt haben. Wie ich schon sagte: Wer würde wohl jenen folgen und ginge auf den steilen Weg des Verderbens, auf den Weg, auf dem nur jene meinen, Hoffnung auf Rettung und Hilfe zu haben? Denn wenn sie ein reines Gewissen haben und wieder der richtigen Meinung eingedenk werden und zu einem gesunden Verstand kommen wollten, dann würden sie leicht erkennen, daß sie keine Hilfe bei der göttlichen Vorsehung haben, wenn sie um solche Dinge eifern und zum eigenen Verderben sich versuchen lassen. Das würde ich mit Recht nicht Härte nennen, sondern Wahrheit. Zuletzt möchte ich auch das hinzufügen |9|, wovon wir wollen, daß es durch Deine Einsicht mehrmals öffentlich verlesen wird, damit es von jetzt an zu jedermanns Kenntnis gelangt und besonders zur Kenntnis von jenen gelangen kann, die so handeln und so leben. Damit soll das, was von uns durch ein Wort der Gerechtigkeit gesagt wird, auch zum wahrhaftigen Tun hin gesagt werden. Da nun |10| in dieser Angelegenheit eine so große Widersinnigkeit entstanden ist, soll man erkennen, daß ich das Urteil gefällt habe und zu dem Entschluß gekommen bin, wenn so etwas wieder geschieht, daß ich selber – dann nicht mehr nach den Gesetzen der Kirche, sondern nach den staatlichen Gesetzen – das Verhör über diese Dinge führen werde |11|, und dann werde ich im übrigen herausfinden, daß die Meletianer nicht nur Räuber gegen das Menschengeschlecht, sondern auch gegen die göttliche Lehre selbst sind. Gott bewahre Dich, geliebter Bruder!

31. Apologetisches Schreiben an Schapur II.

Gegen Ende seines Lebens richtet Konstantin ein Schreiben an einen Mann, der seiner Herrschaft nicht unterstand, an den inzwischen mächtig gewordenen Perserkönig Schapur II. Dieser Brief hängt sicherlich zusammen mit dem wachsenden Interesse des Kaisers für den Osten, das in die Planung des Krieges gegen die Perser hinauslief. So hat er auch von Christen im Perserreich vernommen und schreibt dem König zu ihren Gunsten ein apologetisches Scheiben.

„Dieser Brief ist das konstantinischste aller Schreiben des Kaisers; sollte er gefälscht sein, so müßte man dem Schreiber das Zeugnis ausstellen, daß er der beste Kenner der Denkweise des Kaisers und zugleich seines Stiles war, den es je gegeben hat. Fast keine seiner Eigentümlichkeiten ist ausgelassen. Man könnte ihn geradezu einen Grundriß der konstantinischen

a) Brief Konstantins an Schapur

Text nach: Euseb, v. C. IV 9–13.

9. Τὴν θείαν πίστιν φυλάσσων τοῦ τῆς ἀληθείας φωτὸς μεταλαγχάνω. τῷ τῆς ἀληθείας φωτὶ ὁδηγούμενος τὴν θείαν πίστιν ἐπιγινώσκω. τοιγάρτοι τούτοις, ὡς τὰ πράγματα βεβαιοῖ, τὴν ἁγιωτάτην θρησκείαν γνωρίζω. διδάσκαλον τῆς ἐπιγνώσεως τοῦ ἁγιωτάτου θεοῦ ταύτην τὴν λατρείαν ἔχειν ὁμολογῶ. τούτου τοῦ θεοῦ τὴν δύναμιν ἔχων σύμμαχον, ἐκ τῶν περάτων τοῦ Ὠκεανοῦ ἀρξάμενος πᾶσαν ἐφεξῆς τὴς οἰκουμένην βεβαίοις σωτηρίας ἐλπίσι διήγειρα, ὡς ἅπαντα ὅσα ὑπὸ τοσούτοις τυράννοις δεδουλωμένα ταῖς καθημεριναῖς συμφοραῖς ἐνδόντα ἐξίτηλα ἐγεγόνει, ταῦτα προσλαβόντα τὴν τῶν κοινῶν ἐκδικίαν ὥσπερ ἔκ τινος θεραπείας ἀναζωπυρηθῆναι. τοῦτον τὸν θεὸν πρεσβεύω, οὗ τὸ σημεῖον ὁ τῷ θεῷ ἀνακείμενός μου στρατὸς ὑπὲρ τῶν ὤμων φέρει, καὶ ἐφ' ἅπερ ἂν ὁ τοῦ δικαίου λόγος παρακαλῇ κατευθύνεται· ἐξ αὐτῶν δ' ἐκείνων περιφανέσι τροπαίοις αὐτίκα τὴν χάριν ἀντιλαμβάνω. τοῦτον τὸν θεὸν ἀθανάτῳ μνήμῃ τιμᾶν ὁμολογῶ, τοῦτον ἀκραιφνεῖ καὶ καθαρᾷ διανοίᾳ ἐν τοῖς ἀνωτάτω τυγχάνειν ὑπεραυγάξομαι· **10,** 1. τοῦτον ἐπικαλοῦμαι γόνυ κλίνας, φεύγων μὲν πᾶν αἷμα βδελυκτὸν καὶ ὀσμὰς ἀηδεῖς καὶ ἀποτροπαίους, πᾶσαν δὲ γεώδη λαμπηδόνα ἐκκλίνων, οἷς ἅπασιν ἡ ἀθέμιτος καὶ ἄρρητος πλάνη χραινομένη πολλοὺς τῶν ἐθνῶν καὶ ὅλα γένη κατέρριψε τοῖς κατωτάτω μέρεσι

Theologie nennen ... Wie überall bei Konstantin kann man sich angesichts dieses Briefes fragen, ob das noch Christentum ist. Eine Frage, die sich dadurch beantwortet, daß Konstantin es dafür gehalten hat; ob es einen anderen angemessenen Gesichtspunkt zur Beurteilung dieser Frage gibt, wird man wohl bezweifeln dürfen" (Kraft 262). Für die Christen in Persien hat freilich die Entwicklung im Römischen Reich große Probleme mit sich gebracht. Nachdem das Christentum im Römischen Reich die herrschende Religion geworden war, standen die Christen plötzlich im Ansehen, Staatsfeinde zu sein, weil sie mit dem Hauptfeind die gleiche Religion hatten. Insofern dürfte sich ein Schreiben Konstantins wie dieses eher negativ für die Christen in Persien ausgewirkt haben, ganz anders, als es gemeint war. Es ist übrigens das letzte Selbstzeugnis aus der Hand des Kaisers, das wir besitzen.

9. Wenn ich den göttlichen Glauben bewahre, erlange ich das Licht der Wahrheit. Wenn ich vom Licht der Wahrheit geführt werde, erkenne ich den göttlichen Glauben. Dadurch – wie es die Tatsachen verbürgen – erkenne ich die allerheiligste Gottesverehrung. Ich bekenne, daß ich diese Gottesverehrung als Lehrer für die Erkenntnis des heiligsten Gottes habe. Indem ich die Kraft dieses Gottes zum Bundesgenossen hatte, habe ich von den Grenzen der Erde angefangen und der Reihe nach den ganzen Weltkreis durch die sichere Hoffnung auf Rettung aufgeweckt. Alles, was unter den Tyrannen geknechtet, den täglichen Unglücksschlägen unterworfen und verdorben war, das nahm Anteil an der Befreiung des Staates und lebte wie durch ein Heilverfahren ⟨gesundet⟩ wieder auf. Diesen Gott verehre ich. Sein Zeichen trägt mein Heer – das Gott geweiht ist – auf den Schultern. Und wohin immer es das Wort des gerechten ⟨Gottes⟩ ruft, dahin eilt es los. Und sogleich empfange ich daraus den Dank in den glänzendsten Siegeszeichen. Ich bekenne, diesen Gott durch unsterbliches Gedenken zu ehren. Ich erkenne mit unbeflecktem und reinem Geist, daß er sich in den höchsten Höhen aufhält. **10.** 1. Ihn rufe ich auf Knien an. Ich meide alles greuelhafte Blut und allen ungewöhnlichen und abscheulichen Geruch. Ich wende mich von jedem erdhaften Licht ab. Denn dadurch hat der gottlose und schändliche Irrtum viele Völker befleckt und ganze Geschlechter hinabgestürzt und den Regionen der Tiefe übergeben. 2. Denn

παραδοῦσα. 2. ἃ γὰρ ὁ τῶν ὅλων θεὸς προνοίᾳ τῶν ἀνθρώπων διὰ φιλανθρωπίαν οἰκείαν χρείας ἕνεκα εἰς τοὐμφανὲς παρήγαγε, ταῦτα πρὸς ἑκάστου ἐπιθυμίαν ἕλκεσθαι οὐδαμῶς ἀνέχεται, καθαρὰν δὲ μόνην διάνοιαν καὶ ψυχὴν ἀκηλίδωτον παρὰ ἀνθρώπων ἀπαιτεῖ, τὰς τῆς ἀρετῆς καὶ εὐσεβείας πράξεις ἐν τούτοις σταθμώμενος. 3. ἐπιεικείας γὰρ καὶ ἡμερότητος ἔργοις ἀρέσκεται, πράους φιλῶν, μισῶν τοὺς ταραχώδεις, ἀγαπῶν πίστιν, ἀπιστίαν κολάζων, πᾶσαν μετὰ ἀλαζονείας δυναστείαν καταρρηγνύς, ὕβριν ὑπερηφάνων τιμωρεῖται, τοὺς ὑπὸ τύφου ἐπαιρομένους ἐκ βάθρων ἀναιρεῖ, ταπεινόφροσι καὶ ἀνεξικάκοις τὰ πρὸς ἀξίαν νέμων. 4. οὕτω καὶ βασιλείαν δικαίαν περὶ πολλοῦ ποιούμενος ταῖς παρ' ἑαυτοῦ ἐπικουρίαις κρατύνει, σύνεσίν τε βασιλικὴν τῷ γαληναίῳ τῆς εἰρήνης διαφυλάττει.

11. 1. Οὔ μοι δοκῶ πλανᾶσθαι, ἀδελφέ μου, τοῦτον ἕνα θεὸν ὁμολογῶν πάντων ἀρχηγὸν καὶ πατέρα, ὃν πολλοὶ τῶν τῇδε βασιλευσάντων μανιώδεσι πλάναις ὑπαχθέντες ἐπεχείρησαν ἀρνήσασθαι. ἀλλ' ἐκείνους μὲν ἅπαντας τοιοῦτον τιμωρὸν τέλος κατανάλωσεν, ὡς πᾶν τὸ μετ' ἐκείνους ἀνθρώπων γένος τὰς ἐκείνων συμφορὰς ἀντ' ἄλλου παραδείγματος τοῖς παρὰ τούτοις τὰ ὅμοια ζηλοῦσι τίθεσθαι. 2. τούτων ἐκεῖνον ἕνα ἡγοῦμαι γεγονέναι, ὃν ὥσπερ τις σκηπτὸς ἡ θεία μῆνις τῶν τῇδε ἀπελάσασα τοῖς ὑμετέροις μέρεσι παραδέδωκεν, τῆς ἐπ' αὐτῷ αἰσχύνης πολυθρύλητον τὸ παρ' ὑμῖν τρόπαιον ἀποφήναντα.

12. Ἀλλὰ γὰρ ἔοικεν εἰς καλὸν προκεχωρηκέναι τὸ καὶ ἐν τῷ καθ' ἡμᾶς αἰῶνι τὴν τῶν τοιούτων τιμωρίαν περιφανῆ δειχθῆναι. ἐπεῖδον γὰρ καὶ αὐτὸς ἐκείνων τὰ τέλη τῶν ἔναγχος ἀθεμίτοις προστάγμασι τὸν τῷ θεῷ ἀνακείμενον λαὸν ἐκταραξάντων. διὸ δὴ καὶ πολλὴ χάρις τῷ θεῷ, ὅτι τελείᾳ προνοίᾳ πᾶν τὸ ἀνθρώπινον τὸ θεραπεῦον τὸν θεῖον νόμον, ἀποδοθείσης αὐτοῖς τῆς εἰρήνης, ἀγάλλεται καὶ γαυριᾷ. ἐντεῦθεν καὶ ἡμῖν αὐτοῖς πέπεισμαι ὡς ὅτι κάλλιστα καὶ ἀσφαλέστατα ἔχειν ἅπαντα, ὁπότε διὰ τῆς ἐκείνων καθαρᾶς τε καὶ δοκίμου θρησκείας ἐκ τῆς περὶ τὸ θεῖον συμφωνίας πάντας εἰς ἑαυτὸν ἀγείρειν ἀξιοῖ.

13. Τούτῳ τῷ καταλόγῳ τῶν ἀνθρώπων, λέγω δὴ τῶν Χριστιανῶν, (ὑπὲρ γὰρ τούτων ὁ πᾶς μοι λόγος) πῶς οἴει με ἥδεσθαι ἀκούοντα ὅτι καὶ τῆς Περσίδος τὰ κράτιστα ἐπὶ πλεῖστον, ὥσπερ ἔστι μοι βουλομένῳ, κεκόσμηται. σοί τ' οὖν ὡς ὅτι κάλλιστα ἐκείνοις θ' ὡσαύτως ὑπάρχοι τὰ κάλλιστα, ὅτι σοὶ κἀκεῖνοι. οὕτω γὰρ ἕξεις τὸν τῶν ὅλων δεσπότην πατέρα, θεὸν ἵλεω καὶ εὐμενῆ. τούτους τοιγαροῦν, ἐπειδὴ τοσοῦτος εἶ, σοὶ παρατίθε-

was der Gott des ganzen Alls aus seiner herzlichen Menschenliebe heraus und in Fürsorge für die Menschen zur Befriedigung der Bedürfnisse offen vor unsere Augen gestellt hat, das ist keineswegs dazu da, nach der jeweiligen Begierde eines jeden hin und her gezogen zu werden. Gott fordert nur einen reinen Geist und eine fleckenlose Seele vom Menschen, denn daran mißt er die Werke der Tugend und der Frömmigkeit. 3. An den Werken der Sanftmut und der Milde hat er Wohlgefallen; die Sanften liebt er und die Zornigen haßt er. Er liebt den Glauben und bestraft den Unglauben. Alle Herrschaft, die mit Überheblichkeit ausgeübt wird, zerbricht er. Den Hochmut der Überheblichen bestraft er; diejenigen, die sich im Stolz überheben, vernichtet er von Grund auf. Demütigen und Duldern aber teilt er das aus, was ihrer würdig ist. 4. So schätzt er eine gerechte Herrschaft sehr hoch und macht sie durch seine Hilfe stark. Er bewahrt das königliche Gewissen durch die Ruhe des Friedens.

11, 1. Mein Bruder, ich meine mich nicht zu irren, wenn ich diesen einen Gott als Führer und Vater von allen bekenne. Viele von denen, die hier Kaiser waren, haben, von wahnsinnigem Irrtum verführt, versucht, ihn zu leugnen. Aber alle jene hat am Ende eine solche Rache vernichtet, daß das ganze Menschengeschlecht nach ihnen ihr Unglück denen als Beispiel vorhielten, die unter ihnen Ähnliches erstrebten. 2. Ich glaube, daß jener auch einer von denen gewesen ist, den gleichsam wie ein Blitz der göttliche Zorn Euren Ländern übergeben hat, nachdem er von hier weggezogen war. So hat er das vielbesprochene Siegeszeichen seiner Schande bei Euch gezeigt.

12. Doch es scheint sich zum Guten gewandt zu haben, weil auch in unserer Zeit die Rache an solchen Leuten deutlich in Erscheinung getreten ist. Denn ich habe selbst das Ende derer gesehen, die vor kurzem durch frevelhafte Anordnungen das Gott geweihte Volk verwirrt haben. Deshalb danke ich Gott sehr, daß nun durch die vollkommene Vorhersehung das ganze Menschengeschlecht, soweit es das göttliche Gesetz befolgt, jubelt und sich in Hochstimmung befindet. Denn ihnen wurde der Friede gegeben. Deshalb bin ich auch überzeugt, daß alles am besten und sichersten ist, wenn Gott durch die reine und bewährte Religionsausübung jener Menschen alle zu sich hinzieht. Denn sie sind alle ja einmütig über das Göttliche.

13. Glaube mir, ich freue mich. Denn ich habe gehört, daß die besten Teile Persiens, wie ich es mir wünsche, mit der Schar von Menschen, ich meine von Christen (um ihretwillen habe ich überhaupt nur das Wort ergriffen), weithin geschmückt sind. Es möge Dir nun aufs beste ergehen und ebenso den Christen. Denn sie gehören Dir. So wirst Du den Herrn der ganzen Welt zum Vater haben, einen gütigen und wohlgesonnenen Gott. Die Christen nun vertraue ich Dir an, da Du so groß bist. Ebendiese

μαι, τοὺς αὐτοὺς τούτους, ὅτι καὶ εὐσεβείᾳ ἐπίσημος εἶ, ἐγχειρίζων· τούτους ἀγάπα ἁρμοδίως τῇ σεαυτοῦ φιλανθρωπίᾳ· σαυτῷ τε γὰρ καὶ ἡμῖν ἀπερίγραπτον δώσεις διὰ τῆς πίστεως τὴν χάριν.

gebe ich in Deine Hand, weil Du auch in der Frömmigkeit ausgezeichnet bist. Liebe sie, wie es Deiner Menschenfreundlichkeit angemessen ist! Denn so wirst Du Dir und uns einen unbeschreiblichen Liebesdienst erweisen.

VI. WEITERE BERICHTE ÜBER KAISER KONSTANTIN

32. *Die Hinrichtung von Krispus und Fausta*

Einer der dunkelsten Punkte in der Biographie Konstantins ist die Hinrichtung seines Sohnes Krispus und seiner Frau Fausta (vgl. auch die Einführung). Die wahrscheinlichste Erklärung ist wohl die, daß Krispus mit seiner Stiefmutter Fausta ein Verhältnis hatte, das dem Kaiser bekannt geworden ist. Wie wichtig dem Kaiser der Bereich der Ehe war, zeigen die

a) Der Bericht des Zosimus

Text nach: Zos. II 29.

Περιστάσης δὲ τῆς πάσης εἰς μόνον Κωνσταντῖνον ἀρχῆς, οὐκέτι λοιπὸν τὴν κατὰ φύσιν ἐνοῦσαν αὐτῷ κακοήθειαν ἔκρυπτεν, ἀλλὰ ἐνεδίδου τῷ κατ' ἐξουσίαν ἅπαντα πράττειν. ἐχρῆτό δὲ ἔτι καὶ τοῖς πατρίοις ἱεροῖς, οὐ τιμῆς ἕνεκα μᾶλλον ἢ χρείας· ᾗ καὶ μάντεσιν επείθετο, πεπειραμένος ὡς ἀληθῆ προεῖπον ἐπὶ πᾶσι τοῖς κατωρθωμένοις αὐτῷ. ἐπεὶ δ' εἰς τὴν Ῥώμην ἀφίκετο μεστὸς πάσης ἀλαζονείας, ἀφ' ἑστίας ᾠήθη δεῖν ἄρξασθαι τῆς ἀσεβείας. Κρίσπον γὰρ παῖδα τῆς τοῦ Καίσαρος, ὡς εἴρηταί μοι πρότερον, ἀξιωθέντα τιμῆς, εἰς ὑποψίαν ἐλθόντα τοῦ Φαύστῃ τῇ μητρυιᾷ συνεῖναι, τοῦ τῆς φύσεως θεσμοῦ μηδένα λόγον ποιησάμενος ἀνεῖλε. τῆς δὲ Κωνσταντίνου μητρὸς Ἑλένης ἐπὶ τῷ τηλικούτῳ πάθει δυσχεραινούσης καὶ ἀσχέτως τὴν ἀναίρεσιν τοῦ νέου φερούσης, παραμυθούμενος ὥσπερ αὐτὴν ὁ Κωνσταντῖνος κακῷ τὸ κακὸν ἰάσατο μείζονι· βαλανεῖον γὰρ ὑπὲρ τὸ μέτρον ἐκπυρωθῆναι κελεύσας καὶ τούτῳ τὴν Φαῦσταν ἐναποθέμενος ἐξέγαγε νεκρὰν γενομένην. ταῦτα συνεπιστάμενος ἑαυατῷ, καὶ προσέτι γε ὅρκων καταφρονήσεις, προσῄει τοῖς ἱερεῦσι καθάρσια τῶν ἡμαρτημένων αἰτῶν. εἰπόντων δὲ ὡς οὐ παραδέδοται καθαρμοῦ τρόπος δυσσεβήματα τηλικαῦτα καθῆραι δυνάμενος, Αἰγύπιός τις ἐξ Ἰβηρίας εἰς τὴν Ῥώμνη ἐλθὼν καὶ ταῖς εἰς τα βασίλεια γυναιξὶ συνήθης γενόμενος, ἐντυχὼν τῷ Κωνσταντίνῳ πάσης ἁμαρτάδος ἀναιρετικὴν

strengen Gesetze, die nicht lange zuvor zu ihren Gunsten ausgegangen sind. Es entspricht dem (auch immer wieder in den Briefen geäußerten) Gerechtigkeitssinn Konstantins, daß er auch in seiner eigenen Familie entsprechend diesen Gesetzen mit ganzer Strenge verfuhr. Uns heute will freilich ein solcher Gerechtigkeitssinn übersteigert vorkommen, gewiß zu Recht. Die Persönlichkeit des Kaisers bekommt hier einen harten, stählernen Zug. Zum Ereignis und zur Diskussion hierüber vgl. Kraft 128–132.

Euseb hat dieses Ereignis in seiner ›Vita‹ verschwiegen (auch schon ihm schien das Verhalten des Kaisers hier nicht lobenswert). Somit sind wir angewiesen auf „den Klatsch der konstantinfeindlichen Geschichtsschreibung" (Kraft 129). Der hier gegebene Bericht stammt von Zosimus und mag zugleich als ein Beispiel dafür gelten, wie Konstantin später in seinen Entscheidungen aus der Sicht eines Heiden gesehen wurde.

Als Konstantin die Alleinherrschaft übernommen hatte, verbarg er die von Natur aus in ihm befindliche Bosheit nicht mehr, sondern gab sich ihr hin. Denn er hatte ja die Vollmacht, alles zu tun ⟨, was er wollte⟩. Er benutzte auch noch die von den Vätern übernommenen Priester, aber nicht wegen der Ehre, sondern mehr wegen der Nützlichkeit. So glaubte er auch den Wahrsagern, nachdem er geprüft hatte, daß sie über alles, was ihm geglückt war, wahre Vorhersagen getroffen hatten. Als er aber voll von jeglicher Art Prahlerei nach Rom gekommen war, da glaubte er bei seinem Haus mit der Gottlosigkeit beginnen zu müssen. Denn er tötete seinen Sohn Krispus (der früher vom Kaiser hoch geehrt worden war, wie mir erzählt wurde), weil er in den Verdacht geraten war, mit seiner Schwiegermutter Fausta zu verkehren. Dabei achtete Konstantin die Bande der Natur für nichts. Als aber Helena, die Mutter des Konstantin, über ein so großes Unglück zornig wurde und am Tod des Jünglings unablässig ⟨schwer⟩ trug, da tröstete sie Konstantin und heilte das Übel durch ein noch größeres Übel. Denn er befahl, das Bad über Gebühr anzuheizen. Und als er Fausta dorthin gebracht hatte, holte er sie ⟨erst wieder⟩ heraus, als sie tot war. Als er sich dessen und noch dazu der Verachtung von Eiden bewußt wurde, ging er zu den Priestern und bat um Reinigung von den Sünden. Sie sagten aber, daß es keine Art von Reinigung gäbe, die so große Frevel reinigen könnte. Da kam aber ein Ägypter aus Iberias nach Rom und wurde mit den Frauen bei der Königin bekannt. Als er mit Konstantin zu-

εἶναι τὴν τῶν Χριστιανῶν διεβεβαιώσατο δόξαν καὶ τοῦτο ἔχειν ἐπάγγελμα, τὸ τοὺς ἀσεβεῖς μεταλαμβάνοντας αὐτῆς πάσης ἁμαρτίας ἔξω παραχρῆμα καθίστασθαι. δεξαμένου δὲ ῥᾷστα τοῦ Κωνσταντίνου τὸν λόγον καὶ ἀφεμένου μὲν τῶν πατρίων, μετασχόντος δὲ ὧν ὁ Αἰγύπτιος αὐτῷ μετεδίδου, τῆς ἀσεβείας τὴν ἀρχὴν ἐποιήσατο τὴν μαντικὴν ἔχειν ἐν ὑποψίᾳ· πολλῶν γὰρ αὐτῷ διὰ ταύτης προρρηθέντων εὐτυχημάτων καὶ ἐκβάντων εἰς ἔργον, ἐδεδίει μή ποτε καὶ ἄλλοις κατ' αὐτοῦ τι πυνθανομένοις τὸ ἐσόμενον προρρηθείη, καὶ ἐκ ταύτης τῆς προαιρέσεως πρὸς τὸ ταῦτα καταλύειν ἐτράπη. τῆς δὲ πατρίου καταλαβούσης ἑορτῆς, καθ' ἣν ἀνάγκη τὸ στρατόπεδον ἦν ἰέναι εἰς τὸ Καπετώλιον, ἄνοδον ὀνειδίζων ἀναίδην, καὶ τῆς ἱερᾶς ἁγιστείας ἀποστατήσας, εἰς μῖσος τὴν γερουσίαν καὶ τὸν δῆμον ἀνέστησεν.

33. Übergriff auf heidnische Tempel

Der folgende Bericht zeigt, daß es trotz aller Toleranzversprechen auch schon zur Zeit Konstantins Übergriffe auf heidnische Tempel gegeben hat. Es wurde auch schon erwähnt, daß Tempelvermögen zum Bau von Konstantinopel herangezogen wurden.

Die Darstellung des Euseb macht aber deutlich, daß es sich um keine

a) Der Bericht des Euseb

Text nach: Euseb, v. C. III 55–58.

55, 1. Ἐπὶ τούτοις βασιλεὺς ὥσπερ τινὰ πολυφεγγῆ πυρσὸν ἐξάψας, μή πη λανθάνοι κρύφιόν τι πλάνης λείψανον, ὄμματι βασιλικῷ περιεσκόπει· οἷα δέ τις οὐρανοπετὴς ἀετῶν ὀξυωπέστατος ἄνωθεν ἀφ' ὑψηλοῦ τὰ πορρωτάτω διεστῶτα κατὰ γῆς ἴδοι, ὧδε καὶ οὗτος τῆς αὐτοῦ καλλιπόλεως τὴν βασιλικὴν ἀμφιπολεύων ἑστίαν δεινόν τι ψυχῶν θήρατρον ἐπὶ τοῦ Φοινίκων λανθάνον ἔθνους ἐξ ἀπόπτου συνεῖδεν. 2. ἄλσος δὲ τοῦτ' ἦν καὶ τέμενος, οὐκ ἐν μέσαις πόλεσιν ουδ' ἐν ἀγοραῖς καὶ πλατείαις, ὁποῖα τὰ πολλὰ κόσμου χάριν ταῖς πόλεσι φιλοτιμεῖται, τὸ δ' ἦν ἔξω πάτου τριόδων τε καὶ λεωφόρων ἐκτὸς αἰσχρῷ δαίμονι Ἀφροδίτης ἐν ἀκρωρείας μέρει τοῦ Λιβάνου τῆς ἐν Ἀφάκοις ἱδρυμένον. 3. σχολή τις ἦν αὕτη κακοεργίας πᾶσιν

sammentraf, versicherte er ihm, daß es die Meinung der Christen sei, daß es für jede Sünde eine Aufhebung gäbe und daß die Christen die Verheißung hätten, daß die Gottlosen verwandelt würden und dann sofort ohne eine von ihren Sünden daständen. Konstantin nahm das Wort mit Leichtigkeit an und verließ die väterlichen Sitten. Und dann stellte er sich, als habe er die Wahrsagekunst in Verdacht, der Anfang der Gottlosigkeit ⟨gewesen zu sein⟩. Denn viele Glücksumstände waren ihm durch sie vorausgesagt worden und sind tatsächlich eingetreten. Er fürchtete sich nun, daß auch den anderen, die etwas gegen ihn erfahren wollten, die Zukunft vorausgesagt würde. Und darum verlegte er sich darauf, die Wahrsagekunst zu ruinieren. Als dann das Staatsfest anbrach, an dem es notwendig war, daß das Heer zum Kapitol zieht, da schmähte er diesen Aufmarsch als schamlos. Und weil er sich von der heiligen Lebensweise abwandte, reizte er den Senat und das Volk zum Haß.

generellen oder wahllosen Übergriffe gehandelt hat, sondern daß der Kaiser bevorzugt dort eingriff, wo er die Sittlichkeit verletzt sah. Besonders die Schließung der Tempel mit ausgeprägter Tempelprostitution mußte ihm am Herzen liegen, da er die Ehe mit besonderen Gesetzen auszeichnete (vgl. den vorigen Text). Daß hierbei sicherlich auch christliches Gedankengut eine Rolle gespielt hat, ist unbestreitbar.

55, 1. Der Kaiser hat gleichsam ein helleuchtendes Feuer entfacht, und er hielt mit seinem kaiserlichen Blick Ausschau, daß sich nicht ein verborgener Rest des Irrtums versteckt halte. Wie ein am Himmel fliegender Adler sehr scharfsichtig auch das von oben aus der Höhe sieht, was sehr weit entfernt unten auf der Erde ist, so sah der Kaiser, obwohl er im kaiserlichen Palast seiner schönen Stadt beschäftigt war, aus der Ferne, daß im Volk der Phöniker ein Altar, ein schlimmes Netz für die Seelen, verborgen war. 2. Es war dies ein Hain und Tempelbezirk, nicht in einer Stadtmitte oder an einer Straße oder an einem Marktplatz gelegen, wie es viele gibt und worum die Städte wegen des schmuckvollen Aussehens wetteifern. Sondern dieser lag außerhalb jedes Pfades, jeder Wegkreuzung und jeder Heerstraße und war dem schändlichen Dämon der Aphrodite auf einem hohen Berg im Libanon bei Aphaka geweiht. 3. Das war eine Schule des

ἀκολάστοις πολλῇ τε ῥᾳστώνῃ διεφθορόσι τὰ σώματα. γύννιδες γοῦν τινες ἄνδρες οὐκ ἄνδρες τὸ σεμνὸν τῆς φύσεως ἀπαρνησάμενοι θηλείᾳ νόσῳ τὴν δαίμονα ἱλεοῦντο, γυναικῶν τ' αὖ παράνομοι ὁμιλίαι κλεψίγαμοί τε φθοραί, ἄρρητοί τε καὶ ἐπίρρητοι πράξεις ὡς ἐν ἀνόμῳ καὶ ἀπροστάτῃ χώρῳ κατὰ τόνδε τὸν νεὼν ἐπεχειροῦντο. φώρ τ' οὐδεὶς ἦν τῶν πραττομένων τῷ μηδένα σεμνῶν ἀνδρῶν αὐτόθι τολμᾶν παριέναι. 4. ἀλλ' οὐχὶ καὶ βασιλέα τὸν μέγαν οἷά τ' ἦν τὰ τῇδε δρώμενα λανθάνειν, αὐτοπτήσας δὲ καὶ ταῦτα βασιλικῇ προμηθείᾳ οὐκ ἄξιον εἶναι ἡλίου αὐγῶν τὸν τοιόνδε νεὼν ἔκρινεν, αὐτοῖς δ' ἀφιερώμασιν ἐκ βάθρων τὸ πᾶν ἀφανισθῆναι κελεύει· 5. ἐλύετο δὴ αὐτίκα βασιλικῷ νεύματι τὰ τῆς ἀκολάστου πλάνης μηχανήματα, χεὶρ τε στρατιωτικὴ τῇ τοῦ τόπου καθάρσει διηκονεῖτο, σωφρονεῖν δ' ἐμάνθανον ἀπειλῇ βασιλέως οἱ μέχρι τοῦδ' ἀκόλαστοι, ὥσπερ οὖν καὶ τῶν δοκησισόφων Ἑλλήνων οἱ δεισιδαίμονες, οἳ καὶ αὐτοὶ τῆς σφῶν ματαιότητος ἔργῳ τὴν πεῖραν ἐμάνθανον.

56, 1. Ἐπειδὴ γὰρ πολὺς ἦν ὁ τῶν δοκησισόφων περὶ τὸν Κιλίκων δαίμονα πλάνος, μυρίων ἐπτοημένων ἐπ' αὐτῷ ὡς ἂν ἐπὶ σωτῆρι καὶ ἰατρῷ, ποτὲ μὲν ἐπιφαινομένῳ τοῖς ἐγκαθεύδουσι, ποτὲ δὲ τῶν τὰ σώματα καμνόντων ἰωμένῳ τὰς νόσους (ψυχῶν δ' ἦν ὀλετὴρ ἄντικρυς οὗτος, τοῦ μὲν ἀληθοῦς ἀφέλκων σωτῆρος, ἐπὶ δὲ τὴν ἄθεον πλάνην κατασπῶν τοὺς πρὸς ἀπάτην εὐχερεῖς) εἰκότα δὴ πράττων, θεὸν ζηλωτὴν ἀληθῶς σωτῆρα προβεβλημένος, καὶ τοῦτον εἰς ἔδαφος φέρεσθαι τὸν νεὼν ἐκέλευσεν. 2. ἑνὶ δὲ νεύματι κατὰ γῆς ἡπλοῦτο δεξιᾷ καταρριπτόμενον στρατιωτικῇ τὸ τῶν γενναίων φιλοσόφων βοώμενον θαῦμα καὶ ὁ τῇδε ἐνδομυχῶν οὐ δαίμων οὐδέ γε θεός, πλάνος δέ τις ψυχῶν μακροῖς καὶ μυρίοις ἐξαπατήσας χρόνοις. εἶθ' ὁ κακῶν ἑτέρους ἀπαλλάξειν καὶ συμφορᾶς προϊσχόμενος οὐδὲν αὐτὸς ἑαυτῷ πρὸς ἄμυναν εὕρατο φάρμακον μᾶλλον ἢ ὅτε κεραυνῷ βληθῆναι μυθεύεται. 3. Αλλ' οὐκ ἐν μύθοις ἦν τὰ τοῦ ἡμεδαποῦ βασιλέως θεῷ κεχαρισμένα κατορθώματα, δι' ἐναργοῦς δέ γ' ἀρετῆς τοῦ αὐτοῦ σωτῆρος αὐτόρριζος καὶ ὁ τῇδε νεὼς ἀνετρέπετο, ὡς μηδ' ἴχνος αὐτόθι τῆς ἔμπροσθεν περιλελεῖφθαι μανίας.

57, 1. Πάντες δ' οἱ πρὶν δεισιδαίμονες, τὸν ἔλεγχον τῆς αὐτῶν πλάνης αὐταῖς ὄψεσιν ὁρῶντες τῶν θ' ἁπανταχοῦ νεῶν τε καὶ ἱδρυμάτων ἔργῳ θεώμενοι τὴν ἐρημίαν, οἱ μὲν τῷ σωτηρίῳ προσέφευγον λόγῳ, οἱ δ' εἰ καὶ τοῦτο μὴ ἔπραττον, τῆς γοῦν πατρῴας

Lasters für alle Zügellosen und für die, die durch große Sorglosigkeit ihre Körper zugrunde gerichtet hatten. Etliche frauenhafte Männer, die keine Männer waren, verleugneten die Würde der Natur und verehrten durch weibische Leidenschaft den Dämon. Sie begingen in diesem Tempel gesetzlosen Verkehr mit Frauen und verderblichen Ehebruch, unaussprechliche und schreckliche Taten wie in einem gesetzlosen und unregierten Land. Es gab keinen, der etwas von diesen Taten an die Öffentlichkeit getragen hätte, weil es kein Ehrbarer wagte, dorthin zu gehen. 4. Aber es war nicht möglich, daß das dort Geschehene dem großen Kaiser verborgen blieb. Nachdem er es mit kaiserlicher Sorgfalt selbst gesehen hatte, beschloß er, daß dieser Tempel nicht würdig sei, weiter von der Sonne beschienen zu werden, und befahl, alles samt den dazugehörigen Weihegaben von Grund auf zu vernichten. 5. Sogleich auf den kaiserlichen Willen hin wurden die Werkzeuge zügelloser Verirrung vernichtet, und die Soldatenhand wurde zum Diener für die Reinheit des Ortes. Und die, die bis jetzt zügellos waren, lernten auf den Befehl des Kaisers hin, besonnen zu sein. So verhielt es sich auch mit den eingebildeten Griechen, die den Götzen dienten. Durch den Vorfall machten sie die Erfahrung ihrer eigenen Torheit.

56, 1. Es war aber ein großer Irrtum solcher eingebildeter Leute bezüglich des Dämons der Kilikier. Viele verehrten ihn als Retter und Arzt. Bald erschien er Schlafenden, bald heilte er die Krankheiten derer, die ein körperliches Leiden hatten; er war aber durch und durch ein Verderber der Seelen, der die Gutgläubigen von der Wahrheit des Erlösers wegzog und zu gottlosem Irrglauben hinabzog. Der Kaiser tat das Richtige, wenn er sich den eifernden Gott als wahrhaften Retter vorhielt. Er befahl, diesen Tempel bis auf die Grundmauern zu zerstören. 2. Auf einen Wink lag da hingestreckt auf der Erde, niedergerissen durch die Hand von Soldaten, das von den alten Philosophen gepriesene Wunder. Und hingestreckt lag auch der, der im Innern verborgen war, kein Dämon und auch kein Gott, sondern ein Betrüger der Seelen, der lange, sehr lange Zeiten seinen Trug ausgeübt hat. Da konnte er, der doch vorgespiegelt hatte, andere von ihren Übeln oder ihrer Krankheit zu befreien, für sich selbst kein Abwehrmittel mehr finden. Es war schlimmer als damals, wo er – wie die Sage erzählt – vom Blitz getroffen wurde. 3. Aber nicht zu den Mythen gehören die herrlichen, Gott wohlgefälligen Taten des Kaisers. Durch die sichtbare Tugend seines Retters gefestigt, wurde auch der Tempel dort zerstört, so daß nicht einmal eine Spur des früheren Wahnsinns zurückgeblieben ist.

57, 1. Alle, die früher abergläubisch gewesen sind, sahen nun mit ihren Augen den Beweis für ihren Irrtum und erblickten als Tatsache, wie ihre Tempel und Götzenbilder einsam wurden. Die einen wandten sich daraufhin der errettenden Lehre zu, die anderen, die dies nicht taten, verurteilten

κατεγίνωσκον ματαιότητος ἐγέλων τε καὶ κατεγέλων τῶν πάλαι νομιζομένων αὐτοῖς θεῶν. 2. καὶ πῶς γὰρ οὐκ ἔμελλον οὕτω φρονεῖν, τῆς ἔξωθεν τῶν ξοάνων φαντασίας πλείστην ὅσην μιαρίαν εἴσω κεκρυμμένην ὁρῶντες; ἢ γὰρ νεκρῶν σωμάτων ὑπῆν ὀστέα ξηρά τε κρανία γοήτων περιεγρασίαις ἐσκευωρημένα, ἢ ῥυπῶντα ῥάκη βδελυρίας αἰσχρᾶς ἔμπλεα, ἢ χόρτου καὶ καλάμης φορυτός. 3 ἃ δὴ τῶν ἀψύχων ἐντὸς σεσωρευμένα θεώμενοι αὐτοῖς τε καὶ τοῖς αὐτῶν πατράσι πολλὴν λογισμοῦ κατεμέμφοντο ἀφροσύνην, ὅτε μάλιστ' ἐνενόουν ὡς οὐδεὶς ἄρα ἦν ἐν τοῖς ἀδύτοις αὐτῶν μυχοῖς οὐδ' ἐν αὐτοῖς ἀγάλμασιν ἔνοικος οὐ δαίμων οὐ χρησμῳδὸς οὐ θεὸς οὐ μάντις, οἷα δὴ τὸ πρὶν ὑπελάμβανον, ἀλλ' οὐδ' ἀμυδρόν τι ἢ σκιῶδες φάντασμα. 4. διὸ δὴ προχείρως τοῖς ἐκ βασιλέως καταπεμφθεῖσι πᾶν σκοτεινὸν ἄντρον καὶ πᾶς ἀπόρρητος μυχὸς βατὸς ἦν, ἄβατά τε καὶ ἄδυτα ἱερῶν τε τὰ ἐνδοτάτω στρατιωτικοῖς κατεπατεῖτο βήμασιν, ὥστ' ἐναργῆ τοῖς πᾶσιν ἐκ τῶνδε καὶ κατάφωρον γεγονέναι τὴν ἐξ αἰῶνος μακροῦ τῶν ἐθνῶν ἁπάντων κατακρατήσασαν διανοίας πήρωσιν.

58, 1. Καὶ ταῦτα δ' ἄν τις τοῖς βασιλέως εἰκότως ἀναθείη κατορθώμασιν, ὥσπερ οὖν καὶ τὰ μερικῶς καθ' ἕκαστον ἔθνος αὐτῷ διαταχθέντα· οἷον ἐπὶ τῆς Φοινίκων Ἡλιουπόλεως, ἐφ' ἧς οἱ μὲν τὴν ἀκόλαστον ἡδονήν τιμῶντες Ἀφροδίτης προσρήματι γαμεταῖς καὶ θυγατράσιν ἀνέδην ἐκπορνεύειν συνεχώρουν πρότερον. 2. νυνὶ δὲ νόμος ἐφοίτα νέος τε καὶ σώφρων παρὰ βασιλέως μηδὲν τῶν πάλαι συνήθων τολμᾶν διαγορεύων, καὶ τούτοις δ' ἐγγράφους πάλιν παρέθετο διδασκαλίας, ὡς ἂν ἐπ' αὐτῷ τούτῳ πρὸς τοῦ θεοῦ προηγμένος ἐφ' ᾧ πάντας ἀνθρώπους νόμοις σωφροσύνης παιδεύειν. διὸ οὐκ ἀπηξίου καὶ τούτοις δι' οἰκείου προσομιλεῖν γράμματος, προὔτρεπέ τε σπεύδειν ἐπὶ τὴν τοῦ κρείττονος γνῶσιν. 3. κανταῦθα δὲ τὰ ἔργα ἐπῆγε τοῖς λόγοις ἀδελφά, οἶκον εὐκτήριον ἐκκλησίας μέγιστον καὶ παρὰ τοῖσδε καταβαλλόμενος, ὡς τὸ μὴ ἐκ τοῦ παντός πω αἰῶνος ἀκοῇ γνωσθὲν νῦν τοῦτο πρῶτον ἔργου τυχεῖν, καὶ τὴν τῶν δεισιδαιμόνων πόλιν ἐκκλησίας θεοῦ πρεσβυτέρων τε καὶ διακόνων ἠξιῶσθαι τῷ τ' ἐπὶ πάντων θεῷ ἱερώμενον ἐπίσκοπον τῶν τῇδε προκαθέζεσθαι. 4. προνοῶν δὲ κἀνταῦθα βασιλεὺς ὅπως ἂν πλείους προσίοιεν τῷ λόγῳ, τὰ πρὸς ἐπικουρίαν τῶν πενήτων ἔκπλεα παρεῖχε, καὶ ταύτῃ προτρέπων ἐπὶ τὴν σωτήριον σπεύδειν διδασκαλίαν, μόνον οὐχὶ τῷ φάντι παραπλησίως εἰπὼν ἂν καὶ αὐτός· «εἴτε προφάσει εἴτ' ἀληθείᾳ Χριστὸς καταγγελέσθω».

⟨wenigstens⟩ die von ihren Vätern übernommene Torheit, lachten und verspotteten die, die sie früher für Götter gehalten hatten. 2. Denn wie hätten sie nicht so denken sollen? Sie sahen doch, wie furchtbar viel Schändlichkeit unter dem Glanz der Götterbilder inwendig verborgen war. Denn entweder waren vertrocknete Knochen von Toten oder Totenschädel darunter, die durch sinnlose Kunststücke von Zauberern zubereitet waren, oder schmutzige Tücher, voll mit ekelerregendem Dreck, oder ein Gemisch von Heu und Stroh. 3. Als sie nun ⟨also⟩ sahen, daß die Tempel vollgehäuft waren mit seelenlosem Zeug, da tadelten sie sich und ihre Väter wegen der großen Torheit. Besonders tadelten sie sie aber, weil sie erkannten, daß weder in ihren allerheiligsten innersten Winkeln noch in den Götterbildern ein Dämon oder ein Wahrsager oder ein Gott oder ein Seher war, wie sie früher geglaubt hatten, sondern nicht einmal eine dunkle, schattenhafte Erscheinung. 4. Und jeder geheime Winkel war ⟨nun⟩ betretbar. Die unzugänglichen, allerheiligsten innersten Räume wurden von den Schritten der Soldaten zertreten, so daß für alle daraus der Schwachsinn, der über sehr lange Zeit alle Heiden beherrscht hatte, erwiesen wurde.

58, 1. Und dies könnte man wohl schicklicherweise zu den guten Taten des Kaisers zählen. Ebenso auch das, was er für jedes einzelne Volk angeordnet hat, besonders seine Anordnungen für das Heliopolis der Phöniker. Dort verehrte man die zügellose Leidenschaft unter der Bezeichnung „Aphrodite". Töchtern und verheirateten Frauen war es dort erlaubt, ungehindert Unzucht zu treiben. 2. Nun aber ging vom Kaiser ein neues und besonnenes Gesetz aus, das bestimmte, daß nichts mehr von den früheren Gewohnheiten in Ausübung gebracht werden dürfte. Dazu fügte der Kaiser wieder viele Belehrungen an, weil er von Gott dazu geführt worden war, alle Menschen durch Gesetze zur Besonnenheit zu erziehen. Deshalb verschmähte er es nicht, sich auch mit diesen Menschen durch ein spezielles Schreiben zu unterhalten. Und er hielt sie dazu an, sich eifrig um die Erkenntnis Gottes zu bemühen. 3. Auch hier ließ er den Worten die entsprechenden Werke folgen. Er gründete an dieser Stelle ein großes Bethaus der Kirche. So wurde das, was noch zu keiner Zeit von einem Ohr wahrgenommen wurde, jetzt zum ersten Mal ins Werk gesetzt. Die Stadt der Götzendiener wurde einer Kirche Gottes gewürdigt und dazu, Priester und Diakone zu haben. Und ein Bischof wurde dem über allen Dingen stehenden Gott geweiht, um allen Menschen dort vorzustehen. 4. Auch hier trug der Kaiser Sorge dafür, daß möglichst viele sich der Lehre ⟨der Kirche⟩ zuwandten. Deshalb gewährte er reichliche Gaben zur Unterstützung der Armen. So ermunterte er die Leute, sich um die errettende Lehre zu bemühen. Es ist beinahe so, als hätte er wie Paulus gesagt: „Christus soll verkündigt werden, ganz gleich ob aus Vorwand oder in Wahrheit."

34. Konstantin als Redner

Wir wissen nicht, inwieweit und ob Konstantin am Gottesdienst der christlichen Kirche teilgenommen hat. Da er nicht getauft war, blieb ihm die Teilnahme an der Eucharistie ohnedies versagt, und er scheint sie auch nicht begehrt zu haben; erst im Zusammenhang der Taufe erhält er auch „Anteil an den Geheimnissen".

Euseb berichtet uns aber von einer umfangreichen Rednertätigkeit Konstantins. Neben der Rede vor der Versammlung in Nicäa (vgl. Nr. 27a) hat

a) Der Bericht des Euseb

Text nach: Euseb, v. C. IV 29.

1. Καὶ μὴν τὴν αὐτὸς αὐτοῦ διάνοιαν τοῖς ἐυθέοις συναύξων λόγοις, ἐπαγρύπνους μὲν διῆγε τοὺς τῶν νυκτῶν καιρούς, σχολῇ δὲ λογογραφῶν συνεχεῖς ἐποιεῖτο τὰς παρόδους, προσήκειν ἡγούμενος ἑαυτῷ λόγῳ παιδευτικῷ τῶν ἀρχομένων κρατεῖν λογικήν τε τὴν σύμπασαν καταστήσασθαι βασιλείαν. 2. διὸ δὴ συνεκάλει μὲν αὐτός, μυρία δ' ἔσπευδεν ἐπ' ἀκρόασιν πλήθη φιλοσοφοῦντος ἀκουσόμενα βασιλέως. εἰ δέ πη λέγοντι θεολογίας αὐτῷ παρήκοι καιρός, πάντως που ὄρθιος ἑστὼς συνεστραμμένῳ προσώπῳ κατεσταλμένῃ τε φωνῇ, μυεῖν ἔδοξεν ἂν τοὺς παρόντας σὺν εὐλαβείᾳ τῇ πάσῃ τὴν ἔνθεον διδασκαλίαν, εἶτ' ἐπιφωνούτων βοαῖς εὐφήμοις τῶν ἀκροωμένων, ἄνω βλέπειν εἰς οὐρανὸν διένευε καὶ μόνον ὑπερθαυμάζειν καὶ τιμᾶν σεβασμίοις ἐπαίνοις τὸν ἐπὶ πάντων βασιλέα. 3. ὑποδιαιρῶν δὲ τὰς ὑποθέσεις, τοτὲ μὲν τῆς πολυθέου πλάνης ἐλέγχους κατεβάλλετο, παριστὰς ἀπάτην εἶναι καὶ ἀθεότητος πρόβολον τὴν τῶν ἐθνῶν δεισιδαιμονίαν, τοτὲ δὲ τὴν μόναρχον γνωρίζειν παρεδίδου θεότητα, διῄει δ' ἐφεξῆς τὸν περὶ προνοίας τῶν τε καθόλου καὶ τῶν περὶ μέρους λόγον. ἔνθεν δ' ἐπὶ τὴν σωτήριον κατέβαινεν οἰκονομίαν, καὶ ταύτην δεικνὺς ἀναγκαίως κατὰ τὸν προσήκοντα γεγενῆσθαι λόγον. μεταβὰς δ' ἐντεῦθεν τὴν περὶ τοῦ θείου δικαιωτηρίου διδασκαλίαν ἐκίνει. 4. ἔνθα δὴ μάλιστα τῶν ἀκροατῶν πληκτικώτατα καθήπτετο, διελέγχων τοὺς ἅρπαγας καὶ πλεονέκτας τούς τ' ἀπληστίᾳ φιλοχρημοσύνης σφᾶς αὐτοὺς ἐκδεδωκότας. παίων δ' ὥσπερ καὶ διαμαστίζων τῷ λόγῳ τῶν περιεστώτων γνωρίμων τινὰς κάτω νεύειν πληττομένους τὴν συνείδησιν ἐποίει· οἷς δὴ λαμπραῖς φωναῖς μαρτυρόμενος

er wohl öfter vor einer Art Hofgemeinde gesprochen (so wird man wohl die hier zusammenkommende Zuhörerschaft zu verstehen haben). Daß die religiösen Reden des Kaisers eine gewisse Verwandtschaft mit Predigten gehabt zu haben scheinen, läßt sich kaum von der Hand weisen. Der Kaiser selber hat sich immer als Beauftragten Gottes verstanden und zugleich auch als Lehrer sogar über Bischöfe. Insofern hat sein Selbstbewußtsein im Blick auf die Kirche nie durch die Tatsache, daß er noch nicht getauft war, Abbruch erhalten. Dafür stehen auch die hier (und noch öfter) bei Euseb erwähnten Predigten.

1. Er machte seinen Verstand selbst groß durch die göttlichen Schriften und brachte die Zeiten der Nächte darüber wachend zu. Wenn er Muße hatte, schrieb er Reden und trat oftmals vor das Volk hin, weil er glaubte, über seine Untertanen durch das erzieherische Wort herrschen und das ganze Reich vernünftig machen zu müssen. 2. Deswegen rief er ⟨das Volk⟩ zusammen, und riesige Mengen eilten zum Vortrag, um den Kaiser philosophieren zu hören. Wenn aber die Zeit kam, daß er über Theologie sprach, stand er ganz aufrecht, sein Gesicht war konzentriert und seine Stimme gedämpft. Er schien die Anwesenden mit ganzer Frömmigkeit in die ganze göttliche Lehre einzuweihen. Und wenn die Hörer ihn mit Lobrufen bedachten, winkte er ihnen zu, nach oben in den Himmel zu blicken und nur den König über alle Dinge mit frömmsten Lobpreisungen über alles zu bewundern und zu ehren. 3. Indem er seine Themen unterteilte, widerlegte er einmal den Irrtum des Polytheismus, indem er darlegte, daß der Aberglaube der Heiden Betrug und ein Vorwand zur Gottlosigkeit sei. Ein anderes Mal lehrte er sie, die alleinherrschende Gottheit zu erkennen und ging dann der Reihe nach das Lehrstück von der Vorsehung Gottes über das Ganze und über seine Teile durch. Von da kam er zu dem rettenden Heilsplan und bewies, daß dieser Heilsplan notwendig gemäß dem entsprechenden Sinn geschehen sei. Von da ging er weiter und berührte die Lehre über das göttliche Gericht. 4. Dabei redete er seinen Zuhörern auf das heftigste zu, indem er die Räuber und Gewinnsüchtigen und die, die sich selbst in Unersättlichkeit der Habgier ausgeliefert hatten, zurechtwies. Wenn er dabei einige seiner dabeistehenden Freunde gleichsam mit dem Wort geißelte und schlug, zwang er sie, daß sie, getroffen im Gewissen, den Blick nach unten senkten. Mit deutlicher Stimme bezeugte

διεστέλλετο θεῷ λόγον δώσειν τῶν ἐγχειρουμένων αὐτοῖς· αὐτῷ μὲν γάρ τὸν ἐπὶ πάντων θεὸν τῶν ἐπὶ γῆς βασιλείαν παρασχεῖν, αὐτὸν δὲ μιμήσει τοῦ κρείττονος τῆς ἀρχῆς τὰς κατὰ μέρος αὐτοῖς ἐπιτρέψαι διοικήσεις, πάντας γε μὴν τῷ μεγάλῳ βασιλεῖ κατὰ καιρὸν τὰς εὐθύνας τῶν πραττομένων ὑφέξειν. 5. ταῦτα συνεχῶς διεμαρτύρετο, ταῦθ' ὑπεμίμνησκε, τούτων διδάσκαλος ἦν.

Ἀλλ' ὁ μὲν ἐπιθαρρῶν γνηρίᾳ τῇ πίστει τοιαῦτ' ἐφρόνει καὶ διεστέλλετο, οἱ δ' ἄρ' ἦσαν δυσμαθεῖς καὶ πρὸς τὰ καλὰ κεκωφωμένοι, γλώττῃ μὲν καὶ βοαῖς εὐφήμοις ἐπικροτοῦντες τὰ λεγόμενα, ἔργοις δὲ κατολιγωροῦντες αὐτῶν δι' ἀπληστίαν.

35. Konstantin als Bischof über die äußeren Angelegenheiten der Kirche

Euseb berichtet, Konstantin habe sich als ἐπίσκοπος τῶν ἐκτός bezeichnet. An der Historizität des Ausspruchs wird nicht gezweifelt; aus dem folgenden Bericht des Euseb geht hervor, daß sogar er Schwierigkeiten hat, so einfach Konstantin als Bischof zu bezeichnen. Seine Argumentation klingt darum auch ziemlich gewunden.

Problematisch ist freilich, was man unter den τῶν ἐκτός zu verstehen habe. Denkbar wäre sowohl eine persönliche Interpretation („die außerhalb ⟨der Kirche Stehenden⟩" = die Heiden) als auch eine neutrische Interpretation („die äußeren ⟨Angelegenheiten⟩"). Allgemein neigt man der ersten Auffassung zu, etwa in dem Sinne: „Die Bischöfe sind . . . Stellvertreter Christi in der Aufsicht über die Kirchengemeinde; in der Aufsicht

a) Der Bericht des Euseb

Text nach: Euseb, v. C. IV 24.

Ἔνθεν εἰκότως αὐτὸς ἐν ἑστιάσει ποτὲ δεξιούμενος ἐπισκόπους λόγον ἀφῆκεν, ὡς ἄρα καὶ αὐτὸς εἴη ἐπίσκοπος, ὧδέ πη αὐτοῖς εἰπὼν ῥήμασιν ἐφ' ἡμετέραις ἀκοαῖς· «ἀλλ' ὑμεῖς μὲν τῶν εἴσω τῆς ἐκκλησίας, ἐγὼ δὲ τῶν ἐκτὸς ὑπὸ θεοῦ καθεσταμένος ἐπίσκοπος ἂν εἴην». ἀκόλουθα δὲ τῷ λόγῳ διανοούμενος τοὺς ἀρχομένους ἅπαντας ἐπεσκόπει, προὔτρεπέ τε ὅσηπερ ἂν ἡ δύναμις τὸν εὐσεβῆ μεταδιώκειν βίον.

und eröffnete er ihnen, daß sie Gott für das Rechenschaft ablegen müßten, was von ihnen getan wurde. Ihm habe der Gott über alle Dinge die Herrschaft über die Erde übergeben, aber nach dem Beispiel Gottes habe er ihnen die Verwaltung über Teile seiner Herrschaft anvertraut, alle aber wären sie seinerzeit dem großen König die Rechenschaft für das Getane schuldig. 5. Dies bezeugte er unaufhörlich, daran erinnerte er, davon war er ein Lehrer.

Er dachte und gebot zwar so in seinem reinen Glauben, sie aber waren ungelehrig und abgestumpft gegen das Gute. Mit der Zunge spendeten sie dem Gesagten lauten Beifall, mit den Werken achteten sie es aber wegen ihrer Habgier gering.

über die politische Gemeinde ist der Kaiser Christi Stellvertreter" (Straub 197). Auch Kraft 106 plädiert für die persönliche Interpretation und verweist darauf, daß οἱ ἐκτός „ein technischer Ausdruck für die außerhalb der Kirche stehenden Heiden ist" (Kraft 105). Ich selber neige mehr der zweiten Auffassung zu. Konstantin bezeichnet sich als Mitknecht der Bischöfe (auch wenn er es nicht unternimmt, in Nicäa mit abzustimmen). In dieser Linie könnte er sich also durchaus auch selbst als Bischof bezeichnet haben, und zwar nicht als Bischof über die inneren Angelegenheiten der einzelnen Diözesen, sondern als Bischof für alle die Angelegenheiten, die das Äußere der Kirche betreffen. Ich habe bereits darauf hingewiesen, daß ich mir vorstellen könnte, daß auch das Werk an der Einheit der Kirche vom Kaiser als bischöfliches Werk an den äußeren Angelegenheiten angesehen wurde. Ich weiß freilich, daß diese Interpretation ziemlich gewagt und unsicher ist.

Weil er ⟨Konstantin⟩ Bischöfe gastlich aufgenommen hat, deswegen hat er ganz recht das Wort gebraucht, daß auch er selbst ein Bischof wäre. Und er hat – wie wir gehört haben – ungefähr diese Worte gesagt: Ihr seid zu Bischöfen über die inneren ⟨Angelegenheiten?⟩ der Kirche von Gott eingesetzt worden, ich aber zum Bischof über die äußeren ⟨Angelegenheiten?⟩. Weil er sich diesem Wort entsprechend verhielt und alle seine Untertanen ermahnte, war er ein Bischof. Er ermunterte sie ⟨nämlich⟩, so gut er konnte, ein frommes Leben zu führen.

VII. TOD UND BEGRÄBNIS

36. Taufe und Begräbnis Konstantins

Taufe und Begräbnis Konstantins stellen der Forschung je für sich noch einmal Fragen.

Für die Taufe ist das Problem, warum sich Konstantin erst auf dem Totenbett dazu entschlossen hat, immerhin 25 Jahre nach der Schlacht an der Milvischen Brücke. Gewiß ist, daß die Taufverschiebung bis ans Lebensende im 4. Jahrhundert nichts Ungewöhnliches war; man konnte sich so die sündenvergebende Kraft bis zuletzt aufsparen und bedurfte für die nach der Taufe begangenen Sünden nicht des schwierigen kirchlichen Bußverfahrens. Vielleicht hat Kraft recht, wenn er vermutet, daß Konstantin im Taufgewand sterben wollte, nicht im Purpur; „er wollte nichts mehr von den profanen Dingen berühren, die mit seinem Herrscheramt, mit

a) Taufe Konstantins

Text nach: Euseb, v. C. IV 61–63.

61, 1. Γίγνεται δ' αὐτῷ πρώτη τις ἀνωμαλία τοῦ σώματος, εἶτ' οὖν κάκωσις ἐπὶ ταύτην συμβαίνει, κἄπειτα τῆς αὐτοῦ πόλεως ἐπὶ λουτρὰ θερμῶν ὑδάτων πρόεισιν, ἔνθεν τε τῆς αὐτοῦ μητρὸς ἐπὶ τὴν ἐπώνυμον ἀφικνεῖται πόλιν. κἀνταῦθα τῷ τῶν μαρτύρων εὐκτηρίῳ ἐνδριατρίψας οἴκῳ ἱκετηρίους εὐχάς τε καὶ λιτανείας ἀνέπεμπε τῷ θεῷ. 2. ἐπειδὴ δ' εἰς ἔννοιαν ἥκει τῆς τοῦ βίου τελευτῆς, καθάρσεως εἶναι τοῦτον καιρὸν τῶν πώποτε αὐτῷ πεπλημμελημένων διενοεῖτο, ὅσα οἷα θνητῷ διαμαρτεῖν ἐπῆλθε ταῦτ' ἀπορρύψασθαι τῆς ψυχῆς λόγων ἀπορρήτων δυνάμει σωτηρίῳ τε λουτρῷ πιστεύσας. 3. τοῦτό τοι διανοηθείς, γονυκλινὴς ἐπ' ἐδάφους ἱκέτης ἐγίγνετο τοῦ θεοῦ, ἐν αὐτῷ τῷ μαρτυρίῳ ἐξομολογούμενος, ἔνθα δὴ καὶ πρῶτον τῶν διὰ χειροθεσίας εὐχῶν ἠξιοῦτο.

Μεταβὰς δ' ἔνθεν ἐπὶ προάστειον τῆς Νικομηδέων ἀφικνεῖται πόλεως, κἀνταῦθα συγκαλέσας τοὺς ἐπισκόπους ὧδέ πη αὐτοῖς διελέξατο· **62,** 1. «οὗτος ἦν αὐτὸς ὁ πάλαι μοι διψῶντί τε καὶ

dem Kaiserpurpur verbunden waren" (Kraft 158). Das würde auch dem ausgeprägten Gerechtigkeitssinn des Kaisers entsprechen. Ob dies dennoch alles erklärt, weiß ich nicht. Wahrscheinlich ist dies auch ein Punkt, wo die Geschichtswissenschaft an Grenzen stößt. Wir haben kein Selbstzeugnis Konstantins darüber; wie er gedacht hat und zu dieser Entscheidung gekommen ist, bleibt wohl letztlich unerklärlich.

Das Problem des Begräbnisses liegt darin, ob der Kaiser mit den Anordnungen so etwas wie eine christliche Apotheose beabsichtigt habe. Er hat sich die Bestattung in der Apostelkirche gewünscht, er hat sich als Beauftragter Gottes verstanden: Liegt hier nur ein gedanklicher Zusammenhang, oder wollte der Kaiser seine Verehrung als Apostelgleicher nach seinem Tod? Auch diese Frage wird schwer zu entscheiden sein. Immerhin billigt ihm bereits Euseb eine Art Heiligenverehrung zu. Warum sollte das nicht auch dem Wunsch Konstantins entsprochen haben, der sich ja zeit seines Lebens als auserwähltes Werkzeug Gottes betrachtete? Gewiß mag auch die Apotheose beim Tod der früheren Kaiser eine Rolle gespielt haben; ich glaube nicht, daß sie groß war. Es ist das typische Christentum des Kaisers, das auch in den Anordnungen für sein Begräbnis seinen Niederschlag findet.

61, 1. Zunächst überkam ihn ein gewisses Unwohlsein; danach kam eine Verschlimmerung hinzu, worauf er sich aus seiner Stadt in warme Bäder begab. Von dort ging er dann in die Stadt, die nach seiner Mutter benannt war. Dort blieb er eine Zeit im Bethaus der Märtyrer und schickte flehentlich Gebet und Bitten zu Gott hinauf. 2. Da er meinte, sein Leben sei ans Ende gekommen, dachte er, es sei der rechte Zeitpunkt, sich von ⟨allen⟩ jemals begangenen Sünden zu reinigen. Denn er glaubte, daß er all das, worin er sich in Schwachheit verfehlt hatte, von der Seele abwaschen könnte durch die Kraft der geheimnisvollen Worte und des heilbringenden Bades. 3. In diesen Gedanken bat er Gott auf der Erde knieend inständig, bekannte in derselben Märtyrerkirche ⟨seine Sünden⟩ und bekam dort erstmalig Anteil an den Gebeten durch Handauflegung.

Von dort ging er in die Vorstadt von Nikomedien und sagte dort den Bischöfen, die er zusammengerufen hatte, folgendes: **62**, 1. „Dies ist der

εὐχομένῳ τῆς ἐν θεῷ τυχεῖν σωτηρίας καιρὸς ἐλπιζόμενος· ὥρα καὶ ἡμᾶς ἀπολαῦσαι τῆς ἀθανατοποιοῦ σφραγῖδος, ὥρα τοῦ σωτηρίου σφραγίσματος, 2. οὗ μετασχεῖν ἐπὶ ῥείθρων Ἰορδάνου ποταμοῦ ἐνενόουν ποτέ, ἐφ' ὧν καὶ ὁ σωτὴρ εἰς ἡμέτερον τύπον τοῦ λουτροῦ μετασχεῖν μνημονεύεται· θεὸς δ' ἄρα τὸ συμφέρον εἰδὼς ἐντεῦθεν ἤδη τούτων ἡμᾶς ἀξιοῖ. 3. μὴ δὴ οὖν ἀμφιβολία τις γιγνέσθω. εἰ γὰρ καὶ πάλιν ἡμᾶς ἐνταυθοῖ βιοῦν ὁ καὶ ζωῆς καὶ θανάτου κύριος ἐθέλοι, καὶ οὕτως ἐμὲ συναγελάζεσθαι λοιπὸν τῷ τοῦ θεοῦ λαῷ καὶ ταῖς εὐχαῖς ὁμοῦ τοῖς πᾶσιν ἐκκλησιάζοντα κοινωνεῖν ἅπαξ ὥρισται· θεσμοὺς ἤδη βίου θεῷ πρέποντας ἐμαυτῷ διατετάξομαι.»

4. Ὁ μὲν δὴ ταῦτ' ἔλεγεν, οἱ δὲ τὰ νόμιμα τελοῦντες θεσμοὺς ἀπεπλήρουν θείους καὶ τῶν ἀπορρήτων μετεδίδοσαν, ὅσα χρὴ προδιαστειλάμενοι. καὶ δὴ μόνος τῶν ἐξ αἰῶνος αὐτοκρατόρων Κωνσταντῖνος Χριστοῦ μυστηρίοις ἀναγεννώμενος ἐτελειοῦτο, θείας τε σφραγῖδος ἀξιούμενος ἠγάλλετο τῷ πνεύματι ἀνεκαινοῦτό τε καὶ φωτὸς ἐνεπίμπλατο θείου, χαίρων μὲν τῇ ψυχῇ δι' ὑπερβολὴν πίστεως, τὸ δ' ἐναργὲς καταπεπληγὼς τῆς ἐνθέου δυνάμεως. 5. Ὡς δ' ἐπληροῦτο τὰ δέοντα, λαμπροῖς καὶ βασιλικοῖς ἀμφιάσμασι φωτὸς ἐκλάμπουσι τρόπον περιεβάλλετο ἐπὶ λευκοτάτῃ τε στρωμνῇ διανεπαύετο, οὐκέθ' ἁλουργίδος ἐπιψαῦσαι θελήσας. **63,** 1. κἄπειτα τὴν φωνὴν ἀνυψώσας εὐχαριστήριον ἀνέπεμπε τῷ θεῷ προσευχήν, μεθ' ἣν ἐπῆγε λέγων· «νῦν ἀληθεῖ λόγῳ μακάριον οἶδ' ἐμαυτόν, νῦν τῆς ἀθανάτου ζωῆς πεφάνθαι ἄξιον, νῦν τοῦ θείου μετειληφέναι φωτός.» ἀλλὰ καὶ τάλανας ἀπεκάλει, ἀθλίους εἶναι λέγων, τοὺς τῶνδε τῶν ἀγαθῶν στερουμένους. 2. ἐπεὶ δὲ τῶν στρατοπέδων οἱ ταξίαρχοι καὶ καθηγεμόνες εἴσω παρελθόντες ἀπωδύροντο, σφᾶς αὐτοὺς ἐρήμους ἔσεσθαι ἀποκλαιόμενοι, ἐπηύχοντό τε ζωῆς αὐτῷ χρόνους, καὶ τούτοις ἀποκρινάμενος, νῦν ἔφη τῆς ἀληθοῦς ζωῆς ἠξιῶσθαι μόνον τ' αὐτὸν εἰδέναι ὧν μετείληφεν ἀγαθῶν· διὸ καὶ σπεύδειν μηδ' ἀναβάλλεσθαι τὴν πρὸς τὸν αὐτοῦ θεὸν πορείαν. 3. εἶτ' ἐπὶ τούτοις τὰ προσήκοντα διετάττετο, καὶ Ῥωμαίους μὲν τοὺς τὴν βασιλίδα πόλιν οἰκοῦντας ἐτίμα δόσεσιν ἐτησίαις, τοῖς δ' αὐτοῦ παισὶν ὥσπερ τινὰ πατρικὴν ὕπαρξιν τὸν τῆς βασιλείας παρεδίδου κλῆρον, πάνθ' ὅσα φίλα ἦν αὐτῷ διατυπωσάμενος.

Augenblick, den ich schon lange, danach bittend und verlangend, erhofft habe. Die Stunde ist gekommen, daß auch wir das unsterblich machende Siegel empfangen. Die Stunde ist da, in der wir der Besiegelung des Heiles teilhaftig werden. 2. Ich hatte schon früher darüber nachgedacht, daran in den Jordanfluten Anteil zu bekommen, in denen auch der Retter als mein Vorbild Anteil an der Taufe erlangte, wie überliefert ist. Gott aber, der selbstverständlich weiß, was uns nützt, will uns schon hier dessen würdigen. Daran soll nicht gezweifelt werden. 3. Denn auch wenn der Herr über Leben und Tod uns hier noch länger leben lassen will, so ist doch ein für allemal bestimmt, daß ich mich zukünftig dem Volk Gottes anschließe und mit Gebeten, wie auch alle anderen, an den Versammlungen teilnehme. Die Gott angemessenen Lebensregeln will ich mir selbst auferlegen."

4. Nachdem er das gesagt hatte, erfüllten die Bischöfe nach den göttlichen Geboten das, was vorgeschrieben war, und gaben ihm Anteil an den Geheimnissen, nachdem sie die entsprechenden Unterweisungen vorher genau durchgeführt hatten. Und so wurde Konstantin als einziger unter den Herrschern von Urzeiten an durch die Geheimnisse Christi wiedergeboren und vollendet. Nachdem er mit dem göttlichen Siegel gewürdigt worden war, freute er sich im Geist. Und er wurde erneuert und mit göttlichem Licht erfüllt. Er freute sich am Übermaß des Glaubens und war erstaunt über das offensichtliche Wirken der göttlichen Kraft.

5. Als er aber das Notwendige erfüllt hatte, zog er sich helle, königliche Kleider an, die wie Licht strahlten, und legte sich auf ein strahlendweißes Lager. Purpur aber wollte er nicht mehr berühren. **63**, 1. Darauf schickte er mit erhobener Stimme ein Dankgebet zu Gott hinauf. Außerdem sagte er: „Nun weiß ich, daß ich wahrhaft glücklich bin. Nun weiß ich, daß ich des unsterblichen Lebens würdig bin. Nun weiß ich, daß ich Anteil habe am göttlichen Licht." Er bezeichnete aber die als unglücklich und elend, die dieser Güter beraubt wären. 2. Daraufhin weinten die Oberbefehlshaber und die Führer der Truppen, die hereingekommen waren. Sie wären nun verwaist, meinten sie und wünschten ihm ein längeres Leben. Er hingegen antwortete ihnen, nun sei er des wahren Lebens würdig befunden worden, und er allein wüßte, an welchen Gütern er Anteil erhalten hätte. Deshalb dränge es ihn, nicht länger seinen Heimgang zu seinem Gott aufzuschieben. 3. Anschließend ordnete er das Notwendige an; die Römer, die Bewohner der Kaiserstadt, ehrte er mit jährlichen Geschenken. Seinen Söhnen aber übergab er die Kaiserwürde als Erbteil gleich einem väterlichen Vermögen. Und er ordnete weiter an, was ihm noch gut schien.

b) Tod und Begräbnis Konstantins

Text nach: Euseb, v. C. IV 64–75.

64, 1. Ἕκαστα δὲ τούτων ἐπὶ τῆς μεγίστης συνετελεῖτο ἑορτῆς, τῆς δὴ πανσέπτου καὶ παναγίας πεντηκοστῆς, ἑβδομάσι μὲν ἑπτὰ τετιμημένης μονάδι δ' ἐπισφραγιζομένης, καθ' ἣν τὴν εἰς οὐρανοὺς ἀνάληψιν τοῦ κοινοῦ σωτῆρος τήν τε τοῦ ἁγίου πνεύματος εἰς ἀνθρώπους κάθοδον γεγενῆσθαι λόγοι περιέχουσι θεῖοι. 2. ἐν δὴ ταύτῃ τούτων ἀξιωθεὶς βασιλεύς, ἐπὶ τῆς ὑστάτης ἁπασῶν ἡμέρας, ἣν δὴ ἑορτὴν ἑορτῶν οὐκ ἄν τις διαμάρτοι καλῶν, ἀμφὶ μεσημβρινὰς ἡλίου ὥρας πρὸς τὸν αὐτοῦ θεὸν ἀνελαμβύνετο, θνητοῖς μὲν τὸ συγγενὲς παραδοὺς ἔχειν, αὐτὸς δ' ὅσον ἦν αὐτοῦ τῆς ψυχῆς νοερόν τε καὶ φιλόθεον τῷ αὐτοῦ θεῷ συναπτόμενος. τοῦτο τέλος τῆς Κωνσταντίνου ζωῆς. ἀλλὰ γὰρ ἐπίωμεν ἐπὶ τὰ ἑξῆς.

65, 1. Δορυφόροι μὲν αὐτίκα καὶ πᾶν τὸ τῶν σωματοφυλάκων γένος ἐσθῆτας περιρρηξάμενοι σφᾶς τε ῥίψαντες ἐπ' ἐδάφους, τὰς κεφαλὰς ἤρασσον, κωκυτοῦ φωνὰς οἰμωγαῖς θ' ἅμα καὶ βοαῖς ἀφιέντες, τὸν δεσπότην τὸν κύριον τὸν βασιλέα, οὐχ οἷα δεσπότην πατέρα δ' ὥσπερ γνησίων παίδων δίκην ἀνακαλούμενοι. 2. ταξίαρχοι δὲ καὶ λοχαγοὶ τὸν σωτῆρα τὸν φύλακα τὸν εὐεργέτην ἀπεκλάοντο, τά τε λοιπὰ στρατιωτικὰ σὺν κόσμῳ τῷ πρέποντι οἷα ἐν ἀγέλαις τὸν ἀγαθὸν ἐπόθουν μοιμένα. 3. δῆμοί θ' ὡσαύτως τὴν σύμπασαν περιενόστουν πόλιν, τὸ τῆς ψυχῆς ἐνδόμυχον ἄλγος κραυγαῖς καὶ βοαῖς ἔκδηλον ποιούμενοι, ἄλλοι δὲ κατηφεῖς ἐπτοημένοις ἐῴκεισαν, ἑκάστου τε πένθος ἴδιον ποιουμένου ἑαυτόν τε κόπτοντος, ὡσανεὶ τοῦ κοινοῦ ἁπάντων ἀγαθοῦ τῆς αὐτῶν ἀφῃρημένου ζωῆς.

66, 1. Ἄραντες δ' οἱ στρατιωτικοὶ τὸ σκῆνος χρυσῇ κατετίθεντο λάρνακι, ταύτην θ' ἁλουργίδι βασιλικῇ περιέβαλλον ἐκόμιζόν τ' εἰς τὴν βασιλέως ἐπώνυμον πόλιν, κἄπειτα ἐν αὐτῷ τοῦ παντὸς προφέροντι τῶν βασιλείων οἴκων βάθρον ἐφ' ὑψηλὸν κατετίθεντο, φῶτά τ' ἐξάψαντες κύκλῳ ἐπὶ σκευῶν χρυσῶν θαυμαστὸν θέαμα τοῖς ὁρῶσι παρεῖχον, οἷον ἐπ' οὐδενὸς πώποτ' ὑφ' ἡλίου αὐγαῖς ἐκ πρώτης αἰῶνος συστάσεως ἐπὶ γῆς ὤφθη. 2. ἔνδον γάρ τοι ἐν αὐτῷ παλατίῳ κατὰ τὸ μεσαίτατον τῶν βασιλείων ἐφ' ὑψηλῆς κείμενον χρυσῆς λάρνακος τὸ βασιλέως σκῆνος, βασιλικοῖς τε κόσμοις πορφύρα τε καὶ διαδήματι τετιμημένον, πλεῖστοι περιστοιχισάμενοι ἐπαγρύπνως δι' ἡμέρας καὶ νυκτὸς ἐφρούρουν.

64, 1. All dies geschah am höchsten Fest, der hochgefeierten und heiligen Osterzeit, die auf sieben Wochen festgelegt und durch die Einheit besiegelt ist. In ihr ist, so enthalten es die göttlichen Schriften, die Aufnahme des Retters der Welt in den Himmel sowie der Abstieg des Heiligen Geistes zu den Menschen erfolgt. 2. In dieser Festzeit nun wurde der Kaiser aller dieser ⟨Gnaden⟩ gewürdigt: Am letzten Festtag, den man das Fest der Feste zu nennen nicht fehlgeht, wurde er um die Mittagszeit zu seinem Gott aufgehoben. Den Sterblichen überließ er, das ⟨ihnen⟩ Verwandte zu behalten. Er selbst aber vereinigte das, was von seiner Seele vernünftig und gottgeliebt war, mit seinem Gott.

Dies war das Ende des Lebens Konstantins. Doch wir wollen zum übrigen kommen. **65**, 1. Die Lanzenträger und die ganze Abteilung der Leibwächter zerrissen ihre Kleider und warfen sich zu Boden, wobei sie unter Klagen, Jammern und Schreien mit dem Kopf auf die Erde schlugen; und sie riefen nach ihrem Herrscher, ihrem Kaiser, ihrem Herrn, nicht wie nach einem Herrn, sondern so, wie die eigenen Kinder nach ihrem Vater rufen. 2. Die Truppenführer und Hauptleute beweinten den Retter, den Beschützer, den Wohltäter. Und die übrigen Soldaten verlangten – in angemessener Ordnung – wie eine Herde den guten Hirten. 3. Und das Volk lief durch die Straßen und zeigte den Schmerz in seinem Herzen durch Klagen und Schreien. Andere hingegen schienen wie erstarrt in ihrer Niedergeschlagenheit. Jeder trauerte wie über eigenes Unheil und beklagte sich selbst, als wäre das allen gemeinsame Gut aus ihrem Leben genommen worden.

66. 1. Die Soldaten hoben die Leiche auf und legten sie in einen goldenen Sarg. Diesen umgaben sie mit kaiserlichem Purpur und brachten ihn in die nach dem Kaiser benannte Stadt. Daraufhin stellten sie ihn in den vornehmsten Saal des kaiserlichen Palastes auf einen hohen Sockel; sie zündeten ringsum Lichter auf goldenen Leuchtern an. Und so hatten die, die das sahen, ein eindrucksvolles Schauspiel, wie es noch von keinem jemals bei einem Toten unter der Sonne seit Anbeginn der Welt gesehen wurde. 2. Im mittleren Saal des Palastes umstanden zahlreiche Wachen, die Tag und Nacht wachten, den im goldenen Sarg hoch aufgebahrten Kaiser, der mit kaiserlichem Schmuck, mit Purpur und mit einem Diadem geschmückt war.

67, 1. Οἱ δέ γε τοῦ παντὸς στρατοῦ καθηγεμόνες κόμητές τε καὶ πᾶν τὸ τῶν ἀρχόντων τάγμα, οἷς τὸν βασιλέα καὶ νόμος πρότερον ἦν προσκυνεῖν, μηδὲν τοῦ συνήθους ὑπαλλαξάμενοι τρόπου τοῖς δέουσι καιροῖς εἴσω παριόντες τὸν ἐπὶ τῆς λάρνακος βασιλέα οἷά περ ζῶντα καὶ μετὰ θάνατον γονυκλινεῖς ἠσπάζοντο. μετὰ δὲ τοὰς πρώτους ταῦτ' ἔπραττον παριόντες οἵ τ' ἐξ αὐτῆς συγκλήτου βουλῆς οἵ τ' ἐπ' ἀξίας πάντες, μεθ' οὓς ὄχλοι παντοίων δήμων γυναιξὶν ἅμα καὶ παισὶν ἐπὶ τὴν θέαν παρῄεσαν. 2. συνετελεῖτο δὲ ταῦτα οὕτω χρόνῳ μακρῷ, τῶν στρατιωτικῶν οὕτω μένειν τὸ σκῆνος καὶ φυλάττεσθαι βουλευσαμένων, ἔστ' ἂν οἱ αὐτοῦ παῖδες ἀφικόμενοι τῇ δι' ἑαυτῶν κομιδῇ τὸν πατέρα τιμήσειαν. 3. ἐβασίλευε δὲ καὶ μετὰ θάνατον μόνος θνητῶν ὁ μακάριος, ἐπράττετό τε τὰ συνήθη ὡσανεὶ καὶ ζῶντος αὐτοῦ, τοῦτο μονωτάτῳ αὐτῷ ἀπ' αἰῶνος τοῦ θεοῦ δεδωρημένου. μόνος γοῦν ὡς οὐδ' ἄλλος αὐτοκρατόρων τὸν παμβασιλέα θεὸν καὶ τὸν Χριστὸν αὐτοῦ παντοίαις τιμήσας πράξεσιν εἰκότως τούτων ἔλαχε μόνος, καὶ τὸ θνητὸν αὐτοῦ βασιλεύειν ἐν ἀνθρώποις ὁ ἐπὶ πάντων ἠξίου θεός, ὧδ' ἐπιδεικνὺς τὴν ἀγήρω καὶ ἀτελεύτητον τῆς ψυχῆς βασιλείαν τοῖς μὴ τὸν νοῦν λελιθωμένοις. ἀλλὰ ταῦτα μὲν ὧδέ μη συνετελεῖτο, **68,** 1. τῶν δὲ στρατιωτικῶν ταγμάτων ἐκκρίτους ἄνδρας, πίστει καὶ εὐνοίᾳ πάλαι βασιλεῖ γνωρίμους, οἱ ταξίαρχοι διεπέμποντο τὰ πεπραγμένα τοῖς καίσαρσιν ἔκδηλα καθιστῶντες. καὶ οἵδε μὲν τάδ' ἔπραττον, 2. ὥσπερ δ' ἐξ ἐπιπνοίας κρείττονος τὰ πανταχοῦ πάντα στρατόπεδα τὸν βασιλέως πυθόμενα θάνατον μιᾶς ἐκράτει γνώμης, ὡσανεὶ ζῶντος αὐτοῖς τοῦ μεγάλου βασιλέως μηδένα γνωρίζειν ἕτερον ἢ μόνους τοὺς αὐτοῦ παῖδας Ῥωμαίων αὐτοκράτορας. 3. οὐκ εἰς μακρὸν δ' ἠξίουν μὴ καίσαρας, ἐντεῦθεν δ' ἤδη τοὺς ἅπαντας χρηματίζειν αὐγούστους, ὃ δὴ πρώτιστον καὶ μέγιστον τῆς ἀνωτάτω βασιλείας γίγνοιτ' ἂν σύμβολον. οἱ μὲν οὖν ταῦτ' ἔπραττον, τὰς οἰκείας ψήφους τε καὶ φωνὰς διὰ γραφῆς ἀλλήλοις διαγγέλλοντες, ὑπὸ μίαν τε καιροῦ ῥοπὴν τοῖς ἁπανταχοῦ πᾶσιν ἐγνωρίζετο ἡ τῶν στρατοπέδων συμφωνία.

69, 1. Οἱ δὲ τὴν βασιλίδα πόλιν οἰκοῦντες αὐτῇ συγκλήτῳ καὶ δήμῳ Ῥωμαίων, ὡς τὴν βασιλέως ἐπέγνωσαν τελευτήν, δεινὴν καὶ πάσης συμφορᾶς ἐπέκεινα τὴν ἀκοὴν θέμενοι πένθος ἄσχετον ἐποιοῦντο. λουτρὰ δὴ ἀπεκλείετο καὶ ἀγοραὶ πάνδημοί δε θέαι καὶ πάνθ' ὅσα ἐπὶ ῥαστώνῃ βίου τοῖς εὐθυμουμένοις πράττειν ἔθος ἦν. κατηφεῖς δ' οἱ πάλαι τρυφηλοὶ τὰς προόδους ἐποιοῦντο, ὁμοῦ θ' οἱ πάντες τὸν μακάριον ἀνευφήμουν, τὸν

67, 1. Die Führer des ganzen Heeres aber, die Comites und die ganze Gruppe der Beamten, für die es früher Vorschrift gewesen war, vor dem Kaiser niederzuknien, änderten auch jetzt an dem gewohnten Brauch nichts. Sie kamen zu bestimmten Zeiten herein, um den Kaiser auf der Bahre, wie zu Lebzeiten so auch nach dem Tod, auf Knien zu ehren. Nach diesen ersten traten auch die aus dem Rat und alle Würdenträger ein, dasselbe zu tun, nach ihnen kamen Scharen aller Völker, darunter auch Frauen und Kinder, um den Kaiser zu sehen. 2. Dies geschah so lange, wie die Soldaten beschlossen hatten, den Leichnam so zu belassen und zu bewachen, bis seine Söhne kämen, um ihrem Vater die letzte Ehre zu erweisen. 3. So war der Selige der einzige unter den Sterblichen, der noch nach seinem Tod als Kaiser herrschte. Was bisher Gewohnheit war, als er noch lebte, wurde weiter getan; dies hat Gott von Ewigkeit her ihm allein geschenkt. Er hatte ja auch wie kein anderer Herrscher Gott, den Weltenherrscher, und seinen Christus durch vielfältige Werke geehrt. Und er allein hat dieses darum auch rechtmäßig erhalten. Und Gott, der über alles herrscht, würdigte seinen Leichnam, unter den Menschen zu herrschen, um denen, deren Verstand nicht aus Stein ist, zu zeigen, daß seine Seele eine unvergängliche und nicht endende Herrschaft genieße. **68**, 1. Als dies nun aber geschehen war, schickten die Obersten ausgesuchte Männer aus den Heeresabteilungen, die früher dem Kaiser wegen ihrer Treue und Ergebenheit vertraut waren, damit sie den Caesaren Mitteilungen über die Ereignisse machten. 2. Und während sie das taten, beschlossen wie auf höhere Eingebung hin alle Heere, die überall stationiert waren, bei der Nachricht vom Tode Konstantins – als ob ihr großer Kaiser noch am Leben wäre – keinen anderen als Kaiser der Römer anzuerkennen als allein seine Söhne. 3. Kurz darauf verlangten sie, daß sie alle nicht den Titel des Caesaren, sondern des Augustus führen sollten, der als vornehmstes und höchstes Zeichen der kaiserlichen Gewalt gilt. Da sie nun so verfuhren, daß sie sich gegenseitig die eigenen Beschlüsse und Stimmen schriftlich mitteilten, wurde in demselben Augenblick allen und an allen Orten die Einigkeit der Heere bekannt.

69, 1. Die Bewohner der Kaiserstadt, der Senat wie auch das Volk von Rom trauerten unbeschreiblich, als sie die Nachricht vom Tod des Kaisers erhielten, die ihnen furchtbarer und schlimmer schien als die eines jeden anderen Unglücks. Die Bäder und die Märkte wurden geschlossen, die Schauspiele und alles, was sonst in glücklichen Zeiten Erholung brachte. Die sonst in der Öffentlichkeit so protzenden Römer waren jetzt niedergeschlagen, und gleichzeitig priesen alle den Seligen, den Gottgeliebten,

θεοφιλῆ, τὸν ὡς ἀληθῶς τῆς βασιλείας ἐπάξιον. 2. καὶ οὐ ταῦτα βοαῖς ἐφώνουν μόνον, εἰς ἔργα δὲ χωροῦντες εἰκόνος ἀναθήμασιν οἷά περ ζῶντα καὶ τεθνηκότα αὐτὸν ἐτίμων, οὐρανοῦ μὲν σχῆμα διατυπώσαντες ἐν χρωμάτων γραφῇ, ὑπὲρ ἁψίδων δ' οὐρανίων ἐν αἰθερίῳ διατριβῇ διαναπαυόμενον αὐτὸν τῇ γραφῇ παραδιδόντες. τοὺς δ' αὐτοῦ παῖδας καὶ οὗτοι μόνους καὶ οὐδ' ἄλλους αὐτοκράτορας καὶ σεβαστοὺς ἀνεκάλουν, βοαῖς τ' ἐχρῶντο ἱκετηρίαις τὸ σκῆνος τοῦ σφῶν βασιλέως παρ' αὐτοῖς κομίζεσθαι καὶ τῇ βασιλίδι πόλει κατατίθεσθαι ποτνιώμενοι.

70, 1. Ἀλλὰ καὶ οἵδε ταύτῃ τὸν παρὰ θεῷ τιμώμενον ἐκόσμουν. ὁ δὲ τῶν παίδων δεύτερος τὸ τοῦ πατρὸς σκῆνος ἐπιστὰς τῇ πόλει προσεκόμιζεν, αὐτὸς ἐξάρχων τῆς ἐκκομιδῆς. ἡγεῖτο δὲ κατὰ στῖφος τὰ στρατιωτικὰ τάγματα, εἵπετό τε πληθὺς μυρίανδρος, λογχοπόροι τε καὶ ὁπλῖται τὸ βασιλέως περιεῖπον σῶμα. 2. ὡς δὲ ἐπὶ τὸν τῶν ἀποστόλων τοῦ σωτῆρος νεὼν παρῆσαν ἐνταυθοῖ τὴν λάρνακα διανέπαυον. καὶ βασιλεὺς μὲν νέος Κωνστάντιος ὧδέ πη κοσμῶν τὸν πατέρα τῇ τε παρουσίᾳ καὶ τοῖς εἰς αὐτόν καθήκουσι τὰ τῆς πρεπούσης ὁσίας ἀπεπλήρου.

71, 1. Ἐπεὶ δ' ὑπεχώρει σὺν τοῖς στρατιωτικοῖς τάγμασι, μέσοι δὴ παρήεσαν οἱ τοῦ θεοῦ λειτουργοὶ σὺν αὐτοῖς πλήθεσι πανδήμῳ τε θεοσεβείας λαῷ τά τε τῆς ἐνθέου λατρείας δι' εὐχῶν ἀπεπλήρουν. ἔνθα δὴ ὁ μὴν μακάριος ἄνω κείμενος ἐφ' ὑψηλῆς κρηπῖδος ἐδοξάζετο, λεὼς δὲ παμπληθὴς σὺν τοῖς τῷ θεῷ ἱερωμένοις οὐ δακρύων ἐκτὸς σὺν κλαυθμῷ δὲ πλείονι τὰς εὐχὰς ὑπὲρ τῆς βασιλέως ψυχῆς ἀπεδίδοσαν τῷ θεῷ, τὰ καταθύμια τῷ θεοφιλεῖ πληροῦντες, 2. κἀν τούτῳ τοῦ θεοῦ πρὸς τὸν αὐτοῦ θεράποντα εὐμένειαν ἐνδειξαμένου ὅτι δὴ καὶ τέλος αὐτοῦ τοῖς ἀγαπητοῖς καὶ γνησίοις υἱοῖς διαδόχοις τὴν βασιλείαν ἐδωρεῖτο, καὶ τοῦ σπουδασθέντος αὐτῷ τόπου σὺν τῇ τῶν ἀποστόλων κατηξιοῦτο μνήμῃ, ὡς ὁρᾶν ἔστι εἰσέτι καὶ νῦν τὸ μὲν τῆς τρισμακαρίας ψυχῆς σκῆνος τῷ τῶν ἀποστόλων προσρήματι συνδοξαζόμενον καὶ τῷ λαῷ τοῦ θεοῦ συναγελαζόμενον, θεσμῶν τε θείων καὶ μυστικῆς λειτουργίας ἀξιούμενον καὶ κοινωνίας ὁσίων ἀπολαῦον εὐχῶν, αὐτὸν δὲ τῆς βασιλείας καὶ μετὰ θάνατον ἐπειλημμένον. ὥσπερ οὖν ἐξ ἀναβιώσεως τὴν σύμπασαν ἀρχὴν διοικῶν, Νικητὴς Μέγιστος Σεβαστὸς αὐτῷ προσρήματι τῆς Ῥωμαίων ἡγεμονίας κρατεῖ· **72.** οὐ κατὰ τὸν Αἰγύπτιον ὄρνιν, ὅν δή φασι μονογενῆ ὄντα τὴν φύσιν θνήσκειν μὲν ἐπ' ἀρωμάτων αὐτὸν αὐτῷ τὴν τελευτὴν θυηπολοῦντα, ἀναβιώσκειν δ' ἐξ αὐτῆς σποδιᾶς καὶ ἀναπτάντα τοιοῦτον οἷος καὶ

den in Wahrheit der Herrschaft Würdigen. 2. Und dies drückten sie nicht nur in Worten aus, sie zeigten es auch durch Taten. Sie stellten sein Bild auf, um ihn wie zu Lebzeiten so auch nach dem Tod zu ehren. Sie ließen ein Bild des Himmels malen und den Kaiser darstellen, wie er unter den Himmelsgewölben in den Regionen des Äthers weilte. Seine Söhne, nur sie allein und niemand anderen, riefen sie zu Herrschern und Kaisern aus. Und laut und eindringlich baten sie darum, die Leiche ihres Kaisers bei ihnen und in der Kaiserstadt zu begraben.

70, 1. Also verehrte man auch hier den von Gott Hochgeehrten. Der zweite der Söhne ließ die Leiche seines Vaters, nachdem er in die Stadt gekommen war, beisetzen und ging selbst bei der Bestattung voran. Die Abteilungen des Heeres zogen in Scharen voraus, darauf folgte eine unzählige Menschenmenge. Lanzenträger und Schwerbewaffnete umgaben die Leiche des Kaisers. 2. Als sie in die Kirche der Apostel des Retters kamen, ließen sie den Sarg dort nieder. Und der neue Kaiser, Konstantius, der seinen Vater durch seine Gegenwart und die ihm zustehenden Ehren auszeichnete, erfüllte, was die Frömmigket von ihm forderte.

71, 1. Daraufhin zog er sich mit den Scharen der Soldaten zurück. Nun traten die Priester Gottes inmitten von Scharen und dem gläubigen Volk heran und zelebrierten unter Gebeten die göttliche Liturgie. So wurde nun der Selige, auf einer hohen Bahre liegend, verherrlicht. Das zahlreiche Volk brachte, zusammen mit den Priestern, nicht ohne Tränen und mit viel Klagen, Gott Gebete für die Seele des Kaisers dar, womit sie den Wunsch des Gottgeliebten erfüllten. 2. Auch darin zeigte sich Gott seinem Diener gnädig: Nach seinem Tod verlieh er Konstantins geliebten und rechtmäßigen Söhnen die Nachfolge in der Herrschaft. Und er selbst wurde eines Platzes beim Gedächtnis der Apostel gewürdigt, wie er sehnlichst gewünscht hatte (so wie es auch jetzt noch zu sehen ist), so daß die Hülle seiner dreimalseligen Seele zusammen mit den Namen der Apostel verherrlicht wird, gewürdigt des Gottesdienstes und des geheimnisvollen Opfers, Anteil habend an den heiligen Geboten, auch nach dem Tod im Besitz der kaiserlichen Würde. Er selbst aber, als ob er ganz neu aufgelebt wäre, ordnet die ganze Welt. Der Sieger, Höchste, Kaiser beherrscht mit seinem Namen den römischen Erdkreis. **72**. Nicht wie der ägyptische Vogel, von dem es heißt, daß er der einzige sei, der auf wohlriechenden Zweigen stirbt und sich selbst den Totengesang singt, danach aber aus seiner Asche wieder auflebt und, sich aufschwingend, wieder derselbe wird, der er vorher war,

πρότερον ἦν φῦναι, κατὰ δὲ τὸν αὐτοῦ σωτῆρα, ὃς τῷ τοῦ πυροῦ σπόρῳ παραπλησίως ἀνθ' ἑνὸς πολυπλασιαζόμενος σὺν εὐλογίᾳ θεοῦ παρεῖχε τὸν στάχυν καὶ τὴν σύμπασαν οἰκουμένην τῶν αὐτοῦ κατεπίμπλα καρπῶν. τούτῳ οὖν ἐμφερῶς ὁ τρισμακάριος πολυπλάσιος διὰ τῆς τῶν παίδων διαδοχῆς ἀνθ' ἑνὸς ἐγίγνετο, ὡς καὶ εἰκόνων ἀναστάσεσι παρὰ πᾶσιν ἔθνεσιν ἅμα τοῖς αὐτοῦ τιμᾶσθαι παισίν, οἰκεῖόν τε τοὔνομα Κωνσταντίνου καὶ μετὰ τὴν τοῦ βίου παραλαμβάνεσθαι τελευτήν.

73. Ἤδη δὲ καὶ νομίσμασιν ἐνεχαράττοντο τύποι, πρόσθεν μὲν ἐκτυποῦντες τὸν μακάριον ἐγκεκαλυμμένου τὴν κεφαλὴν σχήματι, θατέρου δὲ μέρους ἐφ' ἅρματι τεθρίππῳ ἡνιόχου τρόπον, ὑπὸ δεξιᾶς ἄνωθεν ἐκτεινομένης αὐτῷ χειρὸς ἀναλαμβανόμενον.

74. Ταῦθ' ἡμῖν αὐτοῖς δείξας ὀφθαλμοῖς ἐπὶ μόνῳ τῶν πώποτε Χριστιανῷ διαφανῶς ἀποδειχθέντι Κωνσταντίνῳ ὁ ἐπὶ πάντων θεός, ὁπόσον ἦν ἄρα αὐτῷ τὸ διάφορον παρεστήσατο τῶν αὐτόν τε καὶ τὸν Χριστὸν αὐτοῦ σέβειν ἠξιωμένων τῶν τε τὴν ἐναντίαν ἑλομένων, οἳ τὴν ἐκκλησίαν αὐτοῦ πολεμεῖν ὡρμηκότες αὐτὸν αὐτοῖς ἐχθρὸν καὶ πολέμιον κατεστήσαντο, τῆς ἐφ' ἑκάστῳ τοῦ βίου καταστροφῆς ἐναργῆ τὸν ἔλεγχον τῆς αὐτῶν θεοεχθρίας ἐνδειξαμένης, ὥσπερ οὖν τῆς θεοφιλίας τὰ ἐχέγγυα τὸ Κωνσταντίνου τοῖς πᾶσι φανερὸν κατέστησε τέλος,

75. μόνου μὲν Ῥωμαίων βασιλέων τὸν παμβασιλέα θεὸν ὑπερβολῇ θεοσεβείας τετιμηκότος, μόνου δὲ τοῖς πᾶσι πεπαρρησιασμένως τὸν τοῦ Χριστοῦ κηρύξαντος λόγον, μόνου τ' εἰπεῖν ἐκκλησίαν αὐτοῦ ὡς οὐδ' ἕτερος τῶν ἐξ αἰῶνος δοξάσαντος, μόνου τε πᾶσαν πολύθεον πλάνην καθελόντος, πάντα τε τρόπον εἰδωλολατρίας ἀπελέγξαντος, καὶ δὴ καὶ μόνου τοιούτων ἠξιωμένου ἐν αὐτῇ τε ζωῇ καὶ μετὰ θάνατον, οἵων οὐκ ἄν τις τυχόντα οἷός τ' ἂν γένοιτο ἐξειπεῖν τινα οὔτε παρ' Ἕλλησιν οὔτε παρὰ βαρβάροις οὐδέ γε παρ' αὐτοῖς ἀνωτάτω Ῥωμαίοις, ὡς οὐδενὸς τοιούτου τινὸς εἰς ἡμᾶς ἐκ τοῦ παντὸς αἰῶνος μνημονευομένου.

sondern wie sein Erretter, der dem Weizenkorn ähnlich, obwohl er allein war, vervielfältigt durch den Segen Gottes die Ähre hervorbrachte und den ganzen Erdkreis mit seinen Früchten anfüllte, ⟨lebt der Kaiser⟩. Diesem ähnlich wurde der dreimalselige Kaiser vervielfältigt durch die Nachfolge seiner Söhne (anstelle des einen), so daß er zusammen mit seinen Söhnen durch aufgestellte Bilder bei allen Völkern verehrt wird und selbst nach seinem Tod seinen Namen Konstantin für immer behält.

73. Sogar auf Münzen wurden die Bilder geprägt. Die Vorderseite stellt den Seligen mit verhülltem Haupt dar, die Rückseite, wie er von einer sich ihm entgegenstreckenden Hand von oben aufgenommen wird, wobei er wie ein Wagenlenker auf einem Viergespann fährt.

74. Indem Gott, der über alles herrscht, so Großes vor unseren Augen an Konstantin gezeigt hat, der sich allein unter allen Vorgängern offen als Christ bekannt hat, hat er deutlich gemacht, wie groß der Unterschied für ihn zwischen denjenigen ist, die gewürdigt wurden, seinen Christus zu ehren, und denen, die die entgegengesetzte Richtung wählten, die sich zum Kampf gegen seine Kirche gerüstet und sich selbst dadurch zum Widersacher und Feind gemacht haben. Denn das unwürdige Lebensende eines jeden hat den offensichtlichen Erweis erbracht, daß sie Gott verhaßt waren, wie nun das allen offenbare Ende des Konstantin zeigt, daß er von Gott geliebt war.

75. Er allein unter den römischen Kaisern hatte ja Gott, den Weltenherrscher, mit einem Höchstmaß an Frömmigkeit geehrt, er allein hatte mit allem Freimut die Lehre Christi verbreitet, er allein hatte wie kein anderer von Urzeiten seine Kirche verherrlicht, er allein hatte jeden Irrtum der Vielgötterei ausgerottet und alle Arten von Götzendienst abgeschafft. Und so war auch er allein solcher Ehren gewürdigt worden – in seinem Leben und nach seinem Tod –, wie sie wohl keiner an einem anderen aufzeigen kann, sei es bei den Griechen oder den Barbaren, nicht einmal bei den ältesten Römern, wie noch von keinem solchen Kaiser seit Beginn aller Zeit bis jetzt erzählt worden ist.

ABKÜRZUNGSVERZEICHNIS

Alföldi:	A. Alföldi, Hoc signo victor eris, in: H. Kraft, Konstantin der Große, Wege der Forschung 131, Darmstadt 1974, 224 bis 246.
Ath. Ap.:	Apologia contra Arianos, MPG 25, 239–410.
Cod. Just.:	Corpus Iuris Civilis, Vol. II: Codex Justinianus, ed. P. Krüger, Berlin 1954.
Cod. Theod.:	Codex Theodosianus, ed. Th. Mommsen, Berlin 1905.
Dörries:	Hermann Dörries, Das Selbstzeugnis Kaiser Konstantins, Abh. d. Akad. d. Wiss. in Göttingen, phil.-hist. Kl. III/34, Göttingen 1954.
Euseb, h. e.:	Eusebius, Kirchengeschichte, ed. E. Schwartz, Kleine Ausgabe, Leipzig ^{5}1955.
Euseb, v. C.:	Eusebius, Über das Leben des Kaisers Konstantin, Werke I/1, GCS Euseb 1, Berlin 1975.
Gelasius:	Gelasius, Kirchengeschichte, ed. G. Loeschcke/ M. Heinemann, GCS 28, Leipzig 1918.
Kraft:	H. Kraft, Kaiser Konstantins religiöse Entwicklung, Beiträge zur historischen Forschung 20, Tübingen 1955.
Lact. m. p.:	Lactance, De la Mort des Persécuteurs, SC 39, Paris 1954f.
Opitz, Urk.:	H. G. Opitz, Urkunden zur Geschichte des arianischen Streites, Athanasius, Werke III/1, Berlin und Leipzig 1934.
Pan.:	Panégyriques Latins, Tom. II, Les Panégyriques Constantiniens, ed. E. Galletier, Paris 1952.
v. Soden:	H. v. Soden, Urkunden zur Entstehungsgeschichte des Donatismus, Kleine Texte 122, Bonn 1913.
Straub:	J. Straub, Kaiser Konstantin als ἐπίσκοπος τῶν ἐκτός in: H. Kraft, Konstantin der Große, Wege der Forschung 131, 187–204.
Vogt:	J. Vogt, Constantinus der Große, RAC III, 306ff.
Vogt, Constantin:	J. Vogt, Constantin der Große und sein Jahrhundert, München ^{2}1960.
Zos.:	Zosimus, ed. I. Becker, Bonn 1937.

REGISTER

In den folgenden Registern sind die Seitenzahlen, die sich auf einleitende bzw. einführende Texte beziehen, durch einen Stern kenntlich gemacht. Das gleichzeitige Vorkommen des Namens bzw. Ortes in Text und Übersetzung wird durch einen Schrägstrich zum Ausdruck gebracht. Aufgenommen ist der Einfachheit halber stets die Form, wie sie im deutschen Text begegnet (dabei wurde anstelle von c fast immer ein k gesetzt; nur bei einigen Namen wurde darauf verzichtet, wo die Form mit c wesentlich vertrauter ist, z. B. „Licinius"). Von Ortsnamen abgeleitete Bezeichnungen finden sich immer unter dem entsprechenden Ortsnamen (also z. B. „Phönikier" unter „Phönizien"). Die ständig vorkommenden Namen wie „Konstantin", „Christen", „Römisches Reich" sind nicht aufgenommen.

Personen

Geographische Bezeichnungen